本书系在 2018 国家社科基金项目《公共文化服务的著作权问题及对策研究》与 2017 北京市社科基金项目《非物质文化遗产生产性传承的知识产权问题研究》基础上完成。

　　感谢中国政法大学科研处科研成果后期资助项目（2023）的支持。

文化法学

杨利华 等 著

Wenhua
Faxue

中国政法大学出版社

2024·北京

图书在版编目（CIP）数据

文化法学 / 杨利华等著. -- 北京 ： 中国政法大学
出版社, 2024. 7. -- ISBN 978-7-5764-1594-0

Ⅰ. D922.16

中国国家版本馆 CIP 数据核字第 2024R0M680 号

出　版　者　　中国政法大学出版社

地　　　址　　北京市海淀区西土城路 25 号

邮寄地址　　北京 100088 信箱 8034 分箱　邮编 100088

网　　　址　　http://www.cuplpress.com（网络实名：中国政法大学出版社）

电　　　话　　010-58908441（编辑室）58908334（邮购部）

承　　印　　固安华明印业有限公司

开　　本　　720mm×960mm　1/16

印　　张　　24.5

字　　数　　400 千字

版　　次　　2024 年 7 月第 1 版

印　　次　　2024 年 7 月第 1 次印刷

定　　价　　109.00 元

参 与 撰 写 人 员

绪论、上编、结论：　　　　杨利华、刘皓阳、刘仁文

下编　第一章：　　　　　　杨利华、赵可心

下编　第二章：　　　　　　杨利华、孙雪静

下编　第三章：　　　　　　杨利华、张　想、陈方家

下编　第四章：　　　　　　杨利华、孙雪静

下编　第五章：　　　　　　杨利华、赵辰星

目 录

上 编 文化法总论

下　编　文化法分论

绪　论

文化关乎国本、国运。2023年10月7日至8日，在北京召开的全国宣传思想文化工作会议首次提出习近平文化思想，标志着我国文化工作迈上新台阶、进入新阶段。回顾过往，从强调物质文明与精神文明两手抓到全面推进经济建设、政治建设、文化建设、社会建设和生态文明建设"五位一体"全面建设的总体布局，文化建设已经成为我国新时代中国特色社会主义现代化建设的重要环节，构建体系化的文化法治保障机制、深入文化法学理论研究具有重要时代意义与实践价值。

在建设法治国家的背景下，文化法治作为文化建设的保障性工程，从顶层设计、立法构建到学理研究，得到前所未有的关注。党的十七届六中全会通过了《中共中央关于深化文化体制改革推动社会主义文化大发展大繁荣若干重大问题的决定》，提出要"加强文化法制建设""提高文化建设法制化水平"，2014年《中共中央关于全面推进依法治国若干重大问题的决定》强调建立健全文化法律制度。在一系列政策指导下，我国已经在文化资源保护、文化成果权益调整、文化产业促进、文化市场监管、公共文化服务等领域颁布施行多部法律法规，如《文物保护法》《公共文化服务保障法》《电影产业促进法》《著作权法》《出版管理条例》等。[1]2023年中共中央办公厅、国务院办公厅印发《关于加强新时代法学教育和法学理论研究的意见》，又将文化法学作为新时期法学学科体系中有待加强的内容之一加以

---

[1] 《中华人民共和国文物保护法》《中华人民共和国公共文化服务保障法》等中华人民共和国的法律名称，以下为行文方便，除必要者外，均使用其简称，即《文物保护法》《公共文化服务保障法》等。谨此说明。

特别规定。

由于"文化"与"文化建设"等概念本身具有一定的复杂性，学界对文化法的内涵界定、体系构建等内容还存在一定理论上的分歧。传统部门法学理论对文化法作为独立部门法提出的质疑，更是让文化法及文化法学的发展面临两难困境：若是保持文化法的独立部门法地位，将难以兼顾文化法治的综合性特点；而从实用主义立场出发，忽略文化法的部门法归属问题，则将面临学界对其自身独立品格的质疑。领域法学作为一种旨在克服法学学科系统分工精细化与法律现象复杂化之间矛盾的新型法学研究范式，为这一问题的解决提供了有益的思路。一方面，通过领域法学与部门法学"同构而互补"的建构模式，可以明确文化法的理论归属与文化法学的学科定位；另一方面，借助领域法学中的"连接点"理论，能够充分揭示文化法体系的建构逻辑、基本原则与核心内容。本书尝试以领域法学分析方法为研究范式，以习近平文化思想为指引，以新时代文化强国建设目标为出发点，从上编文化法总论以及下编文化法分论两部分，系统、全面地针对文化领域法治建设进行研究，力求以此为我国文化法治的发展提供切实可行的新方案。

一、文化法的面向：新时代文化强国建设

党的二十大报告中指出："全面建设社会主义现代化国家，必须坚持中国特色社会主义文化发展道路，增强文化自信，围绕举旗帜、聚民心、育新人、兴文化、展形象建设社会主义文化强国，发展面向现代化、面向世界、面向未来的，民族的科学的大众的社会主义文化，激发全民族文化创新创造活力，增强实现中华民族伟大复兴的精神力量。"[1]在构建中国特色社会主义现代化理论体系的进程中，文化建设发挥着事关国运的核心作用，其是推进社会主义制度发展、优化社会结构、造福人民的重要工程。促进文化发展与繁荣是构建习近平新时代中国特色社会主义的重要战略性部署，同时，我国已经进入推进社会主义文化强国建设、创造光耀时代光耀世界的中华文化的关键时期，构建文化法学体系能够为其提供坚实保障。

文化法的发展与完善既有文化建设的政治动因，也有壮大文化市场、繁

---

[1] 习近平：《高举中国特色社会主义伟大旗帜 为全面建设社会主义现代化国家而团结奋斗——在中国共产党第二十次全国代表大会上的报告》，2022 年 10 月 16 日发布。

荣文化产业的经济动因。推动文化产业和文化事业繁荣发展的时代使命为文化法的构建与完善提出了新的要求，即以文化法律制度保护文化资源，保障文化产品充足、高质量供应，促进文化产业发展，规范文化市场秩序以及提高公共文化服务水平。

第一，保护文化资源。文化资源是创造文化产品的基础，由于自身属性或者社会形态的变化，有些公共文化资源面临受损、消失的风险。为保护中华文明连续性发展，保障中华优秀传统文化的创造性转化和创新性发展，国家有必要为文物、非物质文化遗产等公共文化资源提供保护。

第二，保障文化产品充足、高质量供应。文化产品是文化市场中的基本要素，要实现文化产品的持续供应，一方面要充分发挥市场在资源配置中的决定性作用，在私法角度明晰文化产品的产权归属，调整文化成果权益，确保生产者能够通过交易获取经济回报，从而激励其再生产；另一方面要更好发挥政府作用，实施一系列有针对性的措施鼓励、激发承载中华优秀文化的高质量文化产品的创作和传播，更好展现中国形象、发扬中华文明。为了督促政府积极、合理履行这一职责，使各项措施能够达到预期效果，有必要通过具体的法律规范明确能够享受促进措施的主体、可以采取的促进措施类型以及阻碍促进措施发挥实效应承担的法律责任。

第三，促进文化产业繁荣发展。文化产业已经成为我国经济发展的重要组成部分。推进我国文化强国建设，需要充分调动市场的力量。当下，音乐、短视频、长视频、电影、图书等诸多文化产业在互联网技术的协助下，正如火如荼地发展，国家也制定了一系列法律、法规及政策促进文化产业的发展。应当说，文化产业的繁荣，是展现我国文化活力的重要方面。由国家完善文化产业促进相关的政策和法律，能够进一步激发文化市场的潜力。

第四，规范文化市场秩序。文化市场的发展应当是健康、有序的，但当下我国文化市场中还存在一些涉及色情、暴力等违反社会主义核心价值观的违法的文化产品。随着网络技术的发展，这些文化产品的传播变得更加隐蔽、多发，严重威胁了我国未成年人的身心健康以及社会主义核心价值观的培育。为保障文化产业绿色、健康发展，应当设计科学合理的文化监管制度，以应对文化市场中存在的无序现象。

第五，提高公共文化服务水平。公民文化权利的实现是建设文化强国的前提和检验标准。一方面，人民是国家的主人，人民对文化的认知决定了国家的文化走向，文化强国的建设不能仅依靠某一部分主体，而要靠所有主体的共同参与，合力推进文化强国建设进程；另一方面，文化强国不仅表现为文化产业的繁荣，还应表现为社会文明程度的提升。因此，社会公众文化素养的提升是文化强国建设的重要指标。公共文化服务法的设立为国家采取一定措施保障公民文化权利的更好实现奠定了法治基础。

二、文化法的核心范畴：文化、文化权利

文化法治的重要性日益凸显，文化法研究也得以不断深入与丰富。但学界目前对于文化法中的一些重要概念仍然认识不一，对文化法的"调整对象"、文化法中的"文化"与"文化权利"等问题存在着不同理解，[1]这与文化本身的复杂性存在直接关系。明确界定文化法的核心范畴是研究文化法与构筑文化法体系的前提与基础，其决定着文化法学的研究对象、文化法体系的基本构成与基本原则。

（一）文化与文化法

文化的内涵是一个争论不休的问题，学界长期以来都致力于探求这一问题的答案。尽管关于文化的概念不断涌现，[2]学界却始终难以形成一个达成广泛共识、放之四海而皆准的定义。之所以出现文化概念的争辩，既因为文化概念自身在随着时代更替而变化，又因为不同学科或是同一学科的不同流派进行文化研究的视角不同、背景各异。所以，为了避免关于文化法中"文化"内涵的讨论陷入概念制造的循环中，必须结合法治背景，以规范为基础，对"文化"的内涵加以明确，即不再纠结于文化本体论层面的"终极答案"，而是着重提炼受规范调整的文化现象。

国际层面最早涉及文化活动的规范应为《世界人权宣言》（1948 年），其

---

〔1〕 参见肖金明：《文化法的定位、原则与体系》，载《法学论坛》2012 年第 1 期，第 26—35 页；周艳敏、宋慧献：《论文化法的调整对象》，载《新闻爱好者》2015 年第 7 期，第 58—66 页；宋慧献、周艳敏：《论文化法的基本原则》，载《北方法学》2015 年第 6 期，第 94—106 页；郑毅：《文化法若干基本范畴探讨》，载《财经法学》2018 年第 1 期，第 62—77 页。

〔2〕 仅《文化：关于概念和定义的探讨》（*Culture：A Critical Review of Concepts and Definitions*）一书中就收集了 166 个关于文化的定义。参见郭莲：《文化的定义与综述》，载《中共中央党校学报》2002 年第 1 期，第 115 页。日本学者名和太郎将文化的定义的数量统计为 260 种。参见［日］名和太郎：《经济与文化》，高增杰、郝玉珍译，中国经济出版社 1987 年版，第 41 页。

第 27 条明确了一项被称为文化权利（culture right）的基本人权。[1]《经济、社会及文化权利国际公约》（1966 年）在继承《世界人权宣言》中文化权利定义的基础上，明确了缔约国为保证文化权利的实现应当履行的义务。周艳敏教授和宋慧献教授认为，综合上述两个条款的内容，受规范的文化现象应当包括文学、艺术和科学以及有关的人类活动，包括创作、欣赏、保存、发展和传播，以及对其各种利益的分享等。[2]国内对于文化问题作出统领性规定的规范为《宪法》。现行《宪法》第 22 条以及第 47 条对文化内涵加以描述，[3]明确了国家对于文化事业发展的主体地位及责任承担，明确了公民享有的基本文化权利，形成了文化"权力-权利"的二元结构。[4]综合国际和国内两个层面的理解不难发现，我国文化法中的文化是指文学艺术、新闻广播电视、出版发行、图书馆博物馆文化馆、名胜古迹、珍贵文物等文化事业或者文化产业领域以文化权力运用与文化权利行使为中心的各类活动及其所产生的各类关系。需要指出的是，这一具有规范价值的定义仅是广义上文化内涵的一个侧面。

（二）文化权利与文化法

有观点认为，文化权利在规范中最早体现于德国的《魏玛宪法》（1919 年），[5]其中涉及的具体条文有三条：第 118 条、第 142 条以及第 150 条，分别对应着表达自由、艺术创作自由以及作者成果权。[6]《世界人权宣言》以及《经济、社会及文化权利国际公约》将文化权利表述为一种"参与社会文

---

〔1〕《世界人权宣言》（1948 年）第 27 条："（一）人人有权自由参加社会的文化生活，享受艺术，并分享科学进步及其产生的福利；（二）人人对由于他所创作的任何科学、文学或艺术作品而产生的精神的和物质的利益，有享受保护的权利。"

〔2〕 参见周艳敏、宋慧献：《论文化法的调整对象》，载《新闻爱好者》2015 年第 7 期。

〔3〕《宪法》第 22 条："国家发展为人民服务、为社会主义服务的文学艺术事业、新闻广播电视事业、出版发行事业、图书馆博物馆文化馆和其他文化事业，开展群众性的文化活动。国家保护名胜古迹、珍贵文物和其他重要历史文化遗产。"第 47 条："中华人民共和国公民有进行科学研究、文学艺术创作和其他文化活动的自由。国家对于从事教育、科学、技术、文学、艺术和其他文化事业的公民的有益于人民的创造性工作，给以鼓励和帮助。"

〔4〕 参见郑毅：《文化法若干基本范畴探讨》，载《财经法学》2018 年第 1 期，第 68 页。

〔5〕 参见莫纪宏：《论文化权利的宪法保护》，载《法学论坛》2012 年第 1 期，第 20 页。

〔6〕《魏玛宪法》第 118 条第 1 款规定："德国人民，在法律限制内，有用言语、文字、印刷、图书或其他方法，自由发表其意见之权，并不得因劳动或雇佣关系，剥夺其此种权利。"第 142 条规定："艺术、科学及其学理为自由，国家应予以保护及培植。"第 150 条规定："美术、历史及博物之纪念品与天然风景，受国家之保护及维持。防止德国美术品转移于外国之事务，属于联邦。"

化生活、享受艺术、分享科技进步及福利的自由以及对其所创作作品享有的受保护的权利"，人们通常将其归纳为文化参与权、文化分享权、文化成果收益权。[1]这与《魏玛宪法》中关于文化权利内涵的表述基本一致。唯一不同的是，《经济、社会及文化权利国际公约》还在第 15 条中特别规定了缔约国为文化权利的实现应尽的职责。我国《宪法》对于文化权利的表述与《经济、社会及文化权利国际公约》中的定义是一致的，在第 47 条前半段明确了公民享有进行科学研究、文学艺术创作和其他文化活动的自由，第 22 条和第 47 条后半段中明确了国家对于国民文化权利实现的主体责任。可见，相较于文化概念的莫衷一是，国际和国内对于文化权利的理解存在相当程度的一致性。

文化法中的文化权利并非仅指公民的文化权利，因为不仅是公民享有文化权利，群体、法人、非法人组织甚至国家也享有文化权利。将文化权利的主体扩展至个人、群体、法人、非法人组织甚至国家，文化参与权、文化分享权与文化成果收益权的主要内容就转变为物质文化遗产与非物质文化遗产等文化资源的保护、传承与发展，[2]即部分学者所称的"共同文化遗产方面的权利"或"文化遗产权"。[3]虽然公民的文化权利与文化遗产权在主体、客体以及权利内容方面都存在差异，但两种权利都蕴含于规范意义的文化概念之中，公民文化权利的保护与文化遗产权的保护均是文化法制定与完善的重要目标。所以，文化法中的文化权利既包括公民文化参与、文化分享以及文化成果收益的政治权利与民事权利，也包括个人、群体、法人团体甚至国家作为主体享有的文化遗产权。[4]

三、文化法的研究范式：领域法学

文化现象的复杂性增加了提炼文化法调整对象与文化法调整方法的难度，

---

〔1〕 参见杨利华：《从应然权利到实然权利：文化权利的著作权法保障机制研究》，载《比较法研究》2021 年第 4 期。

〔2〕 参见苏一星、高成军：《作为文化权的甘肃特有民族文化遗产保护》，载《西部法学评论》2008 年第 6 期，第 133—137 页。

〔3〕 "共同文化遗产方面的权利"这一表述参见沈春耀：《加强文化法制建设》，载《中国人大》2011 年第 23 期，第 13 页；"文化遗产权"这一表述参见王云霞：《论文化遗产权》，载《中国人民大学学报》2011 年第 2 期，第 20—27 页；周军：《论文化遗产权》，武汉大学 2011 年博士学位论文，第 52—53 页。为了论述方便，后文均采"文化遗产权"这一表达。

〔4〕 为避免公民享有的文化权利与文化法中文化权利两个概念相混淆，本书中对于公民所享有的文化权利均表述为"公民文化权利"。

若无法适用传统部门法划分标准，文化法学难免遭遇学科独立性的质疑。可见，文化法调整上的实践性需求与法学研究的专业化分工存在龃龉，这制约着文化法与文化法学的独立发展。当然，这并非文化法学所独有的问题，环境与资源保护法学、教育法学、科技法学、军事法学、网络法学等新兴、交叉学科也面临着同样的困境。所以，一种旨在克服法学学科系统分工精细化与法律现象复杂化之间矛盾的法学研究新范式——领域法学被提出，这一理论的提出不仅肯定了文化法学、环境与资源保护法学以及军事法学等学科的独立品格，更推动了我国法学研究的体系化发展。

（一）领域法学的理论背景与适用方法

领域法学在持有功能主义法学立场的美国，有着长期的司法实践与理论发展，但也存在着交叉研究充分、分工精密但理论范式提炼不足的问题。[1]中国的领域法学研究虽然起步较晚，[2]但充分利用理论发展的"后发优势"，在借鉴美国的领域法学的研究经验时，充分关注领域法学范式的提炼与方法论的形成，保障了领域法学研究实践与形式的兼顾。

历经数百年的发展，社会科学经过专业化分工形成了规模宏大的学科体系，而不同学科内部专业化的分工仍在不同程度地深入，并形成各个子学科。部门法学正是法学学科内部精细化分工的产物，并逐渐成为众多国家或地区法学研究的重要范式。部门法学研究范式的理论与实践意义大抵包括有利于一国实定法的有序化、有利于正确适用法律、有利于法律实施的科学设置、有利于教学和研究工作的开展等方面。[3]无可置疑，我国法学的学科体系与研究体系确实在部门法思维的指引下走向了体系化。例如，民法正是在部门法划分的基础上不断完善自身的研究内容与研究方法，从而形成了高度理论抽象与内容聚合的法典以及成熟的教义学方法论。当然，部门法的划分并非没有弊端，虽然"让专业的人做专业的事情"有利于提高研究效率、形成特定学科专业学术团体，但其也造成法学内部的细分学科之间缺乏交流互鉴的

---

[1] 缺乏范式提炼的问题具体表现为：一是特定领域的研究成果更新周期长；二是研究成果多以"工具书"或者"手册"的形式呈现，针对性很强但适用范围过窄。参见吴凯：《论领域法学研究的动态演化与功能拓展——以美国"领域法"现象为镜鉴》，载《政法论丛》2017年第1期，第81页。

[2] 刘剑文教授最早在财税法的研究当中提出了"领域法学"的概念。参见刘剑文主编：《财税法论丛》（第1卷），法律出版社2002年版，第2页。

[3] 参见叶必丰：《论部门法的划分》，载《法学评论》1996年第3期，第39—40页。

局面，进而形成了法学研究中越来越深的"专业槽"以及学科设置中越来越高的壁垒。[1]另外，法学研究在通过部门法思维不断实现内部精细化的同时，还容易忽略其他学科中可资借鉴的理论资源。正如当前我国法学界更为主流的研究方法为教义法学，而对于经济学、政治学、管理学研究资源的借鉴仍有很大提升空间。而且，传统的部门法范式并不能够完美适应所有的法律现象。侯卓教授指出，传统部门法的主体制度是建立在均质性假设的基础上的，[2]例如，民法所调整的是平等主体间的人身与财产关系，大型企业、国家都同自然人一般平等地接受"民法母亲"均质化的调整。但在科技法律关系中，既存在平等主体之间的专利权交易，也存在科技部门作为行政主体与自然人、法人、非法人组织作为行政相对人之间的科技管理活动，在主体、权利义务以及责任方面呈现出异质性。

领域法学的提出正是为了应对部门法思维的局限。领域法学是以问题为导向，以特定经济社会领域中全部与法律有关的现象为研究对象，融经济学、政治学和社会学等多种研究范式于一体的具有交叉性、开放性、应用性和整合性的新型法学学科体系、学术体系和话语体系。[3]可见，不同于部门法学所强调的边界的清晰度，[4]领域法学的基本立场是问题导向，聚焦于现实世界广泛存在的领域性问题的解决，而不拘泥于部门法所秉持的独立的"调整对象"或"调整方法"这样包容性不足的划分标准。因此，领域法学能够聚合不同规范、不同部门法理论以及不同学科资源来拆分性地回应问题，在解决部分法学学科"身份认同"困境的同时，构筑不同法学知识和学科间的共同性图景。[5]环境与资源保护法学、文化法学、军事法学、网络法学、卫生法学、科技法学等法学学科都可以于领域法学处寻得理论依归与独立品格，

---

[1] 参见强世功：《中国法律社会学的困境与出路》，载《文化纵横》2013 年第 5 期，第 114—120 页。

[2] 参见侯卓：《"领域法学"范式：理论拓补与路径探明》，载《政法论丛》2017 年第 1 期，第 89—90 页。

[3] 参见刘剑文：《论领域法学：一种立足新兴交叉领域的法学研究范式》，载《政法论丛》2016 年第 5 期，第 8 页。

[4] 参见熊伟：《问题导向、规范集成与领域法学之精神》，载《政法论丛》2016 年第 6 期，第 56 页。

[5] 参见佘倩影：《"领域法学"：法理视野与话语共建》，载《法学论坛》2018 年第 4 期，第 95 页。

民法学、刑法学、行政法学等传统部门法学以及法学、经济学、政治学、社会学等其他社会科学学科也能充分利用领域法学所提供的商谈环境开展学术对话与批评。尽管领域法学缓解了部门法学所带来的学科联系较弱、包容性不强等问题，但前者的出现并不是为了取代或消解后者，而是为了与部门法学形成一种"同构而互补"的关系，共同促进法学研究体系的发展。[1]换言之，领域法学与部门法学都将保持着理论生命力而在不同的场景发挥作用。对于民法、刑法、行政法及其各自的程序法等传统学科而言，部门法学仍具有增强法律系统的可理解性以及法律论证的简便性的优势。对于跨部门的新兴、交叉法律问题，领域法学则可以发挥相应作用。

领域法学并非屠龙之术，而是面向实践、解决问题的理论，所以明确其适用方法是重中之重。学者提出的"问题界定—规范提炼—调整适用"模式，具有一定的指导意义。[2]

"问题界定"环节强调区分领域中存在的问题类型，将领域问题分为单一领域问题与多领域交叉问题两类。[3]单一领域问题本质上又可分为单一部门问题与跨部门问题，前者如故意杀人行为，就属于纯粹刑法部门的问题而不涉及其他部门法律规范的适用。针对此类问题，领域法学的适用并无特殊价值。[4]对于单一领域中跨部门问题，如排污权交易问题，就同时涉及环境领域交易关系和环境领域监管关系。这一类问题同时可能涉及民法、行政法等多个部门法。面对此类问题，先确定具体规范，再进行规范整合，最后形成常规动态的规范群，这样的思路更具效率。所谓多领域交叉问题，是指不仅涉及多个部门法，而且涉及诸如金融、环境、卫生、网络安全等不同领域。例如，虚拟货币交易问题不但同时涉及民法、行政法等不同部门法，还涉及

---

〔1〕　参见刘剑文：《论领域法学：一种立足新兴交叉领域的法学研究范式》，载《政法论丛》2016 年第 5 期，第 9 页。

〔2〕　参见刘剑文、胡翔：《"领域法"范式适用：方法提炼与思维模式》，载《法学论坛》2018 年第 4 期，第 78—86 页。

〔3〕　参见刘剑文、胡翔：《"领域法"范式适用：方法提炼与思维模式》，载《法学论坛》2018 年第 4 期，第 79—80 页。

〔4〕　刘剑文教授认为，对于单一部门问题，领域法范式与部门法范式是存在区别的，前者通过问题直接寻找具体规范，而后者则是先确定问题所属的部门范围，然后再寻找具体规范。具体参见刘剑文、胡翔：《"领域法"范式适用：方法提炼与思维模式》，载《法学论坛》2018 年第 4 期，第 80 页。但本书认为，针对单一部门问题，上述的区别没有实际价值，因为无论是先找法还是先确定部门范围，最终都将在同一部门法框架内解决问题。

金融、网络等多个领域。面对多领域交叉问题，领域法学范式将发挥难以替代的作用。

"规范提炼"环节强调确定领域法体系中的"连接点"。"连接点"指能够统合某领域诸多复杂问题的核心要素，如网络法问题围绕网络发展与网络安全展开，网络发展与网络安全就是网络法领域的"连接点"。领域法虽然是以解决复杂的实际问题为导向，但其并不是简单的规范集合，而是对具体规范的体系化梳理。其对于具体规范的体系化整合就是通过确定"连接点"来实现的。因此，"连接点"的存在必然是多层次的。以科技法为例，其最高层次的"连接点"就是科学技术，[1]所以其能够统合涉及科技进步、技术交易与安全、科技成果转化等次一级的"连接点"，从而整合《科学技术进步法》《专利法》《促进科技成果转化法》等具体法律规范。当然，"连接点"之间的关系并不只有次级"连接点"被高级"连接点"统摄的纵向关系，也包括同一层级的"连接点"之间彼此独立又相互递进的横向关系。全面把握各"连接点"之间的纵横关系，有利于理顺某一领域法体系的建构逻辑。

"调整适用"环节则强调要融领域法思维于法治实践。领域法学范式对立法的价值在于明确社会生活中的有些问题并不能像部门法一样以某种标准分门别类，而需要以整体、动态的视角去观察和剖析，这样才能避免立法活动受到部门法思维的局限。领域法学范式对司法与执法的价值在于形成了问题导向的规范集合，面向实际、逻辑自洽的规范集能够帮助司法者与执法者避免在法律适用过程中出现疏漏，有效应对一些新兴、交叉领域所带来的法律问题。[2]

(二) 领域法学与法学研究的体系化

领域法学的价值既在于同部门法学形成了前述"同构而互补"的关系，从而弥补了传统部门法划分所带来的法学学科体系包容性不足的问题，又在于其能够聚合社会科学甚至自然科学等不同学科的智识资源，促成不同学科

---

〔1〕《中国科学技术政策指南》指出："所谓科技法，是指国家调整因科学技术所产生的各种社会关系法律规范的总称。"参见国家科学技术委员会：《中国科学技术政策指南》（科学技术白皮书 第1号），科学技术文献出版社1986年版，第96页。

〔2〕参见刘剑文、胡翔：《"领域法"范式适用：方法提炼与思维模式》，载《法学论坛》2018年第4期，第82—83页。

间的交流互动，共同促进某一领域问题的解决。从更深层次的角度加以分析，领域法学的价值在于推动法学研究的体系化，既通过构筑自足、发展的法学体系推动法学研究的内部体系化，又通过促进不同学科的交互实现法学研究的外部体系化。

中共中央办公厅、国务院办公厅印发的《关于加强新时代法学教育和法学理论研究的意见》第四部分指出："优化法学学科体系……推进法理学、法律史等基础学科以及宪法学与行政法学、刑法学、民商法学、诉讼法学、经济法学、环境与资源保护法学、国际法学、军事法学等更新学科内涵……加强立法学、文化法学、教育法学、国家安全法学、区际法学等学科建设，加快发展社会治理法学、科技法学、数字法学、气候法学、海洋法学等新兴学科……"意见的出台表明国家顶层设计对于法学学科体系建设高度重视，并有意识地划分不同学科的类型。其将法理学与法律史认定为基础学科，同时又将社会治理法学、科技法学、数字法学等认定为新兴学科。可见，意见中蕴含了法学学科的两种分类标准，一是依据学科的现实适用性将法学学科分为基础学科与应用学科，二是依据学科发展程度将法学学科分为新兴学科与非新兴学科。新兴学科与非新兴学科划分的重要意义在于强化对特定学科建设的力度，而传统法学研究则更加重视意见中体现的第一种法学学科归类方法，其还有另外一种表述，即理论法学与应用法学。理论法学强调知识本身，侧重于研究法律现象和法学中的概念、范畴、原则、价值、理论等问题，间接为解决现实问题提供指引。应用法学则侧重于直接研究法律现象和法学中的技术、程序、规范、行为等现实问题，与法律实践保持着更密切的联系。[1]所以理论法学包括法理学、法律史、法社会学、法心理学等法经验科学，应用法学则包括除理论法学之外所有贴近法律实践的法学学科。[2]由于应用法学主要包含刑法、民商法、宪法与行政法及其各自的诉讼法等部门法，[3]其又

---

〔1〕 参见郑永流：《重识法学：学科矩阵的建构》，载《清华法学》2014年第6期，第100页。

〔2〕 参见杨仁寿：《法学方法论》（第二版），中国政法大学出版社2013年版，第129—130页。

〔3〕 在我国，《宪法》原则上不能直接用于司法裁判，而我国当下也没有建立违宪审查制度。但宪法学以"宪法"作为研究对象，关于宪法文本的适用研究是不可或缺的。参见林来梵：《宪法学讲义》（第三版），清华大学出版社2018年版，第16—17页。全国人大审议通过的《立法法（修正草案）》也增加了主动审查与专项审查的规定，进一步健全了备案审查机制。所以，本书认为，未来我国《宪法》在适用性上的争议将有所缓解，宪法学更应属于应用法学的范畴。

被称为部门法学，即理论法学与部门法学相对应。[1]

随着法学学科的不断丰富，部门法学这一范式的包容性已显得捉襟见肘。正如《关于加强新时代法学教育和法学理论研究的意见》中所指出的，军事法学、文化法学、科技法学、数字法学等学科都难以纳入部门法学中。与部门法学"同构而互补"的领域法学恰能弥补部门法学包容性不足的问题。解志勇教授即提出以基础学科与领域学科作为法学的二级学科，并在基础学科内区分传统型基础学科与现代型基础学科，从而统摄包括法理学、法律史、宪法学和刑法学、民商法学、行政法学及其配套的程序法，以领域学科统摄经济法学、国际法学、环境法学、军事法学等基于领域性问题而发展的学科。[2]但显然，上述分类中基础学科的内涵与意见中关于"基础学科"的内涵规定不一致，将基础学科分为传统型与现代型两类不仅缺乏理论上的支持，也让基础学科的内涵显得过于宽泛，不利于保持法学基础学科内涵的稳定性。因此，不妨沿用"理论法学"与"应用法学"这一对划分法学学科类型的概念工具，不过此时的"应用法学"不再与"部门法学"等义，而是同时包含了"部门法学"与"领域法学"。如此，理论法学将统领意见中所提及的法理学、法律史等法学学科，而应用法学将统合除理论法学之外的所有的法学学科，既包括宪法学与刑法学、行政法学、民商法学及其配套的诉讼法学等传统的部门法学，还将包括意见中所提及的经济法学、环境与资源保护法学、文化法学、教育法学、国家安全法学、科技法学、数字法学等领域法学。至此就形成了一个边界清晰、外延完整的法学学科体系。形成前述法学学科体系既能够保障理论法学内涵的稳定性，体现法学的科学品格，又能通过应用法学的自我发展提高我国法学学科体系的包容性和开放性，体现法学的与时俱进。

不同学科之间从来都不是相互孤立、相互隔绝的，尤其是在领域性问题频发的当下，不同学科的交流互鉴显得尤为必要。领域法学的出现为不同学科间的交互、协调提供了契机。以社会治理法学的发展为例，领域法学这一范式为社会治理法学研究者从社会学中探求群体性问题的生成机制、从经济学中了解社会维稳机制的改善模式奠定了基础。只有在领域法学的视野下，

---

〔1〕 参见郭建果、钱大军：《法律体系的定义：从部门法模式到权利模式》，载《哈尔滨工业大学学报（社会科学版）》2021年第6期，第58页。

〔2〕 参见解志勇：《法学学科结构的重塑研究》，载《政法论坛》2019年第2期，第13—22页。

社会治理法学的发展才能够摆脱传统的部门法学思维，避免陷入缺乏学科认同的困境。同时，领域法学坚持问题导向，对任何能够解决社会治理法律问题的经验与资源都保持着开放、接纳的态度，避免了仅以教义学方法应对综合性社会治理问题的尴尬局面。可以说，领域法学范式的适用打破了社会治理法学的学科壁垒与专业槽，让任何有利于社会治理法律问题解决的要素获得了被平等看待的机会，即任何一个学科的理论或者方法在领域法学的场域中都不具有天然的优越性，它们都服务于领域性问题的解决。这也就满足了尤尔根·哈贝马斯（Jürgen Habermas）所倡导的理想言谈场景的必备条件：所有人都应当享有平等的机会，在论证中作出自己的贡献。[1]质言之，领域法学为不同学科间的交往互动提供了理想平台，从而使得法学研究更加紧密地嵌入整个学术研究的体系之中。

（三）　文化法的领域法学构建

学界关于文化法性质的讨论具有浓厚的部门法学思维，认为文化法的性质就是指文化法作为一项部门法所调整的法律关系的性质。[2]因而得出的结论，或认为文化法是不包含文化私法规范的文化公法，或认为文化法属于社会法的范畴。[3]此种从法律关系的性质出发界定规范体系属性的模式沿袭了部门法依据调整对象进行划分的标准。[4]本质上，前述学者界定文化法的性质就是试图为文化法寻求一个部门法的地位，正如环境法、教育法、科技法等方向的研究者曾尝试的那样。[5]

决定一个学科体系归属最直接的因素就是该学科应当承继的研究方法和思维模式。[6]文化法规制的对象包括新闻广播电视、出版发行、图书馆、博

---

〔1〕　参见［德］尤尔根·哈贝马斯：《包容他者》，曹卫东译，上海人民出版社2002年版，第47页。

〔2〕　参见周艳敏、宋慧献：《文化法学导论》，北京大学出版社2017年版，第23页。

〔3〕　参见肖金明：《文化法的定位、原则与体系》，载《法学论坛》2012年第1期，第26页。

〔4〕　当然，也有学者主张脱离传统部门法思维来看待文化法性质，指出文化法是包括了文化私法、文化公法、文化经济法的多层次规范体系。参见周刚志：《论中国文化法律体系之基本构成》，载《浙江社会科学》2015年第2期，第28—32页。

〔5〕　参见徐祥民、巩固：《关于环境法体系问题的几点思考》，载《法学论坛》2009年第2期，第21—28页；劳凯声：《教育法的部门法定位与教育法法典化》，载《教育研究》2022年第7期，第17—30页；牛忠志：《论科技法在我国法律体系中的部门法地位——兼论传统法律部门划分标准的与时俱进理解》，载《科技与法律》2007年第5期，第9—15页。

〔6〕　参见李琛：《著作权基本理论批判》，知识产权出版社2013年版，第85页。

物馆、文化馆、名胜古迹、珍贵文物等文化事业或者文化产业领域以文化权力运用与文化权利行使为中心的各类活动及其产生的各类关系。可见，文化法面对的是复杂、交叉、动态的领域性问题，不仅需要不同法律部门的协力，还需不同学科的知识支持。部门法则以特定的调整对象或者特定的调整方法为划分标准，力争实现的是严格的知识系统化与精确化，[1]这与文化法律问题公私交叉、主体多元的特质是相悖的。且以领域法视角来认识文化法的性质，并指导文化法体系的构建，文化法亦能获得自身独立之品格。另外，领域法学的适用不仅可以使文化法始终处于动态的发展中，不断将涉及文化权力运用与文化权利行使的现象纳入规制范畴，而且能够实现文化法学与其他社会科学学科的交互与共振。显然，文化法与领域法学的研究方法与思维模式较为契合，自应定位于领域法的序列之中。以文化法作为主要研究对象的文化法学自应归于领域法学的范畴之内。

领域法学虽然是以问题为导向的法学研究范式，但其并不仅是一种形成与适用规范集合的理论。相反，领域法学同样秉持着体系化的追求，力图在"现实问题法律化"的基础上实现理论的抽象与拔高。[2]故领域法学之于文化法发展的价值，不仅在于明确了文化法及文化法学的性质与定位，进而避免学科独立性的质疑，还在于揭示出了文化法体系的建构逻辑、基本原则与基本构成，即勾勒出文化法的"外在体系"与"内在体系"。[3]

领域法并不是对规范的简单堆砌，而是基于问题导向对具体规范全面系统的整合，具有深刻的内在逻辑。如何把握某一领域法体系的建构逻辑，关键在于明确该领域法体系内的"连接点"以及理顺各"连接点"间的彼此联系。[4]因此，把握文化法体系的建构逻辑核心自然就是要厘清文化法规范体

---

〔1〕 参见吕忠梅：《环境法回归 路在何方？——关于环境法与传统部门法关系的再思考》，载《清华法学》2018 年第 5 期，第 13 页。

〔2〕 参见侯卓：《"领域法学"范式：理论拓补与路径探明》，载《政法论丛》2017 年第 1 期，第 92 页。

〔3〕 "外在体系"是指按照形式逻辑规制构造的抽象的、普遍的概念体系。"内在体系"是指以"开放的原则"以及原则中彰显的价值基础作为核心基准点的体系。参见 [德] 卡尔·拉伦茨：《法学方法论》（全本·第六版），黄家镇译，商务印书馆 2020 版，第 549 页、第 603 页。

〔4〕 "连接点"理论是领域法学研究中重要的方法论，这一范式适用的目的是构筑某一特定领域的法规范体系，而规范集合之所以能被称为"体系"，根本在于其内在构建逻辑及理论化程度，所以"连接点"理论本质上就是明确某一领域法规范体系建构逻辑的方法。

系中的"连接点"。

如前所述，我国文化法中的文化是指新闻广播电视、出版发行、图书馆、博物馆、文化馆、名胜古迹、珍贵文物等文化事业或者文化产业领域中，以文化权力运用与文化权利行使为中心的各类活动及其形成的各类关系。不难发现，文化权力运用与文化权利行使正是文化法体系的核心要素。无论是政府运用公权力推进文化设施建设、发展文化产业还是实施文化市场监管，其核心目的都是保障文化权利的实现。权利主体主张公民文化权利也是为了让静态权利得以动态实现。所以，"文化权力运用"与"文化权利行使"本质上又体现于文化权利实现这一目标之中。由此，我们可以得出一个结论：文化法体系最基本的"连接点"应为"文化权利的实现"。

文化权利的实现这一"连接点"何以统摄其他更次一级的"连接点"？用以赛亚·伯林（Isaiah Berlin）提出的两种自由学说来分析文化权利的实现途径，可以将其分为消极保护与积极保障两种方式，前者与"消极自由"（即主体可不受妨碍地实施某种行为）相对应，后者与"积极自由"（主体可以要求国家履行保障其权利实现的义务）相对应。文化权利的消极保护主要包括文化资源保护、文化成果权益调整两个方面的内容，即公民可以自由进行科学研究、文艺创作，自由利用创作成果，而不受其他个人、组织甚至国家的妨碍，个人、群体、法人、非法人组织甚至国家也可以不受妨碍地传承、发展与利用文化遗产。但两者之间最大区别在于，文化资源分享者并不享有文化成果收益权这一独占性财产权利，相反，任何尊重文化遗产内涵与形式的转换、发展均是被允许的。可见，文化权利消极保护的本质是明确义务人的不作为义务。文化权利的积极保障则强调国家或政府为保障权利主体实现文化权利应当履行的作为义务或主体责任。从发展文化事业与繁荣文化产业的不同目标出发，[1]文化权利的积极保障又包括了文化资源保护、公共文化服务保障、文化市场监管与文化产业促进这几个方面内容。公共文化服务保障是政府负有的提供公共文化产品、完善公共文化设施与开展公共文化活动的肯定性义务，[2]旨

---

〔1〕　文化事业是指提供公共文化产品与服务的公益性文化部门；文化产业是指从事文化产品的研发、生产及提供文化服务的经营性行业。参见周正刚：《文化事业与文化产业关系辨正》，载《东岳论丛》2010年第11期，第140页。

〔2〕　《公共文化服务保障法》第2条：本法所称的公共文化服务，是指由政府主导、社会力量参与，以满足公民基本文化需求为主要目的而提供的公共文化设施、文化产品、文化活动以及其他相关服务。

在满足公民基本文化需求。文化市场监管属于文化治理的一个方面，其以对文化活动施加限制和约束的形式呈现，核心目的是寻求文化领域各个利益之间的平衡以及维持文化活动的基本秩序。[1]文化市场监管的本质是为文化权利划定边界与范围，保障文化权利合理正当实现。可见，公共文化服务保障与必要文化监管均强调公益性，为文化市场提供间接服务或设置必要的限制，属于发展文化事业的范畴。文化产业促进则是政府负有的为特定文化行业以及特定文化从业者提供包括资金支持、税收减免等促进措施的肯定性义务，属于繁荣文化产业的范畴。文化资源保护是政府负有的保护国家文化资源的肯定性义务，以为人们传承、发展与利用文化遗产奠定基础。

至此，文化法体系建构的基本逻辑已较为清晰，即以文化权利实现为逻辑原点，区分文化权利的消极保护与积极保障，进而统摄文化资源保护、文化成果权益调整、文化产业促进、文化市场监管以及公共文化服务保障这五个次一级的"连接点"。同时，从文化产业形成发展的视角来看，五个次一级的"连接点"之间也呈现出一定程度的内在联系：文化资源保护这一个"连接点"的核心是维护物质文化资源与非物质文化资源等文化资源的完整性与本真性，为文化资源的创造性转化与创新性发展形成优质的文化产品奠定基础。文化成果权益调整这一"连接点"的核心除维护公民文化参与、文化分享的自由外，还保障公民文化成果收益。通行的方式是建立著作权制度，明确财产权的配置，因为明晰的财产权配置是文化产品进入市场、实现有效率交易的前提。[2]文化产业促进这一"连接点"的核心是政府通过直接资助、税收减免等方式支持文化产品的生产者与经营者，直接作用于文化产业。文化市场监管这一"连接点"的核心是通过诸如淫秽品管制、公共传播渠道管理等方式，规范文化市场的秩序。两者本质上都为文化市场的健康发展提供保障。公共文化服务保障这一"连接点"的核心是确保文化服务设施的供给，进而间接服务于文化市场。由此，文化法中五个次一级的"连接点"分别作用于文化法治体系形成的不同环节，共同致力于我国文化事业和产业建设的整体繁荣发展。

---

〔1〕 参见周艳敏、宋慧献：《文化法学导论》，北京大学出版社 2017 年版，第 81 页。
〔2〕 参见熊琦：《著作权的法经济分析范式——兼评知识产权利益平衡理论》，载《法制与社会发展》2011 年第 4 期，第 39 页。

上 编

文化法总论

第一章

国家法治体系中的文化法

在全面依法治国方略和文化强国建设背景下，我国文化领域的法治工作有序推进。文化法治建设从文化法的概念和定位两个方面展开研究，梳理出"国家法治体系中的文化法"这一主题的核心内涵，界定文化法内涵和外延，为探讨文化法搭建共同话语平台。在此基础上，本章立足于时代背景，综合考察我国的文化建设需求和法治建设需求，体系化解读我国文化领域的相关政策、法律，明确新时代我国文化法的基本理念和宗旨，指引我国文化法治体系的建设。

第一节 文化法的概念

一、文化法概念的考察

由于"文化"一词在不同语境下拥有不尽相同且相互不冲突的多种含义，文化法的概念也具有多样且模糊的特点。根据《辞海》的解释，文化法规是指通过司法程序形成的、规范国家文化管理和社会文化生活关系的一系列法律制度的总称。纵向来看，中国的文化法规体系由宪法、法律、行政法规和地方性法规等多层次法律规范构成；横向来看，中国文化法规体系是以宪法为核心，横跨行政法、民商法、经济法、社会法、刑法和诉讼法等多部门的规范体系。诚然，从规范层面考察文化法这一概念仅能发现文化法并非某一确定的部门法，而是由多部法律、行政法规以及国家政策共同组成的，规范文化领域各类社会关系的规范性法律文件集合。因此，对于文化法概念的理解，需要充分考察不同视角下文化法概念的差异，并分析不同概念间差异形成的底层原因以及基本逻辑，进而探究出不同时期、不同立场、不同区域对于文化法概念的影响情况。

学界中多位学者在对文化法的概念进行界定时，提出了不同观点。肖金明教授认为，"文化法是法律体系的重要组成部分，它与其他领域的法律相互关联且自成体系，并与其他领域的法律一样以宪法确立的文化政策与文化权利作为基石，是国家和地方制定的调控文化行为、调整文化关系和保障文化权利的规范体系。"[1]周艳敏教授和宋慧献教授认为，文化法的规范对象是文化活动中围绕文化利益形成的权利/权力与义务关系，其法律体系就是由确认、限定以及实现文化利益即文化权利，以及调整由此产生的权利义务关系的规范构成的法律体系。[2]周叶中教授、蔡武进教授认为，"我国文化法是一个立足中国国情，调整中国文化领域社会关系，旨在保障中国公民文化权利，促进社会主义文化强国建设的规范体系。"[3]周刚志教授、李琴英博士则对试图从"文化"概念入手界定"文化法"概念的路径表示批判，并认为文化法体系是由文化权利保护法、文化遗产保护法、公共文化服务法和文化产业相关法四部分构成的法律体系。[4]齐延平教授、彭双杰博士认为，可以将文化法治分为规制法和权利法两个维度，文化规制性规范指向全体性文化法益，承担客观价值指引功能，文化权利性规范指向个体性文化法益，其功能主要通过赋权与权利救济等方式实现。[5]

对此，通过对文化法概念的考察，可以发现学界观点总体呈现出以下特点：其一，文化法是统治阶级为管制意识形态而设计的制度工具；其二，文化法是保障公民实现文化权利的制度；其三，文化法是规范社会主体参与文化生活具体行为的制度；其四，文化法是激励一国文化繁荣和社会文化发展的制度；其五，文化法是具有内在体系性和一致性的制度。不同立场和不同历史背景下，文化法的内涵因主客观原因的影响而存在差异，究其本质，从

〔1〕肖金明：《文化法的定位、原则与体系》，载《法学论坛》2012年第1期，第26页。

〔2〕参见周艳敏、宋慧献：《文化法学导论》，北京大学出版社2017年版，第19页。

〔3〕周叶中、蔡武进：《论我国文化法的场境、意境与面向》，载《法学杂志》2015年第2期，第31页。

〔4〕参见周刚志、李琴英：《论"文化法"：契机、体系与基本原则》，载《江苏行政学院学报》2018年第6期，第125页。

〔5〕参见齐延平、彭双杰：《文化法哲学的基本特征与双层范畴》，载《山东大学学报（哲学社会科学版）》2023年第5期，第170页。

性质维度出发，文化法是处理和调整一国涉及文化领域各类社会关系的制度工具，并旨在通过由其所构建制度的运行，实现某一国家、民族在某一特定时期的文化治理目标。

二、文化法概念的厘清

厘清文化法概念的要点在于，梳理出我国文化法的立法价值取向以及现实需求，合理界定符合新时代我国文化强国建设需要的文化法体系的核心要义，以基础性概念指引文化法学体系的建构。文化法构建的核心应当是树立由全国各族人民认同的文化领域法律治理范式。诚如崔新建教授指出的，在培养全社会、全民族产生文化认同时，首先需要明确与其相对应的一个关键概念——"文化冲突"，即"不同文化之间、不同人们的文化之间的碰撞、对抗和交锋"。[1]在此基础上，面对因立足于不同价值所产生的文化层面的冲突，应通过一系列有计划、有目的的调控手段在某一地区或范围之中形成一定的文化认同。正是基于前述文化认同的现实需求，具有内在逻辑一致性以及拥有合理方法论的文化法学研究体系才具有建构的必要性。习近平总书记指出，"没有中华文化繁荣兴盛，就没有中华民族伟大复兴。一个民族的复兴需要强大的物质力量，也需要强大的精神力量。没有先进文化的积极引领，没有人民精神世界的极大丰富，没有民族精神力量的不断增强，一个国家、一个民族不可能屹立于世界民族之林。"[2]我国文化自信的构建需要在法治保障层面予以加强，并且通过具有内在科学性的方法进行系统研究。2023年，中共中央办公厅、国务院办公厅印发了《关于加强新时代法学教育和法学理论研究的意见》，其中指出需要加强文化法的学科建设。而文化法概念的厘清是文化法治体系建设以及文化法学领域研究的基础和关键。

在国家政策方针的指引下，结合上文对文化概念的界定，文化法应被界定为：在新时代全面依法治国背景下，以习近平文化思想为指引，以推进文化强国建设为目标，通过多元手段调整复杂文化社会关系、规制多样文化领域行为、协调文化利益整体格局的法治体系。

---

〔1〕　崔新建：《文化认同及其根源》，载《北京师范大学学报（社会科学版）》2004年第4期，第106页。

〔2〕　习近平：《坚定文化自信，建设社会主义文化强国》，载《求是》2019年第12期，第6页。

该定义的进一步明确需要从我国文化法治体系建设的不同侧面出发，从而综合分析我国文化法的基本要义。第一，文化法治体系构建是在全面依法治国背景下进行的，核心是以习近平文化思想为指引，以文化强国建设目标为立足点并将其作为基本立场。全面依法治国是我国文化法构建的背景，党的十八届四中全会对全面依法治国战略作出部署，其中明确提出要加强重点领域立法，保障公民文化权利得到落实。在我国现行法律制度体系中，文化法的构建尚需完善，加强文化立法是完善中国特色社会主义法律体系的必然要求。〔1〕2023 年，习近平文化思想的提出是对中国特色社会主义文化建设的系统性总结，也是对我国文化发展方向的展望。习近平文化思想是一个不断展开的、开放式的思想体系，在新时代文化建设宏伟实践中展现出强大伟力，在担当新时代新的文化使命中彰显其真理力量，必将随着实践的深入不断丰富发展。〔2〕文化法治体系的构建和完善，是习近平文化思想得以落实的重要保障，因此文化法的建构及学术研究，需要以习近平文化思想作为指引，力求通过文化法治体系的运行实现推动文化繁荣、建设文化强国、建设中华民族现代化文明的新的文化使命。进入新时代后，党带领全国各族人民共同推进文化事业和文化产业的体系化升级，从而提升全国人民的文化自信能力，进而实现文化强国目标。因此，在构建文化法治体系和展开文化法学研究时，应当以文化强国建设作为立足点，即以此作为最基础的价值取向。文化兴则国运兴，文化强民族强法治体系是国家治理体系的骨干工程。因此，在法治层面加强文化相关事业和产业的建设，提高文化治理水平和能力是必然的要求。

第二，以多元手段调整复杂文化社会关系，立足于当下我国文化领域的发展现状以及现实需求。改革开放以来，我国在文化领域发扬民族文化的基础上，协调多样且复杂的文化诉求，其根源在于市场经济以及改革开放的引领使以不同价值诉求为引导的多元文化利益追求同时出现，包容、开放的文化发展观念是我国在文化治理进程中的重要落实进路。基于文化活动产生的复杂的社会关系，亟须完备且高效的法治体系对前述社会关系加以调整。因此，文化法的首要任务就是通过多元的法治手段调整复杂的文化社会关系。

---

〔1〕 参见朱兵：《话说新形势下的文化立法》，载《全国人大》2015 年第 17 期，第 46 页。

〔2〕 参见郑敬斌：《习近平文化思想是一个不断展开的、开放式的思想体系》，载《光明日报》2023 年 10 月 18 日，第 6 版。

具体而言，文化领域的社会关系是基于文化资源保护、文化产业促进、文化成果权益调整、文化市场监管以及公共文化服务保障五方面的活动而产生的，这五个方面相互联系又各自独立。文化法是综合公法和私法多元手段，在厘清五项复杂文化社会关系的核心范畴、主体及客体的基础上对文化社会关系进行调整的法律。

第三，以多元手段规制多样文化领域行为。不同于前述对复杂文化社会关系的调整，对文化领域行为的规制更多体现出文化法治体系的约束和强制功能。诚如石东坡教授所指出的，"广义的文化立法是对应社会、政治、经济、文化的基本结构，调整文化领域以文化行为、文化管理等为载体的社会关系的各种法律原则和规范的总称。"[1]文化行为是人民群众行使文化权利、进行文化交往、享受文化成果的必然纽带和重要方式，同时文化领域行为也是文化关系产生的重要根源。此外，文化领域行为并不仅限于本国抑或某一地区范围内的局限交往，还包括借助于互联网技术实现的世界互联互通的文化交往，其重要体现即为文化行为的国际化。在我国进入改革开放深化的当前阶段，世界同样处于发展和变革的关键时期，当今世界正经历百年未有之大变局，"世界多极化、经济全球化深入发展，科学技术日新月异，各种思想文化交流交融交锋更加频繁，文化在综合国力竞争中的地位和作用更加凸显，维护国家文化安全任务更加艰巨，增强国家文化软实力、中华文化国际影响力要求更加紧迫。"[2]为此，从国家文化强国建设以及社会文化发展需求两个层面分别出发，通过多元手段将文化行为加以规范化是新时代文化法的重要任务，同时也是文化法治体系构建的内在应有之义。

第四，以多元手段协调文化利益整体格局。在前述两项文化法治任务的基础上，我国文化法治体系构建的最终目标是形成人民群众各得其所、国家治理体系和治理能力全面提高、民族文化自信自强得到巩固、文化发展日益繁荣的文化利益整体格局。文化利益格局协调的最终目标，应当是减小各方文化利益冲突、满足多方文化利益需求，这需要通过改进既有文化治理路径

---

〔1〕 石东坡：《文化立法基本原则的反思、评价与重构》，载《浙江工业大学学报（社会科学版）》2009 年第 2 期，第 192 页。

〔2〕 《中共中央关于深化文化体制改革推动社会主义文化大发展大繁荣若干重大问题的决定》（2011 年 10 月 18 日中国共产党第十七届中央委员会第六次全体会议通过），载《人民日报》2011 年 10 月 26 日，第 1 版。

加以落实，从而发挥文化法治的最大内在效能，充分激发我国文化法治的效率和活力。[1]良好的文化利益格局也是我国文化自信和文化强国建设的关键，在协调的文化利益整体格局下，人民群众即可以有序参加文化活动、进行文化交往。完备的法治保障体系既可以行使其规制功能，同时也可以发挥法律的引领功能。文化法治体系的构建能促进社会形成尊重文化、保护文化、促进文化的整体氛围，进而推动文化强国建设。

第二节　文化法的定位

"五位一体"总体布局和"四个全面"战略布局是以习近平同志为核心的党中央治国理政战略思想的重要内容，其为推进全面建设社会主义现代化国家指明方向，是对新时代党和国家事业发展作出科学完整的战略部署。[2]文化建设在"五位一体"总体布局中处于基础性、先导性地位，[3]全面依法治国是"四个全面"战略布局的制度支柱，是治国理政的基本方略，其他三个全面则是全面推进依法治国的必要价值和功能补充。[4]从这一维度解析，文化法治体系的构建是"五位一体"总体布局以及"四个全面"战略布局的"交叉点"，其作为文化领域各项工作稳定发展的重要制度保障，对其定位进行全面解读需要从全面推进文化建设、全面依法治国两个维度分别进行，在全面推进文化建设维度下就其与经济、政治、社会以及生态文明建设间的关系予以解析，并在全面依法治国维度下就其与全面建设社会主义现代化国家、全面深化改革以及全面从严治党三个全面之间的关系予以厘清。

一、全面推进文化建设下的文化法

文化法治体系的构建是全面推进文化建设的法治保障，在厘清新时代国

---

〔1〕　参见周怡、张江：《制度与文化并重：新时期利益格局调整的路径》，载《学术月刊》2012年第4期，第19—20页。

〔2〕　参见习近平：《高举中国特色社会主义伟大旗帜 为全面建设社会主义现代化国家而团结奋斗——在中国共产党第二十次全国代表大会上的报告》，2022年10月16日发布。

〔3〕　参见立言：《文化建设：社会主义现代化国家的固本之举》，载《党史文苑》2020年第11期，第45页。

〔4〕　参见莫纪宏：《"四个全面"：习近平治国理政思想的精髓》，载《新疆师范大学学报（哲学社会科学版）》2015年第3期，第2页。

家法治体系下文化法的定位这一问题时，需要首先从文化建设这一维度出发，从全面推进文化建设下的文化法任务以及其与"五位一体"总体布局的关系两个方面进行分析，揭示文化法的时代意义与内在价值。

（一）全面推进文化建设下的文化法任务

1. 保障文化事业发展

文化事业是由受国家财政资助的公益性文化事业或非营利性文化产业共同组成的具有公益性和公共性的事业活动。受到文化核心资源、基础设施、传播载体、科学技术、人才资源及公共产品供给影响，文化事业的发展在很大程度上制约甚至决定了我国文化产业的发展水平，文化事业的发展对于文化产业的繁荣具有促进作用。[1]自党的十八大以来，我国积极关注文化事业领域的发展，以保障人民文化权利得到落实为目标，通过出台《公共文化服务保障法》《公共图书馆法》等法律和诸多配套行政法规，将文化事业的发展规范化和制度化。

在全面推进文化建设目标下，以文化法治体系的构建保障文化事业发展主要体现在以下方面：其一，巩固文化自信，加强社会主义精神文明建设。进入新时代，文化自信是建设社会主义文化强国的重点，是彰显我国文化发展过程之中保证意识形态正确的关键。中国特色社会主义的发展需要将马克思主义基本原理同中国具体实际、中华优秀传统文化相结合。前述"两个结合"是我国发展的必由之路，也为我国文化事业发展指明方向。在上述理论指导下的文化法治体系构建是通过立法形式确立我国文化事业发展的基本政治立场。其二，保障公民文化权益，实现物质生活与精神生活共同富裕。"中国式现代化是全体人民共同富裕的现代化。共同富裕是中国特色社会主义的本质要求，也是一个长期的历史过程。"[2]新时代的共同富裕理念力求推动全体人民实现共同富裕，其内在要求是人民群众的物质生活和精神生活都富裕，[3]发展高质量的文化事业即是保障精神生活实现富裕的重要途径。构建文化法治体系，有助于厘清公共文化服务设施和公共文化活动的义务主体和

---

〔1〕 参见范志杰：《发展文化事业促进文化产业政策研究》，财政部财政科学研究所 2013 年博士学位论文，第 48 页。

〔2〕 习近平：《高举中国特色社会主义伟大旗帜 为全面建设社会主义现代化国家而团结奋斗——在中国共产党第二十次全国代表大会上的报告》，2022 年 10 月 16 日发布。

〔3〕 参见习近平：《扎实推动共同富裕》，载《求是》2021 年第 20 期，第 8 页。

权利主体，明确其中文化利益的具体分配方式有助于充分保障公民文化权利的全方位实现。[1]其三，提高社会文明程度，形成良好文化氛围。文化是一个国家、一个民族、一个社会的灵魂，是凝聚和引领民众的精神力量，也是衡量一国综合实力的重要指标。文化事业发展水平的高低，是一个社会文明程度的重要体现。良好的社会文化氛围，既能够激发社会文化的整体繁荣，又有利于自觉保护文化资源意识的形成。文化法治体系的全方位构建是文化发展的重要保障，这在文化事业领域尤为凸显——通过平等的文化事业法治体系引领文化资源充分保护、文化成果积极创造。其四，充分保护和开发文化资源，传承中华优秀传统文化。守正创新是新时代文化使命的重要内容，我国拥有丰富的文化资源和文化成果，中华文明具有突出的连续性、创新性、统一性、包容性和和平性。[2]为促进优秀传统文化的传承，文化法治体系要发挥重要保障作用，构建有效且切实的法治保障体系，将文化资源类型化，并明确资源保护工作的义务和分工，以保障我国优秀文化资源代代相传。

2. 促进文化产业繁荣

相较于文化事业而言，文化产业具有经营性和市场性，是创意型、中介型、周期型、引致型产业，文化事业的发展为文化产业的繁荣提供文化资源、文化资本、文化科技、文化人才，并且有助于培育文化消费需求，营造产业发展环境。[3]促进文化产业繁荣是新时代推进我国文化工作的重点方面，随着国内外市场的进一步开放和科学技术的日益进步创新，文化产业在类型和内容上均得到前所未有的增加和丰富，《中共中央关于制定国民经济和社会发展第十四个五年规划和二〇三五年远景目标的建议》更是将健全文化产业体系作为"十四五"时期经济社会发展的主要目标之一。文化产业主要是依靠市场力量驱动，由文化成果创造者和分享者共同参与，由政府等公权力部门加以协调，并由具有权益公平调整、市场秩序严格监管、创造活力积极引领特点的文化产业法治保障体系调整。

---

〔1〕 参见杨利华：《从应然权利到实然权利：文化权利的著作权法保障机制研究》，载《比较法研究》2021年第4期，第129页。

〔2〕 参见习近平：《在文化传承发展座谈会上的讲话》，载《求是》2023年第17期，第5—6页。

〔3〕 参见范志杰：《发展文化事业促进文化产业政策研究》，财政部财政科学研究所2013年博士学位论文，第1页。

具体而言，在促进文化产业繁荣这一维度下，文化法治体系的建设需要着重在以下方面予以具体落实：其一，深化文化体制改革，加强文化市场体系建设，扩大优质文化产品供给。文化产业不同于其他产业，其具有无形性与有形性并存的特点，并且该产业的发展方向又在很大程度上影响着我国社会的意识形态和社会思想方向。因此，在文化体制改革的进程中，需要加强文化法对文化产业的监管和保障作用，完善文化产业规划和政策规则，在促进文化产业发展的同时，实现社会效益与经济效益相统一，并将社会效益置于首位。其二，因应数字时代技术发展，推动文化产业数字化建设。随着近年来数字技术的日益进步和革新，数字文化产业逐渐成为文化产业中附加值最高、形式最为普遍的产业模式。在这一背景下，文化法治体系同样需要针对转型过程中的文化产业，及时予以规则层面的回应，面对新兴技术在文化领域的应用，构建起包容性更强的制度体系，从而助力国家实施文化产业数字化战略，加快发展新型文化企业、文化业态、文化消费模式。其三，拓宽国际视野，构建促进国际文化合作与交流的制度和规则。在文化强国的建设和文化自信的巩固过程中，文化产业发挥着增强我国文化国际软实力与维护我国文化主权的作用。[1]在国际文化竞争的背景之下，由文化法治体系保障跨国文化交往交流、文化产品的自由流通与有效传播，是我国进入新时代后促进文化产业繁荣的关键。

（二）全面推进文化建设下的文化法与"五位一体"总体布局

在"五位一体"总体布局之中，经济建设因事关国家命脉而位于首位；政治建设关乎我国的发展方向，事关国家治理体系和治理能力现代化发展水平；社会建设是发展中国特色社会主义的重要目标；而生态文明建设是中国特色社会主义的新要求。在这一背景下，文化建设与其他四方面建设共同构建起新时代中国特色社会主义发展的总体布局，五方面相互影响且深度融合。加强文化法对于全面推进文化建设的保障，对于"五位一体"中另外四方面的作用具体如下：

其一，文化法治体系的构建能够激励文化产业带动经济建设的高质量发展。如前所述，文化产业已经在我国经济发展中占据较大比重，文化产业也

---

〔1〕　参见刘谢慈：《新时代背景下文化法的范畴界定与实施方法》，载《求索》2018 年第 3 期，第 141 页。

与多个相关产业具有深度且密切的关联，文化法治体系是体系化的法治体系，文化产业促进、文化市场监管、文化成果权益调整三方面规则共同为文化业发展提供全面保障，有助于我国经济建设的高质量发展。在文化法的保障下，由文化产业带动部分行业的发展是新时代经济建设的新机遇。其二，文化法治体系的构建能够保障政治建设中意识形态的正确。实现国家治理体系和治理能力现代化是政治建设的主要目标，积极和健康的政治生态的形成和巩固需要文化建设的助力，文化事业角度下的文化法治体系构建能够通过文化建设的强化带动政治文化的建设，进而能够保障我国政治建设朝正确的方向发展，保障党领导的根本地位绝不动摇。其三，文化法治体系的构建能够协助建设具有良好氛围的社会格局。文化发展水平是衡量新时代我国社会建设成果的重要指标，新时代文化发展也是社会建设的重要方面之一，切实可行的文化法治体系有助于社会建设的高质量发展，即提高全社会的文化认知水平、文化整体实力。其四，文化法治体系的构建能够促进生态文明建设有序进行。生态文明建设需要依靠全社会对于生态资源保护达成一定共识，文化法治的完善能够影响和引领社会公众认知，使其就某一项社会目标达成一致。在推进社会生态文明建设向高质量发展目标推进的过程中，文化法同样发挥了重要的引领作用。

二、全面依法治国下的文化法

全面依法治国是我国从"法制"向"法治"升级和转化的重要战略部署，其通过多元化的途径以及系统性的制度对我国法治体系予以完善。其中，文化法治体系的构建与完善是在习近平文化思想指引下，推进全面依法治国战略落实的最新时代要求，全面依法治国战略下的文化法治体系建设拥有其内在构建逻辑。

（一）全面依法治国下的文化法任务

1. 文化立法任务

立法是推进全面依法治国四个环节中的首要环节，符合我国实际需要，且具有严密立法程序和论证流程的文化法治体系是构建具有中国特色文化法治体系的基础。就文化领域的立法任务而言，应当充分考虑到我国当前文化领域立法实践所存在的现实困境，具体而言又可以从文化事业领域的立法和文化产业领域的立法两方面展开。文化事业是通过国家力量保障公民基本文化权利得以实现的重要过程，文化产业则是通过市场力量以及政府力量激励文化产品的创造和传播。针对前述两方面分别进行全面立法，有助于将文化活动和行为中产生的各类社会关系予以厘清，从而使社会公众对于其文化权利与义务产生合理预期。诚如有学者所指出的，我国文化法治体系的全面立法工作已经开启，并且呈现出逐年上升的态势，但是在此过程中，保持理性的立法态度并且使用科学的立法机制是确保新发展阶段我国文化建设良性发展的关键，立法思维的革新也将评价文化立法是否成功的标准由数量向质量转变。[1]具体而言，我国全面、系统的文化立法工作的推进也应当确立清晰、明确、符合实际的价值立场和思维导向，以构建"服务型"文化法治体系为核心，以习近平文化思想背景下我国文化强国建设为总体目标，以其私法和公法融合背景下的社会法属性为立足点，同时在整体上加快文化立法、提高文化建设法制水平早已达成共识，[2]但是有序推进体系化的文化法治体系建设仍然是全面依法治国下文化法有待完善的首要任务。

2. 文化执法任务

严格执法是促进文化法治体系建设得到全面落实的第二个重要环节。执法能够避免通过一定程序而订立的法律因缺乏可执行性而变为一纸空文。其重要作用一方面在于，能使以政府为主导的公权力机关在行使权力时做到有法必依，在代表国家行使公权力时避免滥用权力进而导致公民的合法权利遭受不当侵害，通过严密的法律体系约束国家公权力机关的行为；另一方面，严格执法的任务在于保障国家公权力机关的行权行为符合立法目标，国家公权力机关履行其对于公民的义务、保障社会公众享有的某方面权利得到落实。政府在进行文化领域执法活动时应严格遵守法律规定，既需要以积极作为的方式促进社会整体文化法治环境的构建，还需要严格遵循立法规定，不得超出法律规定的范围进而导致公民文化权利遭受不当限制。同时，文化法作为兼具公法和私法属性特点的综合性法律体系，其公法属性的另一体现即在于通过文化法律体系明确规定公共文化服务部门、文化资源保护部门、文化产业促进部门、文化市场监管部门等国家行政机关的主体责任和义务。文化立

---

〔1〕　参见计为民：《文化立法 重在革新立法思维》，载《人民之声》2016年第6期，第5页。

〔2〕　参见陈柳裕：《文化立法研究：共识、争议、进展及其评判》，载《浙江工商大学学报》2012年第5期，第5页。

法思维的革新在于有效且合理地设计文化法调整的多方主体的权利与义务关系，[1]协调文化执法者、文化参与者、文化分享者的地位，进而通过制度层面的利益分配促进我国文化法治水平的全面提高。

3. 文化司法任务

司法是利用国家力量对不同社会主体之间发生的纠纷进行裁决的重要环节，是维护社会公平正义的最后一道防线。在文化法治体系的构建中保障文化司法的公正性同样具有现实意义，诚如熊文钊教授所指出的，文化司法是保障文化权利在诉讼层面得到落实的重要渠道，同时也是公民文化权利救济的关键途径。[2]就我国的司法实践而言，文化领域的司法实践集中体现于文化市场中各文化活动产生的民事及行政纠纷。进入新时代以来，互联网发展背景下的短视频平台等各类新型文化产业层出不穷，在此背景下的文化司法活动已不仅仅是发挥协调各个主体之间纠纷的功能，更是对全社会起到引领和指引作用。然而，就当下的现实情况而言，文化司法水平及公正性均有待加强。总体而言，裁判者需要兼顾文化领域纠纷结果的调停作用和导向作用，立足于我国现阶段文化发展需要、社会公众文化利益诉求、由文化事业和文化产业组成的文化建设工作实际、文化强国和文化自信的构建目标，以公平公正的司法裁判保障多方主体在文化活动中的权益得到落实。具体而言，裁判者在审理文化领域相关纠纷案件时，应当提高对我国文化法治体系的整体认知，从文化事业、文化产业两个维度对纠纷予以界定。

4. 文化守法任务

守法是全面依法治国的最广泛要求，立法、执法、司法与守法之间共同形成全面依法治国的完备体系，四个方面相互作用，最终落实于守法层面。守法是公民敬畏法律、自觉遵守法律的体现，全民守法的社会环境为我国法治建设提供了重要的基础。新时代，文化法治建设同样需要以全民守法为构建目标，通过文化法治体系的教化和引领，使社会公众形成文化守法的意识，进而产生保护文化资源和文化成果的自觉，这对文化法治建设的真正实现具有至关重要的作用。

---

〔1〕 参见伟民：《文化立法：从"短板"到提速》，载《浙江人大》2016 年第 7 期，第 49 页。

〔2〕 参见熊文钊等：《文化法治基本理论研究》，中国社会科学出版社 2021 年版，第 195—196页。

（二）全面依法治国下的文化法与"四个全面"战略布局

文化法治体系作为推进全面依法治国中的重要实践，对全面建设社会主义现代化强国具有重要保障意义。2014 年 11 月，习近平总书记在福建考察调研时提出"协调推进全面建成小康社会、全面深化改革、全面推进依法治国进程"这"三个全面"。同年 12 月，习近平总书记将"三个全面"这一战略升级为"四个全面"，即要"协调推进全面建成小康社会、全面深化改革、全面推进依法治国、全面从严治党，推动改革开放和社会主义现代化建设迈上新台阶"。[1]2020 年 10 月，党的十九届五中全会将四个全面中的"全面建成小康社会"的表述更新为"全面建设社会主义现代化国家"，以此将我国发展的战略规划列入新的阶段。这一表述的"更新"既是我国在未来发展的重要愿景，也符合我国发展的实际需要。进入新时代以来，我国国家发展的整体战略需求以及人民群众生活的需求已经实现了"小康"，因此拥有了更高层面的追求，其主要体现在不仅限于物质层面的富足，还要进一步追求精神层面的富裕。

首先，构建文化法治体系是全面建设社会主义现代化国家战略目标下在文化领域的最新任务。在该战略布局的背景之下，文化法治体系的构建具有战略性意义。文化是社会治理的重要构成因素，完善文化治理体系和提高文化治理能力事关国家长治久安和民族复兴。[2]文化法治的体系化构建有助于我国国家文化软实力、文化自信和文化自强的全方位提升，从文化事业到文化产业，在完备的法治体系下，符合新时代中国特色社会主义需要的优秀文化都能够得到充分发扬。一方面，对传统文化资源的有力保护有助于充分挖掘我国文化的精神底蕴以及内在活力，赋予其新的时代内涵，进一步激发其时代意义；另一方面，新时代的文化法治建设能够保障文化整体繁荣，在国家层面体现为我国文化成果日益丰硕，人民文化权益得到全面保障和落实。在这一维度下，文化法治体系能够全方位促进我国实现精神层面的共同富裕，进而保障我国全面建设社会主义现代化国家目标的落实。

其次，文化法治体系构建是全面深化改革的侧面体现。改革是推动社会

---

〔1〕　参见《习总书记首谈"四个全面"意味着什么》，载 http://www.xinhuanet.com//politics/2014-12/16/c_1113661816.htm，最后访问日期：2024 年 4 月 26 日。

〔2〕　参见李积萍：《新时代中国特色社会主义文化治理的实践思考》，载《中州学刊》2022 年第10 期，第 84 页。

进步的重要动力,也是我国发展的重要方式。自 1978 年改革开放以来,我国在政治、经济、文化等全领域多方面推进改革措施,通过多项国家层面的举措实现我国各领域的发展。自党的十八大以来,我国不断将改革进一步深化,其目标在于完善和发展中国特色社会主义制度,推进国家治理体系和治理能力现代化。因此,在全面深化改革的进程中,必须更加注重改革的系统性、整体性、协同性,加快发展社会主义市场经济、民主政治、先进文化、和谐社会、生态文明,让一切劳动、知识、技术、管理、资本的活力竞相迸发,让一切创造社会财富的源泉充分涌流,让发展成果更多、更公平地惠及全体人民。[1]而改革的深化和推进需要法治予以保障,诚如姜伟教授所指出的,全面深化改革和全面推进依法治国之间的辩证关系可以用"法治思维和法治方式引领改革""全面深化改革有利于促进法治完善"加以概括。[2]

全面深化改革的进程中,文化领域的改革也是重要的组成部分。《中共中央关于全面深化改革若干重大问题的决定》第 11 项为"推进文化体制机制创新",具体要求则为"建设社会主义文化强国,增强国家文化软实力,必须坚持社会主义先进文化前进方向,坚持中国特色社会主义文化发展道路,培育和践行社会主义核心价值观,巩固马克思主义在意识形态领域的指导地位,巩固全党全国各族人民团结奋斗的共同思想基础。坚持以人民为中心的工作导向,坚持把社会效益放在首位、社会效益和经济效益相统一,以激发全民族文化创造活力为中心环节,进一步深化文化体制改革。"[3]文化体制机制创新的进一步细化可以总结为完善文化管理体制、建立健全现代文化市场体系、构建现代公共文化服务体系以及提高文化开放水平四个方面。文化法治体系的建立能够助力全面深化改革战略的推进,其中文化体制机制改革的进行尤其需要文化法治体系的保驾护航。同时,改革的内在意涵旨在对于落后的制度和机制进行及时的更新。我国在文化领域的系统性立法应当说是自改革开

---

〔1〕《中共中央关于全面深化改革若干重大问题的决定》,载《人民日报》2013 年 11 月 16 日,第 1 版。

〔2〕参见姜伟:《全面深化改革与全面推进依法治国关系论纲》,载《中国法学》2014 年第 6 期,第 29 页。

〔3〕《中共中央关于全面深化改革若干重大问题的决定》,载《人民日报》2013 年 11 月 16 日,第 1 版。

放后才开始逐步推进的，并且当下仍然在进一步完善中。诚如有学者所指出的，2006 年是我国文化领域立法工作有序推进的第一个高峰时期。[1]其本质原因在于，国家上层在彼时深刻意识到文化体制和机制需要系统性改革和突破，有序推进文化领域的立法工作。2006 年，中共中央和国务院共同发布《关于深化文化体制改革的若干意见》，并在其中指明要加强文化立法、健全文化法律法规的整体任务和要求。同年，文化部发布《文化部立法工作规定》，并在其中对于如何进一步推进文化立法工作进行细化。其后，我国分别颁布了《非物质文化遗产法》《电影产业促进法》《公共图书馆法》等文化领域的相关法律。文化领域的改革是全面深化改革的重点，其通过文化培育、感化社会公众，从整体层面提高我国文化水平，并通过构建协调多元社会关系的文化法治体系，助力改革深化进行。

最后，文化法治体系的构建有助于全面从严治党。2023 年 10 月正式提出的习近平文化思想强调，党要对宣传思想文化工作进行全面领导，落实政治责任，勇于改革创新，强化法治保障，建强干部人才队伍，为担负起新的文化使命提供坚强的政治保证。[2]党的领导是确保符合新时代中国特色社会主义建设的文化法治体系的正确方向以及有效运行的根本，而中华优秀传统文化对党的思想的浸润是党积极正向领导文化工作的前提。如前所述，文化作为一种社会现象，其不仅与经济、民族、宗教、文艺等领域相关，而且与政治、思想和意识形态等领域密切相关。全面从严治党是习近平总书记提出的新时代党的自我改革的重要途径，其中"思想建党"是全面从严治党的基本思路之一，其与"制度建党"紧密结合，共同作用于党的自身改革。[3]就思想建党而言，应通过道德和党纪约束党员的行为，规范党员应尽的职责。在全面从严治党的进程之中，基于正确的价值观、客观的历史、全面的实践所形成的具有我国特色的、符合党的革命传统的文化法律规制体系发挥着重要且基础性的作用。文化对于全面从严治党的实践意义在于，可以通过先进的

---

〔1〕　参见金莹：《公共文化服务的立法促进研究》，西南政法大学 2022 年博士学位论文，第 13 页。

〔2〕　参见《坚定文化自信秉持开放包容坚持守正创新 为全面建设社会主义现代化国家 全面推进中华民族伟大复兴提供坚强思想保证强大精神力量有利文化条件》，载《人民日报》2023 年 10 月 9 日，第 1 版。

〔3〕　参见肖贵清、杨万山：《全面从严治党的时代意义及基本途径》，载《山东社会科学》2015 年第 7 期，第 21 页。

文化构建党内的顶层设计规则，并且根植于中华优秀传统文化，树立正确的价值观以及积极的意识形态，以此对党内的治理发挥推动作用。完善的文化法治体系能够通过规范性的法律文件对不同文化进行筛查，并通过配套机制实现先进文化的发展以及文化与国家治理、从严治党之间关系的协调。

第二章

文化法的调整对象

文化法调整对象的厘清是界定文化法学研究框架的基础，也是文化法学体系建立的核心，其核心问题在于文化法涉及哪些具体领域的社会关系、其各自有何特点以及内部之间有何关联。从法理学维度出发，法律的功能在于调整一定的社会关系，并以此实现一定的利益目标。习近平总书记指出，新时代的文化使命是在新的起点上继续推进文化繁荣、建设文化强国、建设中华民族现代文明。[1]文化法调整对象也需要基于前述逻辑予以界定。在领域法学立场下，需要将文化法学调整对象的领域进行体系化分类和界定，从而使研究具有理论价值以及实践意义。"文化"作为一个相对抽象的概念，在接受法律调整时，首先需要对现行文化领域的相关法律法规进行规范化厘清，以梳理出我国文化建设的内在逻辑。在此基础上，对其外在表现形式加以明确，对文化法所规范的主体之间的权利义务关系进行明晰，进而探明其中的利益关系结构。

党的十八届四中全会指出，要"建立健全坚持社会主义先进文化前进方向、遵循文化发展规律、有利于激发文化创造活力、保障人民基本文化权益的文化法律制度。"党的十八大以来，我国的文化法律制度得到了长足发展，多部文化法律、文化行政法规、文化行政规章相继出台，文化法规范体系已初具规模。但目前学界对于文化法体系的基本构造未能达成一致认识。肖金明教授认为，我国应当构筑宪法文化权利与宪法文化政策两块基石、文化事业法制与文化产业法制两个侧面、中央文化立法与地方文化立法两个层面、文

---

[1] 参见习近平：《在文化传承发展座谈会上的讲话（2023 年 6 月 2 日）》，载《求是》2023年第 17 期，第 10—11 页。

化政策与文化法律两个方面相结合的文化法体系。[1]回顾既有的文化法学研究成果，不同学者对于文化法的调整对象作出了不同的梳理，并呈现出不同层面的认知。例如，刘承韪教授认为，我国文化法体系应当包含文化基本法、文化事业法和文化产业法三个层次，调整对象也与之对应。其中文化基本法是总则部分，文化事业法是分则中的公法部分，文化产业法是分则中的私法部分。[2]周刚志教授则主张文化法体系至少应当包括"文化权利法""文化遗产法""公共文化服务法""文化产业相关法"四个部分。[3]另外，周艳敏教授和宋慧献教授认为，文化法仅包括文化宪法与文化行政法，主要可分为文化权利法、文化监管法、文化促进法。[4]文化法体系的构建须得遵循其内在逻辑，并且尽可能保持该体系的包容性，彰显文化法作为领域法这一包容性范式的本质。[5]因此，本书将文化法体系的调整对象划分为"基于文化资源保护的社会关系""基于文化成果权益调整的社会关系""基于文化产业促进的社会关系""基于文化市场监管的社会关系""基于公共文化服务的社会关系"五个方面，其各自独立又相互联系。从文化资源保护到公共文化服务，五个方面依次推演出新时代背景下我国文化事业和文化产业从产生到分配的利益运行逻辑，其与文化法分则的五大体系建构模式相契合。

第一节　基于文化资源保护的社会关系

文化资源是文化产品创造的基础，因此与其保护相关的法律法规是我国文化法治体系构建的首要环节，也是我国文化建设中的重要部分。文化资源保护法属于公法，通过规定文化资源保护主体、文化资源保护手段、文化资源保护失职的责任承担，以保障文化资源得到有效保护。此外，由于文化资源类型多样、表现形态有所差别，以何种分类方式对文化资源加以类型化，

---

〔1〕　肖金明：《文化法的定位、原则与体系》，载《法学论坛》2012 年第 1 期，第 31 页。

〔2〕　参见刘承韪：《我国文化法学的内涵与原则》，载《山东大学学报（哲学社会科学版）》2023 年第 5 期，第 181 页。

〔3〕　参见周刚志、李琴英：《论"文化法"：契机、体系与基本原则》，载《江苏行政学院学报》2018 年第 6 期，第 129—130 页。

〔4〕　参见周艳敏、宋慧献：《文化法学导论》，北京大学出版社 2017 年版，第 25 页。

〔5〕　参见佘倩影：《"领域法学"：法理视野与话语共建》，载《法学论坛》2018 年第 4 期，第 93—95 页。

也是厘清基于其产生的社会关系的重要任务。

一、文化资源核心范畴界定

保护文化资源是行政主体所肩负的重要责任和义务，也是构建文化强国的必要前提。习近平总书记曾指出，只有全面深入了解中华文明的历史，才能更有效地推动中华优秀传统文化创造性转化、创新性发展，更有力地推进中国特色社会主义文化建设，建设中华民族现代文明。[1]文化资源的保护是实现我国文化强国的基础、根基，对其给予充分保护，一方面将有利于充分梳理我国既有文化成果，探寻中华文化、文明的根基；另一方面将为文化资源的再次利用和整体分配提供有力保障。

（一）文化遗产资源

作为中华文明传承的载体，文化遗产资源是我国文化资源保护的核心，其既包括有形的、以文物为主的物质文化遗产，也包括无形的非物质文化遗产，二者共同组成了我国的文化遗产资源。首先，根据对文物的一般定义，文物是人类通过社会活动遗留下来的具有历史、艺术、科学价值的遗迹和遗物。我国《文物保护法》从可保护文物的角度界定文物资源。文化遗产资源中的另一重要组成部分是非物质文化遗产资源，联合国教科文组织颁布的《保护非物质文化遗产公约》将非物质文化遗产规定为被各社区、群体，有时是个人，视为其文化遗产组成部分的各种社会实践、观念表述、表现形式、知识、技能以及相关的工具、实物、手工艺品和文化场所。这种非物质文化遗产世代相传，在各社区和群体适应周围环境以及与自然和历史的互动中，被不断地再创造，为这些社区和群体提供认同感和延续感，从而增强对文化多样性和人类创造力的尊重。我国《非物质文化遗产法》第2条第1款规定，非物质文化遗产，是指各族人民世代相传并视为其文化遗产组成部分的各种传统文化表现形式，以及与传统文化表现形式相关的实物和场所。从文化资源的角度理解非物质文化资源即可发现，其由非物质和文化遗产两个基本要素构成，即以无形形式表现的具备文化价值、历史价值的遗存。前述有形的文物与无形的非物质文化遗产从侧面体现出文化资源形态的多样性。在文化

---

〔1〕 参见习近平：《在文化传承发展座谈会上的讲话（2023年6月2日）》，载《求是》2023年第17期，第5页。

法治体系建构和完善的背景下，类型化和体系化是文化资源保护所形成社会关系的核心。通过相应的法律及时加以明晰，调整由此产生的社会关系，合理分配不同主体所享有和负担的权利义务，有助于文化活动各方主体有序、高效利用文化资源。

（二）档案和版本文化资源

档案是指过去和现在的各社会组织以及个人从事经济、政治、文化、社会、生态文明等方面活动直接形成的对国家和社会具有保存价值的各种文字、图表、声像等不同形式的历史记录。[1]版本是指中华文明典籍资料，是中华文明看得见、摸得着、信得过的信证。[2]档案和版本资源作为客观事实的记载，同样是我国文化资源保护的对象，并且在新发展阶段具有关键意义。近年来，我国先后成立了中国历史研究院和国家版本馆，其一方面旨在传承文化资源，为后代保留丰富的中华文化"种子库"；另一方面旨在使文化资源成为中华文明连续性发展的有力见证。浩如烟海的文化典籍，典籍版本的代代相传，见证和记载了世界上唯一没有中断的中华文明。

二、基于文化资源保护的社会关系的特点

（一）具有公法属性

基于文化资源保护所形成的社会关系的核心特征是其公法属性。不同于后文将论述的基于文化成果权益调整所形成的社会关系的私法属性，公法属性既是对文化资源公共性特点的总结，也是对由其所形成的主体间权利义务关系的总结。文化资源保护是文化强国建设的必要前提，文化资源是同时具备重大文化价值和经济价值的关键载体，是民众了解历史、认知传统的重要途径。就较为关键的文化遗产保护而言，其通常依据文化遗产表现形式分为物质文化遗产保护和非物质文化遗产保护。文化强国的建设需要厚重文化资源的支撑，其义务主体是由公众税收支撑运行的档案馆、博物馆等。一方面，政府财政资助能够对文化资源给予有效保护；另一方面，政府的财政资助又

---

〔1〕《档案法》（2020年修订）第2条第2款："本法所称档案，是指过去和现在的机关、团体、企业事业单位和其他组织以及个人从事经济、政治、文化、社会、生态文明、军事、外事、科技等方面活动直接形成的对国家和社会具有保存价值的各种文字、图表、声像等不同形式的历史记录。"

〔2〕中国国家版本馆：《努力建成赓续中华文明的"种子库"》，载 https://www.cnapc.cn/bgxw/2023/06/03/detail_gk_202309013290.html，最后访问日期：2024年4月26日。

促使文化资源充分发挥社会公益的价值功能。公法属性的特点将基于文化资源保护形成的社会关系划分为相关公权力主体承担文化资源管理、维护责任，后续文化资源由社会公众充分利用的相对关系。

（二）属于文化事业范畴

基于文化资源保护的社会关系在范畴界定上属于文化事业建设的重要组成部分。新时代人民日益增长的美好生活需要也包含日益增长的文化需要，多元丰富的文化资源才能浇灌出多元的文化产业与文化成果，服务于新时代人民多元的文化需求。以国家为范围，既有这种被绝大多数人认可并推崇的大众化文化生活方式，也有分布在各地区的由民族、部落、社群共享的小众文化。基于文化资源保护形成的社会关系在最终价值取向上是以推动文化整体繁荣作为目标，只有多元的文化资源才能塑造多样的文化产业、文化市场，激发文化附加值，扩大文化影响力，从而在文化领域中立足民族、放眼世界，将以国家为基本范畴的文化资源保护扩大到世界文化资源保护，推进我国文化事业建设的整体发展。同时，基于文化资源保护所形成的社会关系也是人民群众文化权益落实的核心体现，在此关系中，人民群众的文化成果分享权外化体现于基于文化资源保护的利益格局划分，是衡量我国文化事业发展水平的重要指标。

（三）调整手段具有多元性

基于文化资源保护的社会关系在调整手段上具有多元性特点。鉴于多样的文化资源与多元的文化需求，文化资源保护必然也要通过多种手段，以适应不同情形下的文化资源保护需求。我国目前的文化资源保护立法、执法、司法、守法多措并举，未来也需要多点发力，共同发挥作用。我国文化资源内涵丰富，既包含属于文化遗产范畴之内的物质以及非物质文化遗产，又包括档案、版本等文化资源，虽然在主体范围上具有广泛性，但总体而言仍属于文化权利外化体现的一部分。我国《宪法》第 22 条第 2 款指出，"国家保护名胜古迹、珍贵文物和其他重要历史文化遗产。"可见，我国将文化遗产保护工作摆在了突出位置。而《文物保护法》等专门法强化了对物质文化遗产的保护，国家又出台《非物质文化遗产法》保障非物质文化遗产的传承与发展，还鉴于内部不同类型文化资源保护手段的差异性另外制定了大量的行政法规以及部门规章进一步细化文化遗产的保护规则。对此，在未来我国可以考虑制定统一的"文化遗产法"来统合物质文化遗产与非物质文化遗产的保护，因为两种形态的文化遗产虽然在形式上有所不同，但在功能和价值上是一致的，互为表里，相互依存，[1]事实上难以将物质文化遗产与非物质文化遗产的保护完全分开。因此，在修订《文物保护法》以及《非物质文化遗产法》的基础上，出台统一的"文化遗产法"更符合文化遗产一体保护的原则。

第二节　基于文化成果权益调整的社会关系

创作是文化成果产生的根源，是成果产生的核心过程，而由此产生的文化成果则为创作行为的最终结果。在文化法体系下，调整文化成果权益既能够激励文化作品创作和传播，推动文化产业繁荣发展，也能够为社会公众留下足够好的文化资源，促进其文化权利的实现，推动我国文化事业的建设。

一、文化成果权益核心范畴界定

文化成果权益影响着平等民事主体的核心利益，在建设文化强国的新时代，文化成果权益日益成为民事主体财产权的重要组成部分，受到民法和著作权法规则的调整。

一方面，从公民的基本文化权利角度来看，公民的文化权利既包括涉及文化参与、文化分享的政治权利，也包括涉及文化成果收益的民事权利。[2]我国《宪法》第47条前半段对公民在文化领域的政治权利作了明确规定，强调我国公民享有"进行科学研究、文学艺术创作和其他文化活动的自由"，表明了我国对于文化权这项基本人权的切实保障。

另一方面，从民事主体的文化权利来看，权利的界定是民事主体创作出

---

〔1〕　参见王云霞：《论文化遗产权》，载《中国人民大学学报》2011年第2期，第21页。

〔2〕　周艳敏教授、宋慧献教授认为，文化权利不应当包含著作权这一私权，因为文化权作为一项"人之为人"而享有的固有、基本、不可剥夺的权利，与通过创作才能享有的暂时、可以被取消的知识产权存在本质的区别。参见周艳敏、宋慧献：《文化法学导论》，北京大学出版社2017年版，第68—69页。但本书以为，《世界人权宣言》以及《经济、社会及文化权利国际公约》既然将"文化成果收益权"作为文化权的组成部分，就肯定了其人权的本质，而"文化成果收益权"与著作权并无二致。另外，"人格权说"作为分析著作权正当性的重要学说，其主张作品是作者人格的表现物，作品应当归属于作者，作者最应成为以作品为对象的权利人，那么以作品为客体的著作权自然就属于一项"人权"。最后，若考察著作权的历史，天赋人权思想的确立与资产阶级革命的成功与著作权制度诞生具有直接关系。综上，文化权利应当包含著作权。

优秀文化成果进而促进我国文化强国建设的基础，权利边界的明晰是利益分配的基础。我国对于公民文化成果收益权的保障则是通过《著作权法》这一专门法来实现的，保障创作者因文化创造而获得精神上的尊重与经济上的回馈，进而激励更多的文化创新。[1]党的十八大以来，我国出台《民法典》、修改《著作权法》，一系列立法工作为文化成果的确定和保护提供了坚实有力的制度基础。利益的分配既体现着构建文化市场的公平交易的基本准则，以使民事主体对其文化成果享有相应的民事权益，也是与文化法治体系中其余调整对象相互衔接的重点。在对"基于文化资源保护的社会关系"以及"基于文化产业促进的社会关系"调整的基础上，民事主体可以在既有文化成果的基础上进行创作、创新。文化成果的传播目的是实现其财产价值，此即要求以系统且全面的权利调整机制加以协调。其中，权利的确定是首要条件，权利的运用和限制是重要条件，权利的救济和保护是关键条件，三方面共同构建起较为完整的文化成果权益调整机制。民事主体依照此规则在市场中对其创作产生的文化成果进行自由利用和交易，并依靠所获得的财产和精神利益继续文化的创新发展。

二、基于文化成果权益调整的社会关系的特点

(一) 具有私法属性

基于文化成果权益调整形成的社会关系具有私法属性，其本质上是法律调整的平等民事主体间权利义务分配的社会关系。实现由管制型文化法治体系向保障型文化法治体系的重要迈进，强化文化法的私法属性自不待言，体现为民事主体为保护自身权益不受他人任意侵犯而形成的契约能够得到法律层面的救济。明确界定文化成果权益主体的权益是建立运行良好的社会经济秩序的保障，因为文化成果权益已经成为我国文化市场中人们获得经济利益的重要资本。社会公众只有能够依据法律预设的规则判断归属于自己的权益类型，并确保他人会尊重自己的权益，以对自己的行为后果有所预期，才会遵守相关法律规则，使文化市场和文化事业有秩序地发展。私法属性特点使得基于文化成果权益调整形成的社会关系是平等的，无论文化活动中的参与

---

[1] 参见杨利华：《从应然权利到实然权利：文化权利的著作权法保障机制研究》，载《比较法研究》2021年第4期，第135页。

主体属于何种类别，其在文化成果权益调整维度下均属于平等民事主体，可以得到相关法律的平等赋权和救济。因此，在文化法治体系中厘清此类社会关系有助于充分保障文化活动参与者针对其创作的文化成果享有垄断性的排他性权利，进而激发日后的继续创作，长远促进我国文化的整体繁荣发展。

（二）属于文化产业和事业交叉范畴

基于文化成果权益调整形成的社会关系属于文化产业和事业交叉的范畴，其具有范畴融合性的特征。《民法典》和《著作权法》是构建起文化成果权益调整的核心法律，二者共同对文化成果的运用、交易等方面进行全面保护，并在此基础上实现激励功能，促进我国文化产业的繁荣发展。从文化产业发展来看，文化成果作为精神和思想的载体，通过交易进行传播有助于文化发展目标的落实，也有利于文化交流的实现。如果文化成果权益缺乏法律层面的保障，则无法促进文化成果进入传播渠道，进而不利于社会文化的进步。从文化事业发展来看，文化是满足人民日益增长的美好生活需要，促进人德、智、体、美、劳全面发展的重要因素，激励文化成果的传播和利用，能够最大程度上促进我国文化自信和文化强国的构建。同时，在相关法律规则构建时，立法者需要同时兼顾文化参与主体的民事权利和社会公众的文化分享权，因而在文化成果权益保障法律制度层面设定了一系列限制机制。此类限制制度的宗旨在于防止民事主体过分垄断其文化成果而不将其与社会公众共同分享，不利于社会文化的发展和繁荣。简言之，兼具文化产业和文化事业特征的交叉范畴属性，使基于文化成果权益调整的社会关系能够充分保障社会整体层面的文化需要。

第三节　基于文化产业促进的社会关系

基于文化产业促进形成的社会关系具有社会法属性，其核心在于要求政府等公权力主体负担起相应的促进文化产业发展的义务和责任，引导文化产业发展方向。进入新时代以来，我国文化产业的发展十分迅速，且在互联网技术的驱动下，文化产业在国家经济的整体布局中占据重要地位。文化促进是以经济、制度或政策手段，实现文化创造与其他活动的自由、活跃和平等，作品丰富、多元与传递畅通，文化设施充足与便利等。[1]基于文化产业促进的社会关系是前述文化法的首要调整对象——基于文化资源保护的社会关系保护的发展和延伸。文化资源得到充分利用的一项重要标准即是其在市场中发挥经济价值，从这一角度分析，文化产业的繁荣发展即是文化资源得到利用的体现，基于文化产业促进而形成的社会关系即是文化法所调整的第三项社会关系。

一、文化产业核心范畴界定

21 世纪以来，文化产业的发展整体呈现出传统文化产业与新兴文化产业共同发展，传统文化产业向新兴文化产业转型的趋势。二者共同构建起我国文化产业体系，且发挥着不同的功能和作用。其所形成的社会关系推动政府对不同文化行业、产业制定具有针对性的财政补贴等激励政策，从而扩大文化产业的整体规模、增加不同文化产业的创收，进而推动我国文化的繁荣发展。具体而言，基于文化产业促进的社会关系由传统文化产业和新兴文化产业共同构成。

（一）传统文化产业

传统文化产业是文化产业的基础，也是文化产业的基本形式。相较于其他传统行业，文化产业以人的智力创造成果及其相关产物作为产品进行工业化的制造与传播，是文化创造、文化传播在世界绝大多数市场经济国家的市场化表现，是市场经济环境下促进文化发展的重要环节。对于一国的经济发展和思想发展而言，传统文化产业占据着十分重要的地位。具体而言，传统文化产业的典型特点是其是以非互联网形式呈现的，是由无形欣赏型文化产业和有形文化产品交易共同构成的综合性产业。无形欣赏型文化产业包括现场表演、展览等，有形文化产品交易包括图书、报纸、期刊、画作等以文化成果与其物质载体为共同交易物的文化产品交易，其共同构筑的传统文化产业在新发展阶段中仍然具有较强的市场活力，同时与新兴文化产业的客体也是互相转化的，因此保障传统文化产业的基础性作用具有重要意义。

（二）新兴文化产业

新兴文化产业是以互联网为代表载体，同时以多样化的数字化创新形式

---

　　[1]　参见周艳敏、宋慧献：《文化法学导论》，北京大学出版社 2017 年版，第 117 页。

作为表现方式的新兴产业，交互性和虚拟性是其重要特点。互联网和虚拟传播技术是激发新兴文化产业活力的关键，互联网作为载体使文化产品愈发凸显出更高的经济价值，如 2021 年在全球范围内兴起的非同质化代币（Non-Fungible Token，NFT）数字作品所代表的新兴文化产业就冲破了社会公众对于文化产业的固有认知。ChatGPT、文心一言、Sora 等人工智能技术直接改变了文化成果创作方式，极大降低了文化成果创作成本，俨然成为发展文化产业的新质生产力。未来，各类新兴文化产业将不断变革和更新，我国文化法治体系需要予以及时回应。

（三）传统与新兴文化产业的内在联系

由前述内容可知，文化产业所涉及的方面较为丰富且具有内在逻辑一致性，从传统文化产业到新兴文化产业，文化产业所包含的客体十分丰富，这也符合我国文化强国建设目标的价值取向。促进文化产业发展的社会关系则凸显出促进主体的义务性。政府作为文化产业促进的重要主体，在此类社会关系的范畴界定中处于较为核心的地位，将其限定为"促进"地位而非管制或惩罚的地位，是使其区分于基于文化市场监管所形成社会关系的重点，也是单独界定基于文化产业促进的社会关系的重点。分别针对传统文化产业发展和新兴文化产业发展的现实需要和实际情况而制定有所差别的文化产业促进规则，并构建符合不同文化产业发展特点的规范，能够厘清相关义务主体在产业促进中的责任，同时也有助于相关文化参与主体的权利得到有效实现。

二、基于文化产业促进的社会关系的特点

（一）具有公法属性

文化产业促进法作为具有公法属性，且具体体现为规定公权力主体义务性质的法律规范，其基于文化产业促进所形成的核心社会关系，也呈现出以公法属性为主的特点。公共文化服务保障与文化产业促进本质上都需要政府履行文化促进的积极义务，但两者的主要不同之处在于公权力介入的程度不同。前者仅需要政府为公民或者文化遗产权利人实现其文化权利，提供诸如美术馆、博物馆、图书馆、电视广播等服务或设施，而后者则需要政府直接"下场"，采取直接参与（如国有单位直接作为文化产业的经营者）、资金支持（如政府赞助特定文化活动甚至特定艺术家）、体制支持（如设置文艺基金

会或对文化经营活动设立税收优惠政策）等举措。[1]政府主导下的文化产业促进相较于公共文化服务保障将面临更多关于公平价值的拷问。因此，文化产业的促进必须在法治的轨道上推进，避免文化产业促进活动被异化，不当影响社会公正。我国目前已经出台《电影产业促进法》，并且统一的文化产业促进法也已形成草案，静待立法机关审议通过。由此，我国文化产业促进规范体系也将初具规模，未来将全力服务于文化产业繁荣发展的目标，保障文化权利的全面实现。

（二）权利具有救济可能性

基于文化产业促进形成的社会关系的权利主体享有积极权利。不同于文化资源保护法中权利主体更多是享有一种较为消极的权利，文化产业促进法的权利主体可以通过积极的方式行使其权利。具体而言，文化产业促进法通过具体促进手段，有针对性地对于具体文化产业予以补贴和资助，从而实现激励相关文化产业发展的目标。在此过程中，较为重要的是体现文化政策民主的特点，即文化产业促进需要加强社会公众在政策制定过程中的参与度，确保过程公开透明、广泛吸取社会意见，从而保障文化产业的促进是有针对性的促进。文化产业促进法中的各项权利性规定赋予文化活动参与主体得到救济的机会，这也是保障新时代文化产业得以良性发展的关键。

正因如此，在基于文化产业促进的社会关系中，作为通过被动接受行政主体资助等以发挥灵活性来带动文化产业发展的个人、法人或非法人组织主体，应当享有该项被鼓励或被促进权的救济权。具体而言，则体现为当行政主体不公正地或具有非正当偏向地促进某些特定主体发展文化产业时，可以由法院予以纠正。其一方面有助于及时救济被促进者的权利，保障其参与文化产业的热情，另一方面也能够从更高层面实现对政府文化促进职能的监督。

第四节　基于文化市场监管的社会关系

文化市场监管与文化产业促进相对，是对文化活动的逆向抑制。就防止滥用文化权利损害公共利益、影响社会公共秩序而言，文化市场监管是必要的。所以文化市场监管法本质上是通过公权力的介入维系文化权利人与其他

---

[1]　参见周艳敏、宋慧献：《文化法学导论》，北京大学出版社2017年版，第127—128页。

个人、组织、公众之间利益的平衡。我国尊重公民文化与表达的自由，同时也重视基于公共利益采取必要的文化市场监管措施，《宪法》第 51 条正是我国实行必要文化市场监管的根本依据。在文化市场监管具体规范制定方面，我国已经出台了《刑法》《出版管理条例》《印刷业管理条例》《音像制品管理条例》《广播电视管理条例》等一系列法律法规，形成了以淫秽品管制、公共传播渠道管理为主要内容的文化市场监管规范体系。未来，以淫秽品管制为代表的事后追惩方式的判定标准应当得到进一步具体明确，而公共传播渠道管理的事先限制模式则应充分注意与文化权利保障之间的协调。对此，我国文化法治体系中基于文化市场监管的社会关系需要进行范畴界定和规范厘清。

一、文化市场监管核心范畴界定

文化市场安全、文化市场秩序稳定是新时代我国文化良好、健康发展的基础。随着文化市场的日益扩大，文化市场中的不良现象也随之增加，淫秽传播物不断增多、抄袭和盗版现象泛滥、恶意篡改和玷污他人形象的文化产品频繁出现，这一系列行为导致文化市场中呈现出的负面效应越来越大。破坏社会思想、精神秩序的行为是文化市场监管的另一重要方面。社会意识形态的正确是一国文化发展的基础性条件，文化市场作为中国特色社会主义文化强国建设的重要载体和核心环节，对其中有违社会主义核心价值观的负面行为进行监管是文化市场监管的核心范畴。另外，文化市场监管行为主要呈现出管制性特点。不同于文化资源保护以及文化产业促进，公权力主体主要承担义务和责任以保障公民文化权利的落实和实现，文化市场监管中的社会关系主要呈现出以政府为代表的国家公权力部门，基于《国家安全法》《刑法》《网络安全法》等法律和行政法规，通过积极、强制的管制手段行使权力及时制止以及惩戒文化市场中的不良现象，进而实现文化市场秩序的稳定和安全。同时，在文化市场监管活动中，传播主体即所有文化市场的参与者均需要根据法律的强制性规定承担相应的义务和责任，以确保自身行为与文化市场秩序的核心要求相适应。具体而言，文化市场参与主体需要确保传播内容符合法律规定，并且需要对他人民事权益予以尊重和保护。因此，一方面，文化成果经过文化市场机制作用可以充分传播其所承载的信息，而不利于社会文化发展的内容会阻碍社会进步，让社会公众误以为真的虚假信息可能会在社会上引发一定的恐慌；另一方面，放任抄袭他人智力成果的行为会导致文化市场整体的萎靡不振。文化市场形成的整体氛围对于人们的精神和思维观念会产生潜移默化的影响，如果不对其进行严格且具有体系化的监管，我国文化市场将产生较为混乱的局面，影响文化强国建设进程。

二、基于文化市场监管的社会关系的特点

（一）具有公法属性

基于文化市场监管形成的社会关系具有公法属性。诚如喻文光教授指出的，文化市场监管事关文化体制改革与文化法治建设，其核心内容在于厘清和建构文化与国家的关系、文化与法治的关系、公民文化基本权利与政府责任之间的关系。[1]由文化市场监管法律体系规范的文化活动中的具体行为，与我国整体文化法益和相关主体的具体利益密切相关，甚至关乎国家安全。《国家安全法》中规定，应当防范和抵制不良文化的影响，掌握意识形态领域主导权，增强文化整体实力和竞争力。对于文化市场监管，国家需要设立相关的部门以肩负起相应的责任，并且承担相应的义务，以全面且系统的文化市场监管机制保障文化事业的良好发展。这决定了文化市场监管法需要确定此类社会关系的公法属性本质特点，要求相关部门在法律规定范围内，基于其主体职能，针对特定化的文化行为进行合法且有效的监管以维护国家和社会公共利益。文化法治作为国家捍卫、维护社会主义核心价值观的制度基础，亦为各国推进文化制度变革、实现文化价值理念之重要途径。市场主体是经济利益导向而非社会责任导向，两者的方向不一定相同，甚至是背道而驰的，而文化产品中往往蕴含着一定的思想趋势和价值取向。因此，需要国家力量予以监管，既防止资本流向有害于社会主流意识形态的地方，也防止他人故意通过文化成果潜移默化摧毁我国主流意识形态，影响我国文化产业和文化事业的整体向好发展。

（二）属于文化事业和产业交叉范畴

基于文化市场监管形成的社会关系关乎国家安全、意识形态，同时也涉及我国文化市场发展的趋势和具体方向，本质而言属于文化事业与文化产业

---

[1] 参见喻文光：《文化市场监管模式研究——以德国为考察中心》，载《环球法律评论》2013年第3期，第132页。

的交叉范畴。自改革开放以来，我国市场经济快速发展，文化市场成为文化活动的核心区域。诚如有学者所指出的，文化市场繁荣需要良好的文化市场经营环境，而其得以实现的重要保障即为有效的文化监管及服务，文化市场监管法律的完善有助于实现"监管就是服务"的合理理念。[1]进入新时代以来，我国也在逐步推进国家体制和机制的全面改革升级，其中重要环节即为简政放权。开放和包容的市场环境有助于激发市场活力，从而带动基于市场经济而运行的文化活动日趋繁荣。我国在文化市场监管过程中，需要致力于以文化产业带动文化事业的整体繁荣，并基于公共利益目标对市场进行严格监管。这一过程中把握合理的限度以及科学的手段是关键。正确处理政府与市场之间的关系，避免过分干预和不当干预，限制政府滥用文化市场监管权力，激励文化市场中的行业自律和监管能力是新发展阶段我国完善文化市场监管法治体系的目标。[2]文化事业和文化产业交叉的特点是我国文化法治体系中"基于文化产业促进的社会关系"和"基于文化市场监管的社会关系"的总体特点，二者的兼顾是建设服务型政府、推进我国文化建设的重点。

第五节　基于公共文化服务的社会关系

一国公民文化权利的实现程度与该国公共文化服务建设水平呈现出高度正相关。我国历来重视公共文化服务建设，并坚持在法治的轨道上不断提高我国公共文化服务的水平，出台了《公共文化服务保障法》《公共图书馆法》《博物馆条例》《公共文化体育设施条例》等一系列的法律法规，不断强化国家在公共文化服务建设上的主体责任，明确政府在公共文化服务保障中的肯定性义务，完善以行政法律法规为主要形式的公共文化服务规范体系，这也彰显着基于公共文化服务形成的社会关系在文化强国的建设中愈发重要。

---

〔1〕　参见刘继萍：《文化市场监管立法的突出问题与对策》，载《哈尔滨工业大学学报（社会科学版）》2014年第2期，第77页。

〔2〕　参见郑海平：《美国文化市场监管的经验及其启示》，载《浙江社会科学》2013年第8期，第91—92页。

一、公共文化服务核心范畴界定

（一）公共服务

现代意义上的公共文化服务概念与"公共服务"概念密切相关。"公共服务"的概念最初源自经济学，其本身是公共物品的一部分，即以服务形式存在的公共物品。19 世纪德国社会政策学派学者阿道夫·瓦格纳（Adolf Wagner）提出了"公共服务"的概念，其强调社会财政的作用，认为政府除应履行维护市场经济正常运作的作用外，还应当负担增进社会文化、福利的责任。[1]现代社会中，公共服务已经普遍成为政府部门的一项基本职能，强调以政府部门为主导，满足社会公众需要，而接受公共服务则是全体公民应当享有的权利。公共服务的对立概念是私人服务。与通过市场机制进行调节的私人服务不同，公共服务的提供主体是政府。根据公共服务与民生问题联系的紧密程度不同，公共服务又可以进一步分为基本公共服务与一般公共服务。所谓基本公共服务，是直接与民生问题密切相关的公共服务，例如教育、科学、文化、卫生等，除此之外则构成一般公共服务。[2]

（二）公共文化

公共文化往往具有群体性、共享性等外在公共特征。有学者主张其是满足全体公民的共同需要、以全体公众为服务对象、向所有公民免费公开的文化形态。[3]也有学者将其定义为具有公共性的文化领域的设施、空间、行为、活动、产品和服务。[4]总体来看，关于公共文化的定义本质上并未存在较大的差别，各类概念都强调了其本身的公共性和公益性，只是在具体的表现形式和范围上有所区别。公共文化的产生和传承都具有公共性，在一定程度上体现了社会共同的核心价值观念，能够培养人们的群体意识、公共观念以及文化价值观念上的群体认同感和社会归属感，因此公共文化对于国家和社会的发展具有潜移默化的作用。公共文化又往往借助于公共图书馆、公共博物

---

〔1〕　参见陈跃主编：《公共文化服务政策与实践研究》，西南师范大学出版社 2019 年版，第 7 页。

〔2〕　参见安体富、任强：《公共服务均等化：理论、问题与对策》，载《财贸经济》2007 年第 8 期，第 48—49 页。

〔3〕　参见陶东风、蒋璐：《现代公共文化服务体系的战略定位》，载刘新成、张永新、张旭主编《中国公共文化服务发展报告（2014~2015）》，社会科学文献出版社 2015 年版，第 50 页。

〔4〕　参见毛少莹等：《公共文化服务概论》，北京师范大学出版社 2014 年版，第 35 页。

馆等公共文化资源具体呈现，这就与公共文化服务产生了关联。

（三）公共文化服务

公共文化服务是我国文化事业的重要方面，基于其所形成的社会关系同样是以政府为主导的公权力机关为义务主体，通过负担一定的公共文化服务责任实现社会公众的普遍性、均等性文化需求，进而促进社会文化的整体进步。与之相对，基于公共文化服务的社会关系的权利主体则是公民个人，其文化权利的行使整体体现为社会公众的文化需求被满足。公共文化服务社会关系的平衡与否是衡量一国是否为文化强国的重要社会标准。公共文化服务有着丰富的内涵，其本质在于增加社会福利，为社会文化事业的发展和进步增加知识存量。有学者认为，公共文化服务就是指用公共权力和公共资源来保障公民基本文化权利、满足公民基本文化需求的服务。[1]也有学者主张，公共文化服务应当有广义和狭义之分。广义上的公共文化服务是指政府部门以及公共文化机构使用公共权力和公共资源，为满足公民的基本文化需要所提供的公共文化产品以及相关制度的总体，其中既包括可以直接感知的文化产品，也包括在政策制定和管理服务等方面的一系列行为；而狭义的公共文化服务则仅指由政府部门和其他公共文化服务机构为了保障公共文化权益向其提供非竞争性、非排他性的公共文化产品和服务的活动。[2]

二、基于公共文化服务的社会关系的特点

（一）公益性

基于公共文化服务形成的社会关系具有公法属性特点。公共文化服务中的"公共"一词即指明其公共属性，而公益性是公共文化服务最核心的特征。公益性要求公共文化服务在提供文化产品的过程中应始终以满足公众基本文化需求、促进社会文化繁荣发展为目标而非以追求经济利益为目标。公共文化服务由政府主导，其公益性特点要求政府在向公众提供形式多样、内容丰富的文艺演出、电影放映、陈列展览、艺术培训等文化活动时，结合活动的形式、特点等，按照有关规定向公众免费或者优惠开放。2021年，

---

〔1〕参见刘永红：《朋友还是敌人：版权与公共文化服务》，载《中国出版》2009年第1期，第61页。

〔2〕参见王鹤云：《我国公共文化服务政策研究》，中国艺术研究院2014年博士学位论文，第19页。

《国民经济和社会发展第十四个五年规划和 2035 年远景目标纲要》在"完善公共文化服务体系"专节中部署落实"推进公共图书馆、文化馆、美术馆、博物馆等公共文化场馆免费开放"[1]的具体任务便是公共文化服务公益性特征的充分体现。公益性的公共文化机构在设立以及管理运行过程中可以获得国家财政经费保障，从而避免了因市场竞争机制带来的公共文化服务目的的异化。

（二）均等性

基于公共文化服务形成的社会关系具有均等性特点。均等性是基于公共文化服务对象的公平性需求以及公共文化服务的公共性所提出的要求，从公民基本权利保障出发，包括接受公共文化服务的机会均等，也包括接受公共文化服务的结果均等。其中，机会均等是必要的要求和条件，也是国家层面所应当实现的；结果均等的要求更高，并且更为重要，应当作为公共文化服务的发展方向。尽管在抽象层面，公民所享有的基本权利是平等的，但是在实然层面，不同主体的权利在实现过程中可能面临着各种障碍，如因城乡发展差异引起的经济障碍、因某些生理损伤导致的健康障碍等，这些都可能会影响公共文化服务的获得与基本文化权利的实现。在这种情况下，对于政府和公共文化服务机构而言，其应当在实现均等化的过程中，着重考虑特殊社会群体的状况，保障其基本文化权益。我国《公共文化服务保障法》中，关于国家扶助革命老区、民族地区、边疆地区、贫困地区公共文化服务[2]以及对未成年人、老年人、残疾人和流动人口等特殊群体提供针对性服务[3]的规定便是公共文化服务均等性的体现。

（三）基本性

基于公共文化服务形成的社会关系具有基本性特点。基本性是就由政府主导的公共文化服务的范围和尺度而言的。[4]从针对公共文化服务的层次来

---

[1]　《国民经济和社会发展第十四个五年规划和 2035 年远景目标纲要》，2021 年 3 月 11 日第十三届全国人大第四次会议批准。

[2]　《公共文化服务保障法》第 8 条规定："国家扶助革命老区、民族地区、边疆地区、贫困地区的公共文化服务，促进公共文化服务均衡协调发展。"

[3]　《公共文化服务保障法》第 9 条规定："各级人民政府应当根据未成年人、老年人、残疾人和流动人口等群体的特点与需求，提供相应的公共文化服务。"

[4]　参见柳斌杰、雒树刚、袁曙宏：《中华人民共和国公共文化服务保障法解读》，中国法制出版社 2017 年版，第 20 页。

看，公共文化服务总体上分为基本公共文化服务和非基本公共文化服务两大类。基本公共文化服务是保障全体人民生存和发展基本需要、与经济社会发展水平相适应的公共服务，非基本公共文化服务则是为了满足公民更高层次需求、保障社会整体福利水平所必需但市场自发供给不足的公共服务。显然，公共文化服务层次的划分会使不同类型的公共文化服务所承担的责任有所不同。但是应当看到，基本公共文化服务与非基本公共文化服务之间的边界并不是完全清晰和固定的，而是处于一种动态的变化之中，随着社会经济的发展和国家文化软实力的提升，基本公共文化服务的范围也将进一步扩大，以满足社会公众更高文化需求。

（四）便利性

公共文化服务的最终目标是满足人民群众的基本文化需求，因此还应当满足便利性的要求，如果对于公众而言，公共文化服务无法获得，或者在获得服务中存在较大的阻碍，则违背了公共文化服务设立的初衷。具体而言，这种便利性应当包括以下几个方面：其一，对于地方政府而言，在提供公共文化服务时应当结合本地实际情况，因地制宜。根据相关立法要求，在某些人员流动量较大、务工人员较为集中、留守妇女儿童较为集中的地区，应当提供便利的公共文化服务。其二，公共文化服务的形式应当多样，不同的公共文化设施可以根据其自身的功能、特点，为社会公众提供不同的文化服务，也可以在传统形式的基础上创新服务形式，与社会实践相结合，使社会公众可以根据自身的兴趣和需求进行个性化选择。其三，现代公共文化服务应当与数字技术相结合，利用科技为公共文化服务活动的创新提供支撑和保障。

第三章

文化法的核心特征

厘清文化法的概念、定位及调整对象等基本范畴后，还需要对文化法的特征展开进一步探析，以此从多个维度综合、全面理解文化法的价值构造以及运行机理。文化法作为调整复杂文化关系、规制文化领域行为以及协调文化利益格局的法治体系，其主体、客体、调整方式、价值诉求均与其他法治体系有所不同。对此，需要分别从前述几方面对于文化法治体系展开论证，从领域法的视角出发，对文化法的核心特征进行界定。

第一节　主体广泛性

一个国家的文化建设是以其所处的历史环境为基础的，这意味着在构建文化法治体系时需要充分考虑当下阶段文化发展的国内需求、国际环境，并在此基础上结合本国的历史情况进行分析。综合一国的经济、政治、民族和人口等多项社会因素，对文化法治体系进行全面的理解和认知，能够梳理出文化法治体系的关键要素：主体结构。从法理学视角出发，在对某一领域的法律体系展开系统研究时，确定其主体是首要条件，这是厘清该法治体系所调整的多项社会关系中不同主体所负义务及所享有权利的关键。从哲学层面进行考量，主体与客体的二分又是对文化活动中实践和认识二分时明确其各自所指向对象的关键。我国的文化治理是在党的领导下有序进行的，其中的文化事业和文化产业各自体现着不同的文化意义，服务于不同的领域。但总体来看，我国文化法治体系的主体具有广泛性的特点，包括微观层面的公民个人、中观层面的法人和非法人组织以及宏观层面的党和国家，囊括了社会各个层面的主体。对此，后文将就我国文化法治体系中的不同主体分别展开分析。

一、文化法治体系的核心主体是公民个人

《宪法》在第 2 条的基本权利条款中指出，"人民依照法律规定，通过各种途径和形式，管理国家事务，管理经济和文化事业，管理社会事务。"无论此处指出的是文化事业还是文化产业，其核心均在于提升公民个人在文化活动和文化交往中的参与感和获得感，以此实现文化法治体系的目标。就公民个人在文化法治体系中的核心主体地位而言，具体包括以下几项原因：

第一，公民个人是规范概念层面的自然人，是文化的创造者和文明的缔造者。千百年来，无论是中华民族特有的五千年历史悠久的文化积淀，还是世界其他地区由不同民族创造的多元文化，本质上都是依靠人类的智慧和人脑的机能，基于对世间万物的感知和认识所外化而形成的。因此，公民个人应当区别于法人、非法人组织等主体，并在文化法治体系中被着重强调。

第二，公民个人也是作为整体的民族的具体组成部分。熊文钊教授等人将少数民族这一社会群体单独列为文化法治体系的一类，并指出"民族"或者"少数民族"是作为集体而非其中具体个人形式出现的文化法中文化权利的主体。[1]凯尔森也将少数民族作为单独一类需要给予特别偏向性保护的群体，并以少数民族说的观点将其归为单独一类。[2]但将少数民族作为一类主体在文化法治体系当中单独界定的方法失之偏颇，少数民族作为一个范围难以精准界定的概念在司法实践中缺乏较为现实和客观的意义。更为妥当的路径是将少数民族的文化成果作为一个整体在客体范畴中进行综合保护，而少数民族群体诉求的反映和体现则可以以法人或非法人组织的方式，派代表集中行使其权利。以少数民族聚集地区为例，非物质文化遗产具有文化层面保护的绝对必要性，但就群体自身传承的能力和特点而言，往往与保护力度需求不相匹配。对此，可以通过其所属地区自行构建的社群体系完善其自我管理系

---

〔1〕 参见熊文钊等：《文化法治基本理论研究》，中国社会科学出版社 2021 年版，第 108 页。

〔2〕 参见 ［奥］凯尔森：《法与国家的一般理论》，沈宗灵译，中国大百科全书出版社 1996 年版，第 91 页。

统〔1〕，即基于国家行政和财政力量的支持，由国家设立专门的机构或者以信托的方式帮助少数民族地区的群体实现其文化权利。〔2〕

第三，公民还是文化活动的基础性参与主体。无论文化成果是否由自然人创作，文化成果以及各项文化活动最终的利益均属于公民个人。在纷繁复杂的文化活动中，文化成果最终需要落实于公民个人，使社会公众能够从国家构建的文化体系之中获得经济和精神层面的多元利益。有学者指出，建成社会主义文化强国的评价标准体系是由价值、结构、活力、共享、治理和势能六项评价标准共同组成的。〔3〕其中的具体评价标准则是六项标准对公民个人的落实情况。因此，文化法治中的文化活动以及文化成果权益的核心主体是公民个人，对此予以厘清是展开后续研究的关键。

二、文化法治体系的重要主体是法人及非法人组织

改革开放后，我国文化治理的"总体性社会"思路已经形成，然而仍存在难以激发出文化的活力和自主性的潜在危机。〔4〕对此情况，改革开放的上层政治决策在文化领域体现为通过实行市场经济制度以及开放的对外政策，促进以文化产业为载体的思想交流渠道完全畅通。同时，通过市场中私主体的力量带动文化的发展，激发出文化的内在活力。其中，较为典型的体现是大众文化的兴起。"大众文化"这一概念产生至今不足百年，其产生的根本在于现代工业社会与市场经济制度密切相关。近代以来至改革开放前，我国曾经历革命时期和新中国成立初期两个具有典型意义的文化时期，革命文化和集体文化分别是这两个历史时期文化的典型体现。而大众文化的兴起与改革开放是密切相关的。改革开放使我国经济体制向市场经济改革和升级，具有典型性的私主体逐渐成为市场经济下文化领域的重要主体。

邹广文教授指出，自20世纪90年代初以来，随着市场经济的产生与发展，文化领域也出现了走向市场化的趋势，大部分文化艺术产品以商品的形

---

〔1〕　参见李依霖：《少数民族非物质文化遗产的法律保护研究》，中央民族大学2014年博士学位论文，第98页。

〔2〕　参见熊文钊主编：《民族法学》（第二版），北京大学出版社2016年版，第257页。

〔3〕　参见胡守勇：《建成社会主义文化强国的评价标准、构成要素与指标体系》，载《福建论坛（人文社会科学版）》2021年第5期，第27—29页。

〔4〕　参见李友梅：《文化主体性及其困境——费孝通文化观的社会学分析》，载《社会学研究》2010年第4期，第7—8页。

式，通过不同的渠道，流通于社会各个领域，并以相当的规模、范围和容量，形成了自己独特的市场，诸如演出市场、书报刊市场、美术市场、电影市场、文物市场、音像市场、娱乐市场、文化艺术培训市场、装潢广告市场、体育市场、旅游市场等，形成了国家为主，集体、个人和外商投资等为辅开发文化市场的经营格局。[1]可以说，前述大众文化的兴起既是改革开放初期我国文化发展的重要趋势之一，同时也是新时代我国文化发展的重要走向。而法人和非法人组织在其中发挥的作用又各不相同，文化法治体系将其作为重要主体的原因应当分别予以阐释。就法人组织而言，其多体现为文化企业，具体而言，其根据地域可以分为本国文化企业和外国文化企业，而根据具体领域又可以分为出版文化企业、传媒文化企业、艺术创作文化企业等多类。企业是文化市场即文化产业的主要参与主体，其依靠市场的竞争机制实现资源的整合以及资金的流入和转出，从而能够在最大程度上促进文化内涵的充分发掘。立足于此的文化法治体系则能够基于市场实际情况，制定兼顾效率和公平的法律制度以协调在此过程中形成的社会关系，使文化资源得以合理配置，从而激发文化的经济价值。就非法人组织而言，其在我国文化法治体系中发挥着同样重要的基础性地位。与法人组织不同的是，非法人组织更加偏向于挖掘与发挥文化的社会价值。如前所述的少数民族聚集地区的非物质文化遗产资源，由非法人组织性质的集体管理组织进行集中管理是较为可行且实际的方式。另外就文化领域而言，基于市场调控激发文化的潜在经济价值以及促进文化资源的自由流动固然重要，但是，文化的公益性质，即构建符合新时代我国社会发展需要的文化，不能仅依靠市场的力量予以调整，行政力量，即税收和公权力的介入也能够促进文化建设的积极发展。在文化领域，如公共图书馆、博物馆、档案馆等文化服务提供机构，均以具有公益性质目的的非法人组织方式呈现，其在文化法治体系的主体建设中具有重要作用。

三、文化法治体系的关键主体是党和国家

习近平总书记曾指出，中国特色社会主义文化，源自中华民族五千多年文明历史所孕育的中华优秀传统文化，熔铸于党领导人民在革命、建设、改

---

〔1〕 邹广文：《当代中国大众文化及其生成背景》，载《清华大学学报（哲学社会科学版）》2001年第 2 期，第 51 页。

革中创造的革命文化和社会主义先进文化，植根于中国特色社会主义伟大实践。[1]党是先进文化的代表，是我国文化法治体系的关键主体。我国文化建设并非漫无目的地发展，而是在党的领导下有序地保留和传承积极、有利于社会发展的优秀文化，摒弃阻碍社会进步的文化。对此，在构建文化法治体系时，虽然由社会多元主体共同参加且相互作用，但是关键在于由党的先进性引领我国文化发展的方向。

文化法治体系的另一关键主体则为国家。国家这一概念，在不同语境下拥有不同的指向性，其也具有不同的内涵意义。在文化法治体系框架下，国家作为文化法治的关键主体，具体体现在其是立法者和行政者两方面。

文化法治体系中的立法者是人民意志的代表以及国家权力的行使者。在文化领域，立法者起到了关键的作用，是保障我国文化法治体系最大限度发挥效率同时兼顾公平的关键所在。可以看到，进入新发展阶段以来，我国先后颁布了《电影产业促进法》《公共文化服务保障法》《公共图书馆法》等文化领域的相关法律。与新中国成立初期我国文化的发展情况有所不同，进入新发展阶段后的文化法治需要更加完善和细化的分工，从而更好地发挥不同主体在文化事业发展中的作用。立法者需要对社会中文化事业的实际发展情况以及具体发展需要展开基础性和全面性的调查，综合考量文化法治体系在我国现行法律体系框架内的定位和意义，从而经过法定程序颁布具有强制效力的法律。行政者则是政府。曾有学者进行实证统计性调查，针对自改革开放后至2015年期间的历年政府工作报告，统计"文化建设"一词出现的频率，并得出结论：文化建设这个关键词，在过去的38年中，在政府工作报告中只有21年出现过。其中，在1978—2003年间只有10年出现过。在1978—2003年间，我国对政府文化职能的认识主要是学校教育和继续教育，以及精神文明建设，很少从文化的高度来审视和践行政府的文化建设职能。2003年以后，政府工作报告每年都出现这个关键词。从该年开始，我国对政府的文化建设职能认识渐趋成熟。[2]由此可见，自改革开放以来，我国政府的职能也在不断转变，从既往的"管制型"向"引领型"升级转型，这也是新时代

[1] 习近平：《坚定文化自信，建设社会主义文化强国》，载《求是》2019年第12期，第12页。

[2] 参见邓雪琳：《改革开放以来中国政府职能转变的测量——基于国务院政府工作报告（1978—2015）的文本分析》，载《中国行政管理》2015年第8期，第33页。

我国政府发挥其文化职能的基本方向。同时，政府作为拥有国家财政支持的公权力机关，其在文化事业中发挥着关键性的作用，在引导我国文化正确发展、支持我国文化事业各方面的进步等方面均体现出其在文化法治体系中的关键性主体地位。此外，以文化和旅游部、中共中央宣传部为主的国家机关是统筹我国文化事业发展、意识形态方向的关键。在文化法治体系运行过程中，国家作为主体之一，肩负着保障另外两类主体文化权利得到落实的重要职能，因此其与其他两类主体间形成的行政法层面的法律关系，以及其所享有的"文化权力"同样是文化法治体系规制和调整的重点。

第二节　客体多样性

文化法治体系除主体具有广泛性，其客体同样因与主体相关联而具有多样性的特点。如绪论中所提及的，文化法的核心概念"文化"的内涵和外延均具有难以界定和模糊的特点。然而，由文化这一概念映射于实践当中文化产业、文化事业中的具有实际社会价值、经济价值、精神价值等的对象则是可以确定和厘清的，其即为文化法所调整的具体客体。其之所以具有多样性的特点，核心原因在于文化这一抽象概念所映射于可以由人类所感知的具体客体的形式、载体均具有不同的特点。为了明晰文化法客体的具体范畴，应当对文化这一概念予以剖析，其所映射的文化法的客体即为文化法治体系中所调整对象的整体性总结。根据法学基础理论对于法律客体的基本分类方式，可以将某一法律所调整的客体界分为人身、人格、物、智力成果、行为等，其本质上是某一法律关系中主体权利和义务所共同指向的对象。就文化法体系而言，可以从文化事业和文化产业两类构建文化法体系的核心方向分别考察文化法的客体。以国家行政权力为指引并发挥引领我国文化保持先进性、保障公民文化基本权利的内容具体集中于文化事业领域，而促进新时代我国文化繁荣发展、灵活变迁，并在最大程度上激发文化活力的内容为文化产业，二者共同组成了文化法治体系，这也是衡量我国文化法治水平的关键。

一、文化事业的客体

文化事业主要依靠国家财政支持，主要具有公益性质及政治性质，是我国文化繁荣、文化体制改革、人民文化权利得到保障的基础。[1]立足于我国国情及实际需要，我国的文化事业是在党的领导下进行的，涉及文化发展的各个环节以及各个领域。自改革开放以来，我国文化事业也在不断改革和创新，以人民的文化需求以及国家文化发展需要作为出发点和落脚点是文化事业的典型性特征。随着改革开放的深入，我国文化事业的发展迈上新台阶、达到新高度，文化事业也从既有的管制性特点向引导性特点转变。文化事业的落实体现了其客体的多样性。

第一，文化资源保护。近年来，随着我国文化的繁荣发展，文化成果的保护自国家层面进行推进，逐渐在全社会形成保护文化成果的自觉。在文化事业层面，将文化资源作为文化成果进行法律保护具有其特殊意义。习近平总书记在党的二十大报告中指出，"中华优秀传统文化源远流长、博大精深，是中华文明的智慧结晶……我们必须坚定历史自信、文化自信，坚持古为今用、推陈出新，把马克思主义思想精髓同中华优秀传统文化精华贯通起来、同人民群众日用而不觉的共同价值观念融通起来，不断赋予科学理论鲜明的中国特色，不断夯实马克思主义中国化时代化的历史基础和群众基础，让马克思主义在中国牢牢扎根。"[2]中华优秀传统文化是我国文化繁荣发展、人民思想和精神得到满足、民族实现伟大复兴的重要基础，在公共文化事业层面加强对文化成果的保护，是建设文化强国的必经之路。

第二，公共文化服务。《公共文化服务保障法》第2条将公共文化服务定义为由政府主导、社会力量参与，以满足公民基本文化需求为主要目的而提供的公共文化设施、文化产品、文化活动以及其他相关服务。具体则既包含如图书馆、博物馆、展览馆、纪念馆、档案馆等具有典型公益性质的文化服务提供机构，也包括如体育馆、文化宫以及乡镇街道中的文化活动中心等具有交互性质的文化交流场所提供机构。前述场所是公共文化服务较为典型的体现，除此类场馆可以被作为对象受到文化法调整和规制外，公共文化服务的相关工作人员以及其文化服务行为也均受到文化法的约束。具体的公共文化服务行为在规范层面可以被归纳为文化活动这一类，而此类文化活动与文

---

〔1〕　参见温家宝：《关于发展社会事业和改善民生的几个问题》，载《求是》2010年第7期，第7页。

〔2〕　习近平：《高举中国特色社会主义伟大旗帜　为全面建设社会主义现代化国家而团结奋斗——在中国共产党第二十次全国代表大会上的报告》，2022年10月16日发布。

化产业中的文化活动有所区别，更多体现为国家与公民之间的义务与权利的关系。

二、文化产业的客体

不同于文化事业，文化产业主要是依靠市场力量驱动文化多元发展、以经济带动文化创新的文化建设。随着改革开放的深入，经济高速发展的同时也带来了科学技术的日益革新和升级。文化产业不仅具有经济意义，还具有广泛的社会价值。文化产业的升级和转型，同样能够带动文化建设的同步发展，使文化改革得到深入。从市场角度考量，文化产业的客体范畴因科学技术以及全球各国的文化环境而变化，具体可以分为传统文化产业客体和现代文化产业客体。就传统文化产业客体而言，其多为有形的物质，即可以由自然人占有的形式而所有，如图书、音乐、摄影、画作、雕塑等。其作为文化产业传承和发展的一般载体，必然具有重要的市场价值。就现代文化产业客体而言，其以影视传媒、电子游戏、人工智能生成物、虚拟文化产品等为典型的客体，因互联网技术的发展而成为新时代文化产业发展的重点和核心。除根据传统和现代对于文化产业的客体进行分类外，根据文化产业形成过程中的行为界定文化法的客体也具有重要意义。自改革开放以来，我国实行充分的对外开放政策并促进文化领域的对外交流与沟通，落实于文化产业领域则体现为全球文化市场的共通。在此过程中，不同国家之间所进行的民事文化交易、文化投资、文化服务等产业涉及各类民事关系，其作为文化调整的客体具有典型意义，具体将在下编文化法分论部分加以详细论述。

第三节　调整手段综合性

广义层面的文化法在性质上属于公法与私法的综合，一方面是因为在公民、法人广泛参与的文化活动中，政府实施必要的行政管理行为，从而在公民、法人与政府之间形成了纵向法律关系；另一方面则是公民、法人在自由从事文化活动过程中形成了平等民事主体之间的权利与义务关系，二者共同作用使文化法体系兼具公法与私法的特点。

一、文化法调整手段的公法特点

学界中对于公法、私法的划分具有不同的观点以及不同的立场，较为全面且综合的观点认为公法和私法是根据法律调整的方法，即法律对社会关系施加影响的方式、手段、机制和类型的总和，以及由法律调整的社会关系进行界分的，其中公法体现了社会生活要求集中、管理的方面，反映着生活中对集中、纪律、管理从属关系的需要，中心在于规定公民与国家的关系，规定政府以及官员的权力、责任和义务。[1]

就文化法而言，如前述根据文化建设的不同方面而区分的文化事业和文化产业，文化事业体现着极强的集体性、公权性以及国家性，本质原因是文化作为一项社会意识，不仅关乎社会中个体的私人权利，更关乎国家和民族的发展前途和命运。自古以来我国即有以文化力量对社会进行教化，在全社会形成整体的文化自觉和文化自信的历史传统，如宋代的"以文治国"即强调需要通过层层文化相关的科举选拔出治理国家的行政人员。[2]体现出以极强的公权力进行社会文化管制之风，本质在于考虑到文化作为一种意识形态的重要载体，其与思想、意识、精神具有密切关联性。进入现代社会以来，立法机关、行政机关以及司法机关在文化管制方面仍然发挥着极大的主动性。自改革开放直至进入新时代以来，我国的文化法体系总体而言还是偏向于公法体系，但是其并非单纯的管制与被管制关系，还涉及以公权力机关提供文化性服务从而引导社会文化建设的关系。具体而言，文化法的公法特点体现于以下文化领域中的法律规则体系：

第一，行政法是保障文化法治体系在公权力机关的推进下良好运行的关键。如美国学者韦斯利·纽科姆·霍菲尔德（Wesley Newcomb Hohfeld）提出的权利矩阵分析方法中所指出的，特权-权利（在 privilege-claim）关系层面，某一项权利实则是由多项具体的权利体系共同组成的，包括做某事的特权（privilege+）、不做某事的特权（privilege-）、做某事的权利（claim+）、不做

---

〔1〕　参见孙国华、杨思斌：《公私法的划分与法的内在结构》，载《法制与社会发展》2004 年第 4 期，第 103—104 页。

〔2〕　参见焕力：《宋代君权强相权盛》，载《人文杂志》2005 年第 6 期，第 127 页。

某事的权利（claim-）四项权利。[1]就公民宪法层面文化权利的落实而言，公民对行政机关有要求其提供公共文化服务，并保证不任意干涉公民行使其权利的权利。进入新时代以来，随着全面依法治国方略的推进，我国各领域的立法和执法工作均向更高水平发展，其中最重要的变化即为"法制"向"法治"的升级和改革。在文化领域，我国以政府为主的国家行政机关既往主要作为监管者、管制者，并主要履行单向监管型的职能。但是，随着改革开放的深入推进，为充分激发市场活力并带动我国文化建设水平提升，促进文化事业和产业全面发展，我国行政机关也逐渐由既往的管制型向引领型升级。作为管理国家意识形态的主要部门，国家文化行政机关，包括中共中央宣传部、文化和旅游部、中央网络安全和信息化委员会办公室、国家新闻出版署、工业和信息化部等，各自在职权范围内履行与文化相关的行政职责。但是，我国文化法体现出来的行政法特点也导致了部分困境，诚如卢超教授指出的，在"我国现有的文化监管机构权限划分模式之下，诸多行政部门之间的监管权限不够明晰，意识形态监管与法律监管往往混为一谈，部门利益分割严重，协作监管能力相对较差，现代化的政府监管工具较为匮乏"。[2]随着政府行政职能转型和升级的不断进行，文化行政法治的效率也将不断提高。

第二，经济法和刑法是维持文化市场秩序稳定、促进文化产业发展的重点。除宪法和行政法在文化法治领域具有典型性外，经济法和刑法在文化法治体系中同样具有十分典型的特点并占据基础性地位。经济法作为典型的领域法，其主要功能在于协调市场经济体制下各项市场活动的公平和有序开展，通过税收、监管等各类行政手段调整市场中的利益格局。聚焦于文化领域，由行政力量介入干预从而维持文化市场秩序的部分法律即为文化法治体系中与经济法相关内容的集中体现。刑法作为规定罪与罚的法律在文化法治中的体现主要为授权国家机关通过强制性力量制止与我国文化建设目标相悖的行为，通过管制实现震慑的目标，为营造良好的文化环境提供基础性条件。

---

[1] 参见王涌：《私权的分析与建构：民法的分析法学基础》，北京大学出版社 2020 年版，第 35 页。

[2] 参见卢超：《比较法视角下我国文化行政法制的建构挑战》，载《治理研究》2018 年第 1 期，第 124—125 页。

二、文化法调整手段的私法特点

根据前述学者对于公法的观点继续向私法延展，私法主要体现为社会生活本身不受国家权力任意干涉的需要，在这方面国家权力需要"放"开，遵循由社会生活中的主体根据自身需要作出选择的、非集中的自由原则。[1]如在本书绪论部分所述，随着我国改革开放的不断深化，我国文化法治体系的整体特点逐渐从行政机关与公民个人间的管制与被管制关系向基于文化事业、文化产业两个层面平等民事主体间自由从事文化相关活动，并由国家行政机关提供相应辅助和引导的引领型关系转变。这一转变在国家法律政策层面的体现即为法制向法治的升级和转型。具体而言，文化法调整手段的私法特点外化表现为公民从事文化活动、基于文化市场进行交易、参与文化交往、加入文化建设等所产生的各类平等民事主体之间的社会关系，在受到调整时是基于私法的理念、原则以及基本规则所进行的。自然人、法人以及非法人组织均有从事文化生活的自由和权利，任何他人不得干预。当受到不当干预，即从事文化活动时文化相关权益遭遇不当损害时可以得到民法层面的救济。具体而言，文化法治体系在调整手段层面体现的典型私法特点可以从以下几方面考察：

第一，私法精神在文化法领域有较为明显的体现。广义层面的私法即调整平等民事主体之间社会关系的法律，其最大的特点是在形式、程序层面实现平等和自由。私法体系具有抽象性，正是基于这种抽象性，私法体系才能够最大程度保证其中的民事主体的权利得到切实和具体的保障，而这种抽象性则体现为形式平等和"抽象人"的设立。[2]构建新时代的文化法治体系是推进全面依法治国的重要组成部分，公民自由参与文化市场的文化活动，可借助于公平、自由的文化私法精神和具体规则实现其文化权利以及文化利益。随着改革开放政策在文化领域的落实，民事主体之间的文化活动在日益频繁的基础上，还体现出国际性特点，文化跨国交流、文化资源跨境流动、文化产业跨境发展等均为典型体现。在此过程中，以国际公认的公平和自由的私

---

〔1〕　参见孙国华、杨思斌：《公私法的划分与法的内在结构》，载《法制与社会发展》2004 年第 4 期，第 104 页。

〔2〕　参见易军：《私人自治与私法品性》，载《法学研究》2012 年第 3 期，第 70—71 页。

法理念支撑的文化法治体系能够实现促进文化多元发展、文化活动自由进行的目标。

第二，私法的基本原则指导文化法基本原则的构建。集体主义的目标及价值统一性在文化领域的适用固然重要，其多是基于国家文化事业和意识形态等政策方面的需要，但集体主义目标的过分适用将导致私人权利效力范围被不当缩减，文化市场的活力以及文化市场的动力被不当削弱。"作为独立个体的社会成员各自追求一定目的，这些目的往往与个人的偏好及所处的特定时空情势有关，打上了鲜明的个人烙印，因此呈现出与众不同的独特性质。"[1]新时代基于《民法典》构建的我国私法体系中的平等原则、自愿原则、公平原则、诚信原则、守法与公序良俗原则以及绿色原则在文化法治体系的构建中仍然具有重要的指导性意义，基于前述原则构建的文化市场秩序能够促进自然人、法人以及非法人组织在作为文化法体系中的主体参与文化活动时，利益得到平等且全面的保护，这能够激励更多民事主体参与文化市场，进而促进文化产业的进步。文化产业经过多年发展，已经成为我国经济版图的重要内容，文化产业的具体分类日益完善。根据国家统计局于2018年发布的《文化及相关产业分类》，我国文化产业在文化核心领域和文化相关领域产业二分的基础上，可以分为新闻信息服务、内容创作生产、创意设计服务、文化传播渠道、文化投资运营、文化娱乐休闲服务、文化辅助生产和中介服务、文化装备生产、文化消费终端生产九大类。仅就2022年我国文化产业发展情况而言，文化及相关产业的规模表现出不断扩大的趋势，营业收入超过16.5万亿元，其中文化新业态行业营业收入占比超过30%，产业结构不断优化。[2]诚然，近年来文化产业的繁荣与发展离不开文化法治体系所包含的私法原则的辅助和参与，平等自由的文化市场环境有利于民事主体的文化活动参与权、文化权益收获权以及文化分享权得到切实的保障，提高民事主体对文化市场行为的可预期性，增强参与文化活动的信心，实现我国文化在新时代的真正繁荣。

第三，私法的具体规则广泛运用于文化领域相关法治实践之中。私法精神和私法原则是文化法治的重要特征和基本指引，文化法治规则的具体构建

---

〔1〕 易军：《私人自治与私法品性》，载《法学研究》2012年第3期，第72页。

〔2〕 参见《2022年全国文化及相关产业发展情况报告》。

同样需要私法规则予以具体保障和落实。《民法典》作为私法体系的基础性法律，在私法体系中占据了基础性地位，其所构建的系统且全面的民事规则体系能够促进民事主体在社会生活中自由从事文化相关的合法活动。依据其规定，无形文化财产、基于人格以及形象的权益都可受到平等且系统的保护。《民法典》的具体规则也能够为文化法治体系提供指引，使预设的某项具体价值目标能够更好地为文化发展提供灵活且多样的空间。《著作权法》第 1 条开宗明义地指出其立法基本宗旨："为保护文学、艺术和科学作品作者的著作权，以及与著作权有关的权益，鼓励有益于社会主义精神文明、物质文明建设的作品的创作和传播，促进社会主义文化和科学事业的发展与繁荣，根据宪法制定本法。"此条明确指出其是为促进社会主义文化事业的发展提供保障，透过其规定能够了解到具体文化权利在私法体系中的体现，以及其与社会主义物质文明和精神文明密不可分的整体关系。基于此，私法的具体规则即私法体系能够使社会各个主体在参与文化活动时自由参与、公平分享权益。除前述《民法典》以及《著作权法》外，知识产权法体系中的《商标法》《专利法》和商业秘密、商号等相关领域的法律，以及调整商事活动中社会关系的《公司法》《合伙企业法》也均为文化事业发展所依靠的安全的文化市场环境提供了基础性法律保障。

第四章

文化法的基本原则

新时代的文化法治体系建设是对既往零散、缺乏体系的文化领域立法的系统性梳理和整合，以使其根据一定的内在建构逻辑有序运行。在新时代的文化法治体系之下，我国文化领域中纷繁复杂的各类社会关系以及不同主体的文化利益诉求是文化法治体系调整、保护和规制的重点。立足文化治理目标、协调多元文化关系、契合国际文化态势、适应技术发展环境应作为文化法的基本原则。

第一节　立足文化治理目标

随着世界各国文化交流的日益频繁以及我国经济的飞速发展，我国正在面临如同世界其他诸国面临的"文化危机"。[1]对此，传统的文化管制手段虽然能在短时间内发挥较高效率，但是由于其强制性及管制性特点，缺乏灵活性的文化治理模式往往可能产生负面效果，如导致文化认同和文化自信的消减、文化秩序的混乱、文化体系的崩塌等。进入新时代以来，文化治理在建设社会主义现代化强国的进程中愈发重要，意识形态和思想的健康发展不仅是实现中华民族伟大复兴的重要保障，更涉及国家安全、民族认同、文化传承等多方面社会问题。党的二十大报告强调的要"加大文物和文化遗产保护力度""建设具有强大凝聚力和引领力的社会主义意识形态""广泛践行社会主义核心价值观"就是针对文化遗产传承危机、强势文化入侵危机以及文

---

〔1〕　参见赵剑英：《文化认同危机与建构社会基本价值观的紧迫性》，载《马克思主义与现实》2005 年第 2 期，第 87 页。

化价值偏离危机开出的良方。政策的落实依赖法治的保障，有效推进新时代文化建设就是要不断提升我国的文化治理水平和治理能力，文化法治建设是文化治理目标的落脚点。具体而言，落实文化法的"立足文化治理目标"原则应当从以下两方面进行。

一、新时代的文化治理目标要求弘扬先进文化

先进文化是指对社会发展和社会进步发挥推动作用的优秀文化，其能够作为文化资源实现社会传承，并有助于文化市场、文化产业的构建。文化"治理主体既包括政府，也包括社会组织、文化企业和个体；治理的对象则包括文化产业、公共文化服务和日常文化生活等文化形态；实现治理的技术既包括政策话语表述、文化象征操作、活动程序安排、实物空间布局等对他者的治理技术，也包括文化解码、价值认同和行为自觉等自我治理的技术；治理的目标则是'透过文化和以文化为场域'达致国家公共政策所设定和意欲达到的某一特定时期的目标。"[1]文化治理作为文化法治体系中的首要原则，需要以先进文化为先导，引领优秀文化的保留和传承，通过文化法治体系对文化社会关系的合理调整最大程度上激发先进文化的社会功能。文化强国建设要求立法部门构建符合时代需求的文化法治体系，即一个内在价值原则与国家文化方针政策一致、外部规范协调一致的文化法治体系，这是文化强国建设目标下文化法治体系建设的国家层面体现。法律的生命在于实施，为了使文化法治体系真正发挥其效率，政府作为文化执法部门需要对其行政职能予以升级改革，从既往的文化管制型政府向文化引领型政府转变和升级，尊重文化市场，打造"百花齐放、百家争鸣"的良好、健康的文化竞争形态，同时审慎监管，坚守底线原则，扼制不良文化的创作与传播。

二、新时代的文化治理目标要求意识形态正确

文化治理在具体落实之中常体现于政治、社会和经济三个方面，政治往往作为首要部分出现，并体现出文化治理的直接功能。具体而言，其往往体

---

〔1〕　王前：《理解"文化治理"：理论渊源与概念流变》，载《云南行政学院学报》2015 年第 6 期，第 25 页。

现在文化治理对于意识形态的引领方面。[1]文化法治体系的关键主体是党和国家，文化法治体系的构建和运行首先应当在党的领导下进行。在五千多年历史文明的深厚基础上，对我国文化领域各项工作进行全面且深入的治理，需要把马克思主义基本原理同中国具体实际、中华优秀传统文化相结合。[2]"两个结合"的落实，有助于我国文化治理意识形态向正确的方向发展，巩固我国文化各项工作发展的主体性。中国共产党历来十分重视文化，新时代背景下，党在道路自信、理论自信、制度自信的基础之上增加了文化自信，其内在要求即是文化的主体性。构建文化法治，要坚守这个目标，并以此作为基本原则指引文化法治体系在我国文化治理中的适用，以此才能进一步达到实现我国文化强国目标以及社会文化意识普遍提高的文化治理目的。此外，新时代文化治理目标要求意识形态正确还在于促进全社会形成文化认同感，政府作为意识形态监管的重要主体需要在文化治理活动中履行相应的义务并且承担相应责任。将社会主义核心价值观融入文化法治具有重要意义，具体而言是将"富强"作为我国文化产业促进法的目标，将"民主"作为公共文化服务法的目标，将"文明"作为文化资源保护法的目标，将"和谐"作为精神层面文化治理即文化市场监管法的目标。并且在文化立法过程中力求"自由""平等"，在文化执法和司法过程中坚持"公正""法治"。[3]诚然，文化法治体系在文化治理维度下应当以促进社会意识形态正确作为目标，新时代的文化治理目标也应当引导全社会形成基于民族文化的文化认同感。

第二节 协调多元文化关系

领域法视角下，无法简单以部门法的单一性特点对文化法加以概括。传统的观点认为文化法即文化管制法，具体体现为国家权力机关与公民个人之间围绕国家提供公民文化保障和行使管制中所拥有的"文化权力"以及公民

---

[1] 参见吴理财：《文化治理的三张面孔》，载《华中师范大学学报（人文社会科学版）》2014年第1期，第59—61页。

[2] 参见习近平：《在文化传承发展座谈会上的讲话（2023年6月2日）》，载《求是》2023年第17期，第5页。

[3] 参见肖北庚、李泽中：《论社会主义核心价值观融入文化法治：理据、内涵与规范表达》，载《湖南大学学报（社会科学版）》2022年第3期，第99页。

享有的"文化权利"所展开，从而形成行政法层面的非平等主体的关系。文化法是"国家和地方制定的调控文化行为、调整文化关系和保障文化权利的规范体系。一般说来，文化法属于社会法的范畴，旨在保障公民文化权益的实现和满足人民群众精神生活需要，具有权利法、责任法、促进法等特征。"[1]在文化法治体系中，协调多元文化关系的原则要求文化法治体系的运行能够达成以下目标。

一、厘清文化法治体系基于文化活动的社会关系分类

新时代的文化法治体系是调整文化领域全部社会关系的法律规范体系，其突破了既往仅调整公权力机关与公民个人所形成的行政法律关系、经济法律关系等纵向的管制性社会关系，将基于公民个人创作的智力成果产生的平等民事法律关系以及文化市场和文化产业中基于投资、交易等文化活动而形成的平等民事法律关系也同样纳入了调整范畴。整体而言，前述调整对象的分类方式已包含了文化法治体系中近乎全面的各类社会关系。在此维度下，文化法治体系的构建更符合社会实际发展情况，对于日后文化产业中新出现的新兴文化产业类型具有较大的包容性，分论部分阐释的基于五类调整对象而构建的五个细分领域的法律，对于当下及日后各类文化活动均表现出灵活性。因此，在对文化活动中产生的社会关系进行调整时，需要首先界定并厘清其在文化法治体系中的定位，判断其在属性上属于文化产业领域还是文化事业领域，以便最终选择以公法性文化法治手段还是私法性文化法治手段对其予以规制和调整。在此基础上才能将我国多元文化关系纳入适当的文化法框架中调整。

二、辨析文化法治体系中多元文化主体的利益需求的差异

在纷繁复杂的文化法律关系中，驱动其不断更新的根本动力在于不同文化主体的利益诉求的差异性，而正是基于前述差异，不同文化主体之间才能在文化法治体系的协调下，围绕契约或基于法律的强制性规定，基于文化活动或文化资源发生文化关系。就国家层面而言，意识形态的正确引领以及国家文化自信的提升是其最大的利益诉求，更是其负有的应然义务，因此其在文化法治体系的多元利益格局下属于负有责任的一方，往往需要对于社会文

---

〔1〕　肖金明：《文化法的定位、原则与体系》，载《法学论坛》2012年第1期，第26页。

化事业承担义务。就社会、民族而言，良好的区域文化环境以及民族历史文化的传承和保护是其利益诉求的核心。诚然，中观层面的前述主体在文化法治体系中处在协调各方的位置。就社会公众以及公民个人而言，以个人文化权利为核心展开的文化权益落实是其利益诉求的核心。前述宏观、中观以及微观三个层面中的多元文化主体共同组成了文化活动的参与者，不同主体代表着不同的立场并且表现出不同的文化实际需求。

三、明确协调多元文化关系共同发展的最终目标

在协调多元文化关系原则基础问题得到厘清后，还需要明确的是其最终目标仍然是推进我国文化法治体系的完备化发展以及体系化构建。良法是善治的前提，文化法治水平与文化关系协调水平相辅相成、相互作用，只有构建符合社会发展进步的文化法，才能使文化领域得到好的治理，使多元文化主体的利益诉求得到满足，进而保障文化强国建设目标的实现。文化强国建设要求文化法治体系落实于公民个人，即通过文化法治体系的运行，使公民个人所创作出的具有推进文化进步意义的创新性智力成果得到平等切实的保护，公民个人之间的文化交往以及各项文化活动能够有法可依，以此促进公民个人参与文化活动的意愿，为万众创新建构良好文化市场环境，推进社会文化繁荣有序发展。具体而言，以构建文化强国为目标的文化法治体系在公民层面的落实是通过细致入微的权益调整制度进行的，《民法典》以及《著作权法》是保证公民在文化活动中各项行为以及成果得到保障、所形成的社会关系得到有效调整的重要法律，将两部法律在文化法治体系视角下进行考察即可以发现，其本质目的在于落实我国《宪法》以及参加的文化领域国际公约中对于公民文化权利的保障，如《著作权法》作为调整公民智力劳动成果权益的主要法律，其立法宗旨即在于促进社会主义文化发展，基本路径则是保障公民在文化活动中的合法权利。[1]

第三节 契合国际文化态势

"文化国危机"是国家文化危机与国家政治危机互动形成的"共振"，表

---

〔1〕 参见杨利华：《从应然权利到实然权利：文化权利的著作权法保障机制研究》，载《比较法研究》2021 年第 4 期，第 128—129 页。

现为近现代政治国家在现代化、全球化、产业化过程中所遭遇的文化遗产传承受阻、强势文化入侵以及文化价值偏离等严峻挑战。[1]值得注意的是，上述定义将现代化与文化遗产传承危机、全球化与强势文化入侵危机、产业化与文化价值偏离危机一一对应，忽视了现代化、全球化与产业化三个进程是相互交织的，对于文化领域的影响也是复合的。文化强国的构建并非如我国在改革开放前期那样呈现出文化管制特点，其集中表现为以管制为主、以文化集中化为目标的治理模式。[2]新时代文化强国建设的核心是依靠公平合理的文化法治体系为社会公众创造出在一定秩序环境下自由发展文化的环境，核心要求即在于构建具有完整规则体系的文化法治体系。因此，文化强国建设是我国文化法治体系完善的重要目标引领，也是契合国际文化发展态势的重要应对，其所提出的具体建设路径也为新时代文化法治体系的构建指明方向。考虑到我国各项事业建设的同步推进，可以说既往文化建设相对滞后的现实困境产生的一大原因在于文化法治体系的零散性、缺乏统一性，而文化建设需要依托于文化法治体系才能够真正实现，以此推动我国文化在国际文化整体环境下得以自立。因此，加强文化立法、建立健全文化法治体系是建设社会主义文化强国的必然选择。[3]

一、积极应对他国文化冲击

文化遗产所遭遇的存续危机不仅是因为国家现代化所带来的物质主义价值观对传统文化提出挑战，还因为受到全球化趋势下不同地域文化相互竞争的影响。此外，虽然强势国家对于其他国家所实施的"文化入侵"或"文化渗透"确实是在全球化的背景下"暗渡陈仓"，但"商品的自由市场与思想的自由市场是紧密结合的"。[4]"文化入侵"最主要的载体是入侵国与被入侵国的文化产品，如电影、电视剧等，而文化产品的吸引力往往随着特定文化

---

〔1〕　参见周刚志、李琴英：《论"文化法"：契机、体系与基本原则》，载《江苏行政学院学报》2018年第6期，第126—128页。

〔2〕　参见金莹：《公共文化服务的立法促进研究》，西南政法大学2022年博士学位论文，第13页。

〔3〕　参见周叶中：《加快文化立法是建设社会主义文化强国的必然选择》，载《求是》2012年第6期，第59—60页。

〔4〕　参见〔美〕保罗·戈斯汀：《著作权之道：从谷登堡到数字点播机》，金海军译，北京大学出版社2008年版，第211页。

产业的繁荣发展而不断增强。所以，文化产业的发展也是"文化入侵"的动因之一。同时，文化产业发展所带来的过度娱乐化现象呈现出跨区域的趋势，如韩国"饭圈文化"对我国粉丝文化的影响，这本质上也是全球化进程的一种表现。可见，造成"文化国危机"的原因是综合的，而非一一对应的。另外，中美大国博弈等现实国际政治背景又进一步加剧着"文化国危机"对我国的影响，尤其体现在文化软实力的竞争方面，我国应当更加警惕美方利用其发达的文化产业所开展的各类文化渗透活动，努力提升自身在文化领域的竞争力与话语权。习近平总书记指出，当今世界正经历百年未有之大变局，在文化领域同样体现为我国自主文化正在遭受前所未有的挑战，西方资本主义国家在文化领域同样保持其一贯的"霸权主义"，通过文化渗透对我国文化自信造成了诸多冲击。可以看到，改革开放以来，我国经济的发展与对外交流交往齐头并进，在这一过程中，不同类型的域外文化逐渐传入我国。对此，文化法治体系需要对不同类型、性质的文化予以甄别，针对不符合我国主流文化价值观、阻碍我国文化强国建设和文化发展的负面、消极域外文化，应当予以及时规制，从而应对外来文化的负面冲击。

二、提升我国文化国际影响力

针对上述现实情况，进入新时代以来的我国通过深度发掘不同历史时期的文化资源，如民族文化资源、物质和非物质文化资源并对其进行转化性利用和宣传，提高我国人民群众的文化认同感和文化自信。但前述仅是应对复杂国际文化环境的一方面，加大基于文化的思想管制力度同样是保障文化领域思想和意识形态安全的关键，也是保障我国文化环境安全的重点。[1] 与部分其他国家采取抵御外国文化的法律及政策手段不同，我国在通过文化法治建设解决复杂国际文化环境所带来的挑战时，依靠的主要路径是通过文化法治体系促进社会公众形成文化自觉和文化自信，并以此为动力促进文化法治体系建设的全面落实。进入新时代以来，习近平总书记提出的全面建设社会主义现代化强国目标中，文化强国建设为重要的组成部分，其中一个关键指标即为我国文化自信高度发展，同时使我国文化走出去，提升国际影响力。具体而言，在构建文化法治体系的整体框架下，我国文化法治体系应当为国

---

〔1〕 参见文友华：《文化建设法制化研究》，武汉大学 2013 年博士学位论文，第 28—29 页。

际文化交流创造出有利条件，对基于我国文化资源而创造的饱含我国文化精神底蕴的文化产品输出给予相应的政策支持。我国文化具有包容性，中国特色社会主义文化是在"两个结合"基础上发展的，近年来，具有中国特色文化色彩并体现中华民族文化精神的文化成果十分丰硕，其国际影响力也在日益提升，例如，结合中国传统古典乐器与西方乐器共同演奏的《高山流水》《天鹅湖》等作品受到时任联合国秘书长潘基文的好评，中国电影走上国际舞台并在多个国际电影节中获得大奖，中国文学作品日益为他国社会公众所知晓等。[1]如前列举的一系列文化产品在国际层面受到广泛关注也为我国文化扩大国际影响力提供了重要支持。在此基础上，我国文化自信的增强以及文化强国建设水平的提高，也是我国制度自信的重要基础。随着"一带一路"等建设的落实，中国特色社会主义制度也逐渐为世界上多个国家和地区所认同，我国制度的优越性通过文化传播和交流，能够在扩大我国文化国际影响力的同时激发我国的制度活力和潜力，这也是新时代我国文化法构建所担负的必然任务。为此，需要坚持文化法在面对国际复杂文化环境下多元文化的冲击的根本价值立场，同时激发我国文化在世界舞台中释放出最大的力量。[2]

第四节　适应技术发展环境

技术变革是促进社会发展的重要动力，其与法治体系升级变革相辅相成，二者相互促进、共同作用。近年来，技术的快速发展推动文化产业不断转型升级，文化法治体系也在不断应对新技术带来的机遇与挑战。当今时代，全球经济导向已经从旧式的物质经济模式转变为新式的知识经济模式。文化法治体系是调整围绕在可供人们消费的精神文化产品上的权利义务关系的专门性法律制度，其为新时代的文化发展带来机遇，同时也带来了挑战。

一、应对技术阻碍文化发展挑战

技术的变革升级带来多方面的不利影响，如传统文化与现代文化在意识

---

〔1〕　参见于浩：《文化自信展现"中国气派"》，载《全国人大》2017年第5期，第29页。

〔2〕　参见周叶中、蔡武进：《论我国文化法的场境、意境与面向》，载《法学杂志》2015年第2期，第32页。

层面的冲突、文化传播模式引发的多种文化安全隐患、文化产品数字化引发新的权利边界认定等。对此，文化法治体系在构建过程中需要兼顾技术变革带来的积极影响和消极影响，及时调整其内在运行规则以迎合新时代我国文化发展的需要，进而依靠数字技术的普及和缩小数字技术鸿沟确保更多的人能够享受到技术变革促进文化发展带来的利益。文化强国建设要求文化法治体系立足于社会需求，通过法治引领社会形成发扬优秀文化、摒弃封建落后文化的共识，从而推动社会整体文化水平和素养的提高。自 20 世纪 90 年代以来，互联网技术的迅速普及使社会公众对依靠其带动的文化活动、文化产业、文化产品给予极高的期待和重视。但是，回顾过往，互联网与文化的交融虽然带来了诸多好处，如变革文化消费模式、升级文化产品类型等，但也引发了不良文化的迅速泛滥、文化认同感降低、外国文化冲击不断等一系列负面影响。技术的变革升级使文化产品的创造成本大幅降低，文化成果的传播更加便捷，对于前述文化活动中的监管和思想引领变得更加困难。从这一角度出发，技术的发展给传统文化的传承、文化认同感的加强带来一定程度的挑战。对此，在构建文化法治体系时需要保持理性和客观的态度，一方面应当通过文化法协调传统文化和现代文化，确保有时代价值和意义的文化资源、文化成果、文化活动得以持续发展；另一方面应当为新兴技术在文化领域的应用预留出一定的空间，并且及时对基于此形成的社会关系加以调整和监管，以此应对技术阻碍文化发展的现实挑战。

二、抓住技术促进文化发展机遇

除前述科学技术进步可能对文化发展造成的阻碍或挑战，从积极方面而言，技术环境的变化有助于使文化资源得到最大限度的利用、文化产业向数字化方向转型发展、文化市场主要依托于互联网构建，在这一整体趋势下，加强文化法治监管、强化文化法治保障是促进技术变革背景下文化健康发展的关键举措。知识社会作为一种全新的人类社会形态占据了主导地位，其是以知识、创新为核心的社会。伴随着数字信息技术的广泛应用与蓬勃发展，知识时代的知识分享、传播、利用模式也已发生了深刻的变化。文化的发展也渐渐地从传统硬副本时代下"欲消化和感知知识，必先拥有知识"的模式转变为数字信息时代"欲消费和学习知识，只需直接使用知识"的模式。文化发展数字化成为法国历史学家费尔南·布罗代尔曾经提到的"可能的事物清单"上的又一对象。[1] 近年来，数字化技术的高度发展也赋予了文化产品更高的经济价值，如在元宇宙中可以由不同主体自由交易的非同质化代币数字作品，一方面改变了文化产品的承载形式，另一方面也改变了文化产品的价值内涵。基于区块链技术，非同质化代币数字作品能够克服既往数字作品被无限复制却又几乎不存在边际成本的弊端，因此从 2021 年至今，非同质化代币数字作品成为火爆全球的新型文化产品。近年来以 ChatGPT 为代表的生成式人工智能的出现、直播和短视频行业带动文化消费不断升级且愈发火热的实际情况等，无不凸显出技术发展给文化升级和高质量发展带来的无限机遇。对此，文化资源保护领域、文化产业促进领域、文化成果权益调整领域、公共文化服务领域均需要及时构建具有充分灵活性的制度规则，从而抓住技术变革为文化发展带来的机遇，利用好技术这把双刃剑的有利侧，使技术为文化事业和文化产业的全面建设提供有利条件。

---

[1] 参见［德］克里斯多夫·库克里克：《微粒社会：数字化时代的社会模式》，黄昆、夏柯译，中信出版社 2017 年版，前言 VII 页。

第五章

文化法的价值目标

　　文化法治建设并非仅对现有与文化相关立法的简单总结，而是通过分析新时代以来我国文化领域的现实困境以及发展需要，在此基础上尝试以领域法的视角对新时代文化法治建设的具体规则予以明晰，在厘清新时代文化法治建设时代背景的基础上，梳理出文化法治体系运行的基本原则。同时，在前述四方面文化法治基本原则的基础上，围绕现行规范性立法的整体模式以及文化法治体系建设的整体思路，以前述具体规则指引我国文化法治体系在运行时的具体路径，从而促进其充分发挥激发我国文化活力、激励文化创新发展的价值目标。整体而言，文化法治建设的具体价值目标应当以公民文化权利的落实为最终归宿，其过程必然需要文化立法、文化司法和文化执法部门之间就文化事业和文化产业的发展进行协调。文化事业领域的具体价值目标主要是落实公民文化权利的积极保障，其中又分别包括了文化资源保护、公共文化服务保障以及文化市场监管三方面内容。

第一节　保障民族与国家文化传承与繁荣

　　文化法治体系建设的首要目标与习近平文化思想的价值目标具有内在契合性，均是旨在通过充分的保护和利用我国优秀文化实现我国文化的整体繁荣发展。文化强则国家强、文化兴则国运兴，文化关乎国本、国运。保障民族与国家文化传承是基础，实现文化繁荣是目标，二者具有体系内在一致性，共同构成我国文化法治建设的首要价值目标。

一、文化法保障文化资源传承

文化资源保护法作为文化法治建设体系中的基础性内容，在定位上属于文化事业立法范畴并体现出公法性质，核心结构体现为由国家权力机关肩负义务，通过财政税收等方式支持文化资源的保护。首先，重点关注文化遗产资源的法律保障，并且通过法律保障文化遗产资源向社会公众充分开放，使文化遗产资源能够最大程度得到利用。文化遗产资源主要体现为物质及非物质文化遗产，作为拥有五千余年历史的文明古国，我国拥有丰富且广泛的传统文化资源，且此类资源在不同时期、不同地区、不同民族均表现出不同特点，与之相对应的文化资源保护也拥有不同的诉求。因此，应当以具有针对性的文化资源保护法保护不同文化遗产资源。其次，逐步加强对档案、版本等文化资源的保护。档案和版本是五千年中华文明的见证，是中华民族智慧的结晶，深刻反映了中华民族的政治、经济、文化、科技、外交等的处事原则，是中华民族最好的代言。最后，通过法律手段充分激励各类文化资源向社会公开，进而确保公民文化权利的实现。文化资源保护法与公共文化服务保障法可以被认为是统一整体的两个侧面，文化资源保护法的职能在于保留尽可能多的、对于社会发挥积极推动作用的文化资源，而公共文化服务保障法则是激励社会公众享受前述文化资源所带来的利益，进而使其文化权利得到实现和保障。因此，文化资源保护法的构建还需要与公共文化服务保障法配套进行系统性创设，通过二者配套运行，推动我国文化领域法治建设的发展，进而实现文化法的此项目标。

二、文化法促进国家文化繁荣

进入新时代以来，我国国家发展的整体战略需求以及人民群众生活的需求已经基本得到满足，因此拥有了更高层面的追求，主要体现为不仅追求物质层面的富裕，还进一步追求精神层面的富足。全面建设社会主义现代化强国是新时代的核心任务，是向第二个百年奋斗的目标。在该战略布局的背景之下，文化法治体系的构建具有重要意义。

文化法治体系的全方位建设能够实现社会主义现代化目标中共同富裕目标之"富裕"的推进。在共同富裕整体目标中，"富裕"是衡量是否推动共同富裕并取得实质进展的重要标准。进入新发展阶段，富裕的目标已经不局限于物质生活的富裕，还包括精神生活的富裕，二者相辅相成，共同定义何为新时代的真正富裕。物质生活富裕是人民幸福生活的基础性保障，可以说党治国理政最终是为了造福人民，使人民群众过上富裕、富足的幸福生活，这也是国家稳定、繁荣昌盛的关键。进入新时代，物质生活的富裕体现在多方面，衡量标准是人民能够自由支配的财产性利益。而人民群众精神层面富裕的实现很大程度上需要依靠文化的繁荣，只有繁荣且具有活力的文化才能保证共同富裕目标的真正实现。文化法治体系的全面性体现在其不仅通过公法的手段要求国家权力部门对于国家文化事业的发展负担相应的义务，还通过私法手段保障公民基于文化活动所产生的权益，并以此保障文化产业所依靠的文化市场是公平、合理且竞争的，以既保障社会公众可通过文化创作实现物质生活富裕，又使其从多样高质的文化产品中得到精神满足。完善的文化成果赋权机制以及完备的文化市场管控制度是文化法的内在要求，也是全面建设社会主义现代化强国中共同富裕目标得到推进的重要保障。

文化法治体系的全方位建设能够实现社会主义现代化目标中共同富裕目标之"共同"的推进。党的十八大以来，习近平总书记就坚定文化自信、建设社会主义文化强国发表一系列重要讲话，深刻阐明了文化建设一系列战略性全局性根本性的重大问题，具体要求艺术创作生产日益活跃繁荣、现代公共服务体系逐步建立、中华优秀传统文化广为弘扬、文化产业发展充满活力、中华文化国际影响力进一步提升。[1]新时代文化建设的本质在于提高我国的文化自信、构建文化强国。然而，缺乏法治体系保障的社会目标是难以实现的，文化法治体系的优化和完善本质上是对我国法治体系的整体优化，文化领域的法治体系与其他各个部门法相互协调和衔接，有助于我国文化领域的繁荣真正实现。基于此，社会公众在参与文化活动时能够自由行使其文化权利、享受文化利益，同时我国既有的文化成果能够得到全面且完备的保护，公平合理的文化秩序也更加有助于国际文化的融合和交流。此外，民族文化是我国文化自信和文化强国的核心，文化法治体系的建立有助于充分激发民族文化多元发展，从而带动社会文化共同繁荣发展。

---

〔1〕 参见中共文化部党组：《持续推进社会主义文化强国建设》，载《求是》2017 年第 13 期，第 35—37 页。

第二节 引领社会公众文化认知与行为

文化法治体系的第二项价值目标在于通过规则的构建引导社会公众形成良好的文化认知，参与文化活动、有序分享文化权益、行使文化权利、享受文化成果等。社会公众文化认知与行为的规范化和秩序化是实现我国文化强国建设、增强文化自信的关键，也是第一项文化法价值目标的进一步发展和推进。在充沛的文化资源和积极的文化氛围下，社会公众文化认知能力高低和文化行为规范与否关乎我国的整体文化实力，也是促进我国在国际交往中实现本国文化自信的重点。

一、文化法引领社会公众文化认知

文化认知水平是公民个人文化程度的衡量标准，也是判断一国文化实力的重要指标。进入新时代以来，我国不断推进"共同富裕"目标的落实，物质生活与精神层面共同实现富裕目标是推进文化法引领社会公众文化认知全面提高的关键。具体而言，可以从以下几方面加以理解：其一，文化法能够引领全社会形成保护文化的自觉意识。文化自觉的形成有助于全社会整体文化的繁荣，共同富裕中的"共同"在文化领域具体体现为社会文化的均衡化发展。通过文化法治体系建构引领社会公众文化认知，可以因地制宜，根据我国不同地区、不同民族的文化发展现状、文化观念传统、文化现实需要等多方因素具体调整，使之符合我国多民族、多文化传统的现实情况，从而在整体层面引领全社会共同形成文化自觉，重视文化在我国社会主义现代化文化强国构建中的基础性作用。其二，文化法能够引领社会公众产生文化创新观念。守正创新是新时代我国文化发展的重要使命，在充分传承传统文化以及了解我国不同地区和民族文化特点的基础上，结合我国具体实践创造出符合新时代发展需要，并且具有新发展活力的创新型文化成果具有重要意义。在这一维度下，文化法治体系即有助于通过以激励创新为主题的文化法治规则激发社会公众的文化创新意识、更新人民群众的文化观念。社会中形成整体层面的文化创新发展共识后，我国文化发展则一方面能够经受住新兴技术和外国各类文化的挑战和冲击，另一方面也能够在此基础上实现文化的创新发展，推动中国文化走向世界。其三，文化法能够引领社会公众甄别优秀文化。文化法作为由立法部门基于我国实际情况设立的社会性法律，兼具公法和私法属性，在发挥引领文化市场形成良好秩序、合理保障文化参与者的文化成果权益等多方面作用的同时也致力于筛选出有益于社会发展的优秀文化，摒弃不符合我国文化观念和需要的落后文化。以此出发，文化法通过体系化的制度构建，引导社会公众甄别出优秀的文化成果，进行有益于社会进步的文化活动，有助于在结果层面推动全社会文化认知水平的提高。

二、文化法引领社会公众文化行为

文化行为包括个人在社会中参与文化活动的基本认知以及多样性的行为，在这一过程中产生的文化成果往往是文化法保障的重点。文化成果即是个人、群体和社会创造的源于文化特征或表现文化特征的象征意义、艺术特色和文化价值的表现形式。文化成果权益是指民事主体对所创作或制作的源于文化特征或表现文化特征的象征意义、艺术特色和文化价值的表现形式享有的人格和财产权益。文化成果权益的调整是公民在文化活动中实现其精神和经济追求的重要渠道。文化成果权益调整法本质上是以《民法典》和《著作权法》为基础搭建的文化私法体系，其旨在创设一套公平且合理的权益调整机制从而保障民事主体在文化活动中的合法权益。具体而言，文化法引领社会公众文化行为的价值目标有三方面实际体现：其一，文化法有助于协调社会公众有序参与文化活动。文化法治体系的建构是实现我国文化领域"法制"到"法治"转变的关键，体系完备、内容全面的文化法使社会公众在参与文化生活时能够得到全方位的权益保障。在此基础上，由各个文化活动参与主体共同进行的文化行为能够更加有序，文化交往更加频繁，我国文化法治体系才能更好地发挥效用。其二，文化法有助于促进社会公众文化行为公益化发展。公益性是我国文化可持续发展的关键价值目标，法律作为调节社会整体利益的制度工具，在文化法层面，其有助于实现文化领域的社会整体利益平衡。因为，文化法治体系的构建正是在我国文化事业和文化产业共同发展的目标下进行的，文化法治体系在构建过程中同样包含了利益平衡的思想和精神。在此基础上，文化法治体系的构建有助于引领社会公众的文化行为向公益化方向转变，社会公众能够有意识将其文化成果与社会分享，从而促进社会文化的整体繁荣和进步。其三，文化法有助于推动社会公众行为带动经济增长。社会公众对于文化成果带来的权益更加有期待感和获得感也是文化法治体系完善的主要目标。经济繁荣与文化繁荣之间是相辅相成的关系，文化产业的繁荣发展需要社会公众的积极参与，在文化法治体系的整体建构框架下，社会公众在文化权益得到有效保障的情况下将会有更高的参与文化活动的积极性，由此就会更加积极地创造出更多能够满足人民文化需求的文化成果，从而带动经济整体增长。

第三节　推进社会主义文化事业与产业全面建设

文化建设是文化法治体系建设的最终价值目标，推进文化全面建设即要求在完备且具体化的文化法治体系格局下，同步推进文化事业建设和文化产业建设，使二者既相互联系又各自有别。新中国成立以来，我国从马克思主义关于文化的基本认识出发，进行了大规模的文化事业建设。随着对马克思主义认识的深入和世界范围内文化产业的崛起，我国进行了文化体制改革，由此催生出公益性文化事业和经营性文化产业两个不同的领域。文化事业具有公益性、公共性的特点，文化产业则具有经营性、市场性的特点，它们之间有明显的不同，又有紧密的联系。[1]进入新时代以来，我国文化领域也在不断转型升级，其中两项重要衡量指标即为文化事业的建设情况以及文化产业的发展情况。构建新时代文化法治体系时，同样需要兼顾二者，使文化法治体系能够以公平、切实且高效的方式推进文化全面建设。这一方面要求推进公共文化服务、文化资源保护、文化市场监管等在法律层面的落实，即要求国家权力机关履行其法定文化事业推进职能并且负担起其应尽的义务；另一方面要求促进文化产业发展，构建开放且有序的文化市场环境，其基本路径即为通过完善文化市场以及文化产业相关的立法促进文化产业发展、激发文化市场活力。这与我国在文化领域基本法律、文化专门法以及文化行政法规和规章三个层面推进文化法治体系完善的现实需求相契合。[2]具体而言，该项价值目标的实现应当从以下两方面推进。

---

〔1〕 参见范志杰：《发展文化事业促进文化产业政策研究》，财政部财政科学研究所 2013 年博士学位论文，第 1 页。

〔2〕 参见朱兵：《建立和完善中国特色社会主义文化法律制度》，载《中国人大》2012 年第 20 期，第 11—12 页。

一、推进社会主义文化事业建设

当前我国文化事业领域的立法集中体现于《公共文化服务保障法》。文化事业的性质具有以下特点，即我国的文化事业应当限定于文化社会公益事业范畴，具体而言应符合这样两个标准：一是服务于社会公众，而不指向任何特定个体和群体；二是这种服务是公益性和基础性的，一般由财政补偿或社会捐助来实现成本补偿，而不向服务对象收取费用或获取利润。并且，针对这些文化公益事业，政府只能通过法律制度加以管理，而不宜进行直接控制，从而保持其与现代文化市场的衔接。[1]文化事业立法的完善是我国文化繁荣的制度保障，也是文化产业得以发展的前提条件。我国是拥有千年历史的文化大国，拥有深厚的文化底蕴以及高价值的文化资源，我国文化法治体系的首要立法任务即为设立文化资源保护法。在此基础上，为了激励我国文化资源得到真正的流转，应当及时制定符合数字时代的文化资源保护法，从而以符合时代需要的数字化技术促进文化资源流动的便利化、快捷化。此外，文化事业建设的法律促进路径还体现为公共文化服务机构相应立法的进一步完善。可以看到，我国已于2016年颁布了《公共文化服务保障法》，其中对于公共文化服务的范畴、原则、宗旨以及具体落实路径等多方面进行了全面的规定。并对图书馆、博物馆、档案馆等具体公共文化服务领域，予以立法。当然，上述立法存在有待完善之处，未来予以修改之时，需要结合我国地域、经济、民族、宗教等多元需求，制定精准切合实际需求的规范。简言之，保障文化法治体系服务于文化事业建设是文化法推进文化全面建设价值目标中的首要内容，只有充分完善我国文化事业的法律治理体系，才有助于传统文化资源的深度开发和保护，保障文化资源的合理分配，实现社会公众的基本文化权利，为文化产业的繁荣发展和全面建设做好铺垫和补充。

二、推进社会主义文化产业建设

通过文化法治体系激励文化产业建设是文化法推进文化全面建设价值目标中的第二项重要内容，其事关我国在当下发展阶段的文化软实力、文化国

---

[1] 周叶中、蔡武进：《中国特色社会主义文化立法初论》，载《法学论坛》2014年第5期，第87页。

际影响力等多个方面。我国文化产业领域的立法主要面临两个实现困境：其一，缺乏完整的文化市场领域的立法。现有相关法律法规的效力层次过低，难以承担文化市场综合法律的重任。即现行文化市场领域的立法位阶普遍较低，相互之间缺乏协调，缺乏法律化的透明规则和刚性约束，无法遏制地方机会主义，甚至存在地方法和中央政策之间的不良博弈。其二，文化市场各行业的立法发展不均衡，现有立法难以体现出文化市场的时代现实需求，新兴文化产业的迅速崛起缺乏有效的法律保障和相应的规制手段。[1]对此，我国近年来不断推进文化产业促进法的落实，例如，2019 年司法部已公布《文化产业促进法（草案送审稿）》，并且推进多个细化文化产业领域的相关法律法规的落实。完善文化产业领域的相关立法是新发展阶段我国实现文化转型、构建文化强国、增强文化自信以及健全文化法治体系的重点，其也是推进全面依法治国战略下文化领域立法的重要组成部分。完成全面依法治国战略下文化法的立法任务需要充分立足于我国既有相关立法实践情况，全面分析现存的优势和不足，构建符合我国实际需要、旨在促进我国文化繁荣发展的文化法治体系，重要体现之一即是完善和全面推进文化产业领域立法，促进文化产业繁荣，优化文化市场环境，在相关主体的有效管理下，依靠市场力量和行业力量带动文化产业的全面繁荣，为我国经济和社会建设提供新的动力。

---

〔1〕 参见秦前红：《法律能为文化发展繁荣做什么》，中国政法大学出版社 2015 年版，第 117页。

本编小结：新时代的文化法治体系构建

进入新时代，我国全面推进各领域的法治建设，为建设中国特色社会主义现代化强国作出重要保障。2023 年 10 月，习近平文化思想正式提出，将我国文化工作提升至新的高度。文化法治体系作为保障我国文化事业、文化产业全面建设的关键制度，其正在逐步有序推进。尽管在多个文化领域已经出台了相关法律法规以及政策性文件并且取得了显著的成效，但文化法效力位阶较低、有待加以体系化统筹，部分重点领域缺乏立法、执法和司法必要规范，社会整体文化意识仍待提高等诸多现实困境仍对文化法治体系的构建提出了新的时代要求。2023 年中共中央办公厅、国务院办公厅印发的《关于加强新时代法学教育和法学理论研究的意见》更是提出，为适应法治建设新要求，需要加强文化法学等法学学科的建设。在此背景下，为回应新时代文化强国目标的多层次、宽领域的现实需要，应从领域法学视角出发，立足于我国现行文化法的立法和司法实践情况，结合学界已有研究成果，借鉴域外文化法治领域成功经验，对于新时代的文化法治体系构建展开全面且充分的研究。

党的十八大以来，以习近平同志为核心的党中央提出"五位一体"总体布局和"四个全面"战略布局的总体规划，为推进全面建设社会主义现代化强国指明方向，对新时代党和国家事业发展作出科学完整的战略部署。文化法治体系构建的研究正是前述"两个布局"的诸多"交汇点"之一。基于此，应厘清文化法在中国特色社会主义法治体系中的定位，将文化法学的概念界定为：在全面依法治国背景下，以习近平文化思想为指引，以推进文化强国建设为目标，通过多元手段调整复杂文化社会关系、规制多样文化领域行为、协调文化利益整体格局的法治体系。将文化法学的基本原则概括为：立足文化治理目标、协调多元文化关系、契合国际文化态势、适应技术发展环境。文化法有别于刑法、民法等传统的部门法，根据所调整的对象和手段的多个特点，其兼具公法属性和私法属性。简言之，文化法即调整文化领域中各类社会现象的公法和私法的集合。

领域法学研究法可以为法学研究提供基础性思路，透过领域法学视角分析规制文化行为的法律体系，可以将文化法的调整对象界定为基于文化资源保护、文化成果权益调整、文化产业促进、文化市场监管以及公共文化服务的社会关系。这五项调整对象之间既存在十分紧密的关联性，同时又因各自特点而有一定的差异，需要分别加以调整。五项调整对象也对应构成了分论部分的文化资源保护法、文化成果权益调整法、文化产业促进法、文化市场监管法和公共文化服务保障法。

第一，文化资源保护是一切文化活动的基础。中华民族具有百万年的人类史、一万年的文化史、五千多年的文明史，正是文化资源的代代相传，才使中华民族能够屹立于世界民族之林并不断实现突破和创新。文化遗产资源与新兴文化资源又有所差异，近年来我国成立的中国国家版本馆、中国历史研究院等多项大型文化资源保护型机构，正是文化资源保护类型化的重要体现，而其中产生的社会关系则需要文化法加以调整。明确相关保护对象、保护主体与保护手段是保障文化资源传承的关键。

第二，基于前述文化资源保护的法律调整，文化成果权益调整形成的社会关系则与公民的核心文化权益密切相关。文化成果权益是文化参与主体参加文化活动、创作文化成果的重要保障和利益落实，以《民法典》《著作权法》等共同构建的文化成果权益调整法通过私法手段将文化成果所产生的精神和财产利益分配于创作的主体，从而激励文化创新可持续发展，同时通过法律中的相关原则和具体制度对于部分权利加以限制，以防止对文化成果的垄断导致更广范围的社会公众文化分享权遭受不当缩减。

第三，在全面推进文化建设的目标下，文化产业与文化事业的共同推进具有同等重要的地位。基于文化产业促进的社会关系是文化法调整的第三个重要对象。改革开放以来，主要依靠市场力量驱动发展的文化产业在我国经济发展中的地位逐渐上升，互联网技术的普及化更是为文化产业的升级和变革提供了宝贵机遇。社会主义市场经济并非放任市场完全进行自我调节，而是通过合理的协助和规制保障市场良性运行，这在文化产业同样明显。我国已公布的《文化产业促进法（草案送审稿）》即从主体、客体、手段等多方面对文化产业促进的具体落实进行了规定。

第四，文化活动的自主性以及文化市场的自发性常常导致不利于我国文化发展的负面文化进入我国文化领域，淫秽传播物、盗版侵权文化产品、侵犯他人文化层面精神和财产权益的行为频繁出现，且此类问题在互联网时代愈发凸显。作为促进文化产业和文化事业目标平衡实现的重要法律，文化市场监管法的落实迫在眉睫，只有通过体系化和类型化的文化市场监管制度，我国文化繁荣目标方可实现，这也是新时代我国文化自信得到提升的关键方面。

第五，调整基于公共文化服务形成的社会关系的公共文化服务法作为文化法体系中又一基本方面，旨在通过"兜底"方式保障我国文化整体协调发展。我国幅员辽阔、民族众多，不同地区的文化发展水平不尽相同，不同群体的具体文化需求也各有差异，公共文化服务法能够通过各类主动行为，保障文化成果在结果层面的均衡配置以解决上述问题。中国特色社会主义的本质特征是共同富裕，同属典型意义上文化事业立法的文化资源保护法是"富裕"的体现，而公共文化服务法则为"共同"的落实，通过广泛而全面的公共文化服务体系，我国各类文化主体的文化权益均能在比例原则的要求下得以实现。

前述五方面环环相扣，共同构成我国新时代文化法治体系的整体框架，五个方面有机联动、相互协调，推进我国文化法实现保障民族与国家文化传承与繁荣、引领社会公众文化认知与行为、推进社会主义文化事业与产业全面建设三个层面的价值目标。新时代文化法的全面研究已形成了较为全面和完善的内部体系。但是，我国文化法治体系的具体构建仍然存在诸多需要进一步完善之处。当今世界正处于百年未有之大变局，文化发展也面临前所未有的挑战，如何构建文化法治体系以应对这些挑战成为需要进一步思考和展望的重要问题。对此，笔者就新时代背景下文化法治体系尚需研究的其他重要部分提出三项具体展望：

第一，巩固涉外文化法治机制具体落实。全球化趋势的日益发展使国家间的文化交往和文化交流日趋频繁，在此过程中，多元化的思想精神以文化产品为载体、以文化行为为媒介，对我国传统文化造成一定程度的影响。在实际情况中，并非全部外来文化都能对我国文化的整体发展产生正面、积极的影响。换言之，新时代社会主义文化强国的建设需要在全球化的文化冲击下，树立符合我国文化根本利益的文化自信。文化法治体系有助于保障文化活动规范化，但是反观我国现行文化立法，事关涉外文化的法治仍然需要加以完善。一方面，应当设立具有灵活性的涉外文化法治规则，从而确保跨境文化产业发展、文化活动积极进行、文化产品自由流动、文化行为全面发展；另一方面，应当设立更加明确的强制性规定，减少不利于我国文化建设的域外文化观念、文化产品等的冲击，从而保障我国文化的自主性、自信心。

第二，加强技术变革的文化法应对。科学技术的革新为我国文化事业和文化产业带来了诸多机遇，但也同时导致文化空虚感等困境愈发凸显。对此，新时代文化法治体系的未来构建以及文化法学的体系化研究需要着重针对各类新兴技术对文化法的具体影响，梳理出文化法有效应对的原则和规则，从而保障技术的进步能够为文化法所用。

第三，加快推进文化法典立法进程。基于我国制定法传统，法典化是我国法治进步的重要标志，近年来我国民法典的出台以及学界讨论较为热烈的刑法典、环境法典构建问题，对文化法典的建构也提出了诸多启示。随着我国多个文化细分领域立法工作的推进以及学术研究的深入，编纂符合新时代我国文化发展需要的文化法典具有现实可能性，其也是日后我国走向文化全面法治化的重要路径。在厘清文化法典宗旨、原则、内涵等内部体系的基础上，还需要对文化法典的外部体系予以进一步建构，如何发挥文化法典在新时代文化建设中的基本性作用，也是学界需要致力于研究的重要主题。

下　编

文化法分论

○────────○

第一章

文化资源保护法

　　文化资源是发展文化产业的基础和创作文化成果的源头，也是文化市场生生不息的关键所在和公共文化服务的支撑，保护文化资源不受损害是其实现上述效能的前提。现代技术的发展使大部分文化资源都可以通过"1""0"这种不会受到物理损害的技术代码永久存储，因此一般情况下不需要对文化资源本身提供保护。但是，有些文化资源的价值是和其有形物质载体密不可分的，保留文化必须保护这一有形物质载体，典型的如文物；另有一些文化资源只能通过人的参与保存其原始风貌，且经济效益相对较低，典型的如非物质文化遗产；还有一些文化资源的价值不仅体现在其内容上，还体现在其证据效力上，技术的发展便利了对文化资源内容的篡改，政府作为社会公信力的代表，其保存的文化资源能够真实还原文化资源的原本样态。但上述文化资源基于自身特性存在被损害或消逝的风险，且私主体欠缺保护能力或者保护意愿，而这些文化资源又是中华文明的见证，是传承、发扬中华文化的根基，因此国家有必要对其提供保护。文化资源保护法就是规范国家保护这类文化资源职责的法律。

第一节　文化资源保护法概述

一、文化资源保护法的价值目标

　　中华文明具有突出的连续性、突出的创新性、突出的统一性、突出的包容性、突出的和平性，[1]而中华优秀传统文化更是在中华民族发展历程中、中华思想文化发展历程中，始终为中华文化的传承和创新发挥积极作用。[2]为文化资源提供法治保障，是文化资源保护法的直接目标，在法治轨道上运行的文化资源保护制度理应成为法治国家建设的重要组成部分。

文化资源是个人、民族与国家的瑰宝，是中华文明几千年赖以生存的精神沃土，是今天我们提振精神、凝心聚力的重要支撑，是中华民族踏上伟大复兴新征程的不竭动力。千百年锤炼，世代相传，不断创新，汇集成了博大精深、底蕴深厚的民族文化，形成了具有鲜明特色、体量庞大的文化资源。以法治手段保护文化资源，既可以服务于文化强国建设和文化市场高质量发展，也能满足我国人民日益多元的精神文化需求。

（一）促进文化强国建设

《"十四五"文化发展规划》强调，我国进入了推进社会主义文化强国建设、创造光耀时代光耀世界的中华文化的关键时期，要更加自觉地用文化引领风尚、教育人民、服务社会、推动发展。我国是世界文化大国，拥有丰富的文化资源。但在我国经济快速发展过程中，源于农耕文明的众多文化资源历经现代工业文明发展，尤其是城市化运动后逐渐走向衰落，最终陷入需要临时性保护、必要性抢救的境地。与此同时，伴随着人们生活品质的提升和优质文化需求的增长，民族文化独特的文化与经济价值又日益受到关注和推崇。在现代法治环境下，文化建设只有依托于法律体系，才能获得更加强大的生命力。[3]因此，有必要完善文化资源法律体系，通过完善文化立法、加强执法、提升司法保护水平，在法治框架内为文化资源保护提供新的方案，服务于新时期文化强国建设的目标。

党的二十大报告强调，要围绕举旗帜、聚民心、育新人、兴文化、展形象建设社会主义文化强国。首先，文化资源保护是举旗帜、聚民心的必要前提。民族性是中华文化的重要特征，文化作为价值坐标体系，为每一个民族

---

〔1〕 习近平：《在文化传承发展座谈会上的讲话（2023 年 6 月 2 日）》，载《求是》2023 年第 17 期，第 4 页。

〔2〕 参见李宗桂：《试论中国优秀传统文化的内涵》，载《学术研究》2013 年第 11 期，第 35 页。

〔3〕 参见周叶中、蔡武进：《论我国文化法的场境、意境与面向》，载《法学杂志》2015 年第 2 期，第 31 页。

成员提供区别于"他者"的"镜像功能",帮助成员形成自身身份认同,五千年来的身份认同逐步累积形成了超越部落、氏族、血统与地域认同的中华文化"大熔炉"。[1]形形色色的文化资源足以形成客观存在的民族文化空间,并在当代进一步发挥具备民族特色的文化符号功能。

其次,文化资源保护是育新人、兴文化的必要前提。文化给予人精神力量,中华优秀传统文化是培育不忘本心、具备民族精神的中国特色社会主义新时代新人的源泉。文化资源安全是弘扬中华优秀传统文化、建设社会主义文化强国的重要底线,有效保障文化资源安全,才能发挥文化资源的基础性、传承性、公共性和教育性的特点,促进文化领域整体发展。面对我国文化资源破坏乱象,以法治手段保卫国家文化安全,特别是保护国家文化资源的完整留存与传承刻不容缓。为优质民族文化资源提供法治保护既是中华文化乃至中华文明的紧要需求,也是保障我国文化领域"做大做强"的基础性工作。

最后,文化资源保护是展形象的必要前提。习近平总书记指出,文明特别是思想文化是一个国家、一个民族的灵魂。[2]优秀的中国传统文化形成于中华民族的长期发展历程,在历史和当代都具有重要价值,[3]是我们在世界文化激荡中站稳脚跟的根基。[4]我国形成的一大批品质卓越、意义非凡的文化资源是中华优秀传统文化的重要组成部分,具备重大文化价值和经济价值,不仅是社会公众了解历史、触摸文明的重要途径,还是我国公众树立民族文化自信的关键根源,也是向世界展现源远流长的中国文化、博大精深的中华文明的基础。

文化资源保护法的构建与完善是我国文化法治建设的重要环节,也是我国文化强国建设的应有之义和重要实践。党的二十大报告指出,到2035年,

---

〔1〕 傅才武、岳楠:《论中国传统文化创新性发展的实现路径——以当代文化资本理论为视角》,载《同济大学学报(社会科学版)》2018年第1期,第28页。

〔2〕 习近平:《在纪念孔子诞辰2565周年国际学术研讨会暨国际儒学联合会第五届会员大会开幕会上的讲话(2014年9月24日)》,载《人民日报》2014年9月25日,第2版。

〔3〕 参见李宗桂:《试论中国优秀传统文化的内涵》,载《学术研究》2013年第11期,第35页。要指出的是,此文所指的中国优秀传统文化为思想文化,作者认为能以技艺等具象方式体现的根源都是思想文化,而本书认为以具象方式呈现的文化资源本身也属于优秀传统文化的一部分。

〔4〕 习近平:《把培育和弘扬社会主义核心价值观作为凝魂聚气强基固本的基础工程》,载《人民日报》2014年2月26日,第1版。

我国基本建成文化强国，国家文化软实力显著增强。[1]新时期新形势下，文化强国建设对文化资源保护法提出了更高要求，需要进一步扩大实践范围、拓宽实践方式、提升实践效率。

（二）推动文化市场高质量发展

党的二十大报告对"中国式现代化"作出了系统阐释，并提出要加快构建新发展格局，着力推动高质量发展，文化产业是其中重要一环。数据显示，截至2023年底，我国共有7.3万家规模以上文化及相关产业企业，文化企业实现营收收入129 515亿元，按可比口径计算较2022年增长8.2%。[2]我国文化相关产业呈现出良好的发展态势，且已成为推动我国经济高质量增长的重要产业力量。问渠那得清如许？为有源头活水来。文化产业、文化市场的欣欣向荣也对文化法提出了新的要求，包括对作为文化产业上游源头的文化资源提供更加充分的保护，以为文化创作提供源源不断的物料。

党的十九届四中全会提出要推动经济高质量发展、坚持和完善繁荣发展社会主义先进文化的制度，发展社会主义先进文化，完善以高质量发展为导向的文化经济政策，坚持创造性转化、创新性发展，激发全民族文化创造活力，更好构筑中国精神、中国价值、中国力量。我国拥有丰富的文化资源，特别是同时具备历史价值与当代价值的中华优秀传统文化资源，正亟待在新时代焕发出新的活力。文化资源作为文化领域的根源性存在和绝对上游，保障其具有足够的丰富程度是下游文化产业、文化事业发展的必要前提，否则创造活动将成为无本之木、无源之水。构建完善的文化资源保护法体系，在法律维度重新界定其内涵与范围，明确文化资源的创新价值，能够有效引导日后对文化资源的保护、开发与利用等相关工作，兼具理论价值与实践意义。

文化资源在法保护理念根本上契合新发展理念。其一，创新是引领发展的第一动力，中华文明具有突出的创新性。文化资源的传承并非机械僵化式的传递，而是由每个历史时期的人根据时代特点进行灵活演绎实现的。其二，

---

[1] 党的二十大报告中还指出，要"围绕举旗帜、聚民心、育新人、兴文化、展形象建设社会主义文化强国"，"加大文物和文化遗产保护力度，加强城乡建设中历史文化保护传承"。参见习近平：《高举中国特色社会主义伟大旗帜 为全面建设社会主义现代化国家而团结奋斗——在中国共产党第二十次全国代表大会上的报告》，2022年10月16日发布。

[2] 国家统计局：《2023年全国规模以上文化及相关产业企业营业收入增长8.2%》，载 https://www.stats.gov.cn/sj/zxfb/202401/t20240129_ 1946971.html，最后访问日期：2024年4月26日。

协调是可持续发展的内在要求。中华文明具有突出的连续性，文化资源的传承是一种活态流变。文化资源保护法强调保护中华文明的本质特色，促进传承发展全方位平衡，寻求文化持续协调永续发展。其三，中华文明突出的包容性和和平性，与高质量发展的绿色、开放、共享要求不谋而合。文化资源保护法正是要保护文化资源的上述特性，即在保留我国文化资源中华特色的基础上实现文化资源的创造性转化和创新性发展，在保证中华文化主体地位的基础上对外来文化兼收并蓄，不断丰富我国文化资源。

（三）满足社会公众多元文化需求

习近平总书记在党的十九大报告中作出了中国特色社会主义进入新时代的重大判断，指出"我国社会主要矛盾已经转化为人民日益增长的美好生活需要和不平衡不充分的发展之间的矛盾。"[1]新时代人民日益增长的美好生活需要包含日益增长的文化需要，多元的文化资源才能浇灌出多元的文化产业与文化成果，服务于新时代人民多元的文化需求。只有多元的文化资源才能塑造多样的文化产业、文化市场，激发文化附加值，扩大文化影响力，从而在文化领域上立足民族、放眼世界。

第一，保护各色文化资源本身就能够在一定程度上满足社会公众多元文化需求。文化资源的范围十分广泛，无论是如文物、非物质文化遗产此类承载了重要文化传承价值的传统文化资源，还是如档案资料、版本书籍等，都能够作为社会公众可以直接获取的文化资源，提供相应的视觉精神享受与文化教育价值。文化资源自身便具备满足各种文化需求的属性。

第二，保护好多元文化资源，是浇灌出多元的文化产业与文化成果，以服务于新时代人民多元的文化需求，实现文化多姿多彩、生生不息的前提。多元文化资源是多元文化产业的建设基础，也是多元文化成果的创造源头，更是多元公共文化服务的提供前提。只有保护好多元的文化资源，才能实现全领域文化的多元发展，才能满足新时代人民的全新文化需求。

二、我国文化资源保护的法律实践

（一）我国文化资源保护现行立法情况

面对新时代文化资源保护的迫切需求，文化法治建设前路漫漫，本部分

---

〔1〕　习近平：《决胜全面建成小康社会　夺取新时代中国特色社会主义伟大胜利——在中国共产党第十九次全国代表大会上的报告（2017 年 10 月 18 日）》，人民出版社 2017 年版，第 10 页。

旨在从现有立法角度考察我国文化资源保护情况，考察相关规范的关联性与体系性。

1. 文化资源保护现行立法概况

我国文化资源保护领域现行立法基本情况为成文法律较少，[1]其中针对文化资源保护的专门立法尤为缺乏，只有《文物保护法》《非物质文化遗产法》两部法律是直接关涉文化资源保护的专门立法。此外，还有特殊领域的综合性法律，如与档案文化资源保护相关的《档案法》，与文化科教资源保护相关的《教育法》。另外还有部分内容涉及文化资源保护的成文法，例如，《刑法》在"妨害社会管理秩序罪"章第四节规定了"妨害文物管理罪"，在此节外又规定了"走私文物罪"等。行政法规主要依托已有法律纵向细化相关规定，[2]部门规章覆盖范围更广更深，[3]相关地方法规结合地方特色规定本地区文化工作。另存在部分涉及文化资源保护的成文刑事规定，以及其他以"通知"等形式发布的文件，这些文件具有数量多、范围广、聚焦细致的特点。[4]

文化资源保护法主要通过要求相关行政机关积极履行一定作为的义务、公民履行一定消极不作为的义务保护文化资源。如根据《非物质文化遗产法》的规定，由县级以上人民政府负责非物质文化遗产的保护、保存工作；[5]根据《文物保护法》的规定，个人不得私自发掘地下埋藏文物。[6]由于我国文化资源丰富，有限的行政资源无法提供周延的保护，国家提供直接保护的是具有重要历史价值、稀缺性的文化资源，对于其他文化资源，国家允许私人享有所有权，同时对私人权利作出相较于其他财产权客体更多的限制性规范，

---

〔1〕 相关立法只出台了与文化资源保护直接相关的《文物保护法》及《非物质文化遗产法》，《档案法》《英雄烈士保护法》等在部分内容上涉及了文化资源保护。

〔2〕 行政法规如《文物保护法实施条例》《水下文物保护管理条例》《考古涉外工作管理办法》《长城保护条例》《公共文化体育设施条例》等。

〔3〕 部门规章如《国家级非物质文化遗产代表性传承人认定与管理办法》《大运河遗产保护管理办法》《国家级文化生态保护区管理办法》《文物进出境审核管理办法》《艺术档案管理办法》等。

〔4〕 其他规范性文件如《文化部办公厅关于进一步做好戏曲进校园工作的通知》《国务院办公厅印发关于支持戏曲传承发展若干政策的通知》等。

〔5〕《非物质文化遗产法》第6条第1款："县级以上人民政府应当将非物质文化遗产保护、保存工作纳入本级国民经济和社会发展规划，并将保护、保存经费列入本级财政预算。"

〔6〕《文物保护法》第27条第2款："地下埋藏的文物，任何单位或者个人都不得私自发掘。"

以实现对文化资源的间接保护。例如，有些文物可以作为物权客体，对此既要考虑文物作为民法上"物"的地位，也要考虑文物作为稀缺资源需加以特别保护的因素。[1]

2. 现行立法保护具体情况

《宪法》的相关条文在一定程度上对文化予以规定，如第 4 条规定了各民族使用语言文字风俗习惯的自由——亦有学者将《宪法》的相关规定称为"文化宪法"，将相关条款称为"文化基本权""国家文化权"等。[2]尽管《宪法》中存在与"文化"相关的条款，但关于"文化资源保护"的具体内容还需到下位法律法规中进一步规范。

1982 年首次颁行的《文物保护法》已历经 5 次修正，现行《文物保护法》为 2017 年修正。《文物保护法》明确指出，"文物是不可再生的文化资源"。[3]该法明确了文物保护的客体范围，[4]并且将文物分为不可移动文物与可移动文物，不可移动文物根据其珍贵程度划分为全国重点文物保护单位，省级文物保护单位与市、县级文物保护单位，而可移动文物也分为珍贵文物和一般文物。[5]《文物保护法》第 7 条规定："一切机关、组织和个人都有依法保护文物的义务。"该法还对为文物保护工作作出贡献的单位或个人规定了

---

〔1〕　李玉雪：《文物的私法问题研究———以文物保护为视角》，载《现代法学》2007 年第 6 期，第 139 页。

〔2〕　周刚志、李琴英：《论"文化法"：契机、体系与基本原则》，载《江苏行政学院学报》2018 年第 6 期，第 125 页。

〔3〕　《文物保护法》第 11 条："文物是不可再生的文化资源。国家加强文物保护的宣传教育，增强全民文物保护的意识，鼓励文物保护的科学研究，提高文物保护的科学技术水平。"

〔4〕　《文物保护法》第 2 条："在中华人民共和国境内，下列文物受国家保护：（一）具有历史、艺术、科学价值的古文化遗址、古墓葬、古建筑、石窟寺和石刻、壁画；（二）与重大历史事件、革命运动或者著名人物有关的以及具有重要纪念意义、教育意义或者史料价值的近代现代重要史迹、实物、代表性建筑；（三）历史上各时代珍贵的艺术品、工艺美术品；（四）历史上各时代重要的文献资料以及具有历史、艺术、科学价值的手稿和图书资料等；（五）反映历史上各时代、各民族社会制度、社会生产、社会生活的代表性实物。文物认定的标准和办法由国务院文物行政部门制定，并报国务院批准。具有科学价值的古脊椎动物化石和古人类化石同文物一样受国家保护。"

〔5〕　《文物保护法》第 3 条："古文化遗址、古墓葬、古建筑、石窟寺、石刻、壁画、近代现代重要史迹和代表性建筑等不可移动文物，根据它们的历史、艺术、科学价值，可以分别确定为全国重点文物保护单位，省级文物保护单位，市、县级文物保护单位。历史上各时代重要实物、艺术品、文献、手稿、图书资料、代表性实物等可移动文物，分为珍贵文物和一般文物；珍贵文物分为一级文物、二级文物、三级文物。"

精神鼓励或物质奖励，以激励大众广泛参与文物保护工作。[1]但也应当指出，现行《文物保护法》仅停留在文物保护行为层面，仍欠缺文化资源保护的深层属性揭示与文化价值构造，以保护为主而非利用，强调文物抢救及其资源特征属性，[2]并未将文物保护的后续宣传开发纳入其中，没有在法律层面上将文化资源保护与文化产业开发等其他环节有效衔接，没有达到有效构建文化法治体系的效果。

我国现行《刑法》规定了文物及档案保护的相关内容，并未涉及存在是否需要刑法保护之争议的非物质文化遗产。[3]《刑法》第六章妨害社会管理秩序罪专门在第四节妨害文物管理罪中配置了文物相关的小类罪，并且在其他部分规定了其他相关罪，如走私罪一节下的走私文物罪，第九章渎职罪中的以国家机关工作人员为犯罪主体的失职造成珍贵文物损毁、流失罪，以及对于文物盗窃、抢劫行为的一般犯罪。[4]《刑法》第六章第四节妨害文物管理罪的基本设定逻辑是妨害行政管理，其所属的《刑法》第六章命名为"妨害社会管理罪"，该节便也遵循了"妨害管理"的命名结构。也就是说，妨害文物管理罪本质上是对超过行政法规调整限度范围的干扰行政管理行为的国家权力介入，是基于文物保护行政管理现状的更严厉反映。这一部分涉及了故意或过失损毁文物，违反文物保护法规将收藏的国家禁止出口的珍贵文物私自出售或者私自赠送给外国人，以牟利为目的倒卖国家禁止经营的文物，文物保护单位违反文物保护法规将国家保护的文物藏品出售或者私自送给非

〔1〕《文物保护法》第12条："有下列事迹的单位或者个人，由国家给予精神鼓励或者物质奖励：（一）认真执行文物保护法律、法规，保护文物成绩显著的；（二）为保护文物与违法犯罪行为作坚决斗争的；（三）将个人收藏的重要文物捐献给国家或者为文物保护事业作出捐赠的；（四）发现文物及时上报或者上交，使文物得到保护的；（五）在考古发掘工作中作出重大贡献的；（六）在文物保护科学技术方面有重要发明创造或者其他重要贡献的；（七）在文物面临破坏危险时，抢救文物有功的；（八）长期从事文物工作，作出显著成绩的。"

〔2〕参见梁岩妍：《"一带一路"倡议下文化遗产法中文化多样性价值的确立》，载《西北大学学报（哲学社会科学版）》2018年第3期，第99页。

〔3〕关于非物质文化遗产的保护模式，存在"私法保护说""双重保护说""全面保护说"，私法保护说认为应当以知识产权法为非物质文化遗产提供保护，双重保护说认为应当采取以公法为主、私法为辅的保护原则，全面保护说主张应当在非物质文化遗产的私法保护和行政保护的基础上进一步提供刑法保护，本章第三节会进一步展开相关论述。参见王良顺：《非物质文化遗产刑法保护的问题辨析与路径选择》，载《贵州社会科学》2019年第6期，第76—77页。

〔4〕参见许桂敏：《文物安全刑法保护的不足与完善》，载《学术交流》2014年第8期，第94页。

国有单位或者个人，盗掘古文化遗址、古墓葬，乃至抢夺、窃取国家所有的档案或擅自出卖、转让国家所有的档案的犯罪行为。[1]刑法学界对于针对国家所有的档案的犯罪是否可以纳入妨害文物管理罪范畴存在极大争议，但在文化资源保护法视角中，即便是被错误归入"文物"，档案依旧和文物同属于文化资源的一部分，即《刑法》第六章第四节整体上都属于文化资源保护法的刑法体现。尽管《刑法》第六章第四节存在结构逻辑的争议，但在犯罪客体和"妨害管理"两方面都契合于文化资源保护法强调文化资源与行政保护的基本构建逻辑。

《非物质文化遗产法》明确组成非物质文化遗产的实物和场所也可能属于文物，[2]因此《文物保护法》与《非物质文化遗产法》的保护客体并非完全相异，而是有所重叠交叉。该法还总体性设计了非物质文化遗产的调查制度、代表性项目名录制度以及传承传播制度，与下位法规有效衔接，统领我国非物质文化遗产保护制度。

（二）我国文化资源保护司法概况

1. 司法情况概述

涉及文化资源保护的司法案例较多见于文物和非物质文化遗产保护领域，如文物管理案件、文物认定纠纷案件等。文化资源保护法属于公法范畴，因此文化资源保护诉讼仅涉及行政诉讼和刑事诉讼。行政诉讼的双方当事人分别为行政相对人和行政机关，案件争议焦点多为在文化行政执法过程中，行政机关履行保护文化资源义务时是否存在行政违法行为；刑事诉讼的案件争议焦点多为社会主体是否违反了文物保护的不作为义务，造成特定文物的毁坏或者流失。另外，文化资源具有公共属性，因此文化资源司法保护可能还具有相当的公益诉讼适用空间，此问题将在后文"文化资源保护法的现实困境"部分论及。

2. 行政诉讼中的文化资源保护

文化资源保护行政诉讼旨在依赖行政相对人以诉讼手段监督行政机关依法依规履行文化资源保护义务，积极落实有关举措，保障文化资源保护工作

---

〔1〕　参见《刑法》第六章第四节第 324 条至第 329 条。

〔2〕　《非物质文化遗产法》第 2 条第 2 款："属于非物质文化遗产组成部分的实物和场所，凡属文物的，适用《中华人民共和国文物保护法》的有关规定。"

在法治轨道上有序进行，其中多涉及文物保护相关诉讼。以某文物认定纠纷案为例，此案原告向行政机关提出不可移动文物认定申请，经过现场勘查、公示、听证及专家认证程序，专家提出"三座古民居距离较为分散，其历史、科学和艺术价值不高……不具备文物应有的历史、艺术和科学价值，不予认定为文物"。申请人不服该认定决定，向省文物局提出裁定申请，文物局裁定维持原不予认定决定。随后，申请人对该裁定提起行政诉讼，文物局为该案被告。最终，一审法院判决该具体行政行为合法，二审法院维持该判决。[1]该案核心问题在于行政机关所作出的具体行政行为是否事实清楚、程序合法并适用法律法规正确，属于典型的行政诉讼，司法对行政机关文物保护工作的监督作用便显现于此。

（三）我国文化资源保护现实执法情况

依据《文化和旅游部、国家文物局关于加强地方文物行政执法工作的通知》，市、县两级有文物执法队伍的，文物市场以外的文物行政执法职责由文物执法队伍行使；市、县两级没有文物执法队伍的，由相关文物行政部门委托文化市场综合执法队伍行使文物市场以外的文物行政执法职责，并指导、监督文化市场综合执法队伍开展相关执法工作。[2]文物行政执法主要由专门的文物执法队伍开展，若不存在文物执法队伍，相关文物行政部门委托并指导文化市场综合执法队伍开展相关执法工作。

就文化资源保护执法依据而言，文物执法领域存有大量执法规范，如国家文物局制定了《文物行政执法公示办法（试行）》《文物行政执法全过程记录办法（试行）》《重大文物行政执法决定法制审核办法（试行）》等一系列规定来规范文物执法过程，地方文旅部门也因地制宜制定了本地区文化资源执法的规范性文件。文物保护执法工作主要依据全国统一印发及地方制定的文化执法工作规范进行。以济南市文化执法支队的文化执法工作为例，2023年3月初至5月底，济南市文化执法支队依据《文物保护单位执法巡查办法》《山东省文物行政执法巡查工作制度》，展开"双随机、一公开"检查，抽取文物保护单位28家，检查文物保护单位定位、影像、图片资料，并

---

〔1〕 福建省福州市中级人民法院（2021）闽01行终258号行政判决书。

〔2〕 《文化和旅游部、国家文物局关于加强地方文物行政执法工作的通知》（文旅文物发〔2019〕52号），2019年5月8日发布。

向文物部门通报文物保护单位的安全隐患、标志缺失等情况。[1]

我国文化资源保护执法工作以保护文化资源安全为重点。国家文物局公布的 2022 年度全国文物行政处罚"十佳案卷"中有两起案件涉及"擅自修缮"文物，一起涉及"过失损毁"文物，一起涉及"擅自拆除"文物，四起涉及"擅自违法建设"，还有两起涉及"擅自违法施工"。[2]可见，文物行政保护工作多涉及不可移动文物的施工建设问题。

随着科技进步，我国不断优化、创新文化资源保护方式，依托高新技术助力文化资源保护执法，执法效率得到显著提升。截至 2023 年，国家文物局已连续 6 年开展卫星遥感执法监测，覆盖 30 个省份 420 处全国重点文物保护单位，并积极指导地方加强卫星遥感执法监测、无人机巡查等技术运用。[3]

三、文化资源保护法的现实困境

（一）文化资源保护专门立法有待完善

我国文化资源保护面临立法整体层级低、专门性立法欠缺以及立法内容有待优化等问题。结合领域法的基本定位，文化资源保护法以"文化资源保护"为基本问题导向，寻求各成文法律内部和不同成文法律之间的逻辑关联，并致力于相关问题的法律规范整合适用。[4]在领域法视野下，文化资源保护专门立法从概括性、原则性规定到专门技术性规定皆存而不精，且该领域法律规范间的关联性、整体性及实用性同样有待完善。

文化资源保护立法的首要问题是立法层级低、欠缺总领性的文化资源保护基本法。上文指出，我国现行文化资源保护法律法规的显著特点是专门法律规定少，且聚焦于文物保护和非物质文化遗产保护。横向比较域外文化资源保护立法，可以看到，有相当一部分国家专门制定了文化保护基本法，如《蒙古国文化法》《日本文化艺术振兴基本法》《俄罗斯联邦文化基本法》《乌

---

〔1〕济南市文化和旅游局：《市文化执法支队圆满完成文物保护单位"双随机"抽查》，载 https://jnwl.jinan.gov.cn/art/2023/6/9/art_42921_4779646.html，最后访问日期：2024 年 4 月 26 日。

〔2〕《国家文物局关于公布 2022 年度全国文物行政处罚"十佳案卷"的通知》（文物督发〔2022〕32 号），2022 年 12 月 26 日发布。

〔3〕《国家文物局关于 2022 年度文物行政执法和安全监管工作情况的通报》（文物督发〔2023〕8 号），2023 年 3 月 31 日发布。

〔4〕参见刘剑文、胡翔：《"领域法"范式适用：方法提炼与思维模式》，载《法学论坛》2018 年第 4 期，第 78 页。

克兰文化法》等，其对文化资源的界定虽不完全一致，但基本较为周延地涵盖了文化资源的外延，可以为我国文化资源保护立法提供借鉴。后文将对域外文化资源保护进行专门探讨。

相较于立法，制定行政性规范便捷高效、契合文化资源保护的急切需求，但过度依赖行政规范性文件也存在不可回避的缺陷。行政性规范倾向于扩大行政部门的权力范畴，可能导致对文化资源保护的过度干预，这不符合为文化资源提供抢救性的基础行政保障的行政保护理念。

（二）文化资源保护执法水准有待提高

党的十八届三中全会在《中共中央关于全面深化改革若干重大问题的决定》中指出要"深化行政执法体制改革"，综合执法改革是行政执法领域的发展重点，文化资源保护执法也不外如是。2011年12月19日文化部发布的《文化市场综合行政执法管理办法》确立了文化领域的综合执法模式，在一定程度上弥补了此前存在的文化管理部门执法力量不足、文化管理部门不具备单独执法权力等一系列缺陷。但是，目前的行政综合执法还存在一定弊端，如执法内容庞杂、基层执法力量不足、执法人员专业素质有待提升等，[1]体现在文化资源保护执法上便为文化资源保护执法力度不足、执法人员专业性欠缺。

此外，虽然该办法规定内容在事实上涉及文化资源相关保护，但是仍然以针对文化市场领域的规制为主，而目前并无其他专门用于保障文化资源保护行政执法的强制性规范。另外，《文化市场综合行政执法管理办法》主要依据《行政处罚法》《行政强制法》等一系列行政行为法而制定，相关行政执法主体、程序、证据等依旧参照上位法的规定而设立，未结合文化领域的特点。文化资源保护行政执法面临专门执法依据欠缺与执法专业化程度有待提高的双重问题。

就执法的具体落实而言，我国文化资源保护执法力度不足一方面体现在执法队伍人手短缺、执法人员素质有待提升等执法力量建设问题，另一方面表现为对文化资源保护重视不足。例如，我国文化和旅游部门下属的文化行政综合执法主体多以"文化市场综合执法"格式命名，如"北京市文化市场综合执法总队"，更加强调文化综合执法活动的市场规范调解作用。换言之，

---

[1] 参见夏德峰：《综合行政执法改革的难题及其破解》，载《中国行政管理》2016年第6期，第35页。

我国文化资源保护行政执法从规范到执行都与文化市场执法紧密关联，而忽视了文化资源保护领域的执法。在各地文化和旅游部门官方网站的执法板块或专门的执法工作宣传网站上，面向社会公开的执法工作动态极少涉及专门的文化资源执法工作，多为与文化市场紧密关联的文化资源间接保护行动。文化资源保护执法也往往被纳入文化市场综合执法，成为规范文化市场执法手段的一环。据报道，2023 年 8 月山西省运城市文化市场综合行政执法队对文物市场进行了联合执法检查，并重点检查了未经许可擅自从事文物经营或者从事未经审核文物经营，买卖国家禁止买卖的文物或者将禁止出境的文物转让、出租、质押给外国人和其他涉嫌构成刑事犯罪的文物交易行为。[1]就保护客体来说，该行动维护了当地文物市场经营秩序，有效规制了文物资源的保有与流转，然而依托于文化市场治理的文化资源保护执法终究不符合文化资源自成一体的保护格局。

（三）文化资源保护司法手段有待丰富

如上所述，当前我国文化资源司法保护现状表现为行政司法保护欠缺直接指向性，刑事司法保护因严厉程度高而不具备普适性，面对属于公共利益的文化资源正在遭受不同程度损害的现状，有必要考虑进一步拓宽司法保护途径，引入文化资源保护公益诉讼，增强文化资源司法保护的指向性和穿透力。

公益诉讼的核心概念在于其保护对象为"公共利益"，因此文化资源保护公益诉讼的保护客体应是可以被认定为具有公共利益的文化资源。目前，虽尚无成文法律规定，但文化遗产保护检察公益诉讼已然成为公益诉讼领域的重要尝试方向和未来发展趋势。最高人民检察院于 2020 年印发的《关于积极稳妥拓展公益诉讼案件范围的指导意见》提出，要积极、稳妥办理文化遗产保护等领域公益损害案件。该意见指出，新领域公益诉讼的立案条件之一是没有其他适格主体可以提起诉讼，难以通过民事、行政、刑事诉讼有效实现公益保护，这恰好是文化遗产保护乃至文化资源保护面临的现实情况——体量庞大的已进入社会公有领域的文化资源往往只能通过行政手段予以保护，从而面临着司法途径求助无门的困境。可以以现有的文化遗产保护检察公益

---

〔1〕《运城文物执法队对盐湖区文物市场进行联合执法检查》，载 https://wwj.shanxi.gov.cn/gzdt/sxxx/202308/t20230809_ 9093396.shtml，最后访问日期：2024 年 4 月 26 日。

诉讼实践为基础，参照文化遗产保护公益诉讼的建构路径，构筑文化资源保护的全新司法保护渠道。

事实上，文化遗产保护检察公益诉讼已有多年的司法实践，最高人民检察院于 2020 年发布的十起文物和文化遗产保护公益诉讼典型案例中，包括了文物犯罪的刑事附带民事公益诉讼和督促保护文物和文化遗产的行政公益诉讼两类。其中在新疆维吾尔自治区博乐市人民检察院诉谢某某等 9 人盗掘古墓葬刑事附带民事公益诉讼案中，谢某某等人的盗掘行为对古葬造成严重破坏，修复费用高达四万余元，故而，博乐市人民检察院对该违法行为以刑事附带民事公益诉讼立案审查，并经过一系列前置程序后提起了刑事附带民事公益诉讼。法院支持了检察机关的全部诉讼请求，案后，博乐市文化体育广播电视和旅游局使用被告人缴纳的盗洞回填修复费用对墓葬进行了回填修复。[1] 此案展现了公益诉讼维护文化资源公共利益的典型样态，从文化资源被非法损坏，到检察机关对公共利益损害程度的审查、委托勘查及评估工作，再到向社会发布公告及向市文化体育广播电视和旅游局征询后由检察机关提起附带民事公益诉讼，最后用诉讼所得修复费用来弥补先前公共利益受到的损害，这提供了以公益诉讼推动文化资源保护的基本思路。

2020 年 11 月，国家文物局发布《文物保护法（修订草案）（征求意见稿）》，第 87 条规定县级以上人民政府文物主管部门、依法设立的以文物保护为宗旨的社会组织可以向法院提起公益诉讼。[2] 虽然该草案只涉及由行政机关和社会组织提起的公益诉讼，但是并不意味着检察公益诉讼被排除在文物保护乃至文化资源保护的范围之外。公益诉讼本质属性决定了文化资源保护公益诉讼可以被周延纳入其范畴，文化资源司法保护的多元手段需求也在催生公益诉讼介入这一领域，二者在价值目标上有相同的追求。另外，检察机关提起行政公益诉讼在督促行政机关认真履责方面有着重要作用。行政公益诉讼的优势在于其可以在尊重行政权行使的同时从根本上撤销行政机关违法

---

[1]《检察机关文物和文化遗产保护公益诉讼典型案例》，载 https://www.spp.gov.cn/spp/xwfbh/wsfbt/202012/t20201202_ 487926. shtml#2，最后访问日期：2024 年 4 月 26 日。

[2]《文物保护法（修订草案）（征求意见稿）》第 87 条："国家鼓励通过公益诉讼制止破坏文物的行为。对于破坏文物致使社会公共利益受到损害的行为，县级以上人民政府文物主管部门、依法设立的以文物保护为宗旨的社会组织，可以依法向人民法院提起诉讼。"

行为。[1]由于文化资源保护主要依靠行政手段进行，通过有力发挥行政公益诉讼对文化资源保护职能部门行政行为或行政不作为行为的督促和监督作用，能够更有效加强文物保护效果。

（四）文化资源法治保护意识有待加强

首先，法律权威依靠人民维护，文化资源保护需要民众参与，单纯的立法、执法及司法保护并不足以构成文化资源保护的全部环节。文化资源并非形而上的抽象知识或仅具备物理属性的某种客观存在，它同时具备多种属性、多种样态，依赖于特定的区域文化和民间习俗，与文化群体的精神图景构建紧密关联，从各个方面来说其保护都需要"法"以外的"人"的参与。过去相当一段时期内我国都缺乏宣传保护文化资源的意识，导致民众的文化资源保护意识，特别是文化资源的法治保护意识和观念都较为落后。一些地方政府虽然会将文化资源保护纳入本区域行政工作，但当地民众对保护的认知是模糊的，加之整体上社会的事后反思意识重于事前参与意识，文化资源往往在受到损害之后才得到关注，但是文化资源受到损害后不仅可能因技术原因等无法恢复原貌，也会造成人力、财力的损失。

其次，文化资源法治保护意识欠缺导致文化资源被"畸形"开发利用。实践中，由于保护观念的欠缺，本应服务于广大人民群众的公共资源在后续的商业开发中发生异化，即本该由公众享受的一些文化资源被少数个体独占，谋取巨额商业利益，真正的保护传承者却收入微薄，普通民众也难以接触到这些文化资源，严重影响了文化资源的保护与传承。

再其次，公众的广泛参与是文化资源保护的必要基础。一方面，从文化资源保护法的视角而言，诸多法律规范规定了公众对文化资源保护所享有的一系列权利和应负担的一系列义务；另一方面，公众生活在一定程度上就是文化生活，公众在享受文化的同时也在保护文化，实现文化资源的活性传承。以文化遗产为例，文化遗产是对民族传统的继承，但是其并非一成不变，随着人们不断地认识和改造世界，不论是客观上还是主观上其都在不断地被注入新的理解、新的生命。文化遗产在传承的过程中是不断积累又不断创造的，

---

[1]　参见湛中乐：《公益诉讼立法破局关涉的六个基础性议题》，载《人民检察》2022年第7期，第6—7页。

这种一次接一次的创生活动也激励着人类的智力创造活动。[1]如此而言，增强公众的文化资源法治保护意识对提升文化资源保护水平十分关键且不可或缺。

最后，提升文化资源保护意识建立在文化资源保护立法、执法及司法水平提升的基础之上，文化资源保护意识的增强与前述三者紧密关联，是文化资源保护的最终目标。增强文化资源法治保护意识，既是提升文化资源保护水平的体现，也是民族文化焕发全新生命活力的方式。提升公众的文化资源保护意识与保障公众自由接触和利用相关文化资源是文化资源保护传承的两个方面，重视文化资源保护就应当重视文化领域每个主体的参与。

四、域外文化资源保护立法的经验及其启示

文化资源国际保护已初具规模，尤其在传统文化资源领域，联合国教科文组织 1972 年通过的《保护世界文化和自然遗产公约》将自然保护和文化财产保护概念联系在一起；[2]2001 年通过的《世界文化多样性宣言》指出文化遗产是创作的源泉，文化多样性是人类的共同遗产；2003 年通过的《保护非物质文化遗产公约》是促进文化多样性这一国家政策发展的一个里程碑，为国家文化政策的制定提供了参考；2005 年通过的《保护和促进文化表现形式多样性公约》明确文化多样性是人类的共同遗产，鼓励各国为了全人类的利益对其加以珍爱和维护。上述公约推动了文化资源的国家以及国际保护。文化资源保护方面的经验没有唯一模板或全面一刀切式的解决方案，[3]各国依据本土传统文化资源的不同性质会制定不同的保护方案，但重视传统文化资源传承与保护是全世界的公共观点。我国在开发和保护传统文化资源的过程中，要从我国基本国情出发，分析国际公约和域外代表性国家传统文化资源

---

〔1〕 参见赵海怡、钱锦宇：《非物质文化遗产保护的制度选择——对知识产权保护模式的反思》，载《西北大学学报（哲学社会科学版）》2013 年第 2 期，第 74 页。

〔2〕《保护世界文化和自然遗产公约》将文化遗产规定为"从历史、艺术或科学角度看具有突出的普遍价值的建筑物、碑雕、碑画、具有考古性质的成分或构造物、铭文、窟洞以及景观的联合体；从历史、艺术或科学角度看在建筑样式、分布均匀或与环境色结合方面具有突出的普遍价值的单位或连接的建筑群；从历史、审美、人种学或人类学角度看具有突出的普遍价值的人类工程或自然与人的联合工程以及包括有考古地址的区域"。

〔3〕 WIPO: Intellectual Property and Traditional Cultural Expression/Folklore, https://www.wipo.int/edocs/pubdocs/en/tk/913/wipo_ pub_ 913.pdf。

保护的得失，降低试错成本。

第一，我国可以学习各国设立文化基本法的立法模式，建立我国的文化保护基本法律规定，并有的放矢地对庞大的各色文化资源进行有针对性的专门性立法保护，平衡好民族文化与中华优秀传统文化的关系，确保我国文化资源的充分保护，从而促进我国新时代文化的传承与发扬。各国文化资源类别及各类别的丰富度不同，导致不同国家对文化资源的保护需求不同。总体上来说，发达国家对文化资源保护的需求低于发展中国家，因此发达国家利用其在国际上的强势地位，将传统文化排除在国际贸易保护之外——《与贸易有关的知识产权协议》对传统文化资源、民间文学艺术、遗传资源等的保护避而不谈。但许多传统文化资源丰富的古老文明国家在参与当今知识产权国际保护体系的同时，也在积极推动建立传统文化资源的保护机制。巴拿马、巴西、秘鲁等许多国家建立了专门的传统文化资源保护体系，并对传统文化资源一般采取广义理解。如巴拿马的 20 号法律就将全部的非物质文化遗产纳入了专门立法的保护范畴，具体的保护对象包括：传统文化表达、传统科技知识和传统标记。另有国家把保护传统文化资源纳入了文化基本法的原则之中，例如，《哈萨克斯坦文化法》将哈萨克斯坦共和国人民文化遗产定义为具有国家意义、属于哈萨克斯坦共和国且无权转让给他国的文化价值的总和。作为宗教国家，其在文化财产中还专门规定了"宗教文化遗产"，并且在国家文化政策原则中规定要保护历史和文化遗产，保障其发展的持续性，为保护哈萨克斯坦人民和其他民族的历史遗产创造法律保障。[1]还有一部分国家在文化基本法中专门规定了承担保护职责的主体。以泰国《国家文化法》为例，为保护或恢复传统风俗、地方智慧结晶、国家和地方优秀文化艺术，协调配合社会和人民共同参与的文化工作，泰国专门设立了各级文化院，其委员和院士来自文化机构或文化网络等相关机构的代表，而文化院负有提交相关法律法规的意见建议、文化沟通、集中各单位文化保护力量、支持成员机构和文化网络的活动、宣传相关活动及成果等文化保护义务。

第二，保护传统文化资源时必须尊重习惯法。这一点在《保护非物质文

[1]　中共中央宣传部政策法规研究室编：《外国文化法律汇编》（第一卷　文化基本法、文化产业振兴法律），中国国际广播电台对外交流中心、新华社世界问题研究中心译，学习出版社 2015 年版，第 17 页、第 53 页；李秀娜：《非物质文化遗产的知识产权保护》，法律出版社 2010 年版，第 101 页。

化遗产公约》与各国专门立法规定中均有体现。尊重习惯法的主要含义是传统文化资源的授权不得影响原住民社群对该物或知识的使用习惯。如《日本文化艺术振兴基本法》强调，在振兴文艺发展中，在地方上不仅要举办主流文艺活动，还要反映出各地不同的历史和风土人情，发展有地区特色的文化艺术；《蒙古国文化法》甚至规定了"禁止歧视和打压部落文化"。[1]

第二节　文物保护法

文化遗产资源的日益稀缺是必然规律，正因如此，人类更应格外珍惜。每一代人既有分享文化遗产的权利，又有保护文化遗产并传于后世的历史责任。[2]文物是文化遗产资源的重要组成部分，保护文物是推动文物事业高质量发展的前提，是全面加强文物研究利用、全面深化对中华文明的认知、全面提升中华文化影响力的根基。本节以领域法为视角，以文物保护基本理念为导向，指出现行文化保护制度有待完善之处，并提出完善意见，以推进文物治理体系和治理能力现代化建设。

一、文物保护法的核心范畴

（一）文物、文物保护与文物保护法

文物是文化资源的重要组成内容，是以物质形式表现的一种传统文化资源，也是有形文化遗产即"物质文化遗产"的重要组成部分。[3]根据文物的一般定义，文物是人类通过社会活动而遗留下来的具有历史、艺术、科学价值的遗迹和遗物。[4]现行《文物保护法》也从规范保护的角度对文物进行了

---

〔1〕 参见中共中央宣传部政策法规研究室编：《外国文化法律汇编》（第一卷　文化基本法、文化产业振兴法律），中国国际广播电台对外交流中心、新华社世界问题研究中心译，学习出版社 2015年版，第 3 页。

〔2〕 单霁翔：《从"文物保护"走向"文化遗产保护"》，天津大学出版社 2008 年版，第 67页。

〔3〕 物质文化遗产通常包括可移动文物、不可移动文物和历史文化名城（街区、村镇）三部分。参见张伟明：《中国文物保护法实施效果研究》，文物出版社 2017 年版，第 39 页。

〔4〕 李晓东：《文物学》，学苑出版社 2005 年版，第 4 页。该书还探讨了"文物"一词的语义流变。此外，1972 年《保护世界文化和自然遗产公约》将物质文化遗产价值界定在历史、艺术、科学、审美、人种学或人类学等方面的突出普遍价值。

范围界定，[1]但是《文物保护法》意义上的"文物"以"保护"为前提，而可以纳入"保护"的文物以"认定"为前提，也即《文物保护法》之"文物"事实上是由文物行政部门认定的具有历史、艺术、科学价值的应当给予行政保护的文化遗存。这种以行政保护为导向的概念界定并不等同于本节将要探讨的通过包括但不限于行政手段进行保护的具备价值的物质遗存。[2]

保护是留存文物的基本手段，是文物焕发活力、弘扬文化价值、繁荣文化产业的必然前提。文物的不可再生性和价值性决定了文物保护的必要性。据统计，2022年末，全国文物机构藏品5630.43万件，其中，博物馆文物藏品4691.61万件/套。[3]与我国庞大的文物体量相比，已有一定规模和成效的文物保护工作之广度与深度还远远不够。我国文物保护一直面临着时间紧、体量大、难度高的问题，解决这些问题的主要方案是依靠强有力的行政力量来抢救留存文物等历史遗留物，同时强调文物保护的多元主体参与、多种手段并行。

我国《文物保护法》实施已逾40年，但本节"文物保护法"并不是对该成文法律的复述或评述，而是立足于现有文物保护的实践与困境，在文化资源保护视野下论述文物保护理念，并系统性、体系性探讨包括《文物保护法》规定的文物在内的所有物质文化遗存的保护，以服务于文化法体系建构。

（二）文物保护的主体

在十三届全国人大常委会第三十次会议上，国务院作了关于文物工作和文物保护法实施情况的报告，指出要构建党委领导、政府主导、部门协作、社会参与的文物工作格局。《文物保护法》第7条规定："一切机关、组织和个人都有依法保护文物的义务。"在现行文物保护实践中，保护主体以行政机关、事业

---

〔1〕《文物保护法》第2条第1款："在中华人民共和国境内，下列文物受国家保护：（一）具有历史、艺术、科学价值的古文化遗址、古墓葬、古建筑、石窟寺和石刻、壁画；（二）与重大历史事件、革命运动或者著名人物有关的以及具有重要纪念意义、教育意义或者史料价值的近代现代重要史迹、实物、代表性建筑；（三）历史上各时代珍贵的艺术品、工艺美术品；（四）历史上各时代重要的文献资料以及具有历史、艺术、科学价值的手稿和图书资料等；（五）反映历史上各时代、各民族社会制度、社会生产、社会生活的代表性实物。"

〔2〕在2020年公布的《文物保护法（修订草案）（征求意见稿）》中，文物概念脱离了行政认定而具备了独立品格，其第2条第1款规定："本法所称文物，是指人类创造的或者与人类活动有关的，具有历史、艺术、科学价值的物质文化遗产。"

〔3〕《中华人民共和国文化和旅游部2022年文化和旅游发展统计公报》，载 https://www.gov.cn/lianbo/bumen/202307/content_6891772.htm，最后访问日期：2024年4月26日。

单位为主，〔1〕其他主体协同保护。行政机关包括公安机关、工商行政管理部门、海关、城乡建设规划部门和其他有关国家机关，〔2〕事业单位包括国有博物馆、纪念馆、文物保护单位等。〔3〕随着文物保护事业的发展，截至 2022 年末，全国共有各类文物机构 11 340 个，其中文物保护管理机构 2663 个，文物系统管理的国有博物馆 3782 个；全国文物机构从业人员 19.03 万人。〔4〕后者如文物所有权人以及村委会、居委会设立的群众性文物保护组织〔5〕等。

　　行政机关主导的文物保护工作在实践中吸纳了许多行政机关以外的社会力量。由文物部门主导的文物保护工作的运行机制为上层中央政府将文物保护委托于相关职能部门及地方政府，地方政府及其文物职能部门下属的相关文物管理机构经地方政府的委托直接参与到文物保护工作中，与文物相关产业经营者、周边社区群众形成互动关系。〔6〕

　　文物所有权人保护文物的方式主要是限制物权行使。《文物保护法》规定，依法取得的非国家所有的文物所有权受法律保护，但同时在原则上对此种权利的行使作出限制，〔7〕在具体规则中针对不可移动文物的修缮、转让、

---

　　〔1〕 据现行《文物保护法》，全国文物保护工作的主管者是国务院文物行政部门，地方各级行政区域内的文物保护工作的负责者是地方各级人民政府，县级以上地方行政区域内的文物保护监督管理工作的实际承担者是地方人民政府承担文物保护工作的部门，并且县级以上人民政府的相关行政部门都要在职责范围内对有关文物保护工作负责。参见《文物保护法》第 8 条："国务院文物行政部门主管全国文物保护工作。地方各级人民政府负责本行政区域内的文物保护工作。县级以上地方人民政府承担文物保护工作的部门对本行政区域内的文物保护实施监督管理。县级以上人民政府有关行政部门在各自的职责范围内，负责有关的文物保护工作。"

　　〔2〕《文物保护法》第 9 条第 3 款："公安机关、工商行政管理部门、海关、城乡建设规划部门和其他有关国家机关，应当依法认真履行所承担的保护文物的职责，维护文物管理秩序。"

　　〔3〕《文物保护法》第 10 条第 3 款："国有博物馆、纪念馆、文物保护单位等的事业性收入，专门用于文物保护，任何单位或者个人不得侵占、挪用。"

　　〔4〕《中华人民共和国文化和旅游部 2022 年文化和旅游发展统计公报》，载 https://www.gov.cn/lianbo/bumen/202307/content_ 6891772. htm，最后访问日期：2024 年 4 月 26 日。

　　〔5〕《文物保护法实施条例》第 12 条第 2 款："文物保护单位有使用单位的，使用单位应当设立群众性文物保护组织；没有使用单位的，文物保护单位所在地的村民委员会或者居民委员会可以设立群众性文物保护组织。文物行政主管部门应当对群众性文物保护组织的活动给予指导和支持。"

　　〔6〕 苏杨、张颖岚主编：《中国文化遗产事业发展报告（2017~2018）》，社会科学文献出版社 2018 年版，第 69 页。

　　〔7〕《文物保护法》第 6 条："属于集体所有和私人所有的纪念建筑物、古建筑和祖传文物以及依法取得的其他文物，其所有权受法律保护。文物的所有者必须遵守国家有关文物保护的法律、法规的规定。"

抵押等处分权作出了专门限制，[1]并对私人所有的不可移动文物的使用提出特殊要求，即必须遵守不改变文物原状的规则，保护其安全，不得损毁、改建、添建或拆除不可移动文物。[2]文化资源的公共性决定了私人需要让渡其就传统文化资源享有的部分权利以保障公共利益，而如何平衡其中所含公益与私益是实践难题，如2013年浙江省兰溪市芝堰村村民陈某因拆毁自家祖宅被判刑案就曾引发热议。[3]学界也在持续探讨《文物保护法》限制私人文物所有权的合理性与适当性，[4]以构建和谐包容的文物保护制度，在实现保护文物目标的基础之上保护所有权人的利益，实现私益与公益的平衡。

将"社会力量"纳入文化资源保护主体范围有利于解决文物建筑保护管理力量不足、日常维护保养不到位等问题。虽然我国《文物保护法》并未详细规定文物保护的社会参与，但国家和地方都已就引入社会力量参与文物保护作出有效尝试。在国家层面，2022年国家文物局印发了《关于鼓励和支持社会力量参与文物建筑保护利用的意见》，并就工作原则、参与内容、参与方式、激励机制等提出意见，如社会力量可通过社会公益基金、全额出资、与政府合作等方式，利用文物建筑开办民宿、客栈、茶社等旅游休闲服务场所，为社区服务、文化展示、参观旅游、经营服务、传统技艺传承和文创产品开发等提供多样化多层次的服务，更好满足人民群众的精神文化需求。在地方层面，2019年山西省人民政府发布了《山西省社会力量参与文物保护利用办法》，鼓励社会力量参与文物保护利用，并设立了较为具体的不可移动文物认

---

〔1〕《文物保护法》第21条第1款："国有不可移动文物由使用人负责修缮、保养；非国有不可移动文物由所有人负责修缮、保养。非国有不可移动文物有损毁危险，所有人不具备修缮能力的，当地人民政府应当给予帮助；所有人具备修缮能力而拒不依法履行修缮义务的，县级以上人民政府可以给予抢救修缮，所需费用由所有人负担。"第25条："非国有不可移动文物不得转让、抵押给外国人。非国有不可移动文物转让、抵押或者改变用途的，应当根据其级别报相应的文物行政部门备案。"

〔2〕《文物保护法》第26条第1款："使用不可移动文物，必须遵守不改变文物原状的原则，负责保护建筑物及其附属文物的安全，不得损毁、改建、添建或者拆除不可移动文物。"

〔3〕浙江省兰溪市人民法院（2013）金兰刑初字第00282号刑事判决书。

〔4〕非国有不可移动文物私权限制的话题超出了本书探讨的文化资源保护法的研究范围，更多讨论参见张舜玺、马作武：《公益与私益之间：论文物保护法的价值取向——以非国有不可移动文物保护为例》，载《法学评论》2013年第5期，第62页；张国超：《我国私人不可移动文物所有权限制与补偿研究》，载《东南文化》2018年第4期，第6页；王云霞、胡姗辰：《公私利益平衡：比较法视野下的文物所有权限制与补偿》，载《武汉大学学报（哲学社会科学版）》2015年第6期，第101页。

养规则。该办法还提出在文物保护中发挥志愿者志愿服务的力量。[1]

（三）文物保护法的基本理念

以推进社会主义文化强国建设、推动实现从文物资源大国向文物保护利用强国跨越为指向，我国对文化资源的保护总体上应秉持"保护为主，合理利用，让文物活起来"的基本理念。这一基本理念与文化资源的根本特点密切相关。文物资源的不可再生性要求以保护为首要任务，传承性与教育性特点要求让文物活起来，进行创新性使用，"飞入寻常百姓家"，以充分发扬文物的现代价值。这也契合我国"保护为主、抢救第一、合理利用、加强管理"的基本文物保护工作方针。[2]

文物保护法的基本理念以"保护"为根本。文物保护既关乎文物本身的生命延续，也关乎民族文明的延续。为文物提供保护既是帮助文物抵挡岁月的风霜，也是帮助人类文明淌过时间之河。文物保护包括事前保护、事中保护及事后保护，由于文物具有不可再生性且修复复杂，事前保护应被置于首要地位。但由于多种因素，文物经常面临自然侵蚀或人为破坏的风险，我国现存的大量可移动文物及不可移动文物（特别是古建筑）都依赖事后修复，许多文物能挨过风刀霜剑遗留至今也离不开一代代人作出的修复努力，因此对文物进行事后修补保护也十分必要。另外，这种根基性的"保护"应契合文物保护的整体性要求，不能将文物（主要是不可移动文物）与其自然、人文等环境割裂看待，要尽可能保留文物的整体风貌。

利用是保护的最终目的，文物只有通过被利用，进而与社会完成交互，才能真正体现出文物值得被"保护"的价值。2016年国家文物局印发的《关于促进文物合理利用的若干意见》指出，文物利用应当把社会效益放在首位，要发挥文物的公共服务属性和社会教育功能，依法合规、合理适度。文物的合理利用方式通常包括设立博物馆、纪念馆、展览馆等，经过多年文物保护实践，我国还逐渐发展出了文物建筑开放、乡村遗产酒店、文物与教育旅游传媒等跨界融合及文物相关电视节目等具有时代特征的新兴文物利用方式。

---

〔1〕该办法规定，社会力量可以通过捐资、集资、出资、认养、设立博物馆、提供志愿服务等方式参与文物保护利用；还规定县级以上人民政府及其有关部门要为志愿服务活动提供便利条件，可以通过购买服务等方式支持志愿服务组织开展文物保护志愿服务活动，保护志愿者的合法权益。

〔2〕《文物保护法》第4条："文物工作贯彻保护为主、抢救第一、合理利用、加强管理的方针。"

"合理"是"利用"的限定条件，我国 2018 年发布的文化遗产蓝皮书中将"合理"界定为三个层次，即合乎"法理"、合乎"物理"及合乎"人理"[1]，要求在符合文物保护相关法律法规要求基础上，结合被保护文物的物理特性，以满足人民需求为导向，得出文物利用的最优策略。[2]

"让文物活起来"是文物保护的最终目标。2014 年 3 月 27 日，习近平总书记在巴黎联合国教科文组织总部发表重要演讲时提出："让收藏在博物馆里的文物、陈列在广阔大地上的遗产、书写在古籍里的文字都活起来。"[3]让文物活起来，就是让文物的生命扩展到人民生活中、延续到新时代文明中，就是充分发挥文物传承性、公共性和教育性价值，让人们通过文物理解古代中国、理解现代中国、理解未来中国。文物保护法应在最大程度上体现作为文化资源的文物之于文化领域其他环节的根基作用，让文物以多种形式进入文化产业、文化市场，转化为新型文化成果并向公众提供以文物为基础的衍生型文化服务。

二、我国文物保护的现有实践

（一）我国文物保护的现状

新中国成立后，我国就一直推进文物保护工作，过去七十余年的文物保护工作经常被冠以"文物管理"之名。[4]我国逐渐形成了公有制基础上的行政部门与层级相结合的属地化委托代理制度，地方设置了地方文物管理委员会来推进地方文物工作。2002 年《文物保护法》修改后，相当一部分地方文物管理委员会转变为地方文物行政机构或附设在文物行政机构之下开展文物保护工作。[5]这种以行政管理为主导的文物保护模式深刻影响了后续的文物工作体制建设。我国现行文物管理体制实质上也是一种多层次的委托代理制

---

〔1〕　苏杨、张颖岚主编：《中国文化遗产事业发展报告（2017~2018）》，社会科学文献出版社 2018 年版，第 8—9 页。

〔2〕　更多文物利用内容，参见本书其他部分的进一步阐述。

〔3〕　中共中央宣传部：《习近平总书记系列重要讲话读本（2016 年版）》，学习出版社、人民出版社 2016 年版，第 203 页。

〔4〕　如在 2002 年《文物保护法》修改以前，承担地方行政区域内文物保护工作的机构为"文物保护管理机构"，相关规定、经费均称为"保护管理文物的规定"及"文物保护管理经费"等。参见《文物保护法》（1991 年修正）第 3 条、第 5 条及第 6 条。

〔5〕　参见张伟明：《中国文物保护法实施效果研究》，文物出版社 2017 年版，第 34 页。

度[1]，即中央政府向地方各级人民政府授予文物保护行政职权，地方各级人民政府的文物相关部门对文物保护工作实施监督管理。面对我国文物体量庞大且亟待保护的现实国情，依托行政保护发挥主要作用的文物保护工作卓有成效。

习近平总书记在2016年4月对文物工作的重要指示中提出"保护文物也是政绩"，《国家文物事业发展"十三五"规划》提出"创新文物安全监管模式。推动将文物安全纳入地方政府绩效考核或社会治安综合治理体系，层层落实文物安全责任。"在这种文物政绩观引领下，文物行政保护实际已进入发展提效的重要阶段。《文物保护法》明确将地方文物保护工作的职责授予地方各级人民政府，要求其承担文物安全属地管理主体责任。《国务院办公厅关于进一步加强文物安全工作的实施意见》指出，要完善文物安全责任体系，将文物安全工作纳入地方政府年度考核评价体系，将文物安全经费纳入财政预算，保障文物安全经费投入。文物安全守土有责，文物安全工作需要多部门协调，该实施意见还明确了有关部门文物安全工作的不同职责，其中文物部门负责基本行政工作，公安部门负责打击文物犯罪，海关部门负责进出境文物监管和打击文物走私活动，工商部门（现市场监督管理部门）负责规范文物经营市场。此外，国土资源、住房城乡建设、旅游、宗教、海洋等负有文物安全职责的部门和单位都要在相应范围内履行职责。[2]

相比行政保护，刑事手段具备谦抑性，其实施频率显著低于行政保护。但近年来文物刑事保护呈现出关注程度加深、打击力度加大的趋势，从单点突破到全链条打击，公安部门也在不断深化与文物等多部门的合作，提升文物刑事保护的专业性。例如，2020年8月，公安部会同国家文物局部署开展了全国打击防范文物犯罪专项行动，并于2022年8月16日与最高人民法院、最高人民检察院、国家文物局联合发布《关于办理妨害文物管理等刑事案件若干问题的意见》，明确了关于盗掘古文化遗址、古墓葬罪名的一系列适用问题。[3]《国务院关于文物工作和文物保护法实施情况的报告》指出，党的十八大以来，公安机关侦破各类文物犯罪案件1.5万起，抓获犯罪嫌疑人1.4

---

〔1〕 参见张伟明：《中国文物保护法实施效果研究》，文物出版社2017年版，第54页。

〔2〕 张伟明：《中国文物保护法实施效果研究》，文物出版社2017年版，第35页。

〔3〕 张晨、董凡超：《打击防范文物犯罪专项行动破案3950余起——"两高一部"国家文物局相关部门负责人答记者问》，载《法治日报》2022年9月6日，第3版。

万名，追缴文物十余万件；各级法院受理检察机关就妨害文物管理提起的公诉案件 3996 件，涉及 11 871 名犯罪嫌疑人。

（二）我国文物保护的困境

各地区各部门扎实推进文物保护工作，文物保护已经取得显著进步，但仍有提升空间。当前，我国经济水平、科技发展与社会建设都进入了新时期，《文物保护法》修改在即，文物保护工作也迎来了更上一个台阶的重要契机。因此有必要在了解已有文物保护实践基础上指明我国文物保护的一些突出问题。

第一，文物保护存在遗漏。有研究认为，我国现行《文物保护法》主要是对历史情境下解决特定文物保护现实问题之实践的总结，而不是从一般规则制定角度拟定的法律。[1]这涉及文物保护的实践逻辑如何与一般法律逻辑相拟合的问题。如在认定文物保护法的客体方面，现今只能依赖行政部门的认定标准和认定办法确定受保护客体范围，不存在一个一般性的可实践的"文物"定义，这难免会使有保护需求却未被认定为文物保护法下"文物"范畴的物质文化遗产被遗漏在文物保护的范围之外。

第二，文物保护人力物力匮乏。我国丰富的文物保护工作成果是在长期的"小马拉大车"的困境下艰难取得的。我国文物体量之大、文物类型之多样大大增加了保护工作难度。当今，人民群众精神文化需求日益提升、文物保护日益受到重视，这对文物保护工作提出了更高的要求。然而据国务院公布的数据，全国县级文物行政编制仅五千余人，平均每县不足两人；文物保护领域竞争性经费平均每年不足 1 亿元。2018 年发布的文化遗产蓝皮书从需求侧与供给侧的视角出发对此问题进行了解释。随着经济发展水平提高，文物保护工作的普遍需求必然增长，全面小康必然包括文物方面。然而，文物供给侧外部缺少社会合力，内部又没有真正与需求侧匹配，文物保护工作远远没有满足保护需要。[2]

对这些困境进行具体拆解，又可以分为文物安全问题、文物保护制度建设问题及文物保护社会化问题。文物安全问题直指文物"保护"本质，打击

---

〔1〕 张伟明：《中国文物保护法实施效果研究》，文物出版社 2017 年版，第 42 页。

〔2〕 苏杨、张颖岚主编：《中国文化遗产事业发展报告（2017~2018）》，社会科学文献出版社 2018 年版，第 3—4 页。

文物犯罪、消除文物安全隐患、提升文物保护技术、增强不可移动文物看护巡查能力及落实文物安全主体责任都与文物安全问题相关。文物保护制度建设既涉及"保护"问题,也涉及"利用"问题,即文物保护法设计的整体性问题。文物保护社会化问题即为文物保护终极价值——"让文物活起来"的集中体现。文物何以走入社会生活,文物以何走入社会生活,社会力量如何参与文物保护,如何建构多个发力点共同支撑的文物保护体系等诸多内容是当前时代的文物保护为我们提出的全新问题。

三、文物保护的具体措施

我国文物保护工作的几种典型措施包括文物保护单位制度、历史文化名城建设、文物安全保障、革命文物保护等。

（一）文物保护单位制度

文物保护单位制度是我国在多年来的文物保护（管理）实践中发展出的一项特色文物保护制度,是我国保护不可移动文物的主要制度。根据《不可移动文物认定导则（试行）》,不可移动文物包括具有历史、艺术、科学价值的古遗址、古墓葬、古建筑、石窟寺和石刻；与重大历史事件、革命运动或者著名人物有关的以及具有重要纪念意义、教育意义或者史料价值的近代现代重要史迹、代表性建筑等。

文物保护单位制度肇始于 1960 年国务院通过并于 1961 年颁布的《文物保护管理暂行条例》,其中便将文物保护单位分为全国重点文物保护单位、省级文物保护单位和县（市）级文物保护单位三个级别。[1]本节的文物保护法的主体部分,曾从文物保护参与主体角度论及文物保护单位,并指出文物保护单位既是直接参与到不可移动文物保护的重要主体,也是不可移动文物之所在,这体现出我国文物保护单位制度的鲜明特色,即依据不可移动文物的地点将行政资源集中配置。经研究考证,1956 年《关于在农业生产建设中保护文物的通知》规定文物保护单位制度时可能受到了苏联文物保护经验的影

---

〔1〕《文物保护管理暂行条例》（1961 年颁布）第 3 条："各省、自治区、直辖市和文物较多的专区、县、市应当设立保护管理文物的专门机构,负责本地区内文物保护管理、调查研究、宣传、搜集、发掘等具体工作。"第 4 条："各级文化行政部门必须进行经常的文物调查工作,并且应当陆续选择重要的革命遗址、纪念建筑物、古建筑、石窟寺、石刻、古文化遗址、古墓葬等,根据它们的价值大小,按照下列程序确定为县（市）级文物保护单位或者省（自治区、直辖市）级文物保护单位……"

响，例如，我国依据苏联对历史建筑采取政府登记管理制度，同时结合中国特色"单位"制度设计出了包含体制和意识双重内容的文物保护单位制度。[1]

（二）历史文化名城建设

历史文化名城、名镇、名村的保护制度受到国际文化遗产保护整体保护理念的影响，在被认定为世界文化遗产的许多古城中，仍有居民居住，古城不但并未因此失去厚重的历史价值，反而更加彰显文化遗产的包容性和生命力。该制度被规定于《文物保护法》第14条，该条对历史文化名城、名镇、名村的修饰定语为"保存文物特别丰富并且具有重大历史价值或者革命纪念意义的"。历史文化名城、名镇、名村的一个突出特点是文物保存丰富且呈现聚集性样态，具备独特历史风貌。历史文化名城由国务院核定公布，历史文化街区、村镇由省、自治区、直辖市人民政府核定公布并报国务院备案。[2]历史文化名城、名镇、名村保护实质上是对文物所在区域的整体保护，是涉及城市规划建设问题的、不同于传统文物保护的新制度。[3]这一旨在将对不可移动文物的一般保护扩大到对所在村镇或城市的整体保护制度的设立，事实上也为解决我国高速发展中出现的经济建设与文物保护相冲突的问题提供了将文物保护纳入城市整体规划的新思路。

（三）文物安全保障

文物安全是文物保护的红线，文物安全制度是一个在文物资源唯一性、不可再生性和文化价值等特点上应运而生且被不断完善的文物保护基础制度，贯穿文物的出土、保存以及使用全过程。

首先，文物安全保障起始于文物出土。文物极易受到破坏，同时文物的

---

〔1〕 张伟明：《中国文物保护法实施效果研究》，文物出版社2017年版，第35页。

〔2〕 《文物保护法》第14条第1款和第2款："保存文物特别丰富并且具有重大历史价值或者革命纪念意义的城市，由国务院核定公布为历史文化名城。保存文物特别丰富并且具有重大历史价值或者革命纪念意义的城镇、街道、村庄，由省、自治区、直辖市人民政府核定公布为历史文化街区、村镇，并报国务院备案。"

〔3〕 历史文化名城、名镇、名村的保护原则为"科学规划、严格保护"，目的是保持和延续传统格局和历史风貌，维护历史文化遗产的真实性和完整性，继承和弘扬中华民族优秀传统文化，正确处理经济社会发展和历史文化遗产保护的关系。参见《历史文化名城名镇名村保护条例》第3条："历史文化名城、名镇、名村的保护应当遵循科学规划、严格保护的原则，保持和延续其传统格局和历史风貌，维护历史文化遗产的真实性和完整性，继承和弘扬中华民族优秀传统文化，正确处理经济社会发展和历史文化遗产保护的关系。"

原貌最可以体现其价值，一旦被损毁将很难或者无法弥补，如在考古过程中不事先研究出保障文物安全的方法并做好措施，极有可能使文物出土即损毁。以江苏南京南唐二陵项目为例，此墓室内有非常精美的壁画，然而由于在发掘时未做好事前准备就打开墓室入口，古墓整体环境的平衡被打破。夏季，湿热气流进入墓室，使壁画和石刻表面出现结露现象；冬季，干燥的空气进入墓室，引起壁画表面水分的蒸发，导致壁画表面析出可溶盐，产生盐结晶，对壁画的地仗层和颜料层造成破坏。后来通过对南唐二陵进行连续两年的环境监测，收集大量数据，在墓室入口处设置自动的环境调控室，以减少外界空气扰动，才有效减缓了文物病害的发展。[1] 我国《文物保护法》对此也作出了相关规定，要求国家机关严格把控文物考古发掘工作，一切考古发掘工作必须履行报批手续，单位或个人不得私自发掘地下埋藏的文物。[2] 一般的考古发掘计划只需报国家文物局批准，而全国重点文物保护单位的考古发掘计划应经国家文物局征求专家意见并审核后报国务院批准。[3]

其次，馆藏文物是文物安全保障的核心环节。所有的考古调查、勘探、发掘的结果都需报文物行政部门，并把考古发掘的文物登记造册后移交相关文物行政部门或指定的收藏单位。[4] 文物收藏单位应当区分文物等级、设置藏品档案，建立严格的管理制度[5]，文物收藏单位的法定代表人对馆藏文物

---

〔1〕 李永辉：《因地制宜，为文物营造出"宜居环境"》，载《人民日报》2023年9月16日，第6版。

〔2〕《文物保护法》第27条："一切考古发掘工作，必须履行报批手续；从事考古发掘的单位，应当经国务院文物行政部门批准。地下埋藏的文物，任何单位或者个人都不得私自发掘。"

〔3〕《文物保护法》第28条："从事考古发掘的单位，为了科学研究进行考古发掘，应当提出发掘计划，报国务院文物行政部门批准；对全国重点文物保护单位的考古发掘计划，应当经国务院文物行政部门审核后报国务院批准。国务院文物行政部门在批准或者审核前，应当征求社会科学研究机构及其他科研机构和有关专家的意见。"

〔4〕《文物保护法》第34条："考古调查、勘探、发掘的结果，应当报告国务院文物行政部门和省、自治区、直辖市人民政府文物行政部门。考古发掘的文物，应当登记造册，妥善保管，按照国家有关规定移交给由省、自治区、直辖市人民政府文物行政部门或者国务院文物行政部门指定的国有博物馆、图书馆或者其他国有收藏文物的单位收藏。经省、自治区、直辖市人民政府文物行政部门批准，从事考古发掘的单位可以保留少量出土文物作为科研标本。考古发掘的文物，任何单位或者个人不得侵占。"

〔5〕《文物保护法》第36条第1款："博物馆、图书馆和其他文物收藏单位对收藏的文物，必须区分文物等级，设置藏品档案，建立严格的管理制度，并报主管的文物行政部门备案。"

的安全负责。[1]文物收藏单位负责收藏文物的修复工作,[2]并应当配备防火、防盗、防自然损坏的设施。[3]文物是脆弱的,它需要较高的存储条件,保存和保养工作需要精细化,否则就会受到损毁,如博物馆需要控制文物保存空间的污染物水平、光照强度和温湿度平稳性,加强环境监测与风险评估,实施必要的环境调控措施。[4]

最后,维护国家文物安全是文物安全保障的重点。文物的进出境直接关系到我国的文物安全。一般情况下,国有文物、非国有文物中的珍贵文物和国家规定禁止出境的其他文物不得出境。[5]文物出境应当经国家文物局指定的文物进出境审核机构审核,并从指定口岸出境。[6]根据《文物进出境审核管理办法》,1949 年以前的大部分文物及 1949 年之后的部分文物,已故现代著名书画家、工艺美术家作品,以及古猿化石、古人类化石和与人类活动有关的第四纪古脊椎动物化石的出境都应当经过审核。文物出境审核是行政机关保护文物安全、保护国内文化资源存续的一种重要手段,是文物保护的重要环节。

(四) 革命文物保护

在近年来的文物保护工作中,我国革命文物保护工作迅速发展。革命文物是爱国热情和民族精神的凝结,具有重大的历史意义、教育意义和战略意

---

〔1〕《文物保护法》第 38 条:"文物收藏单位应当根据馆藏文物的保护需要,按照国家有关规定建立、健全管理制度,并报主管的文物行政部门备案。未经批准,任何单位或者个人不得调取馆藏文物。文物收藏单位的法定代表人对馆藏文物的安全负责。国有文物收藏单位的法定代表人离任时,应当按照馆藏文物档案办理馆藏文物移交手续。"

〔2〕《文物保护法》第 46 条:"修复馆藏文物,不得改变馆藏文物的原状;复制、拍摄、拓印馆藏文物,不得对馆藏文物造成损害。具体管理办法由国务院制定。不可移动文物的单体文物的修复、复制、拍摄、拓印,适用前款规定。"

〔3〕《文物保护法》第 47 条:"博物馆、图书馆和其他收藏文物的单位应当按照国家有关规定配备防火、防盗、防自然损坏的设施,确保馆藏文物的安全。"

〔4〕黄河、吴来明:《馆藏文物保存环境研究的发展与现状》,载《文物保护与考古科学》2012年第 S1 期,第 14 页。

〔5〕《文物保护法》第 60 条:"国有文物、非国有文物中的珍贵文物和国家规定禁止出境的其他文物,不得出境;但是依照本法规定出境展览或者因特殊需要经国务院批准出境的除外。"

〔6〕《文物保护法》第 61 条:"文物出境,应当经国务院文物行政部门指定的文物进出境审核机构审核。经审核允许出境的文物,由国务院文物行政部门发给文物出境许可证,从国务院文物行政部门指定的口岸出境。任何单位或者个人运送、邮寄、携带文物出境,应当向海关申报;海关凭文物出境许可证放行。"

义。早在 1961 年《文物保护管理暂行条例》就提出要保护具有革命意义的文物，1982 年《文物保护法》也对此作出规定。[1]我国向来重视具有重要革命意义的、彰显民族精神的相关文物保护。党的十八大以来，革命文物保护工作持续扎实推进，[2]中国共产党历史展览馆、上海中共一大会址纪念馆、北大红楼与中国共产党早期北京革命活动旧址等百年党史文物保护展示工程取得显著建设成果并对外开放。

四、从文物走向文化资源

文物是文化资源的重要组成部分，是人们可以直接观察、感受甚至触摸到的一种传统文化资源。保存完好的文物是中华文明的"种子"，将现有的文物资源保护好就是为文明保留好"种子库"。我国文物保护领域的著名专家单霁翔曾写道："文化遗产资源的日益稀缺是必然规律，正因如此，人类更应当格外加以珍惜，每一代人既有分享文化遗产的权利，又要承担保护文化遗产并传于后世的历史责任。"[3]

另外，文物可以与其他文化资源形成互动关系。文物可以作为非物质文化遗产组成部分的实物和场所与其他文化资源产生联系，[4]也可以直接作为具备教育意义的公共文化资源而被用来提供公共文化服务。要想充分发挥文物的经济价值和社会价值，就不能只局限于"文物"本身，还需要通过各种形式将文物变为文化资源。文化资源既在文化领域中作为源头流入文化产业、文化市场和公共文化并入百姓家中，又在时间轴上从过去流传至现在，并最

---

〔1〕《文物保护法》（1982 年）第 2 条："……（二）与重大历史事件、革命运动和著名人物有关的，具有重要纪念意义、教育意义和史料价值的建筑物、遗址、纪念物……（四）重要的革命文献资料以及具有历史、艺术、科学价值的手稿、古旧图书资料等……"《文物保护管理暂行条例》（1961年颁布）第 2 条："国家保护的文物的范围如下：（一）与重大历史事件、革命运动和重要人物有关的、具有纪念意义和史料价值的建筑物、遗址、纪念物等……（四）革命文献资料以及具有历史、艺术和科学价值的古旧图书资料……"

〔2〕 2019 年，国家文物局设立了革命文物司。据统计，截至 2022 年底，有 16 个省、直辖市制定了省级革命文物保护相关地方性法规，有 46 个设区的市制定了革命文物保护相关地方政府规章，甚至在一些地方还有关于革命文物保护的专项立法。相关数据参见田艳、李帅：《革命文物保护与中华民族共有精神家园建设研究》，载《中央民族大学学报（哲学社会科学版）》2023 年第 2 期，第 13 页。

〔3〕 单霁翔：《从"文物保护"走向"文化遗产保护"》，天津大学出版社 2008 年版，第 67 页。

〔4〕《非物质文化遗产法》第 2 条第 2 款："属于非物质文化遗产组成部分的实物和场所，凡属文物的，适用《中华人民共和国文物保护法》的有关规定。"

终流向未来。这不仅为文物保护法在整体上注入了新的活力，还将文物保护这一基础性工作与文化产业发展、文化公共服务等文化工作相串联，形成了文化生态链。

第三节　非物质文化遗产保护法

非物质文化遗产是中华优秀传统文化的重要组成部分，是中华文明绵延传承的生动见证，是联结民族情感、维系国家统一的重要基础。保护好、传承好非物质文化遗产，对于延续历史文脉、坚定文化自信、推动文明交流互鉴、建设社会主义文化强国具有重要意义。非物质文化遗产法为国家保护非物质文化遗产奠定了坚实的法治基础，在非物质文化遗产的抢救、保护和管理工作中发挥了重要作用。本节以"非物质文化遗产保护法"命名，一方面是因为《非物质文化遗产法》作为非物质文化遗产的基本立法，不仅仅涉及非物质文化遗产保护，还涉及非物质文化遗产的传播和发扬等内容。为突出对文化资源的保护，需将文化资源的保护与产业化予以区分。另一方面是因为规定非物质文化遗产保护的法律规范不仅仅包括《非物质文化遗产法》，其不足以构成本部分论证的主要依据。

一、非物质文化遗产保护法的核心范畴

（一）非物质文化遗产

"非物质文化遗产"概念是对"文化遗产"概念在逻辑上加以限定的结果，是人类对文化遗产认知进入新阶段的体现。[1]我国《非物质文化遗产法》界定了非物质文化遗产的内涵和外延，在内涵界定上，将非物质文化遗产界定为"各族人民世代相传并视为其文化遗产组成部分的各种传统文化表

---

〔1〕　非物质文化遗产作为一个规范术语，首次出现在联合国教科文组织发布的《保护非物质文化遗产公约》中。联合国教科文组织的《保护非物质文化遗产公约》也是各国非物质文化遗产保护的主要渊源，公约界定了非物质文化遗产的概念："指被各社区、群体，有时是个人，视为其文化遗产组成部分的各种社会实践、观念表述、表现形式、知识、技能以及相关的工具、实物、手工艺品和文化场所。这种非物质文化遗产世代相传，在各社区和群体适应周围环境以及与自然和历史的互动中，被不断地再创造，为这些社区和群体提供认同感和持续感，从而增强对文化多样性和人类创造力的尊重。"

现形式，以及与传统文化表现形式相关的实物和场所。"〔1〕这一界定方式突出了非物质文化遗产的地域性、传承性以及呈现方式复杂性等特点，上述特性决定了起源地的人在保护非物质文化遗产过程中的重要作用，决定了对非物质文化遗产的保护应注意全面性，以维持其真实性、整体性、传承性。在外延列举上，《非物质文化遗产法》在《保护非物质文化遗产公约》基础上，结合我国非物质文化遗产状况进行了一定程度的细化，进行非周延列举，〔2〕这符合我国文化资源大国的国情，能够为传统文化资源提供更为周延的保护。

（二）非物质文化遗产的保护主体

1. 非物质文化遗产保护主体的国际演变

非物质文化遗产的保护历经了从依附于知识产权制度到建立独立的非物质文化遗产法律保护制度的变化。1976 年制定的《突尼斯版权示范法》为发展中国家相关文化遗产提供了著作权保护模式，但著作权保护模式并不能完全契合非物质文化遗产长期传承发展的需求，联合国教科文组织于 2003 年主导缔结《保护非物质文化遗产公约》，非物质文化遗产保护立法从此走向独立。相比于世界贸易组织或世界知识产权组织的私权保护，联合国教科文组织主导的非物质文化遗产保护更加强调集体文化权利形态，更倾向于从国家文化主权出发，利用行政手段介入保护。〔3〕这一保护模式既符合非物质文化遗产传承性、集体性的特性，也为国家公权力机关主动保护提供了正当性基础，还决定了非物质文化遗产保护法的公法属性。

2. 我国非物质文化遗产保护主体

对非物质文化遗产提供公权保护也有现实因素。一方面，有些非物质文化遗产具有历史性，即是在特定社会背景下产生的，而这一背景可能已随着

---

〔1〕《非物质文化遗产法》第 2 条："本法所称非物质文化遗产，是指各族人民世代相传并视为其文化遗产组成部分的各种传统文化表现形式，以及与传统文化表现形式相关的实物和场所。包括：（一）传统口头文学以及作为其载体的语言；（二）传统美术、书法、音乐、舞蹈、戏剧、曲艺和杂技；（三）传统技艺、医药和历法；（四）传统礼仪、节庆等民俗；（五）传统体育和游艺；（六）其他非物质文化遗产。属于非物质文化遗产组成部分的实物和场所，凡属文物的，适用《中华人民共和国文物保护法》的有关规定。"

〔2〕《保护非物质文化遗产公约》第 2 条限定了非物质文化遗产的范围，"非物质文化遗产"包括以下方面：①口头传统和表现形式，包括作为非物质文化遗产媒介的语言；②表演艺术；③社会实践、仪式、节庆活动；④有关自然界和宇宙的知识和实践；⑤传统手工艺。

〔3〕参见吴汉东：《论传统文化的法律保护——以非物质文化遗产和传统文化表现形式为对象》，载《中国法学》2010 年第 1 期，第 53—55 页。

社会的发展发生改变，且尽管非物质文化遗产具有重大的社会价值，但是其所带来的经济效益不够突出，这导致私主体没有保护和传承非物质文化遗产的意愿。另一方面，只有维持其真实性、完整性的保护才称得上是合格的保护，而资本介入时难免会为了各种因素破坏其本真性。在市场经济背景下，资本最直接目的是充分发挥非物质文化遗产的经济效用，市场无法独立解决非物质文化遗产上经济效益和社会效益之间的冲突，而只会淘汰在商业模式中欠缺经济价值与未来经济潜力的文化资源，资本为了迎合市场，往往不会顾及文化的本真性问题。

从现实和理论出发，我国《非物质文化遗产法》也要求国家承担起保护非物质文化遗产的责任。《非物质文化遗产法》表明我国非物质文化遗产保护的主导者为国家，其通过认定、记录、建档等措施对非物质文化遗产予以保存，并通过认定代表性传承人以更好地传承非物质文化遗产。截至 2022 年末，我国国家级非物质文化遗产代表性项目 1557 项，共有在世国家级非物质文化遗产代表性传承人 2433 名。列入联合国教科文组织人类非物质文化遗产代表作名录（名册）项目 42 个，位居世界第一。[1]

为缓解以行政机关为主导的设计导致非物质文化遗产保护主体与传承主体割裂的尴尬局面，[2]一方面，《非物质文化遗产法》规定了非物质文化遗产代表性传承人制度，相关行政机关可以对本级人民政府批准公布的非物质文化遗产代表性项目，以是否熟练掌握其传承的非物质文化遗产、是否在特定领域内具有代表性、是否在一定区域内具有较大影响为标准认定代表性传承人，[3]这一举措将深入了解非物质文化遗产的主体纳入非物质文化遗产保护工作，能够最大程度保护非物质文化遗产的真实性和完整性。为使这一举措能够发挥实效，中共中央办公厅、国务院办公厅 2021 年印发《关于进一步

---

〔1〕 《中华人民共和国文化和旅游部 2022 年文化和旅游发展统计公报》，载 https://www. gov. cn/lianbo/bumen/202307/content_ 6891772. htm，最后访问日期：2024 年 4 月 26 日。

〔2〕 黄涛：《论非物质文化遗产的保护主体》，载《河南社会科学》2014 年第 1 期，第 109 页。

〔3〕 《非物质文化遗产法》第 29 条："国务院文化主管部门和省、自治区、直辖市人民政府文化主管部门对本级人民政府批准公布的非物质文化遗产代表性项目，可以认定代表性传承人。非物质文化遗产代表性项目的代表性传承人应当符合下列条件：（一）熟练掌握其传承的非物质文化遗产；（二）在特定领域内具有代表性，并在一定区域内具有较大影响；（三）积极开展传承活动。认定非物质文化遗产代表性项目的代表性传承人，应当参照执行本法有关非物质文化遗产代表性项目评审的规定，并将所认定的代表性传承人名单予以公布。"

加强非物质文化遗产保护工作的意见》，提出要完善代表性传承人制度，加强对代表性传承人的评估和动态管理，加强传承梯队建设，拓宽人才培养渠道，不断壮大传承队伍，并对集体传承、大众实践的项目探索认定代表性传承团体。可见，我国正在探索更加灵活恰当的非物质文化遗产行政保护手段，并且强调非物质文化遗产传承人的参与。

另一方面，《非物质文化遗产法》鼓励公民、法人和其他社会组织积极参与非物质文化遗产保护工作。非物质文化遗产具有区域性、集体性特征，其原始权利人通常为某些群体。要实现非物质文化遗产"流水不腐，户枢不蠹"式的动态活性保护，不能仅依靠国家力量，还需要私人力量的参与。《非物质文化遗产法》四次提到鼓励公民、法人和其他组织参与非物质文化遗产保护工作。[1]截至2022年末，我国共有非物质文化遗产保护机构2425个，从业人员17 716人。[2]其中，我国最大的非物质文化遗产保护社会团体为中国非物质文化遗产保护协会，其经由文化和旅游部、民政部批复成立，是全国性、行业性、非营利性社会组织，为社会主体参与、交流非物质文化遗产保护工作提供了平台。

（三）非物质文化遗产的保护理念

非物质文化遗产保护应当秉持"全面保护"与"合理利用"的理念。《"十四五"非物质文化遗产保护规划》也指出，到2035年，非物质文化遗产要得到全面有效保护，传承活力明显增强，工作制度更加成熟完善，传承体系更加健全，保护理念进一步深入人心。"全面保护"理念依托非物质文化遗产的整体性和本真性，强调非物质文化遗产的活态传承；"合理利用"理念要求在后续非物质文化遗产传承过程中把握尺度，既不能因过度开发而歪曲非物质文化遗产，也不能不进行开发而使非物质文化遗产无法融入社会文化生活。

1. 全面保护理念

全面保护理念源起于非物质文化遗产的整体性与本真性，民俗学上的本

---

〔1〕 分别是鼓励支持社会力量参与非物质文化遗产保护工作、进行非物质文化遗产调查、提出列入国家级非物质文化遗产代表性项目名录建议、依法设立非物质文化遗产展示场所和传承场所。参见《非物质文化遗产法》第9条、第14条、第20条及第36条。

〔2〕《中华人民共和国文化和旅游部2022年文化和旅游发展统计公报》，载 https://www.gov.cn/lianbo/bumen/202307/content_ 6891772. htm，最后访问日期：2024年4月26日。

真性就是真实性的意思。[1]脱离了文化的整体性来谈论某种文化现象，就不能真正理解文化的内涵，[2]这句话尤其适合于非物质文化遗产。非物质文化遗产是在自然条件下，依托本地区的自然环境和社会环境自然产生并不断演进的，如果将非物质文化遗产与产生和应用场景相剥离，使其丧失与环境的天然联系，它就会失去生命力。

全面保护理念贯穿我国《非物质文化遗产法》。首先，在对非物质文化遗产进行概念界定时，其就已经强调非物质文化遗产的产生环境对它的重要意义，因此也把与传统文化表现形式相关的实物和场所认定为非物质文化遗产。其次，在规定保护原则时，其要求注重非物质文化遗产的整体性。最后，在具体的保护规范中，其专门对区域性整体保护作出规定，即"对非物质文化遗产代表性项目集中、特色鲜明、形式和内涵保持完整的特定区域，当地文化主管部门可以制定专项保护规划，报经本级人民政府批准后，实行区域性整体保护……实行区域性整体保护涉及非物质文化遗产集中地村镇或者街区空间规划的，应当由当地城乡规划主管部门依据相关法规制定专项保护规划。"[3]保护非物质文化遗产诞生和发展的发源地的自然、社会环境，能够使非物质文化遗产在自然状态下继续演进。

文化资源因其文化属性而具有社会效益，保护非物质文化遗产有必要贯彻全面保护理念，以保护其不被标准化的社会发展趋势同化。脱离全面保护理念的保护手段或许成本更低，但同时也会使非物质文化遗产丢失本真，只有留存其整体性与本真性，才能最客观地还原非物质文化遗产的精髓，使人们从中感知到其包含的民族精神与文化内涵。

2. 活态传承理念

其一，保护非物质文化遗产的方式就是对其进行活态传承。非物质文化

---

[1] 蒋万来：《从现代性和文化多样性看非物质文化遗产的法律保护》，载《知识产权》2015年第2期，第3—11页。

[2] 蒋万来：《从现代性和文化多样性看非物质文化遗产的法律保护》，载《知识产权》2015年第2期，第3—11页。

[3] 《非物质文化遗产法》第26条："对非物质文化遗产代表性项目集中、特色鲜明、形式和内涵保持完整的特定区域，当地文化主管部门可以制定专项保护规划，报经本级人民政府批准后，实行区域性整体保护。确定对非物质文化遗产实行区域性整体保护，应当尊重当地居民的意愿，并保护属于非物质文化遗产组成部分的实物和场所，避免遭受破坏。实行区域性整体保护涉及非物质文化遗产集中地村镇或者街区空间规划的，应当由当地城乡规划主管部门依据相关法规制定专项保护规划。"

遗产和文物的性质不同，文物本质上是特定的物，对其进行保护是为了保护其物理特性不被损害；非物质文化遗产是一种无形文化形态，对其进行的保护不是一种静态保护，而是强调以"人"为要素的传承，突出人在非物质文化遗产中的主体地位，[1]是特定区域内生活的人们的集体记忆，会随着区域内自然、社会环境的演变而发生改变，并凭借区域内人们代代相传保持其活力。其二，保护非物质文化遗产秉持活态传承理念才能够更好地促进非物质文化遗产的创造性转化和创新性发展。习近平总书记强调，要推动中华优秀传统文化的创造性转化和创新性发展，非物质文化遗产的活态传承正是在不断创新中完成的，应保证其能够与时俱进，在每一个时代焕发出该有的活力。

二、我国非物质文化遗产保护的法治实践

（一）我国非物质文化遗产保护的立法实践

"十四五"规划提出，要强化非物质文化遗产的系统性保护，加强各民族优秀传统手工艺保护和传承。目前，我国的非物质文化遗产保护工作主要由党中央集中统一领导，地方根据本地特色采取一定措施。

1. 中央非物质文化遗产保护的立法实践

1979 年由文化部、国家民族事务委员会、中国文学艺术界联合会共同发起编纂出版的《中国民族民间十部文艺集成志书》为后来的非物质文化遗产保护及其立法工作积累了丰富的素材、提供了有力的学术支持，直接影响了非物质文化遗产立法工作的推进。[2]我国中央层面的非物质文化遗产保护立法实践肇始于 1997 年国务院发布的《传统工艺美术保护条例》。2005 年国务院办公厅发布《关于加强我国非物质文化遗产保护工作的意见》提出，要充分认识我国非物质文化遗产保护工作的重要性和紧迫性，建立名录体系，逐步形成有中国特色的非物质文化遗产保护制度，并随意见附上《国家级非物质文化遗产代表作申报评定暂行办法》，同时制定了由文化部牵头的九个单位组成的非物质文化遗产保护工作部际联席会议制度。2006 年文化部出台《国

---

〔1〕 参见韩基灿：《浅议非物质文化遗产的价值、特点及其意义》，载《延边大学学报（社会科学版）》2007 年第 4 期，第 75 页。

〔2〕 参见黎宏河：《十年辛苦不寻常——〈非物质文化遗产法〉出台记》，载《中国文化报》2011年 6 月 8 日，第 4 版。

家级非物质文化遗产保护与管理暂行办法》。真正切实的立法举措则是全国人大常委会 2011 年制定并公布施行的《非物质文化遗产法》。目前，中央层面的非物质文化遗产立法以《非物质文化遗产法》为中心，由《国家级非物质文化遗产代表性传承人认定与管理办法》《国家非物质文化遗产保护资金管理办法》等规范性文件对其内容作出进一步规定。

中央层面的非物质文化遗产保护立法引领着我国非物质文化遗产保护工作。以 2005 年国务院办公厅《关于加强我国非物质文化遗产保护工作的意见》中制定的非物质文化遗产保护工作部际联席会议制度为例，该制度旨在强化多部门之间非物质文化遗产保护工作的组织协调，提高非物质文化遗产保护水平，而参与部门由制定之初的九部门已经发展到如今的文化和旅游部、中共中央统一战线工作部、中央网络安全和信息化委员会办公室、国家发展和改革委员会、教育部、科学技术部、工业和信息化部、国家民族事务委员会、财政部、自然资源部、住房和城乡建设部、农业农村部、商务部、国家广播电视总局、国家体育总局、中国社会科学院、国家乡村振兴局、国家文物局、国家中医药管理局、国家知识产权局二十个部门，近二十年间我国非物质文化遗产保护工作范围之扩大与程度之加深可见一斑。我国还于 2006 年设立了中国非物质文化遗产保护中心，参与诸多国家级非物质文化遗产保护工作，如开展我国申报联合国教科文组织非物质文化遗产名录（名册）申报材料的评审组织实施、撰写履约报告，为我国 42 个非物质文化遗产项目成功列入联合国教科文组织非物质文化遗产名录（名册）作出贡献。[1]

2. 地方非物质文化遗产保护的立法实践

20 世纪 90 年代，第九届全国人大教科文卫委员会萌生了"先地方、后中央"的立法思路，[2]因此地方对非物质文化遗产保护的立法实践早于中央。2000 年《云南省民族民间传统文化保护条例》的出台为全国非物质文化遗产保护立法提供了宝贵经验；2002 年，贵州省人大也制定了《贵州省民族民间

[1] 参见中国非物质文化遗产保护中心介绍，载 https://www.ihchina.cn/jigou_desc_details/175.html，最后访问日期：2024 年 4 月 26 日。

[2] 参见黎宏河：《十年辛苦不寻常——〈非物质文化遗产法〉出台记》，载《中国文化报》2011 年 6 月 8 日，第 4 版。

— 127 —

文化保护条例》。[1]由于当时我国还没有统一的非物质文化遗产法，地方性立法受到国际公约的影响。联合国教科文组织主导的《保护非物质文化遗产公约》出台后，许多地方在进行非物质文化遗产立法时便沿用了"非物质文化遗产"的概念，如《江苏省非物质文化遗产保护条例》《浙江省非物质文化遗产保护条例》《新疆维吾尔自治区非物质文化遗产保护条例》等。在我国《非物质文化遗产法》正式公布后，地方又相继出台了一系列法规以规范本行政区域内的非物质文化遗产保护工作，如《甘肃省非物质文化遗产条例》《海南省非物质文化遗产规定》等。除了省级立法，许多富有当地民族特色的地区也出台了本区域相应立法，如《陵水黎族自治县非物质文化遗产保护条例》《甘肃省甘南藏族自治州非物质文化遗产保护条例》等。

此外，许多地方有关部门在中央和地方性法律规范的指导下，设立了非物质文化遗产保护机构，如贵州省文化和旅游厅领导建设的贵州省非物质文化遗产保护中心、四川省文化和旅游厅领导建设的四川省非物质文化遗产保护中心等，都是由地方政府全额拨款的公益性文化事业单位，负责本地区的非物质文化遗产保护规划与标准的制定、本地区非物质文化遗产普查与名录申报以及本地区非物质文化遗产宣传交流等工作。

(二) 我国非物质文化遗产保护的执法实践

非物质文化遗产关乎各族人民的多元文化生活，能按照表现形式划分出多个类别，如传统工艺、传统医药、传统戏曲、传统节日、民间文学艺术、传统体育等，各自都有独特的存在形态，随之要求不同的、灵活多样的保护传承方式。目前，我国已经发布了《中医药法》《中国传统工艺振兴计划》等法律和规范性文件，为特定类别的非物质文化遗产提供保护方案，如何对没有被专门设立保护方案的非物质文化遗产进行有效的传承保护是亟待解决的问题。

1. 非物质文化遗产的行政保护

行政保护主要体现为利用国家公权力对非物质文化遗产进行调查、研判、建档、抢救和保存。在市场机制的作用下，非物质文化遗产的文化价值时常被忽视，由此造成一些高文化价值、低市场价值的非物质文化遗产失去市场空间，面临被淘汰的风险。行政保护主动、及时、高效，且通过政策指引为

---

[1] 参见黎宏河：《十年辛苦不寻常——〈非物质文化遗产法〉出台记》，载《中国文化报》2011年6月8日，第4版。

不具备商业价值的非物质文化遗产提供针对性保护，使文化得以传承，文化多样性得以维护。另外，非物质文化遗产资源作为一种公共性资源，具备"非竞争性"。以行政手段进行保护、发扬，有效降低了社会公众将作为公共资源的非物质文化遗产"私有化"引发"反公地悲剧现象"的概率。

2. 非物质文化遗产的刑法保护

尽管《非物质文化遗产法》规定，违反该法构成犯罪的依法追究刑事责任，[1]但我国现行《刑法》并不存在针对非物质文化遗产保护的专门规定。而就非物质文化遗产保护是否需要刑法参与的问题，学界一直争论不休。笔者主张利用刑事手段对非物质文化遗产提高保护。首先，以刑事手段为最终保障，可以满足非物质文化遗产的充分保护需求；[2]其次，刑法同时具备保护与惩罚的双重属性，能够发挥教育作用，促进社会对非物质文化遗产保护的认识水平；[3]最后，现行《刑法》既已专节规定了文物保护相关内容，并且该规定还涵盖同为文化资源的档案保护，那么作为文化资源重要组成部分的非物质文化遗产也理应被纳入刑法保护之中，从而实现文化资源保护法内部体系的周延性。

（三）我国非物质文化遗产保护的困境

对非物质文化遗产最好的保护是活态传承。然而，一方面，非物质文化遗产具有地域性特点，即其产生和传承与区域内自然和社会环境息息相关，这给更多的人参与保护与传承造成了天然屏障；另一方面，非物质文化遗产的保护和传承也依赖特定环境，这与社会飞速发展的现实不相符。以上原因使非物质文化遗产的保护陷入静态保护困境。

三、从非物质文化遗产走向文化资源

非物质文化遗产是中华优秀传统文化的重要组成部分，是中华文化的重要表现形式和中华文化源远流长的重要见证，是"中华文明何以伟大"的重要答案。习近平总书记在文化传承发展座谈会上的讲话中强调，中华文明具

---

〔1〕《非物质文化遗产法》第42条："违反本法规定，构成犯罪的，依法追究刑事责任。"

〔2〕参见王良顺：《非物质文化遗产刑法保护的问题辨析与路径选择》，载《贵州社会科学》2019年第6期，第76—77页。

〔3〕参见赵虎敬：《文化遗产刑法保护的意义与实践分析》，载《人民论坛》2014年第26期，第104页。

有突出的连续性，[1]中华民族的特殊性体现在中华文化的特殊性之中，而文化则在历史中塑造，文化与历史具有同一性，[2]因此非物质文化遗产无疑是连接当下与过去的一座桥梁，保护好、传承好非物质文化遗产是延续中华文明的重要途径。

非物质文化遗产是中华优秀传统文化，对其进行创造性转化和创新性发展能够保持中华文化生命力、增强民族自信、提高中华文化国际竞争力，而保护好、传承好非物质文化遗产，做好非物质文化遗产档案和数据库建设是前提。非物质文化遗产随着社会发展逐渐消失的风险催生了非物质文化遗产保护法，非物质文化遗产保护法依据非物质文化遗产的特性和国家机构设置规定了非物质文化遗产的保护原则、保护方式和责任主体，抢救非物质文化遗产于危难中，有力地保护了中华文明"种子库"，为中华文化的创新性发展奠定了基础。

第四节　其他文化资源保护法

有赖于当代文化事业的兴盛以及国家对建立文化资源库的重视，档案保护、版本保护等文化资源保护议题逐渐进入社会公众的视野，其旨在通过准确记录以保护与传承相关文化资源，具有区别于一般出版物的真实价值和历史价值。这些经过国家认证的文化资源是我国文化产业和文化事业发展的最有力的见证，是文化强国建设与文化自信构筑的重要资源，也是党学习历史、借鉴历史以从历史中谋划未来的宝贵资料，是功在当代、利在千秋的标志性文化工程。在依法治国背景下，将档案保护和版本保护纳入法治轨道是自然的，也是必然的。

一、档案文化资源保护

（一）档案资源概述

档案是文明活动的实体承载物和忠实记录者。纵观我国近现代历史，档

---

〔1〕 习近平：《在文化传承发展座谈会上的讲话（2023 年 6 月 2 日）》，载《求是》2023 年第 17 期，第 4 页。

〔2〕 朱晓彧：《历史文化资源的当代意义——重读钱穆先生〈国史新论〉》，载《华南师范大学学报（社会科学版）》2013 年第 6 期，第 132 页。

案事业与国家独立和民族解放事业同时起步，1926 年建立的中央文库涵盖中国共产党早期几乎全部的重要文件。新中国成立七十余年来，中国档案事业体系逐渐健全、丰满、成熟。[1]伴随社会治理机制的完善和治理能力的健全，档案的资源价值在社会建设与文化发展中愈发凸显。一方面，作为文化资源的档案承载着积极的文化功能，可以传承发展中华优秀传统文化、继承革命文化、发展社会主义先进文化、增强文化自信、弘扬社会主义核心价值观；[2]另一方面，作为文化领域源头性资源的档案具备开发价值、教育价值，《"十四五"全国档案事业发展规划》将加大档案资源开发力度列入主要任务，积极鼓励社会各方参与，围绕重要时间节点、重大纪念活动，通过各种方式不断推出具有广泛影响力的档案文化精品；深入挖掘红色档案资源，充分发挥档案在理想信念教育中的重要作用；加强档案文化创意产品开发，探索产业化路径。

档案的定义包含三项基本要素，即与材料产生和积累相关的要素、与材料保存价值相关的要素和与保管问题有关的要素。[3]基于对保存价值和保管问题的认识分歧，档案概念存在两类基本定义：限制型定义认为只有具备永久保存价值的文件才属于档案；宽舒型定义认为保存在任何地方的、具有一定保存价值的历史文件均为档案。[4]我国《档案法》选择了宽舒型定义，认为档案是由某些活动直接形成的对国家和社会具有保存价值的各种文字、图表、声像等不同形式的历史记录。[5]这一方面化解了"永久保存价值"难以认定的难题，另一方面缓解了保护主体进行选择性保护造成文化资料缺失的现象。

---

〔1〕 冯惠玲、周文泓：《百年档案正青春——为党管档，为国守史，为民记忆的伟大历程》，载《档案学通讯》2021 年第 6 期，第 3 页。

〔2〕《档案法》第 34 条："国家鼓励档案馆开发利用馆藏档案，通过开展专题展览、公益讲座、媒体宣传等活动，进行爱国主义、集体主义、中国特色社会主义教育，传承发展中华优秀传统文化，继承革命文化，发展社会主义先进文化，增强文化自信，弘扬社会主义核心价值观。"

〔3〕［美］T. R. 谢伦伯格：《现代档案——原则与技术》，黄坤坊等译，档案出版社 1983 年版，第 18—20 页。

〔4〕 张世林：《档案信息利用法律研究》，中国法制出版社 2004 年版，第 30 页。

〔5〕《档案法》第 2 条第 2 款："本法所称档案，是指过去和现在的机关、团体、企业事业单位和其他组织以及个人从事经济、政治、文化、社会、生态文明、军事、外事、科技等方面活动直接形成的对国家和社会具有保存价值的各种文字、图表、声像等不同形式的历史记录"。

（二）在文化资源保护视角下对《档案法》的解读

首先，档案保护工作需遵循统一领导、分级管理的原则。政府的工作应坚持中国共产党的领导，档案保护亦不例外。上文已经提到，我国《档案法》对档案的定义采取了宽舒型定义方式，这决定了大量资料将被作为档案进行保护，保护主体也因档案社会价值的高低、证明事项的性质、保护成本等而有所不同。总体上依据档案所反映的事项，可以将档案分为需行政机关保护的档案和需非行政机关保护的档案。[1]具体而言，国家档案主管部门主管全国的档案工作，负责全国档案事业的统筹规划和组织协调，建立统一制度，实行监督和指导；其他各级政府主管本行政区域内的档案工作，并对本行政区域内机关、团体、企业事业单位和其他组织的档案工作进行监督和指导。另外，国家档案局于 2022 年 4 月 15 日发布了《档案法实施条例（修订草案征求意见稿）》，按照档案的形成年代、珍稀程度、内容和来源的重要性分为重点档案和一般档案，重点档案分为一级、二级、三级，并在行政处罚部分依据档案的重要性不同而设定不同的处罚责任。

其次，依据我国《档案法》的规定，档案工作包括档案管理、档案收集整理、档案保存利用及档案信息化建设等。[2]《档案法》还规定，档案馆可以通过接受捐献、购买、代存等方式收集档案。[3]2023 年全国档案局长馆长会议强调，要强化资源意识和"大档案观"，优化档案资源结构和素质。整体来说，《档案法》的这一规定为政府更好地保护档案资源以及丰富我国档案资源提供了法律依据。

最后，档案保存和利用的职责主要由档案馆履行，这体现了档案文化资源保护法与宏观层面的文化资源保护法的共同特征——行政机关、事业单位

---

〔1〕《档案法》第13条："直接形成的对国家和社会具有保存价值的下列材料，应当纳入归档范围：（一）反映机关、团体组织沿革和主要职能活动的；（二）反映国有企业事业单位主要研发、建设、生产、经营和服务活动，以及维护国有企业事业单位权益和职工权益的；（三）反映基层群众性自治组织城乡社区治理、服务活动的；（四）反映历史上各时期国家治理活动、经济科技发展、社会历史面貌、文化习俗、生态环境的；（五）法律、行政法规规定应当归档的。非国有企业、社会服务机构等单位依照前款第二项所列范围保存本单位相关材料。"

〔2〕《档案法》第1条："为了加强档案管理，规范档案收集、整理工作，有效保护和利用档案，提高档案信息化建设水平，推进国家治理体系和治理能力现代化，为中国特色社会主义事业服务，制定本法。"

〔3〕《档案法》第17条："档案馆除按照国家有关规定接收移交的档案外，还可以通过接受捐献、购买、代存等方式收集档案。"

在文化资源保护活动中发挥着主导性作用。事实上，在档案学研究中，有观点认为，档案工作只限于行政机关，即便我国的档案保护主体已经在立法层面扩大到非行政主体，这样的观点也足以佐证行政机关在档案工作中的关键作用。[1]此外，进入数字时代后，新出现的电子档案以前所未有的量级对档案保管提出了新的挑战，档案的后保管理论应运而生。此理论倡导突破传统的档案保管职能，开发更加广阔的档案利用空间，从以文件为中心的保管理念转变到以人为中心的保管理念，强调多元主体的"参与式保管"，[2]但这并不影响以集中管控为主的档案保护。一方面，档案资源作为一种公共物品，不可避免地在供应的经济成本上面临着灯塔效应，其保存也只能由政府提供资金并进行组织。在我国，这一责任主体便是各级各类档案馆。[3]另一方面，档案馆可以保护各种对国家和社会具有保存价值的历史记录，并进行科学、适宜的保存工作，保障档案安全，以法律规定的方式向社会开放档案[4]以及利用馆藏档案进行一系列活动以实现档案的公共价值和教育意义。[5]中共中央办公厅、国务院办公厅于2014年印发的《关于加强和改进新形势下档案工作的意见》指出，要建立健全覆盖人民群众的档案资源体系，亦就资源保存利用问题对档案工作提出了专门要求。

---

〔1〕　"和其他任何可以由私人机构经管的文化财富不同，档案不能由非政府的任何机构经管。因此，照管有价值的公共文件，也就成了政府当局不可推卸的职责。"［美］T. R. 谢伦伯格：《现代档案——原则与技术》，黄坤坊等译，档案出版社1983年版，第14页。

〔2〕　参见王宁：《数字转向：后保管理论视域下档案保管思维的重塑与拓展》，载《档案学研究》2023年第4期，第75—78页。

〔3〕　据国家档案局1992年发布的《全国档案馆设置原则和布局方案》，全国各级各类档案馆设置包括各级国家档案馆、部门档案馆和企业事业单位档案馆，国家档案馆又分为综合档案馆、专门档案馆，并根据功能定位和行政区划进一步区别。

〔4〕　《档案法》第27条："县级以上各级档案馆的档案，应当自形成之日起满二十五年向社会开放。经济、教育、科技、文化等类档案，可以少于二十五年向社会开放；涉及国家安全或者重大利益以及其他到期不宜开放的档案，可以多于二十五年向社会开放。国家鼓励和支持其他档案馆向社会开放档案。档案开放的具体办法由国家档案主管部门制定，报国务院批准。"

〔5〕　《档案法》第34条："国家鼓励档案馆开发利用馆藏档案，通过开展专题展览、公益讲座、媒体宣传等活动，进行爱国主义、集体主义、中国特色社会主义教育，传承发展中华优秀传统文化，继承革命文化，发展社会主义先进文化，增强文化自信，弘扬社会主义核心价值观。"

二、版本文化资源保护

（一）版本文化资源概述

版本是中国古典文献研究中的一个概念，[1]是所有呈现文化内容的实体。我国版本学历史虽可追溯至先秦，但系统的版本学研究直到 20 世纪初才出现。[2]彼时版本学研究主要侧重于古典文献版本，但现代中国版本研究已经从古书版本研究拓宽到现代文学版本研究。另外，尽管版本学语境下的"实"维度版本研究最终都联通到文字语言构成的"虚"维度文本视域，[3]但文化资源保护法重点关注版本实体保护问题。

（二）版本文化资源的法律保护

版本资源是中华文明活动印记的基础性留存，也是中华文明连续性特性的重要保障之一。2022 年中国国家版本馆（国家版本数据中心）的落成宣示了版本文化资源保护在新时代的重要战略意义。中国国家版本馆指出其"担负赓续中华文脉、坚定文化自信、展示大国形象、推动文明对话的重要使命"，落实到具体职责便是国家版本资源战略规划、统筹协调、整理发掘、抢救保护等，为版本保护工作指明了方向。

但是目前我国并没有针对版本保护的法律规范，一方面导致"藏什么""藏多少""怎么征""怎么藏"的工作开展缺乏法律规范。例如，我国对版本馆的建设依托"1+3+N"总分馆组织架构，各个版本馆之间的工作如何协调、版本的流动如何实现等都需要予以明确；另一方面，其与文物保护工作的协调有待明确。相当一部分古籍既属于版本文化资源，也属于《文物保护法》所指称的"历史上各时代重要的文献资料以及具有历史、艺术、科学价值的手稿和图书资料等"。[4]版本文化资源保护工作内容也主要是对版本的实体抢救、修复及保存，正如中共中央办公厅、国务院办公厅印发的《关于推进新时代古籍工作的意见》指出，要提高古籍保护水平，持续推进中华版本

---

〔1〕 2006 年文化部公布的《古籍定级标准》将版本定义为："一书经过抄写或印刷而形成的传本。指书籍具有的特征，如书写或印刷的各种形式，内容的增删修改，一书在流传过程中卷帙的存佚，以及书中所形成的记录，如印记、批校、题识等。"

〔2〕 曹之、司马朝军：《20 世纪版本学研究综述》，载《图书与情报》1999 年第 3 期，第 1 页。

〔3〕 金宏宇、杭泰斌：《中国现代文学版本研究的新路径》，载《华中师范大学学报（人文社会科学版）》2017 年第 3 期，第 84 页。

〔4〕 《文物保护法》第 2 条第 1 款第 4 项。

传世工程和中华古籍保护计划，加强古籍存藏基础设施建设，制定古籍类文物定级标准，提升古籍修复能力，加强国家版本馆古籍版本资源建设，推动少数民族古籍文献的抢救保护，强化古籍保护基础性研究。

三、数字化文化资源保护

技术的发展为文化资源保护提出新的要求。2022 年 5 月，针对数字技术的发展，中共中央办公厅、国务院办公厅印发了《关于推进实施国家文化数字化战略的意见》，该意见明确了文化资源数据保护措施，对文化资源数字化建设作出了总体部署和战略安排。将文化资源转化为数字形式，能够有效推动文化资源的保存和传承，提高文化资源的可及性和可持续性。我国文化资源保护法对此也作出了回应，例如，《档案法》便以专章规定了档案信息化建设的内容。[1]《关于推进新时代古籍工作的意见》也将推进古籍数字化列为任务之一。这既实现了对文化资源的保护，也便利了社会公众、文化产业经营者、公共文化服务组织对文化资源的获取与利用，促进了数字资源共享与合作，有效发挥了文化资源的效用。

新形势、新技术主导下的文化资源保护本质上是将档案等物理世界原先存在的对象数字化、解构化、解析化，形成具有特定价值意义和信息指向的数据。因此，数据安全成为数字信息时代下文化资源保护必须秉承的一项基本原则。[2]在数字化环境中对数据进行保护和管理的一系列原则和措施，可确保数据的保密性、完整性和可用性。数据安全规则包括保密性、完整性、可用性、不可抵赖性、合规性等内容。[3]文化资源与数据安全之间存在内生性逻辑关联，以下予以辨析：

第一，数字时代文化资源保护应当注意数据存储与备份合规。文化资源保护需要进行大规模的数据存储和管理。网络服务提供者应建立安全可靠的文化资源相关数据存储体系，采用备份和冗余机制，确保数据的完整性和可用性。同时，此类数据存储的地点和方式也需要符合国家或地区的相关法律

---

〔1〕　参见《档案法》第五章。

〔2〕　杨天红、马晶：《纸质图书大规模数字化的版权困境与破解》，载《出版发行研究》2021 年第 6 期，第 54 页。

〔3〕　胡昌平、王丽丽：《国外面向数字学术资源的云存储服务安全研究》，载《情报理论与实践》2018 年第 3 期，第 156 页。

法规和数据保护要求。第二，数字时代文化资源保护应当防止网络攻击与数据泄露。文化资源保护面临着各种网络攻击和数据泄露的风险，如黑客攻击、恶意软件等。作为文化资源保存者的网络服务提供者应采取安全防护措施，包括网络安全设备、安全认证、漏洞修复等，防止网络攻击的发生，保障用户数据的安全和服务的可靠性。第三，数字时代文化资源保护应当注意合规与监管要求。文化资源在数据处理和管理方面需要符合国家或地区的相关法律法规和监管要求。这包括对数据保护法、网络安全法、个人信息保护法等的遵守，以及数据安全评估和合规审查的进行。网络服务提供者应进行风险评估和管理，确保其文化服务符合合规要求，并积极响应监管部门的监督和检查。

必要的私密保护是基于现代技术特点保障文化资源存续、保护数据安全并具备向未来传承发扬可能性的重要手段，而公开性则是文化资源保护与传承的底色。通过数据存储与备份、防止网络攻击与数据泄露以及符合合规要求，数字时代文化资源保护的私密保护能够确保文化资源保护环节具有可靠性，促进公众对文化资源的信任和使用。

本章小结

2023 年，习近平总书记在文化传承发展座谈会上指出，中华文明具有自我发展、回应挑战、开创新局的文化主体性与旺盛生命力。[1]文化资源承载着一个民族的文化基因，是中华文明的最佳见证。丰富的文化资源能够为社会公众创造文化产品提供基础，为国家提供社会公共文化服务提供素材，为世界了解中国提供渠道，是继承、发扬与创造性转化和发展中华文明的前提，也是建设文化强国的根基。

面对文化资源遭遇自然或人为破坏的现象，国家有义务采取一定抢救措施，保护好中华文明的"种子库"。文化资源保护法以传承我国广大深厚、源远流长的文化底蕴为宗旨，通过规制国家公权力行为，为文化资源提供有力保护，是文化法体系的重要组成内容，是文化发展的基础性建设内容。其根

---

〔1〕 习近平：《在文化传承发展座谈会上的讲话（2023 年 6 月 2 日）》，载《求是》2023 年第 17 期，第 5 页。

据不同类型文化资源的特性以及保护需求，秉持不同的保护原则，采取针对性保护措施，切实保护了文化资源的完整性，维护了中华文明的传承性。

　　文化资源保护法通过国家力量而非私人力量保护文化资源，一方面增强了文化资源的公共属性，为更多人从文化资源中获取知识降低了成本、提供了便利，有效发挥了文化资源的社会价值；另一方面也提升了其保护下的文化资源的证明力，为文化资源的完整性传承提供保障。但是，由于我国文化资源丰富，文化资源的保护也需要社会力量的参与，文化资源保护法对此需要考虑如何更好地激励社会力量参与文化资源保护，以为文化资源提供更加周延的保护。

第二章

文化成果权益调整法

　　习近平总书记指出："理论和实践都证明，市场配置资源是最有效率的形式。"市场配置资源的逻辑在于当交易成本为零的时候，资源可以通过市场交易流向其最能发挥其效用的地方。然而，交易成本为零仅仅是理想状态，人们能做的只是通过各种措施降低交易成本。措施之一即为将市场运行机制法治化，构建健全的产权制度以明确资源的归属、合理的市场交易规则加速资源流转、完善的侵权责任规则弥补权益主体的损失以及预防不法行为，以期为文化成果权益规范有序流转提供制度保障。另外，和其他市场资源不同的是，文化成果具有较强的公共属性，关乎公众思想的塑造，关乎社会文明的提升，关乎国家意识形态的建设。因此，在对文化成果权益调整法进行探讨时，既要注重保护文化成果权益人的权益，以促进文化成果的创造和传播，又要注意对公共利益的关切。本章将以文化成果权益调整法的价值目标为导向，以调整原则为基点，以文化成果权益的归属、交易以及侵权认定等规范为主线，就各部门法对文化成果权益的调整进行方法论上的探讨。

第一节　文化成果权益调整法概述

一、文化成果权益调整法的范畴解析

（一）文化成果的界定

　　客体是权利义务作用的对象，明确客体范围是界定权利范围的前提，但我国法律并未对文化成果进行界定，因此需要先对文化成果进行界定。《宪法》是国家的根本大法，是其他法律法规制定的依据，因此从作为根本大法

的《宪法》出发，探寻文化成果的准确定义较为妥当。我国《宪法》共有 25 处出现了"文化"一词，文化成果是文化活动的产物，因此与文化成果最为密切相关的是规定文化活动的第 47 条。其条规定："中华人民共和国公民有进行科学研究、文学艺术创作和其他文化活动的自由。国家对于从事教育、科学、技术、文学、艺术和其他文化事业的公民的有益于人民的创造性工作，给以鼓励和帮助。"此条款限定文化成果应诞生于科学研究、文学艺术创作等文化活动，且国家鼓励的是创造性行为。据此，文化成果是指科学研究、文学艺术创作等创造性文化活动的产物。

同时，我国法律法规应符合我国参与的国际条约的规定。对我国参与的与文化相关的国际条约进行检索后，发现以下三个条约对文化成果进行了界定：《经济、社会及文化权利国际公约》规定文化成果是"科学、文学或艺术作品"；《2009 年联合国教科文组织文化统计框架》规定文化成果指传递思想、象征意义和生活方式的表达；《保护和促进文化表现形式多样性公约》规定文化成果是个人、群体和社会创造的源于文化特征或表现文化特征的象征意义、艺术特色和文化价值的表现形式。上述概念基本都认为文化成果是一种表达，并从不同角度对这一表达进行了限定。

"属加种差"是较为常见的概念界定方式。在属概念上，文化成果属于"表达"，为与纯粹技术性表达相区分；在种概念上，将此种表达限于文学、艺术或科学领域。另外，为明确对文化成果权益进行不同于其他民事权益的限制的原因，需在定义中突出文化成果在塑造社会形态、增强身份认同等方面独特的社会意义。综合考量，文化成果是文学、艺术或科学领域具有独创性，能以一定形式表现的传递思想、象征意义的表达。

（二）文化成果权益调整法的特点

从法的公私属性来看，文化成果权益调整法是调整平等主体间基于文化成果权益产生的社会关系的行为规范，属于私法；从法调整的领域来看，文化成果权益调整法是调整文化领域的行为的规范。下文将从文化成果权益调整法的私法属性和文化法领域总结其特点。

1. 文化成果权益调整法和其他文化法的比较

文化法一共调整五种社会关系，即基于文化资源保护、文化产业促进、文化成果权益、文化市场监管以及公共文化服务形成的社会关系，都旨在推动我国文化事业和文化产业发展。但除了文化成果权益调整法是仅调整平等主体之间的社会关系，属于私法范畴，其他都具有明显的以规制政府行为为主的公法属性特点，这形成了文化成果权益调整法和其他文化法最本质的区别。

文化成果权益调整法由此具有以下特征：其一，文化成果权益调整法中的法律规范多为任意性规范，而其他文化法中多为强制性规范。私法将保护私主体利益作为首要，假设每个民事主体都是理性人，有能力处理自己的事务，是自我利益的最佳判断者、实现者，因此强调意思自治，尊重民事主体的自主权。公法将保护社会公共利益作为首要，要求国家公权力有所作为，依法主动采取措施促进社会进步，因此多为强制性规范。其二，文化成果权益调整法对文化公平的认定标准和其他文化法不同。私法上的公平是尊重民事主体意思基础上的公平，即只要法律行为不违反强制性法律规定，文化权益主体对其权益的处分就被视为最符合其利益的处分，是一种形式公平。其他文化法强调的是实质公平，旨在通过各种措施降低社会主体间文化权利实现程度的差距，实现精神上的共同富裕。其三，促进文化领域公共利益的方式不同。文化成果权益调整法多通过对权益的保护和限制间接实现公共利益，即通过保护文化成果权益激励创作行为，同时通过限制文化成果权益降低社会公众从文化成果中汲取信息的成本。其他文化法则通过强制性规范，要求义务主体为或不为一定行为，直接实现公共利益，如公共文化服务法通过要求政府建设一定数量的图书馆、博物馆拓宽社会公众接触文化成果、实现文化基本权利的渠道。其四，文化成果权益调整法以实体法为主。其他文化法涉及公权力对公民行为的限制，为避免权力滥用，不仅规定了权力的合法来源，而且规定了权力行使程序，程序规范和实体规范并重。其五，利益分配方式不同。文化成果权益调整法的私法属性要求减少政府干涉，而主要通过市场这双无形的手分配利益。其他文化法则是在市场失灵之处，由国家公权力直接分配利益。

2. 文化成果权益调整法和其他民事权益调整法的比较

（1）发展历程和技术发展的关系不同

私法这一概念源于公元前 3 世纪中叶的罗马共和国前期的市民法，其诞生和以下两个要素有关：一是劳动剩余以及社会分工的产生，为市场经济的诞生创造了物质基础；二是自我意识的觉醒促使人们追求人格平等，帮助人们完成"从身份到契约"的转变，为私权的诞生提供了思想基础。虽然技术的发展能够帮助人们生产更多的劳动剩余，孕育更大的市场，但其和私法的诞生没有直接关系。

调整文化成果权益的主要法律——著作权法——的诞生，远远晚于其他私法。一般认为 1709 年的《安妮法》是世界上第一部著作权法，距今仅有三百多年的历史，其与作为私法起源的罗马法之时间差表明调整文化成果权益的法律有其独特的诞生条件。对此，或许可以从著作权法的诞生背景以及著作权内容的发展历程中看出些许端倪：著作权法的诞生与降低复制成本的印刷技术的产生与成熟息息相关；著作权的内容随着作品传播技术的发展而不断增加。以上迹象表明，著作权法的诞生和发展与技术的发展紧密相关，也因此人们都称著作权法是"技术之子"。

（2）权利限制不同

物权规范主要是权利保护规范，而文化成果权益调整法则是权利保护规范和权利限制规范并重。这主要是因为以下几点：第一，以文化成果的主要形式——作品为例，"作品的创作具有继承性和社会性，任何优秀作品的产生都是建立在吸收和借鉴人类文化遗产的基础之上的"。[1]因此，对文化成果权益进行限制符合公平原则。第二，文化成果具有无形性，其价值不但不因同时或不同时被多人利用而有所减损，反而因利用主体数量的增加而得到提升。而物具有有形性，且实现物的使用价值的前提是占有它，这决定了特定的物的使用价值无法在同一时间由不同主体获得。第三，物易受外力损害，因此物自身的寿命决定了物权天然具有时效性。但是文化成果具有无形性，不会受到物理损害，若不对其上之权益加以限制，这一权益将会永久存在，影响社会公众文化权利的实现。第四，随着技术的发展，相较于物，文化成果的社会效益变得愈发突出。技术的发展解放了人的身体，帮助人类承担了大量体力劳动，随之而来的是，人们之间的竞争力越来越体现在脑力劳动之上。文化成果不仅有经济属性，还具有教育等社会属性，能够开发人的脑力。中国社会的主要矛盾已经转化为人民日益增长的美好生活需要和不平衡不充分的发展之间的矛盾，在脑力竞争成为主要竞争要素的今天，让更多的人接触文化成果以获得知识既是解决发展不平衡、减缓社会鸿沟拉大的有效方法，也是丰富社会人力资本，促进经济长远、持续发展的必要手段。第五，人们

---

〔1〕　冯晓青：《知识产权法利益平衡理论》，中国政法大学出版社 2006 年版，第 596 页。

在制造物之前首先预设了物的使用价值，并在制造的时候仅围绕这一使用价值而构建其物理属性，这使得物的使用价值对不同主体而言基本一致，如衣柜的使用价值就是存储衣服、保温杯的使用价值就是装水以及保持水温，对任何主体来说基本一样。但作品不同，"一千个读者有一千个哈姆雷特""是读者而不是作者赋予了作品意义"……这些论述都在告诉我们，不同思想组合会迸发出不同的火花，不同的人很有可能在同一文化成果中获得不同的使用价值，即文化成果的传播带来的是"1+1≥2"的价值。

二、文化成果权益调整法的价值目标

价值目标体现了某一事物存在的意义和重要性，指导着事物前进的方向。"历史实践证明，建立与市场经济相匹配的私权制度，可以激发人的创造活力，有效推动技术进步、经济与社会发展，为人类提高生活水平创造和积累更多的财富。"[1]明确文化成果权益调整法的价值目标，有利于准确适用文化成果权益调整法，从而使其更好地与市场相匹配，保障市场良好运行，进而促进我国文化和科学事业的发展与繁荣。

（一）保护文化成果权益主体的权益

首先，法律整体上经历了义务本位向权利本位的转变，私法正是在这一转变过程中凸显的，是人们为保护自我权益不受他人侵犯而形成的社会契约，文化成果权益调整法的私法属性决定了保护文化成果权益是其天然目标。

其次，保护文化成果创作主体的权益是提高文化成果价值最有效率的方式。财产是民事主体获得人格独立的物质保障，是民事主体参与市场交易、进行利益交换以满足自身需求的砝码，因此，财产权益主体会尽最大努力保护、开发权益客体的经济价值。这一切的前提是财产权益主体的权益受到有力保护，否则财产的价值只能依靠国家来开发。而国家受限于人力、财力的有限性，以及利益归属抽象性与义务执行具体性之间的矛盾，很大概率会导致财产价值缩水。

再其次，保护好文化成果权益主体的权益是建立运行良好的社会经济秩序的保障。人们只有能够依据法律规范知晓哪些权益归属自己，并确保他人

---

〔1〕刘春田：《我国〈民法典〉设立知识产权编的合理性》，载《知识产权》2018年第9期，第83页。

会尊重自己的权益，或自己的权益受到损害后能够得到有效救济，对自己和他人的行为后果有所预期，才会遵守相关法律规则，使市场在法治轨道上有序运行。另外，市场主体是市场的基本要素，2020 年和 2021 年连续两年的政府工作报告都以"青山"喻指市场主体，从"留得青山，赢得未来"到"青山常在，生机盎然"，表达了对市场主体的重视。保护好文化成果权益主体的利益，才能让更多的文化成果权益主体进入我国市场，不断为我国文化市场增添活力。

最后，保护文化成果权益是提高我国文化人才储备量的有效机制。党的二十大报告提出，到 2035 年要建成人才强国，其中在繁荣发展文化事业和文化产业方面要"培育造就大批德艺双馨的文学艺术家和规模宏大的文化文艺人才队伍"。[1]一个能够满足人们需求的国家才能够留住人才，让人才愿意为这个国家充分发挥个人力量。马斯洛提出的人类需求层次结构中的生理需求（physiological needs）和尊重需求（esteem needs），与保护文化成果权益息息相关。第一，为满足最基本的生理需求，人们必须能够通过自己的劳动换取经济利益，以获得物质保障。保护文化成果权益就是为文化成果创作人通过创作获得经济利益提供法律保障。第二，为满足尊重需求，法律也应保护文化成果权益，让人们意识到文化成果价值，以形成尊重知识、尊重人才的社会风气，从而使创作者通过创作行为获得他人的尊重。

（二）促进文化成果的传播

传播是实现文化成果精神价值的途径。从个人角度看，文化是满足人民日益增长的美好生活需要以及促进人德、智、体、美、劳全面发展的重要因素，[2]文化成果是文化的表达，只有被传播才能让人们感知，并因此获取知识以及精神上的愉悦。从社会层面看，文化成果的传播能使人们不断受到优秀文化的熏陶，并于不自觉间提升自身文化素质，规范自身行为，进而改善社会风貌，提高社会文明程度。从国家层面看，《中共中央关于制定国民经济和社会发展第十四个五年规划和二〇三五年远景目标的建议》指出，我国将在 2035 年建成文化强国，国家文化软实力显著增强，实现上述目标需要增强

---

〔1〕 习近平：《高举中国特色社会主义伟大旗帜 为全面建设社会主义现代化国家而团结奋斗——在中国共产党第二十次全国代表大会上的报告》，2022 年 10 月 16 日发布。
〔2〕 中共中央办公厅、国务院办公厅：《"十四五"文化发展规划》。

我国文化自信，提高我国文化的国际竞争力、影响力，提升我国在国际上的话语权，而促进中华优秀文化成果的传播是实现上述目标的必要条件。

传播还是实现文化成果经济价值的途径。商品的经济价值在交易中实现，交易是文化成果传播的主要途径，促进文化成果的传播在一定程度上就是要促进以文化成果权益为标的的交易。促进文化成果传播不仅能够实现个人经济利益，而且符合我国深入推进供给侧结构性改革、加快推动经济结构调整和转型升级的战略方针。文化成果的传播是文化产业的核心环节，文化产业是第三产业，促进文化产业蓬勃发展是实现我国经济结构转型的重点。根据马克思主义理论，文化成果只有完成"惊险的一跃"才能实现从商品到货币的转变。这一跃"惊险"的原因之一是市场存在交易风险、交易成本等不稳定因素，因此文化成果权益调整法的规则应以降低交易风险、减少交易成本为目标，活跃文化成果交易市场，促进文化成果传播。

（三）激励文化成果的创新

首先，激励文化成果创新是解决我国社会主要矛盾的途径之一。现阶段我国社会的主要矛盾是人民日益增长的美好生活需要和不平衡不充分的发展之间的矛盾，美好生活既包括物质生活的美好，也包括精神生活的美好。随着信息传播的全球化，人们的眼界更加开阔，对文化成果的需求呈现出差异化；另外，人们在不断接触信息的过程中增加了自身智识，提升了文化素养，对文化成果质量的要求随之不断提高。对此，只有不断进行文化创新，创造出更加多样、更加高质量的文化成果，才能充分满足新时代人民群众的文化需求。

其次，不断创新文化成果是提升我国文化自信的必经之路。文化自信是更基础、更广泛、更深厚的自信，是一个国家、一个民族发展中最基本、最深沉、最持久的力量。近代以来，文化在中国经济社会发展中的结构性治理价值的弱化，很大程度上肇因于中国文化创新能力的丧失及与之相随的文化自信的坍塌。[1] 2023 年 10 月，习近平总书记在对宣传思想文化工作的重要指示中指出："着力赓续中华文脉、推动中华优秀传统文化创造性转化和创新性发展"。在社会快速发展的背景下，只有文化成果所传递的思想与人们的思

---

〔1〕 蔡武进：《文化创新主旨下我国文化立法的价值维度及现实向度》，载《山东大学学报（哲学社会科学版）》2021 年第 2 期，第 72 页。

想变化同频、文化成果的表达形式符合人们新的获取信息的习惯，才能够被人们接收，实现更广范围的传播，这要求人们不断创新中华文化成果的表达形式，从而提高承载中华文化的文化成果的市场份额，增强中华文化在国际上的竞争力和影响力，提升我国文化自信。因此，文化创新是中华文化永葆活力的必要条件，是提高国家文化软实力、增强文化自信的必经之路。

最后，我国正处于实现中华民族伟大复兴的关键时期，应深入推动文化创新，使其在开启全面建设社会主义现代化国家新征程中发挥指引作用。文化成果既应顺应社会思想的变化，也应引领社会观念。与社会观念、思想不相匹配的文化成果终究会被湮没在社会发展的洪流中，因此若失了前者，相关文化成果就会失去在交易市场中的份额；观念、思想指挥着人们的行为，因此若失了后者，社会发展就会停滞或者朝错误方向前进。所以，应预测社会发展趋势，创新文化成果以引导人们思维的转变，提前做好适应新阶段的准备。

文化成果权益调整法的上述三个价值目标环环相扣、相辅相成，构成文化成果权益调整法的生态链。促进文化传播可以提升人们的文化素养，有利于实现万众创新；创新的文化成果可以更好地满足人们的需求，从而促进文化成果的传播；而对文化成果权益的保护是激励文化创新以及促进文化成果传播的必要条件。

三、文化成果权益调整法的法治实践

（一）我国文化成果权益调整法治概况

目前我国大体形成了以《民法典》《著作权法》《商标法》《反不正当竞争法》等法律为主要，以司法解释、司法政策为引领，以指导性案例为指引，以典型案例为参考的文化成果权益法律保护体系。经过不断修订，上述法律不断完善，但仍存在某些条文规定较为抽象，可预期性差的问题，为了便利法律适用以及非法学人士学习相关法律法规，可以逐步将司法解释中较为成熟的法律条文在相关法律中予以落实。

与文化成果权益相关的司法实践有以下特点：①网络成为文化成果权益纠纷的多发地。这和互联网普及率不断提升、互联网不断发展、互联网逐渐成为人们获取信息的主要渠道密切相关。②侵权损害赔偿数额的确定以法定赔偿为主。詹映教授就 2012—2015 年我国著作权案件的审理情况统计后发

现，著作权纠纷案件中，侵权损害赔偿适用法定赔偿的高达 99.62%。[1] ③批量维权案件多。深圳市福田区人民法院召开新闻发布会，发布《深圳市福田区人民法院著作权民事案件审理状况（2017 年—2020 年）》白皮书，数据显示，2017—2020 年，福田区人民法院共受理著作权批量维权案件达 13 585 宗，占著作权民事案件总数的 93.75%。④新型纠纷大量涌现。非同质化代币、区块链、人工智能及平台经济等多个新兴领域的典型案件日益增多，事实认定和法律适用难度加大，新领域新业态中文化成果权益的权益保护边界、侵权责任认定对司法裁判提出新挑战。

（二）我国文化成果权益调整法治问题

1. 调整对象口径多样

由于各国文化资源丰富度、科技发展程度、文化人才储备量等不同，出于对本国利益的考量，各国法律保护的文化成果范围并不相同。整体来说，发展中国家传统文化资源丰富，而科技发展较为落后，发达国家则反之，由此导致各国无法就是否以及如何保护传统文化（民间文学艺术）达成共识。然而，随着经济全球化的发展，文化成果权益的交易市场不再限于国内，而扩张至世界范围。文化成果权益仅在本国司法管辖区受到保护是不够的，需要得到他国司法保护，否则一方面极易造成国内文化成果被他国利用，本国主体不仅无法得到有效救济，还要对他国在本国文化资源基础上的创新支付费用的尴尬局面；另一方面还会加大与其他国家间的文化创新差距，因为仅在国内保护传统文化资源，一定程度上造成对本国公民后续利用文化资源进行创新行为的阻碍，这与他国公民自由利用文化资源形成鲜明对比。对我国来说，中华民族创造的丰富的传统文化资源，亟须在世界范围内得到有效保护。

2. 保护范围难以明确

法的功能在于公平合理地分配与调节社会、不同群体和个人利益，以使社会正常运转，促使各种不同利益各得其所……从而促进社会的进步和发展。[2] 权利保护是目的也是手段，是为了实现个体的自由和尊严，也是为了实现更

---

〔1〕 参见詹映：《我国知识产权侵权损害赔偿司法现状再调查与再思考——基于我国 11 984 件知识产权侵权司法判例的深度分析》，载《法律科学（西北政法大学学报）》2020 年第 1 期，第 193 页。

〔2〕 参见梁上上：《利益的层次结构与利益衡量的展开——兼评加藤一郎的利益衡量论》，载《法学研究》2002 年第 1 期，第 57—58 页。

广泛意义上的公共利益。公共利益指不特定主体的共同利益，虽然长远来看，公共利益会辐射到每个主体，但是在某些具体的当下，追求公共利益可能需要以牺牲个人利益为代价。把握好这一具体尺度，平衡好个人利益和公共利益，正是法律的价值所在。相较于其他民事客体，文化成果既要满足文化成果权益人通过市场交易获得经济利益的需求，又要满足社会公众通过感知它，从而提升自身文化素养的需求，加之其无形性特点，在确定文化成果权益的范围时，私人利益和公共利益的矛盾更加凸显。

3. 价值衡量标准有待细化

资产价值评估的方法主要有市场法、收益法和成本法。市场法指通过参考价值确定的相同或者具有可比性（即类似）资产的价值，来估测待估资产的价值。收益法指通过将未来的现金流转换为单一的当前价值，来估测待估资产的价值。成本法指通过计算资产当前的重置或再生产成本，并扣除物理损耗和所有其他相关的贬值因素，来估测待估资产的价值。〔1〕但是，上述三种价值计算方法无法有效计算文化成果的价值。

首先，难以通过市场法和成本法来估算文化成果的价值。文化成果是创造的产物，创造是不同于劳动的人类活动，〔2〕劳动的同质性使得劳动成果可被重置，劳动成果的价值可被计量。而创造截然不同，创造是不可再现的。不同创造成果之间、创造成果与劳动成果之间，都是异质的，不具有可比性，因而无法直接融通。〔3〕并非说文化成果不可以被复制，而是创造这一行为不可以被复制。另外，虽然文化成果可以被复制，但是对有些文化成果来说，原作的意义无法被取代。以美术作品为例，其艺术本质可归结为它是亲为的、历史主义的，创作的历史过程比最终的形式更能体现出艺术作品的价值。美术作品创作具有历史性、本真性，创作作品是一个历史事件，而任何人都不能再现历史，包括画家本人。〔4〕因此，文化成果既无法被复制，也不具有可比性资产，难以适用市场法和成本法来估算其价值。其次，难以用收益法计

---

〔1〕　International Valuation Standards Council, International Valuation Standards（IVS）.

〔2〕　参见刘春田：《跨越世纪的伟大觉醒——发现创造和知识产权》，载《知识产权》2019年第8期，第3页。

〔3〕　参见刘春田主编：《知识产权法》（第五版），高等教育出版社2015年版，第4—5页。

〔4〕　参见刘文献：《美术作品独创性理论重构：从形式主义到历史主义》，载《政治与法律》2019年第9期，第128页。

算文化成果的价值。一方面，文化成果的价值深受人的主观影响，不具有可预测性，比如梵高作品的经济价值在他生前和生后差距甚大；另一方面，文化成果的价值受诸多不确定因素的影响，以电视剧为例，其价值可能因未通过审核、参演演员被封杀、观众喜好发生变化等大打折扣，这也是文化成果权益在实践中难以成为担保客体的原因。最后，主要调整文化成果权益的《著作权法》还规定了惩罚性赔偿制度，即对故意侵犯著作权或者与著作权有关的权利，情节严重的，可以判定处以一倍以上五倍以下的赔偿额。惩罚性赔偿给予法官一倍以上五倍以下的裁量空间，使得侵害文化成果权益的经济赔偿在原本模糊的基础上又增加了一层不确定性。

4. 文化公共利益保护有待强化

我国《著作权法》中对权利客体和权利内容的开放式规定与权利限制的封闭式规定形成鲜明对比。其在规定权利客体和权利内容时都规定了兜底性条款。然而在规定权利的限制时，虽也规定了"其他情形"，但这一其他情形只能由"法律、行政法规"规定，这意味着司法机关不得在司法实践中创设新的权利例外情形。"宽进严出"的立法结构可能会给司法机关这样的暗示，即在权利人利益和社会公众利益之间，应选择倾向于保护权利人的利益。然而，这既不符合著作权法的价值目标，也不符合著作权法的功能定位。因为著作权法的最终目标是促进社会主义文化和科学事业的发展与繁荣，保护权利人的利益只是激励创新的手段，而不是目的。且著作权法是通过双重手段激励创新的，一是通过保护著作权人的权利，激励更多的主体从事创作这一职业；二是通过限制著作权人的权利，使更多的公众以较低成本接触作品，并以此为基础进行新的创作。注重对公共利益的保护还可以激发高质量作品的创作。公众通过接触作品可以提高自身文化素养、文学品位，使低质量作品在市场竞争中被淘汰，倒逼作者创作出更多更优质的作品。这并非旨在支持公共利益优先于文化成果权益人的利益，而是旨在表达在现有机制无法准确计算出两者的平衡点的情况下，立法不应对一方有所偏倚。

封闭式规定权利限制，也难以应对快速发展的社会。司法实践中我国已经面临合理使用条款不足以应对现实的困境，我国已有多个地区依据美国的转换性使用规则进行裁判，如"上海美术电影制片厂诉浙江新影年代文化传播有限公司等著作权侵权纠纷案"、[1]"王某诉北京某信息技术有限公司等侵犯著作权纠纷案"、[2]"李某晖、广州某网络科技有限公司著作权权属、侵权纠纷案"。[3]这些案件都是在 2020 年《著作权法》生效之前判决的，当时无法从法律条文中直接得出我国合理使用条款是封闭式规定还是开放式规定，司法实践新增合理使用情形还具有一定的合理性。但 2020 年《著作权法》对合理使用条款的规定，已明确禁止法官就合理使用问题"造法"，这可能会更加凸显法的滞后性带来的弊端。

5. 司法公正性有待增强

习近平总书记指出："要围绕让人民群众在每一项法律制度、每一个执法决定、每一宗司法案件中都感受到公平正义这个目标，深化司法体制综合配套改革，加快建设公正高效权威的社会主义司法制度。"司法公正最直观的表现为"同案同判"。但是基于地域保护、法官对法条理解不同等原因，司法实践中存在许多同案不同判的现象，尤其是技术的发展导致文化成果的表现形式、传播样态呈现多样化，新的表现形式或者传播行为是否可以受到法律保护，不同的法院可能因判断标准不同而作出不同判决，比如信息网络传播权侵权的认定标准，究竟是遵从"服务器标准"还是"法律标准"抑或"实质性替代标准"等，标准不同直接导致案件的判决结果不一样。在地域保护方面，数字化传播、共同侵权多发使得很多法院能够找到管辖连接点，给当事人选择有利于己方的法院带来便利，但诉讼双方可能因法律实力差距而引发司法不公。

四、文化成果权益调整法的域外借鉴

我国是文化资源大国，却并非文化产业大国。文化成果权益调整法不够完善是产生上述现象的原因之一。"三人行，必有我师焉"，借鉴他国的成功经验，并依据本国国情进行合理移植，不失为一种快速提升调整我国文化成果权益效率的办法。

（一）以地区性国际协议寻求本国文化权益的有效保护

将市场中的某一利益确定为法律权利予以保护，不仅是对特定主体利益

---

[1] 上海知识产权法院（2015）沪知民终字第 730 号民事判决书。

[2] 北京市第一中级人民法院（2011）一中民初字第 1321 号民事判决书。

[3] 广东省广州市南沙区人民法院（2016）粤 0115 民初 4345 号民事判决书。

的保护，而且是对国家相关产业的保护。前文提到，各国文化资源丰富程度以及科技发展水平不同，因此对某些客体存在不同的利益诉求，也就难以在国际上对这些客体的保护达成共识。加之当今世界正经历百年未有之大变局，国际关系紧张、敏感，逆全球化势头显现，各国都努力在此次国际竞争中扬长避短，争相提高本国优势客体的保护力度，这加剧了全球性国际条约制定以及有效实施的难度。

对此，许多国家不再追求全球共识下的保护，而通过签订双边或者区域协定的方式逐个击破，以达到其他国家保护本国优势资源的目的。例如，对如何保护地理标志这一问题，欧洲历史悠久的国家和美国等历史较短的国家之间存在严重利益冲突：鉴于欧洲当地丰富的历史传统和风土人情，其十分强调利用地理标志专用权保护传统商品；而美洲、大洋洲很多移民国家有着与欧洲相同的饮食习惯，虽然其并非这些传统产品的原产国，但也大量生产、消费甚至出口同类产品，因此将地理标志视为与普通商标一样的私权客体，且对于已成为通用名称或仅作为风味描述的地理标志不给予保护。[1]两个阵营中又都有对国际条约的制定具有一定话语权的国家代表，这使得地理标志的国际保护停滞不前。对此，欧盟放弃多边条约的形式，通过与其他国家签订双边条约达到相同的目的，如欧盟在 2010 年与韩国签订的自由贸易协定中首次对地理标志作出了规定，随后又与加拿大、新加坡、澳大利亚等国家签订含有地理标志保护条款的自由贸易协定，到了 2020 年直接与中国签订了一个完全只针对地理标志的协定。[2]这样，欧盟已经通过曲线救国，在亚洲、澳洲、美洲实现了他国保护本国地理标志这一文化资源的目的。

（二）精细化的文化成果权益计价规则

市场流通物的经济价值主要取决于供求关系，并最终在交易中体现为具体的数额。在正常的市场交易中，文化成果的经济价值通过交易双方基于意思自治达成的合意确定。但是在侵权情况下，双方主体难以就文化成果的经济价值达成合意，而需要法官依据填平原则，通过计算侵权行为造成的损失判决赔偿数额。由于文化成果的价值难以计算，我国司法实践大量适用法定赔偿来计算

〔1〕 参见管育鹰：《地理标志保护：国际协调与国内制度完善》，载《贵州省党校学报》2023 年第 4 期，第 109 页。

〔2〕 参见孙远钊：《论地理标志的国际保护、争议与影响——兼论中欧、中美及相关地区协议》，载《知识产权》2022 年第 8 期，第 46 页。

著作权侵权损害赔偿数额。曹新明教授采取了 2011—2016 年著作权样本 5361 件，其中适用法定赔偿标准的样本 5216 件，占著作权判例样本数的 97.3%。[1] 我国《著作权法》规定的法定赔偿数额为 500 元以上 500 万元以下，跨度 4 999 500 元，且《著作权法》仅规定法院依据侵权情节来判断，并未就进行情节判断时需要考量哪些因素以及各个因素之间的序列关系、占比等给出指引。

虽然美国的法定赔偿制度的运行方式和我国的法定赔偿制度并不完全一样，但是其对赔偿数额的规定方式可为我国提供一些借鉴。《美国版权法》第 504 条第 3 款依据侵权人的主观过错，将法定赔偿分为三个等级：①一般情况下，法定赔偿额在 700 美元到 3 万美元。②若版权人证明侵权人是故意侵权，法院可以酌情将法定损害赔偿金增加至不超过 15 万美元。③若侵权人证明其不知情且无理由相信其行为构成版权侵权，法院可以酌情减少赔偿额至不少于 200 美元。④如果侵权人是 a. 非营利性教育机构、图书馆或档案馆的雇员或代理人，在其工作范围内，或该机构、图书馆或档案馆本身，因复制作品或录音制品而构成侵权，或 b. 公共广播实体，或通常作为公共广播实体非营利性活动的一部分，因表演已出版的非戏剧性文学作品或复制包含此类作品的表演构成侵权，且若相信并有合理理由相信他对版权作品的使用属于第 107 条规定的合理使用，法院应免除法定损害赔偿金。

这样依据具体情节对法定赔偿数额再进行划分，限缩了法官的自由裁量权，降低了同案不同判的可能性，提高了司法裁判可预期性和司法平等。

（三）文化成果权益保护与限制的协调运用

前文提到，我国对文化成果权益人的保护和对社会公共利益的关切并不平等。为了平衡个人利益和社会效益，有些国家的权利限制条款是开放性的，如美国既列举了合理使用的具体情形，也通过四要素形式为合理使用兜底，即通过判断"作品使用行为的性质和目的、被使用作品的性质、被使用部分的数量和质量、使用对作品潜在市场或价值的影响"来考量是否构成合理使用。德国对著作权限制条款的态度也从收缩性解释转变为附加限缩性前提条件的扩展性解释。[2]

---

〔1〕 参见曹新明：《我国知识产权侵权损害赔偿计算标准新设计》，载《现代法学》2019 年第 1 期，第 115 页。

〔2〕 参见孙晔、李鑫：《德国著作权法限制制度解释方法变迁初探》，载陈金钊、谢晖主编：《法律方法》（第八卷），山东人民出版社 2009 年版，第 141 页。

开放式规定或者扩展性解释可能会带来法律适用的不确定性，但是公共利益和私人利益同等重要，社会公众文化素养的提高，一方面能够促进作品的创作，造就万众创新的景象，另一方面可以激励优质作品的创作，顺应我国高质量发展的理念。鉴于目前我国以半封闭式形式规定了权利的限制条款，在对相关条文进行修订以前，可以对权利限制条款中列举的法定情形进行灵活解释，以提高对公共利益的关切。另外，为减小"宽进严出"式结构对著作权法利益平衡价值实现的影响，适用权利保护兜底条款应采用"止损原则"，而非"利益延伸原则"，即新的作品使用方式严重损害既有著作权之时才考虑适用，[1]避免向著作权绝对保护倾斜。

第二节　《民法典》对文化成果权益的调整

一、民法原则对文化成果权益的调整

民法原则指导民法具体规则的适用。法的原则蕴含法的价值观念，法的价值观念派生法的基本原则，法的原则和价值观念互相包容，互相生发，共同反映法的宗旨。[2]民法原则有民法基本原则与民法具体原则之分，前者是民法的根本准则，贯穿于整个民法，统率民法的各项制度及规范；后者是某个或某些制度的一般准则，适用于特定的范围。[3]无论是基本原则还是具体原则，都对规则的适用有指导作用。在对民法原则和理念进行文化法适用时，应遵循原则的适用方法。首先，原则并不是全有或全无地适用，而应依据具体的案件事实，依据具体权利义务关系的性质，有选择性地、有重点地适用相关原则。其次，民法原则的适用应遵循最后适用准则。民法原则对具体规则起到解释、补充、修正作用，[4]但因为其具有抽象性，不如法律规则具体，所以对其适用应符合谦抑性，即仅在没有具体的法律规则的时候，才可以将其单独作为请求权基础以及法院的判决依据。

---

〔1〕　参见李琛：《论"应当由著作权人享有的其他权利"》，载《知识产权》2022年第6期，第21页。

〔2〕　参见李锡鹤：《民法哲学论稿》（第二版），复旦大学出版社2009年版，第162页。

〔3〕　参见崔建远：《编纂民法典必须摆正几对关系》，载《清华法学》2014年第6期，第48页。

〔4〕　参见韩世远：《民法基本原则：体系结构、规范功能与应用发展》，载《吉林大学社会科学学报》2017年第6期，第5页。

我国《民法典》在总则部分规定了保护合法权益、平等、自愿、公平、诚信、合法、公序良俗以及节约资源保护环境八项基本原则，从不同角度对文化成果权益的调整作出指引。文化成果肩负实现经济效益和社会效益的双重义务。保护合法权益原则和平等原则为如何实现文化成果的经济效益提供指引。首先，清晰的权利归属是权利人充分利用权利客体、行使权利，以及请求权利保护的前提。一方面，合法权益受到保护才能激励民事主体根据法律规范不断努力创造权益客体；另一方面，只有合法的权益才受到保护，这既警示在创造文化成果的时候，应避免侵害他人权益，也警示要合理维权，避免权利滥用。其次，平等地保护每一主体的每一文化成果是实现百花齐放、百家争鸣的必要条件。即既应平等地保护每一种符合法律规定的文化成果，不能以表现形式或者艺术价值等不同为由对不同文化成果提供差异性保护，否则会因主观认识不同造成法的适用的不稳定性，甚至会使少数人把控艺术发展方向，也应让文化成果权益人受到平等的保护，即使是外国主体，只要和我国签订了相关国际条约，其权益同样应受到我国法律的保护，以吸引更多主体参与我国文化市场。

公平和诚信原则规制人们在文化市场中的行为。文化成果的经济价值在市场交易中实现。环境恶劣的市场将使文化成果的交易寸步难行，交易双方只有遵守公平、诚信的原则，才能建立起有序文化交易市场，吸引更多的人参与文化交易，让文化成果权益人在一次次交易中获得经济利益。另外，《民法典》第 132 条规定，民事主体不得滥用民事权利损害国家利益、社会公共利益或者他人合法权益。知识产权滥用是知识产权人违背诚实信用原则，不当行使权利，违背设立知识产权制度的宗旨和知识产权保护的公共政策，损害他人合法权益、社会公共利益的违法行为。[1] 相较于物，文化成果无法独立彰显出确定的保护界限，其保护范围体现在每一次的司法审判中，这种不确定性加剧了文化成果权利滥用的可能性，《民法典》的诚实信用原则和权利不得滥用规则为被诉侵权人提供了合理的抗辩依据。

文化成果权益的行使受到合法和公序良俗原则的规制。文化成果能够传递一定的思想，在潜移默化中影响着人们的价值观、人生观、国家观，影响

---

[1] 冯晓青：《知识产权行使的正当性考量：知识产权滥用及其规制研究》，载《知识产权》2022 年第 10 期，第 3 页。

着人们对世间万物的看法，进而影响人们的行为，最终影响社会风气、社会秩序、国家安全等。合法和公序良俗原则要求自然人、法人和非法人组织在从事民事活动时，不得违反各种法律的强制性规定，不违背公共秩序和善良习俗。[1] 依据《民法典》的规定，违背公序良俗原则的法律行为无效，即传播文化成果的法律行为若违背公序良俗原则，则无效，文化成果的经济价值就无从实现，这引导人们创作、传播符合我国社会价值和公序良俗的文化成果，间接实现社会效益。

二、《民法典》具体规则对文化成果权益的调整

文化成果具有财产属性和精神属性，所以在认定文化成果权益归属时适用《民法典》总则编、物权编、人格权编；文化成果的经济价值进入市场后方可实现，此时需要适用合同编；文化成果权益人的文化成果权益受到侵害，或者文化成果侵犯他人权益时，则适用侵权责任编；文化成果权益作为遗产时，受到继承编的规制；作为婚姻财产，受到婚姻家庭编的规制。综上所述，基于文化成果形成的民事关系具体受到《民法典》哪些规则的调整，取决于被调整民事关系的类型。

（一）文化成果权益的财产归属与交易规则

财产规则是调整民事主体间经济利益关系的规则，《民法典》的财产规则主要涉及财产的类型、归属、交易。从文化法角度来看，这些财产规则旨在保护文化成果权益、促进文化成果的传播以及激励文化成果创新。

首先，确定财产类型的规则保证文化成果可以获得财产权保护。"文化，不论是文学艺术领域还是科学技术领域，不论是物态外化的具象文化还是制度与认知层面的意象文化，在本质上都是不受外在形态或形式制约的知识与信息。"[2] 文化成果有多种表现形式，如作品、物、虚拟财产等，并可能随着技术的发展，呈现更多的表现形式。《民法典》总则编第五章规定民事主体就物、知识等客体享有民事权利，并在第 126 条对民事权益作了兜底性规定，[3] 这为文化成果随着科技进步而多样化发展提供了有力保护。

---

〔1〕黄薇主编：《中华人民共和国民法典总则编解读》，中国法制出版社 2020 年版，第 15 页。

〔2〕杨利华：《从应然权利到实然权利：文化权利的著作权法保障机制研究》，载《比较法研究》2021 年第 4 期，第 133—134 页。

〔3〕《民法典》第 126 条："民事主体享有法律规定的其他民事权利和利益。"

其次，权益归属规则起到了定分止争、促进文化成果传播的作用。"法律是文明社会对社会成员劳动成果和人身的归属的规定，是文明社会财富分配的总方案，本质上是对剩余劳动的归属的规定。"[1]《民法典》通过规定权利归属规则，不仅为司法实践判断权益归属定分止争提供了依据，还促进了文化成果的传播。财产权益人是财产的第一受益人，依据财产归属规则确定的财产权益人，为获得最大经济利益，会充分挖掘财产的经济价值，提高财产利用效率。对文化成果而言，就是促进其在更广范围内的传播。且市场交易本质是私主体之间的权益交换，明确权益归属是进行市场交换的充要条件，因此明确权益归属才可以顺利推进文化成果的交易，繁荣文化产业。伴随着文化成果的交易，文化成果不仅实现了经济价值，也实现了传播思想的精神价值。

最后，交易规则为文化成果权益的流转提供了规则框架。根据马克思主义理论，商品具有使用价值和交换价值。对于文化成果来说，不传播就不能实现其价值。文化成果的使用价值是通过人们的感知、认识和理解实现的，这对创作者来说没有意义，因为文化成果在为"胸中之竹"而非"纸上之竹"之时，创作者本人就已经拥有这些知识。创作者之所以选择通过一定的物质载体将其展现出来，是为了利用它进行市场交易，以获取自己所需之物。因此，文化成果只有在进入市场后才能实现其价值，且随着感知它、理解它的人的数量的增加而增加。

然而，随着交通、信息等技术的发展，现代社会不限于熟人之间的交往，更多的是陌生人之间的交往，这使得道德规制无法有效发挥作用，若缺乏完善的交易规则来保障交易利益的实现，人们会因担心无法实现交易利益而规避交易。《民法典》根据交易活动的经验积累，在尊重意思自治的基础之上制定出了较为公平、有效的交易规则，合理分配了交易主体之间的风险，为民事主体的交易活动提供了预期，降低了交易成本，促进交易活动的产生，间接促进文化成果的传播和利用效率。例如，《民法典》基于人们在交易过程中对公平、效率形成的许多共识，为民事主体预先提供选择性规则、默示规则，有效降低了人们合同缔结以及合同解释成本。民法遵循意思自治原则的同时，也注重对公平的维护，由于人们的法律水平并未同步提高，且基于各种原因，

---

〔1〕　李锡鹤：《民法哲学论稿》（第二版），复旦大学出版社 2009 年版，第 10 页。

人们在交易中的地位并不平等，为缩小事实上的意思自治与法律认定的意思自治之间的差距，《民法典》规定了一些强制性规范，有效维护了市场交易的公平，增强人们参与市场经济活动的信心。《民法典》通过总结人们的交往模式，不断完善市场交易规则，提高市场交易的效率与公平，能够促进文化成果的交易，以带动文化成果的传播。

（二）与文化成果权益相关的侵权认定与责任承担

侵权规则主要有两个功能——填平侵权损失和预防侵害。如果法律仅规定财产利益的归属和交易规则，而没有提供保护，任何规则就将都是苍白无力的。正是因为有了侵权规则，有了损害赔偿制度，不仅使他人无法通过不法行为获得利益，而且使被侵害之人可以得到相应的赔偿，民事主体才有了保护自己权益的武器，法律才有了威慑性，人们才有了遵守法律的自觉性。

一方面，侵权规则可以阻止民事主体利用文化成果侵害他人利益，规范文化市场秩序。涉及文化成果侵权的案件主要是著作权侵权，但随着信息技术的发展，在文化成果中利用他人人格要素进行创作的方式层出不穷，涉嫌侵犯他人人格权。在最高人民法院发布的"'AI 陪伴'软件侵害人格权"典型案例中，为了使 AI（人工智能）角色拟人化，被告为 AI 角色提供了"调教"算法机制，即用户上传各类文字、原告肖像图片、表情包等互动语料，经被告处理后用于 AI 角色与用户的对话中。法院认为，用户在该软件中使用原告的姓名、肖像创设虚拟人物，制作互动素材的行为，属于对包含了原告肖像、姓名的整体人格形象的使用。同时，用户设定与该 AI 角色的身份关系、设定任意相互称谓、通过制作语料素材"调教"角色，从而形成与原告真实互动的体验的行为也侵犯了自然人的人格自由和人格尊严，最终判决被告向原告赔礼道歉、赔偿损失。[1]还有未经许可利用算法模拟他人声音制作 AI 歌手、未经许可在游戏中使用他人影视剧台词等。要求侵权人对此进行损害赔偿，使其无法从创作行为中获得经济利益，可以在一定程度上防止侵权行为的发生。

另一方面，侵权规则也可以阻止文化成果权益人的权益被他人侵犯。文化成果不会受到物理性损坏，侵犯文化成果权益人的权益的形式主要是未经

---

[1]《最高人民法院发布民法典颁布后人格权司法保护典型民事案例》，载 https://www.china-court.org/article/detail/2022/04/id/6625746.shtml，最后访问日期：2024 年 5 月 21 日。

许可而复制、传播文化成果。当文化成果权益人的权益受到损害的时候，文化成果权益人可以依据侵权规则进行维权，并获得相应的赔偿。具体来说，《民法典》规定的网络服务提供者责任承担是与侵犯文化成果权益密切相关的一类特殊侵权规则。第 53 次《中国互联网络发展状况统计报告》显示，截至 2023 年 12 月，我国网民规模为 10.92 亿人，互联网普及率达 77.5%，短视频用户规模达 10.53 亿人，网络直播用户规模达 8.16 亿人。[1]互联网改变了人们传播、消费文化成果的习惯。然而，互联网上侵犯他人著作权内容的行为泛滥，12426 版权监测中心发布的《2022 年网络版权监测保护报告》指出，2022 年，依托人工智能及大数据等技术全网监测，全年累计监测 888.67 万件作品，疑似侵权 4225.11 万条链接，受权利人委托进行投诉，成功阻断侵权链接 1102.86 万条。[2]如果仅由各个权利人向网络用户维权，不仅效率低下，而且由于视听作品具有时效性，其盈利的最佳时期是首播期、热映期，若不及时下架全部侵权内容，相关权利人对视听作品的投资将难以收到回报。加之在流量经济、注意力经济时代，网络服务提供者正是利用网友上传的内容吸引其他用户，以此获益，只获益却无需履行任何义务，不符合权利义务对等原则。因此，在制止侵权行为的过程中要求网络服务提供者履行一定的义务既是必要的，也是合理的。但适用此规则的时候也要注意通知人、被通知人、网络服务提供者之间利益平衡的动态性，三者之间的利益关系随着技术的发展而不断变化。如云盘、小程序等新型网络服务形式的出现，引发了网络服务提供者类型以及外延的争论；算法技术的发展激发了必要措施外延的争论。整体上应以促进文化产业发展为目标，合理保护著作权人利益，降低侵害社会公众言论自由的风险。

（三）《民法典》具体规则与其他文化成果权益调整规则的适用关系

调整文化成果权益的法律主要是《民法典》与《著作权法》《商标法》等知识产权法，因此本部分以《民法典》与知识产权法的关系为视角。知识产权是私权，是民法的组成部分；但是知识产权法又有其特性，导致很多规

---

〔1〕《第 53 次〈中国互联网络发展状况统计报告〉》，载 https://www.cnnic.net.cn/n4/2024/0322/c88-10964.html，最后访问日期：2024 年 5 月 21 日。

〔2〕《〈2022 年网络版权监测保护报告〉——12426 版权监测中心》，载 https://mp.weixin.qq.com/s/IbF6Xo8iSwf0V4o2xLsedw，2023 年 11 月 24 日发布。12426 版权监测中心为用户提供全网络、全平台及 7×24 小时 IP 版权大数据监测，为权利人提供存证确权、监测，取证维权等一站式服务。

则和《民法典》中的类似规则不一致。所以适用知识产权法时需要民法视野，更需要保持其个性，而其个性更多源于公共政策性，并以此与其他民事权利保护相界分。[1]

就《民法典》与《著作权法》的关系而言，一方面《著作权法》是《民法典》的一部分，《民法典》对《著作权法》未予以规定的内容起到补充作用。如《著作权法》未规定权利不得滥用原则，司法实践中出现著作权权利滥用案件，法院可依据《民法典》的规范予以裁判。在虎牙公司与华纳公司确认不侵害著作权及不正当竞争纠纷案[2]中，华纳公司是涉案音乐作品的著作权人，其以虎牙直播平台上部分内容侵犯其著作权为由，多次向苹果公司发出侵权投诉，要求其下架整个虎牙直播平台应用程序。法院认为，华纳公司持续向苹果公司投诉并坚持要求下架涉案应用程序的行为属于权利滥用。因上传虎牙直播平台的视频数量日均过万，华纳公司取证的 215 条侵权视频占平台内容比例极小，在其他平台用户上传的海量视频并未侵犯华纳公司的权利的情况下，其要求下架整个涉案应用程序既会损害其他平台用户的合法权益，也会使虎牙公司承担与其过错不相一致的责任。最终，法院依据《民法典》第 132 条 "权利不得滥用条款"[3]裁定华纳公司的投诉行为具有一定的不当性，应当予以制止。另一方面，《著作权法》的最终目的是 "促进社会主义文化和科学事业的发展与繁荣"，作品的多样性、优质化是实现这一目的的前提。因此，激励理论作为《著作权法》的正当性基础，相较于其他以 "天赋人权" 为正当性基础的民事权利来说，凸显了《著作权法》的特性。这也为《著作权法》中服务于激励创新的规则提供了正当性基础，如为了提高更多人的文化素养以促进大众创新而对权利作出时间限制、内容限制。对此，《民法典》应尊重《著作权法》的目的，在调整作品这类文化成果的权益时，优先适用《著作权法》的具体规则。

---

〔1〕 参见孔祥俊：《〈民法典〉与知识产权法的适用关系》，载《知识产权》2021 年第 1 期，第 3 页。

〔2〕 广州互联网法院（2021）粤 0192 民初 21482 号民事裁定书。

〔3〕 《民法典》第 132 条："民事主体不得滥用民事权利损害国家利益、社会公共利益或者他人合法权益。"

第三节　《著作权法》对文化成果权益的调整

一、著作权法原理对文化成果权益调整的理论指导

"不同语境下人们对文化权利的内涵与范围的认识虽然是一个见仁见智的问题，但文学、艺术与科学领域都是文化权利绕不开的主要内容和核心阵地。"[1]当文化成果的表现形式是作品时，文化成果权益当然受到《著作权法》的调整。著作权法律制度是文化艺术创作领域及大众传媒领域里最主要的法律，它不仅要对文化创作活动及创作成果进行系统的规制，还要对创作成果的使用及市场进行完整的规范。[2]著作权法和文化法的目标都是促进文化多样性发展，因此，著作权法和文化法的诸多理念不谋而合。

（一）激励理论

激励理论指通过授予作品的创作者一定时期对其作品垄断使用的权利，激励更多作品的产生。著作权法自诞生以来就旨在激励创新，被普遍认为是世界上第一部版权法的是《安妮法》，其全称为《为鼓励知识创作授予作者及购买者就其已印刷成册的图书在一定时期内之权利的法令》（An Act for the Encouragement of Learning, by Vesting the Copies of Printed Books in the Authors or Purchasers of such Copies, during the Times Therein Mentioned），通过其名称就可以看出，其立法目的之一即是鼓励创作。

激励理论作为著作权法正当性理论基础之一，也面临许多质疑，如李琛教授指出，天性推动的创造不能满足社会的需求，所以需要制度刺激予以补充。但这一解释是很难证明的。我们难以证明社会到底需多少创造，以及天性推动的创造是否足够。[3]但是，为文化成果权益人提供权益保护的确在客观上繁荣了文化市场，因为财产是人们生活的物质保障，即使人们有创造的天性，若缺乏财产来源，失去了物质保障，也难以坚持创作。著作权法将作品纳入财产范畴，赋予著作权人经济权益，不仅为人们的创作天性提供物

---

〔1〕　杨利华：《从应然权利到实然权利：文化权利的著作权法保障机制研究》，载《比较法研究》2021年第4期，第133页。

〔2〕　参见何敏：《知识产权法总论》，上海人民出版社2011年版，第64页。

〔3〕　李琛：《知识产权法基本功能之重解》，载《知识产权》2014年第7期，第4页。

质基础，也激发了更多"天性以外"的创作。

理论指导规则的运行，在适用、理解我国《著作权法》具体规则时，应以能够激励作者创作的解释为标准。尤其是法官适用开放性规则决定是否将未被法律明确规定的客体或行为纳入著作权法保护范围时，应考虑在现行法律体系以及市场运作规律下，此种行为是否还需要著作权法的激励。既防止将社会共有领域的文化资源纳入私权范畴，也防止过度保护引发的国家行政、司法等资源的浪费。

（二）人格理论

著作权法正当性的另一理论是人格权理论，即作品是人的人格的延伸，因此应受到保护。黑格尔指出，艺术作品乃是把外界材料制成描绘思想的形式，这种形式是那样一种物：它完全表现作者个人的独特性。[1]这为保护文化成果的原真性提供了理论依据，因此许多国家对著作权人提供基于作品产生的人格利益的保护，我国《著作权法》规定了署名权、修改权、保护作品完整权和发表权这四项著作人格权。

但随着生成式人工智能技术的发展，人格理论对著作权法的效用式微。这一理论的主要价值在于平衡了作品改编权和保护作品完整权之间的利益关系。作品的创作大多是站在巨人的肩膀之上，但改编作品是丰富文化成果多样性的重要途径，但改编人在改编作品时应注意保持原作品本真，不能过度损害作者原本想要传达的思想。但是在某些情况下，对作品内容进行大幅度删减是必要的，如将文学作品改编为视听作品，为了通过审核，改编时不得不对原作品内容进行大幅度修改，此时著作权人不能在授予他人改编权后，又以保护作品完整权为由提起侵权诉讼。这种行为不仅有违市场诚信，还会增加文学作品改编权交易的风险，提高交易成本，不利于文化产业链的延伸。依据人格权理论，对作者提供人格权保护是因为作品表达的内容和其人格息息相关，即读者可以通过作品传递的思想判断作者的人格，如此，只要文化产品消费者没有因改编后的作品改变对作者的看法，就不应该认为改编行为侵害了作者的保护作品完整权。

（三）利益平衡理论

利益平衡是在一定的利益格局和体系下出现的利益体系相对和平共处、

---

〔1〕［德］黑格尔：《法哲学原理》，范扬、张企泰译，商务印书馆 1961 年版，第 76 页。

相对均势的状态。[1]《著作权法》主要平衡著作权人和社会公众之间的利益。一方面赋予作者一定时期内垄断作品使用行为的权利，使其通过市场交易收回投资成本以及获得盈利；另一方面通过限制著作权人的权利，降低公众接触作品以获得知识的成本，保护公众参与文化活动的自由。总之，理解、适用《著作权法》应注意平衡著作权人和社会公众之间的利益。

从世界上第一部著作权法《安妮法》颁布以来，各个国家各个时代的著作权法都旨在平衡著作权人利益和社会公众利益，以激发作品创作为目的为著作权人提供有限保护。我国《著作权法》也在第 1 条规定了它的双重目标，即保护著作权人的利益和促进在一般的社会公众利益基础之上更广泛的公共利益。

从作品的创作过程来看，著作权法应关注公共利益。作品的创作大多是站在巨人肩膀上，在一定的意义上是社会智力积累的延续和发展，每一项成果的诞生都包含了无数人的脑力劳动。[2]在他人创作基础上完成的创作，在获得一定程度保护之后，也应进入公有领域成为他人创作的基础。否则，文化成果的创作会被少数人垄断，不利于实现文化成果多样性发展的目标。

从人权角度看，著作权法应同时关切权利人利益和社会公众利益。人权是人之为人的基本权利，是人有尊严地存活于世间的基本权利。《世界人权宣言》第 27 条和《经济、社会及文化权利国际公约》第 15 条第 1 款提出了与知识产权有关的三项人权：①参加社会文化生活的权利；②享受科学进步及其产生的福利的权利；③对自己的创造成果享有法律保护的权利。人权理论一方面要求著作权法既保护著作权人权益，使著作权人能够通过自己行使或者许可他人行使作品获得经济利益，以维持自己的基本生活；另一方面要求著作权法关切社会公众权益，不得阻碍社会公众文化权利的实现。人是社会性动物，需要与他人交往，并得到他人的尊重，这需要人具备思想和一定的表达能力。而作品是传递思想、丰富人们的精神生活、提高人的文化素养的基本形式。因此著作权法必须为社会公众接触作品留有一定空间。

著作权法的利益平衡原则，一方面通过保护著作权人的权利来激励作品

---

〔1〕　参见冯晓青：《知识产权法利益平衡理论》，中国政法大学出版社 2006 年版，第 11 页。

〔2〕　冯晓青：《对知识产权理论几个问题的探讨》，载《吉首大学学报（社会科学版）》2004 年第 3 期，第 107 页。

的创作，另一方面通过限制著作权人的权利，降低了作品传播的成本，为社会公众接触丰富的知识提供了便利，提升了社会公众的文学修养，在全社会形成了以作品创作、传播、再创作组成的全流程的可持续性发展。

二、著作权法规则对文化成果权益调整的方案设计

作品是文化成果的主要表现形式，著作权法是分配作品上的市场利益的主要法律规范。本部分将分析著作权法规范调整文化成果权益的逻辑，并对我国《著作权法》具体规则的适用予以解析。

（一）激励文化成果的创作与传播的赋权规则

"天下熙熙，皆为利来；天下攘攘，皆为利往。"文化成果上的权利归属唯有得到明确与保障，才能令权利人对创作文化成果获得经济利益有所预期，拥有创作作品的动力；著作权人只有在作品传播后才可以获得经济利益，且经济利益的大小往往和作品的传播范围成正比，这为著作权人传播作品提供了动力。

《著作权法》为文化成果提供财产性保护，知识产权制度蕴含鼓励和保障知识创新及传播的价值追求，其内核在于效率价值，这一价值的首要原则在于建构确保知识产权权利人专有权的产权制度。[1]我国《著作权法》为文化成果的创作者以及传播者都提供了周延性的保护，2020 年修正的《著作权法》对作品类型以及权利类型新增了开放性兜底条款，有效缓解了技术的快速发展对法律滞后性的冲击，为权利人提供了更加周延的保护。在侵权责任部分，2020 年修正的《著作权法》将法定赔偿数额的上限从 50 万元提高到 500 万元，并增加了惩罚性赔偿制度，对著作权人提供了更强力度的保护，并在一定程度上可以预防著作权侵权，增强了著作权人参与文化市场的信心和动力。《著作权法》也为邻接权人提供了一定的保护，邻接权人指表演者、录音录像制作者、广播电台、电视台、出版者，他们丰富了作品传播的样态和渠道，对他们提供保护能够促进作品的传播。

著作权法中任意性规则旨在促进作品的传播。依据规则对人们行为规定和限定的范围和程度不同，民法规则分为强制性规则和任意性规则。任意性规则虽不对民事主体有强制性作用，但在民事主体未对自己的权益作出明确、

---

〔1〕 参见冯晓青：《知识产权制度的效率之维》，载《现代法学》2022 年第 4 期，第 171 页。

周延的安排时，法律规则中的任意性规则就发挥作用，补全民事主体间的合意缝隙。任意性规则多从社会交往规则中发展而来，且经过立法工作人员的反复衡量，能够有效实现法律的目的。《著作权法》旨在促进作品的创造和传播，因此《著作权法》中的任意性规范能够最大限度促进作品的传播。第一，《著作权法》规定仅在转让、出质等改变或可能改变合作作品权利归属的情况下，才要求合作作者对相关交易达成一致意见，这不仅有效降低了因个别作者的原因而使作品无法传播的概率，也减轻了交易对方查明某一作品是否为合作作品的注意义务，降低了交易成本。第二，《著作权法》规定若作者未在生前明示不予发表，则继承人可以对作品进行发表。为作品的发表扫清障碍。第三，《著作权法》规定在未约定的情况下，视听作品的权利归属于制片人。由于视听作品本质上属于合作作品，其中含有音乐作品、美术作品、文字作品等，若要获得所有著作权人的同意，会极大提高交易成本，而将权利归属于某一特定主体，则简化了交易过程。

《著作权法》为著作权人提供著作人格权保护。我国《著作权法》规定了署名权、发表权、修改权、保护作品完整权四项人格权。署名权保证了作者和作品之间的联系，使得作者能够通过作品逐渐或者迅速获得一定的知名度，又使其作品的知名度和价值随着作者知名度的提升而提升，两者相辅相成，良性循环，这敦促作者不断提高自己的创作水平，为社会提供更加优质的作品。发表权使得作者可以决定作品如何、何时、何地进行发表，通过选择最有利于作品传播的节点发表，充分挖掘作品的价值，从而获得最大效益。关于修改权和保护作品完整权的内涵和关系，学界仍存在争议，本书对此不多作阐释。总而言之，两者授予著作权人禁止他人对自己的作品进行改编的权利，以防止扭曲作者想要传递的思想，损害作者声誉，并影响作者其他作品的经济价值。对于保护作品完整权和改编权之间的关系，前文已经作出阐释，此处不予赘述。

（二）确保文化资源社会存量的权利限制规则

随着网络技术的迅速发展，目前作品主要通过网络技术传播，著作权也逐渐被具有较大影响力的网络平台掌握，出于自身利益，这些平台往往要求为著作权提供更加强有力的保护。相较于普通民众，他们拥有更加专业的法律团队和更加雄厚的资金支持，更容易取得有利于己方的著作权保护力度不足的证据，也更有能力影响法律修订，再加上发达国家出于自身利益不断要求各个国家提高对著作权的保护水平，著作权的保护范围从制定以来一直处于不断扩张的状态，这意味着公众自由接触作品的空间被不断压缩。但是作品的创作不应该被少数人垄断，《著作权法》应尽力激发所有人的创作意图，实现万众创新。对此，必须降低公众接触作品的成本以提高自身文化素养，使其有能力将心中所想表达出来。"知识产权法的基本功能是分配基于符号表达产生的市场利益，"[1]在适用著作权法分配符号利益的时候，应避免对权利人过度保护，不需要保证权利人将所有正外部性内部化，保护程度只需满足激励的最低限度即可。

对此，著作权法提供了保障公众接触作品的机制。第一，著作权法并非将所有文化成果都认定为作品，只有具有独创性的文化成果才构成作品。独创性指作品是由作者独立创作，作品的完成是作者自己的选择、取舍、安排、设计、综合描述的结果，既不是依已有的形式复制而来，也不是依既定的程式或程序推演而来。[2]这为禁止某些不符合作品要求的文化成果逃离公有领域提供了依据。第二，著作权法保护秉持"思想—表达"二分法，即仅保护表达而不保护思想，丰富了思想的表达形式，促进了思想的交流。第三，著作权法规定了权利的限制，包括权利保护期限的限制、权能的限制、合理使用、法定许可制度，这都为公众提供了更多接触作品、改编作品的机会，有利于提高公众的文化素养，不仅倒逼作者顺应时代潮流的发展创作更高质量的作品，也使得更多主体有能力创作作品，间接促进了作品的创作。

另外，侵权认定以及损害赔偿规范也为平衡著作权人和公众的利益提供了空间。虽然学者们提出了"'思想—表达'二分法""剥离法""情景原则"等一系列辅助手段，但这都无法将独创性的判断客观化，每一案件中作品独创性的判断和法官的主观思想密切相关。这就使得司法实践对哪些文化成果可以作为作品进行保护持不同看法，如同人作品、节目模式、游戏规则、古籍整理校对成果等是否以及在何种程度上受到保护，还存在较大争议。著作权侵权"实质性相似"这一认定规则亦如此，双重不确定性造就了侵权认定的自由裁量空间。司法实践要充分利用这一自由裁量空间，把握好利益平衡限度，兼顾著作权人和社会公众利益，避免将不符合作品要求的文化成果纳

---

〔1〕 李琛：《知识产权法基本功能之重解》，载《知识产权》2014 年第 7 期，第 3 页。

〔2〕 参见刘春田主编：《知识产权法》（第五版），高等教育出版社 2015 年版，第 56 页。

入作品范畴。

文化的创新大多是在现有文化基础之上的创新，是站在巨人的肩膀之上的创新，利用既有文化成果可以与历史对话、融合历史与现在以及未来，使得创新的链条延绵不断。反之，则不仅可能减缓文化创新的速度，甚至可能延缓人类社会文明进程。

（三）促进文化成果创作与传播的权利行使规则

著作权集体管理组织是代表著作权人授予著作权许可以及维护合法权益的组织，其具有降低交易成本、"润滑"交易的市场功能。[1]2021年，中国音乐著作权协会收取著作权许可使用费到账金额4.42亿元人民币（签约金额则已经超过5亿元）；同时，中国音乐著作权协会实现向广大会员等国内外音乐著作权人分配使用费4.69亿元。[2]这表明著作权集体管理组织有力地促进了作品传播。

首先，著作权集体管理组织为被许可人和著作权人搭建了交易的桥梁。著作权集体管理组织可以代表著作权人行使著作权或者与著作权有关的权利，一方面，这使得被许可人不必要和每位著作权人进行权利许可的谈判，在一定程度上抵消了市场失灵的影响，便利了被许可人获得作品使用许可，这尤其为音乐平台、KTV以及生成式人工智能等需要批量获得许可的文化产业的发展降低了交易成本。另一方面，这也将很多会员从烦琐的授权工作、晦涩的法律条文和复杂的合同条款中解脱出来，使其专注于作品的创作。

其次，著作权集体管理组织除了可以代表著作权人向他人发布著作权许可，降低谈判成本，维护著作权人权益，还可以以自己的名义为著作权人和与著作权有关的权利人主张权利以及参加权利的诉讼、仲裁、调解活动。2014年成立的北京知识产权法院截止到2021年，受理的涉及著作权集体管理组织的案件共242件。[3]著作权侵权屡禁不止，著作权集体管理组织帮助著作权人进行社会监督，并采取维权措施，既降低了著作权人的维权成本，也

---

〔1〕　向波：《著作权集体管理组织：市场功能、角色安排与定价问题》，载《知识产权》2018年第7期，第68页。

〔2〕　刘平：《中国音乐著作权协会：搭建平衡各方权益的枢纽桥梁》，载《中国新闻出版广电报》2022年1月13日，第6、7版。

〔3〕　李志峰：《新著作权法框架下集体管理组织的机遇与挑战——以司法实践为视角》，"新形势下的著作权集体管理组织面临的新问题和新挑战"论坛，北京，2022年1月16日。

在更大程度上保证著作权人能够基于作品获得经济利益，促进文化市场规范有序运行。

（四）确保文化投资变现的权利保护规则

习近平总书记指出："着力推动文化事业和文化产业繁荣发展"。国家统计局发布的《2022年全国文化及相关产业发展情况报告》显示，我国文化及相关产业规模持续扩大、文化产业资产总量保持增长、文化产业投资额继续增加。文化投资能够按照投资人的预期变现是促进文化事业和文化产业繁荣发展的前提。但是，侵权行为的存在可能扰乱文化投资的正常变现轨迹，为减小投资人的担忧，《著作权法》规定了权利保护规则，最大限度保护文化投资人的利益。

首先，我国《著作权法》不仅保护著作权人的利益，还保护作品传播者即邻接权人的利益。这些依赖经济性、组织性和技术性投入的信息产品，其生产成本和技术难度上已经达到了一定的高度，并非普通的团体和个人可以企及，特定主体的"非创作性投入"具有了不可轻易替代的价值，该主体也具有了主张利益回报的正当性。[1]作品只有被传播才可以为人所感知，因此文化产业的繁荣离不开传播者的协助。保护邻接权的正当性在于传播者通过投资丰富了作品的传播形式，促进了作品的传播。

其次，我国《著作权法》为著作权人利用技术措施保障作品收益提供了依据。以使用技术措施的目的为划分标准，技术措施可被分为"接触控制措施"和"版权保护措施"，前者类似于上了锁的房门，需要用钥匙打开，后者用于阻止未经许可实施受专有权利控制的行为。[2]防止接触类保护措施不会压缩合理使用制度的有效空间，是对传播者传播利益的正当性保护。因为无论是对已过著作权保护期的作品的清晰度进行修复，还是利用服务器等储存文化成果都需要资本支出。以规避环节为划分标准，我国《著作权法》规定的技术措施可分为禁止直接规避和禁止间接规避，禁止直接规避指"任何组织或者个人不得故意避开或者破坏技术措施"；禁止间接规避指"不得以避开或者破坏技术措施为目的制造、进口或者向公众提供有关装置或者部件，不

---

〔1〕参见王国柱：《邻接权客体判断标准论》，载《法律科学（西北政法大学学报）》2018年第5期，第170页。

〔2〕参见王迁：《立法修改视角下的技术措施保护范围》，载《中外法学》2022年第3期，第644页。

得故意为他人避开或者破坏技术措施提供技术服务"。这为著作权人提供了更为周延的保护。

最后，我国《著作权法》在侵权责任部分规定了举证责任倒置规则。《著作权法》第59条第1款规定："复制品的出版者、制作者不能证明其出版、制作有合法授权的，复制品的发行者或者视听作品、计算机软件、录音录像制品的复制品的出租者不能证明其发行、出租的复制品有合法来源的，应当承担法律责任。"举证责任的分配是法律规定哪一方承担事实真伪不明的风险的制度，一般是"谁主张谁举证"，《著作权法》规定特定情形下的举证责任倒置，减轻了著作权人的举证责任，为著作权人维权提供了便利。

第四节　文化成果权益的其他法律调整

一、《商标法》对文化成果权益的调整

商标是一种符号，索绪尔把符号看作能指和所指的结合，能指一般具有稳定性，所指会因使用环境的不同而被赋予不同的含义。北京知识产权法院在"小蹄大作"商标案中指出，标志既是一种商业符号，也是一种文化符号，并认为由汉字构成或者以汉字作为主要识别部分的标志，应具有促进我国文化建设发展的作用。因此，为了保护我国文化的传承，应对某些符号的商标性使用进行限制。

（一）防止他人将文化成果抢注为商标

商标建立了商品和销售者之间的联系，具有识别功能、品质保证功能以及广告功能。商标注册须具有显著性，且商标识别性的高低和商标价值的高低基本呈正相关，这使得许多商家抢注市场上的一些热门词汇，其中就包括商品角色名称、非物质文化遗产、作品名称等。在2007—2021年，共有1644件非物质文化遗产领域知识产权民事侵权纠纷，商标侵权纠纷占据了1446件。[1]北京知识产权法院在2021年发布的《保护文化产业创新 规制商标恶意注册——北京知产法院关于涉作品名称及角色名称在先权益保护商标案件的调研报告》中指出，2019年1月至2021年3月，北京知识产权法院受理的

---

〔1〕 杨林平、李倩：《商标来献力 非遗"闹"起来》，载 http://www.nipso.cn/onewsn.asp? id=53 317，最后访问日期：2024年5月21日。

商标行政案件中，当事人主张适用《商标法》第 32 条对作品名称及角色名称给予在先权益保护的案件有 101 件，占比约为 0.3%，该院认定诉争商标构成侵害权利人在先权益的案件有 48 件，占比约为 48%。这些抢注行为不仅损害了文化成果权益主体的利益，还破坏了商标注册机制，给商标行政部门带来了巨大的审查压力，造成行政资源的浪费。《商标法》通过规定宣告此类注册行为无效的机制，在一定程度上保护了相关权益主体的利益。

（二）防止文化成果在商标上的不当利用

商标由符号构成，商标在使用过程中，会渐渐被赋予一些新的文化意义，如许多广告在指明商标之前会有一段广告词，美的集团的全新品牌口号"智慧生活可以更美的"，既是对"原来生活可以更美的"品牌理念的升级，也是数字化、物联网时代对"美的生活"的全新诠释，[1]人们通过这一口号就可以初步了解美的这一品牌的文化。但是，某些符号自身已经承载了一定的文化，具有一定的象征意义，若对其予以改变，可能损害我国优秀传统文化的传播。

近年来，将历史名人的姓名抢注为商标的行为盛行，李白、王羲之、汉高祖、王阳明、周瑜、曹操等均已在不同领域被注册成为商标，而且有些注册不仅与历史人物的形象不符，甚至损害了历史名人的声誉，如在猪饲料、农药领域注册"屈原"商标。历史名人是国家和民族的文化遗产，商家利用其知名度和人们的猎奇心理，能够获得一定的商业利益，但这种对历史文化的娱乐化利用，会使人们漠视历史名人承载的精神，对我国文化产生消极、负面的影响。我国《商标审查审理指南》针对不当利用商标对我国经济、文化、民族、宗教、社会易产生消极、负面影响，损害社会公共利益，扰乱公共秩序列举了一些情形，如对文字、成语的不当利用、对历史名人名字的利用、对庙宇名称的利用等。《商标法》通过规定不对此类商标予以注册，从源头上阻断了此危害后果的产生。

但是，商标行政机关在适用上述审查标准时，不应过分严格，影响他人的言论自由，造成寒蝉效应。商标行政机构或者法院频繁以成语或者汉字的不规范使用将对我国语言文字的正确理解和认识起到消极作用，特别是容易误导青少年对规范汉字的认知，扰乱汉语规范使用秩序和文化公共秩序，对

---

〔1〕《美的品牌口号升级：智慧生活可以更美的》，载 https://www.midea.com.cn/About-Us/news/news-2021-02-02，最后访问日期：2024 年 5 月 21 日。

我国教育文化事业产生负面影响，不利于我国语言历史文化的传承及国家文化建设的发展，对我国文化等社会公共利益和公共秩序产生消极、负面的影响为由，以"不良影响"条款为裁判依据，裁判商标无效或者驳回部分商标申请，这样的审查标准不仅造成了创造自由和文字规范之间的冲突以及文化传承和公众表达自由之间的冲突，而且造成商标领域和其他领域判断标准不一的现象，比如脱口秀里很多谐音梗，正是利用文字的读法相同或者近似而进行的一种创作形式，对此，不仅国家不予以禁止，社会公众也喜闻乐见。而且现实情况是，对文字的谐音利用促进了中华文化发展，如将两个柿子形状的产品作为礼物相送，象征"事事如意"。这些不仅没有对我国的文化造成恶劣影响，甚至体现了人们的创造性思维，体现了中华文化的多姿多彩。

（三）利用集体商标保护集体文化成果

一些文化成果，尤其是传统文化成果是由某一地区的人们共同创作的，这些文化成果的特性和此区域的地理、人文环境等因素息息相关，此时，应利用集体商标进行保护。2017 年《中国传统工艺振兴计划》提出，支持有条件的地方注册地理标志证明商标或集体商标，培育有民族特色的传统工艺知名品牌。对一些区域性的文化，应对其进行地理标志保护，既防止被区域内某一主体垄断，也防止其他非区域内的民事主体恶意使用造成混淆，损害区域文化的美誉度。《商标审查审理指南》以"巴城羊绒"为例，说明了利用集体商标进行注册的必要性，其指出，有充分证据表明，经过各从业者多年的宣传使用，"巴城羊绒"在当地已形成较高影响力，代表着整个巴城地区羊绒产品的品质和商业信誉，是巴城镇近年来着力打造的重点产业和区域性特色品牌。申请人虽位于巴城镇，但该标志为一家独占有失公允，易对社会公共利益产生损害，进而产生不良影响。因此，利用集体商标进行保护，将商标利益归属于形成此文化成果的集体，也可以提升区域内成员保护文化成果的责任感，从而对文化成果形成更有力的保护。

（四）通过禁止商标侵权保护文化产业

有些文化产业市场主体已经通过良好的经营形成了自己的文化品牌，如我国的"同仁堂"、美国的迪士尼、漫威，英国广播公司（BBC），这些品牌本身就是其创造的文化产品的有力宣传。我国也逐渐重视商标的宣传功能，注重打造文化品牌。《国家发展改革委等部门关于新时代推进品牌建设的指导意见》指出，要丰富品牌文化内涵。积极推动中华文化元素融入中国品牌，深度挖掘中华老字号文化、非物质文化遗产、节庆文化精髓，彰显中国品牌文化特色。推进地域文化融入品牌建设，弘扬地域生态、自然地理、民族文化等特质。从"奉旨旅行"行李牌、"朕就是这样汉子"折扇等文创产品，到《我在故宫修文物》《国家宝藏》《上新了·故宫》等节目的热播，再到故宫口红等产品的热销，故宫文创频频"出圈"，故宫等商标一时引起他人的关注。近年来，故宫博物院通过运用商标异议手段，成功阻止多起已经通过初步审定的近似商标注册，有效维护了自身合法权益。[1]

商标的基本功能是帮助消费者识别商品来源，一方面，优质商品有助于打造知名商标；另一方面，知名商标的商誉也能够反过来促进商标下产品的销售，从而形成商品和商标之间相辅相成、共同进步的局面。然而，如允许他人使用相同或近似商标，不仅会使商标权人无法对自己的投资收回相应回报，还会失去对商品质量的控制，损害商标的商品质量保证功能，影响消费者对商标的印象，降低商标的价值，最终影响商标下文化产品的创造与传播。因此，保护商标能够保障文化市场有序竞争，推动文化产业繁荣发展。

二、《反不正当竞争法》对文化成果权益的调整

（一）《反不正当竞争法》一般条款对文化成果权益的调整

《反不正当竞争法》第 2 条[2]是对未被法律明确列举的市场上的不正当竞争行为的兜底性规定。和社会的快速发展相比，成文法总是具有滞后性，利用一般条款解决新情况、新问题不失为一种方法。

《反不正当竞争法》一般条款可以保护知名文化商品的流量利益。近年来，流量经济或者注意力经济已经成为企业营利的一种模式，蹭他人流量可以节约大笔宣传费用。为了规避商标侵权，有些主体并不直接利用他人相同或近似商标，而是通过将他人商标或者知名产品的名称设置为自己网页搜索关键词来提高自己网页的曝光度，某些情况下损害了正常的市场竞争机制。

---

〔1〕 范朝慧：《故宫博物院加强文博知识产权保护工作》，载《中国旅游报》2022 年 4 月 21 日，第 2 版。

〔2〕《反不正当竞争法》第 2 条："经营者在生产经营活动中，应当遵循自愿、平等、公平、诚信的原则，遵守法律和商业道德。本法所称的不正当竞争行为，是指经营者在生产经营活动中，违反本法规定，扰乱市场竞争秩序，损害其他经营者或者消费者的合法权益的行为。本法所称的经营者，是指从事商品生产、经营或者提供服务（以下所称商品包括服务）的自然人、法人和非法人组织。"

由于这种行为未造成商标混淆，商标权人无法依据商标侵权条款进行维权。《反不正当竞争法》第2条的兜底性条款此时就可以发挥作用。如在"烛龙公司诉虎牙公司与北京百度网讯科技有限公司不正当竞争纠纷案"中，原告的"古剑奇谭"系列游戏及品牌具有较高的知名度，被告将与涉案商标文字相同或近似的"古剑奇谭OL"设置为关键词进行推广，使其运行的游戏直播网站因这一人为干预在搜索结果的较靠前位置被展示。一审法院认为，虎牙公司的行为实质上利用了烛龙公司"古剑奇谭"系列游戏在相关公众中的影响力，通过设置相关推广关键词，分流部分"古剑奇谭"游戏的潜在客户，在增加自身交易机会的同时，抢占本属于烛龙公司的市场交易机会和市场份额，最终实现"损人利己"的效果，故有悖于诚实信用原则和公认的商业道德，依据《反不正当竞争法》第2条，构成不正当竞争。[1]

（二）禁止混淆规则对文化成果权益的调整

《反不正当竞争法》第6条规定了经营者不得实施混淆行为，引人误认为是他人商品或者与他人存在特定联系。此条款和《商标法》的关系在此不予阐述。但是无论如何，这一条款为文化成果提供了外延更宽泛、形式更多样的商业标志保护。消费者通过商业标志识别商品来源是现代市场的交易模式，并根据购物体验形成对商业标志下的商品的印象，以此决定以后是否再次对此商业标志的产品进行消费。维护商业标志和特定商品之间的特定联系，有力确保了文化成果权益人对文化成果品质的把控，维护了文化成果的声誉。

（三）特定文化成果的商业秘密权益调整

我国许多传统文化成果是以商业秘密的形式进行保护的，如景德镇的瓷器工艺、贵州茅台酒的配方、安徽宣纸的制造技术、中医药。[2]利用商业秘密对特定文化成果进行保护主要基于以下几点理由：首先，对某些文化成果

---

〔1〕　见《将涉案商标设置为关键词进行网站推广构成不正当竞争案一审判决书》，载 https://www.ciplawyer.cn/html/cpwxfbz/20230522/150459.html？prid=308，最后访问日期：2024年5月21日。

〔2〕　《传统工艺美术保护条例》第17条："制作传统工艺美术产品的企业应当建立、健全传统工艺美术技艺的保护或者保密制度，切实加强对传统工艺美术技艺的管理。从事传统工艺美术产品制作的人员，应当遵守国家有关法律、法规的规定，不得泄露在制作传统工艺美术产品过程中知悉的技术秘密和其他商业秘密。"《中医药法》第43条："国家建立中医药传统知识保护数据库、保护名录和保护制度。中医药传统知识持有人对其持有的中医药传统知识享有传承使用的权利，对他人获取、利用其持有的中医药传统知识享有知情同意和利益分享等权利。国家对经依法认定属于国家秘密的传统中药处方组成和生产工艺实行特殊保护。"

是否可以作为作品和技术受到著作权和专利权等保护在国内以及国际上均存有争议，而司法主权是有地域性的，即使我国提供了保护，其他国家不一定会对其进行保护，如此就会造成我国文化资产流失。其次，以商业秘密形式保护不需要公开。有些文化成果中的技术一旦公开，就可能被其他主体迅速模仿，甚至申请专利，降低我国对文化成果的垄断程度，影响我国对相关文化成果的利用。如对处于公开状态的药方，国外药企在此基础上利用先进工艺生产所谓的"汉方药""韩药"抢占国际市场，而中医药发源地的本土药企却受困于发达国家制定的中药标准。另外，若他国主体在使用我国文化成果时不对其来源加以说明，会弱化相关文化成果与我国之间的联系。

（四）虚假宣传等条款对"控评""刷流量"等行为的规制

网络影评、实时弹幕、播放量等信息的公开化，为消费者及时选出优质文化产品带来了便利。然而，为了抢占市场，雇佣"网络水军"控评、刷分、播放量造假也成为很多新影视剧上映前的"标配三件套"。网络水军在本质上是一种目标明确的公关代理，手段是"舆论制造和引导机器"，[1]其以量取胜，以商业利益为导向，而不以事实为依据，[2]通过对己方文化产品刷大量虚假性好评，或通过给其他经营主体的文化产品刷大量虚假性恶评来获得市场利益。这扰乱了正常的市场竞争秩序，将文化产品间"以质取胜"的竞争规则转变为"以'网络水军'能力"取胜的竞争规则，使得文化成果质量和评价信息不符甚至相悖，损害了文化产品消费者的利益，影响优质作品的传播，属于不正当竞争行为。虚假宣传条款为制止此种行为提供了法律依据。

三、有待明确的其他文化成果权益调整规则

首先，科技进步使得文化成果的创作和传播形式都发生了巨大变化，给现有法律的适用带来了难题。尤其是人工智能的发展，生成式人工智能技术通过机器自动合成文本、语音、图像、视频等正在推动互联网数字内容生产

---

〔1〕 参见陈昌凤：《商业性网络水军的全链条治理》，载《人民论坛》2019 年第 32 期，第 120 页。

〔2〕 参见吴鼎铭：《量化社会与数字劳动：网络水军的政治经济学分析》，载《现代传播（中国传媒大学学报）》2019 年第 5 期，第 47 页。

的变革。听、说、读、写等能力的有机结合成为未来发展趋势。[1]文化成果的创作逐渐由人类中心主义向机器中心主义转变，且人类对其最终生成的文化成果不具有掌控性。

随之而来的问题是，生成式人工智能生成物的性质是什么？利用他人作品对人工智能进行训练，属于合理使用还是侵权行为？若生成式人工智能生成物侵犯他人权益，该由哪一主体承担侵权责任？适用何种侵权规则？承担责任的形式是什么？如何调和产业发展和侵权规则的适用之间的关系？生成式人工智能创作效率极高，是否需要制定一套与以人创作为前提制定的著作权规则并列的就人工智能生成物的保护规则？美国版权局在 2021 年《通向天堂之近路》绘画登记案中，明确版权法只保护基于人类心智的创作能力而产生的智力劳动成果，并在 2023 年漫画作品《黎明的曙光》案中重申了此原则。而国内不同法院对生成式人工智能生成物是否可作为作品受到著作权法保护持不同观点。北京互联网法院在其审理的"北京菲林律师事务所诉北京百度网讯科技有限公司侵害署名权、保护作品完整权、信息网络传播权纠纷案"中指出，自然人创作完成仍应是著作权领域文字作品的必要条件，因此软件研发者和使用者均不应成为涉计算机软件智能生成内容的新作者，该内容亦不构成作品。虽然计算机软件智能生成内容不构成作品，但并非意味着公众可以自由使用。[2]广东省深圳市南山区人民法院在其审理的"深圳市腾讯计算机系统有限公司诉上海盈讯科技有限公司侵害著作权及不正当竞争纠纷案"中认定，人工智能生成的文章构成作品；其在判决书中指出，原告主创团队在数据输入、触发条件设定、模板和语料风格的取舍上的安排与选择，属于与涉案文章的特定表现形式之间具有直接联系的智力活动，涉案文章表现形式并非唯一，具有一定的独创性。[3]北京互联网法院在 2023 年审理的人工智能生成图片案中认为，人工智能生成图片是否体现作者个性化表达而具有独创性应个案认定，这与用户设置提示词和参数的详细程度有关，提示词和参数越详细独特，生成物越具有独创性。[4]由此可以看出，国内、国际上对上述问题的意见不一。本章主要论述了作品这一文化成果权益的保护，但

---

〔1〕　中国信息通信研究院：《人工智能白皮书（2022）》，第 10 页。

〔2〕　北京互联网法院（2018）京 0491 民初 239 号民事判决书。

〔3〕　广东省深圳市南山区人民法院（2019）粤 0305 民初 14010 号民事判决书。

〔4〕　北京互联网法院（2023）京 0491 民初 11279 号民事判决书。

是标题用的是"文化成果"而未使用"作品"这一概念，主要原因也在于利用新技术"创作"的"内容"是否为作品尚缺乏明确。

另外，对民间文学艺术作品的保护形式也应尽早确定。《著作权法》第6条规定："民间文学艺术作品的著作权保护办法由国务院另行规定。"但是自国家版权局2014年发布《民间文学艺术作品著作权保护条例（征求意见稿）》以来，未有更进一步的进展。习近平总书记提出："着力赓续中华文脉、推动中华优秀传统文化创造性转化和创新性发展。"要求在保持中华优秀传统文化精神的前提下，促进相关文化成果的传播。这需要明确民间艺术成果的保护形式，使得他人预判改编民间文学艺术作品的后果，而不必担心承担预期外的责任，以活跃民间文学艺术的交易市场。

在国家颁布与民间文学艺术作品的保护有关的法律规范以前，对于民间文学艺术作品的改编作品的认定，要求不宜过高，可以适当降低"独创性"认定的标准，这样可以使得民间文学艺术作品的发源地人民通过改编中华优秀传统文化获得经济利益。习近平总书记指出："只有全面深入了解中华文明的历史，才能更有效地推动中华优秀传统文化创造性转化、创新性发展，更有力地推进中国特色社会主义文化建设，建设中华民族现代文明。"民间文艺发源地的人们总体上是最了解本地文化的人，激励其进行改编可以有效地保留原汁原味的中华文明。同时，要严格保护民间文学艺术作品的完整性，防止他人篡改中华优秀传统文化的内涵及所传递的价值观，从而影响中国故事的传播与中国形象的塑造。

本章小结

社会的进步与发展帮助人们解决了温饱问题，随之而来的是人们对文化的需求不断增加，文化产业以破竹之势迅猛发展，愈发影响一国经济发展与国际竞争力。对此，我国应坚持和完善社会主义基本经济制度，以完善产权制度和要素市场化配置为重点，建设高标准市场体系，实现产权有效激励、要素自由流动、价格反应灵活、竞争公平有序、企业优胜劣汰等目标。这对文化成果权益调整法提出了新的要求：第一，要求其通过赋予文化成果财产性质，使社会公众可以通过创作和传播文化成果获得经济利益，回应创作者的自我实现与自我发展需求；第二，要求其为文化成果的市场交易提供法治保障，以规范文化成果经营主体的行为，降低市场运行成本；第三，要求其在调整文化成果的市场利益的同时，兼顾文化成果的经济属性和社会属性。

文化成果兼具经济属性和社会属性的特点，使其既构成经济基础的要素，又成为上层建筑的重要组成部分。对此，法律在调整文化成果权益之上的利益的时候，既要尊重文化市场的运行规律，也要考虑文化成果对社会公众提升自身素养、参与社会发展的重要作用，为社会留有足够的"好处"。在事前权益分配阶段、事中权益交易阶段、事后权益保护阶段，平衡好文化成果权益人和社会公众的利益，以能激励文化成果创新为保护限度，以促进文化成果传播为指向，以促进社会主义文化和科学事业的发展与繁荣为根本。

在当前经济社会高速发展、科学技术日新月异的新时代环境下，文化成果的创作方式和传播模式都发生了巨大改变。肇始于人之主体能动性而制定的文化成果权益调整法在应对这些新情况、新特点时，是通过法解释论在现行文化成果权益调整法的框架下予以解决，还是通过立法论依据文化成果新的创作和传播特点创设新的规则，可能仍然需要进一步观察，根据产业运行模式，综合考量技术产业的发展、文化成果权益调整法的正当性、社会公共利益以及我国在文化产业国际竞争中的地位，选择合适的路径。

第三章

文化产业促进法

　　随着文化成果权益调整法治体系的完善、社会公众文化自信的提升，中国文化在国际上的传播力、影响力不断增大，我国文化产业稳步发展。但一方面，我国五千年文明造就的丰富的文化资源未得到充分挖掘和利用，创造性转化和创新性发展程度不够，文化产业存在文化产品和服务结构不平衡、高质量文化产品和文化服务不足的问题；另一方面，新时代的文化产品借助高新科技进行内容与形式的创新，以智力创造成果为附加价值，具有高度的经济属性，有助于文化创新发展。在新兴传播技术的加持下，文化产业正以更加强大的意识形态影响力、价值附加力、产业融合力深刻影响着国家的综合发展水平，而文化产品创造、传播技术的研发所需资金之数额大大提高了企业进入门槛，这引发了市场失灵。对此，应发挥政府优势，集中力量加快文化产品制作、传播技术的研发，打通制约经济循环的关键堵点，健全文化产业链条，让文化供给引导文化需求，促进高质量文化产品的制作与传播，提升国家精神文明建设水平。文化产业促进法正是回答"新时代的文化产业促进什么、如何促进"的法律，合理安置它的定位、完善文化产业促进法体系能够有效推动文化产业的全方面、高质量繁荣发展。

第一节　文化产业促进法概论

　　我国的文化产业促进法的相关研究已历十年有余，但由于对一些基本问题存在分歧，至今仍然处于立法探索阶段。为了回答文化产业在社会主义现代经济、文化建设中的自身定位，在此基础上解决"文化产业何以法治、又以何法治"的根本问题,需要结合文化产业的自身属性与立法目的,明确文化产业促进法的功能定位,对诸多基础问题进行分析,厘清文化产业促进法"成法"的法理逻辑,借鉴政策经验与域外立法实践,以此为文化产业促进法提供制度建议。

一、文化产业与文化产业促进法

(一)文化产业及其属性

一般认为,"文化产业"这一概念最早出现在波兰学者霍克海姆和阿多诺的《启蒙辩证法》一书中,该书率先将"文化"与"产业或工业"相结合来理解,并揭示了文化产业的独特形态:与传统工业相比,文化产业以人的智力创造成果及其相关产物作为产品进行工业化制造与传播。尽管阿多诺在法兰克福学派的社会批判理论视角下认为,将"文化"商品化、大众化使文化创作失去了其个性和自由的特征,但并不能否认"文化"作为生产要素参与工业化的"生产",为文明的传播提供了极大便利。[1]

1. 文化产业之内涵、外延

世界范围内各国、各组织对"文化产业"的命名不尽相同,但内涵十分相似。联合国教科文组织使用"文化产业"(cultural industries)这一用语,[2] 我国台湾地区称其为"文化创意产业",[3] 世界知识产权组织以及美国则将文化相关产业直接称为"版权产业"(copyright industries),[4] 另有国家或地区使用"内容产业(content industries)""文化娱乐产业(culture-leisure industries)""信息文化产业(information culture industries)"等用语,但都是指向以文化和创意内容为中心进行生产、传播的智力密集型产业。2000年,中共十五届五中全会通过《中共中央关于制定国民经济和社会发展第十个五年计划的建议》,首次提到"文化产业"这一概念。而后,我国《文化产业发展第十个五年计划纲要》指出,"本纲要所称文化产业,是指文化部门所管理

---

[1] [美]大卫·赫斯蒙德夫:《文化产业》,张菲娜译,中国人民大学出版社2007年版,第1~13页。

[2] 定义其为"生产艺术创作产品的活动且具有经济价值的产业",包括广告、建筑、手工艺、家居设计、时装、电影、视频以及其他视听产品、平面设计、教育娱乐软件、直播或录制音乐等。

[3] 我国台湾地区"文化创意产业发展法"将其界定为源自创意或文化积累,透过智慧财产之形成及运用,具有创造财富之潜力的相关文化内容产业。

[4] 认为其与版权法紧密相关,即与直接或间接创作版权产品的产业有关的产业。

和指导的从事文化产品生产和提供文化服务的经营性行业"。[1]从其"发展文化产业的基本方针"部分可以看出，纲要既明确"文化产业"以市场为导向的"经营"性质，也要求其发展服从文化部门的管理和指导，具有鲜明的社会主义特色。经过长期的发展和治理实践后，我国对文化产业的认识逐渐完善，党的十八届四中全会决定明确提出要制定"文化产业促进法"，并于2019年发布《文化产业促进法（草案征求意见稿）》。《文化产业促进法（草案送审稿）》规定，文化产业是"以文化为核心内容而进行的创作、生产、传播、展示文化产品和提供文化服务的经营性活动，以及为实现上述经营性活动所需的文化辅助生产和中介服务、文化装备生产和文化消费终端生产等活动的集合。"

草案送审稿对文化产业的定义已较为完备，但还可以继续完善。首先，这一定义既可以描述某一文化行业，也可以描述整体文化产业，而产业与行业不同，产业是多个内容、形态相似的行业互相联系形成的一种更宏观意义上的业态。其次，这些经营性活动的"集合"并非散乱的集合，而应当是同一类经营活动集合形成的一定规模的行业，再与其他行业联系、互动，进而形成产业态势。即草案送审稿这种列举式界定法将融合于同一文化业态的各部分割裂开来，欠缺事物间相互联系的思维。本书以文化产业整体特点为依据，运用系统思维，综合现有观点以及"产业"之于行业的不同，将文化产业定义为"由各个围绕文化内容的创造、传播、利用作为生产经营内容的行业，以及为其提供物质资料、辅助服务的行业相互联系所组成的业态总称"。

此外，无论是统计经济数据还是确定相关法律、政策的调整范围，首先要明确的是哪些产业属于"文化产业"，哪些社会关系可能被纳入文化产业促进法的调整范围。因此，作为文化产业促进法中的"文化产业"还需要清晰明确的外延界定。各国在界定哪些产业属于"文化产业"时存在几种不同的方式：一是采用"领域"与"行为""排列组合"的方式对具体文化产业进行界定，如欧盟将文化产业领域分为七个门类、[2]六种行为，[3]只要领域和

---

[1] 主要包括文艺演出业、影视业、音像业、文化娱乐业、文化旅游业、艺术培训业和艺术品业等。

[2] 包括艺术文化遗产、档案、图书馆、新闻出版、视觉艺术、表演艺术、音像媒体。

[3] 即保存、创造、生产、传播、销售、教育。

行为的组合对应到其中一组即属于文化产业范围；二是采用层级式标准对文化产业进行分层，如美国将版权产业分为核心版权产业、部分涉及型版权产业、边缘化版权产业、交叉型版权产业；[1]三是列举以及概括式列举相关文化产业。为了避免过于开放或过于具体而丧失立法严谨性、稳定性，我国《文化产业促进法（草案送审稿）》仍采用了传统法律常用的概括列举的方式。[2]

值得注意的是，我国国家统计局早已对文化及相关产业进行过分类，如国家统计局《文化及相关产业分类（2018）》借鉴了分层式分类方法，将文化产业分为"文化核心领域"和"文化相关领域"。但有学者提出，统计数据以及指导政策所采纳的分类标准并非完全适合于立法，因为其中一些产业仅属于文化产业大类下的产值贡献来源，但其本身太过边缘化而不适于单独受到文化产业促进政策的支持，或其本身具有公共或公益性质，需要另外讨论。[3]因此，立法对文化产业的定义既不宜过宽也不宜过窄，必须考虑文化相关领域与文化核心领域之间联系的紧密性。首先，从文化生产活动规律来看，文化创作与传播、利用之分工虽然越发细致明确，但其有机联系也更加紧密，上下游往往利益相关、互相影响，如电影产业促进法即按照产业领域的逻辑统摄整个电影生产传播环节，以兼顾到大多数具有竞争与合作关系的产业主体；其次，被产业促进法固定下来的分类标准作为经济领域的指导性规范，应留有适应未来产业变革的空间，处理好法律与政策之间的关系，给予政府部门、地方政府落实产业促进措施的一定的调整空间，做到"张弛有度"。总而言之，作为调整文化产业促进关系的文化产业促进法，应当充分尊重文化产业的种属区分，把握好产业形态所反映的内在经济规律，以方便文化产业促进法基本法及专门法的体系设置。

---

[1] 核心版权产业即创造、传播作品相关；部分涉及型版权产业即产品的部分涉及版权保护；边缘化版权产业则是指作为前述产业产品的传播媒介、渠道的运输、通信和销售产业；交叉型版权产业则是指用于前述产业之便利的产业如电脑制造销售业等。

[2] 第2条："【调整范围】本法所称文化产业，是指以文化为核心内容而进行的创作、生产、传播、展示文化产品和提供文化服务的经营性活动，以及为实现上述经营性活动所需的文化辅助生产和中介服务、文化装备生产和文化消费终端生产等活动的集合。前款所称经营性活动的类别包含内容创作生产、创意设计、资讯信息服务、文化传播渠道、文化投资运营、文化娱乐休闲等。"

[3] 郭玉军主编：《文化产业促进法》，武汉大学出版社2022年版，第10页。

2. 文化产业的属性

在我国，文化产业这一概念最早是在 20 世纪 80 年代，伴随"三产"的发展而产生的。从马克思主义的生产观、文化观来看，可以认为传统产业侧重于制造、销售生产资料和生活资料，属于物质生产，文化产业则侧重于生产文化、精神产品，属于与"物质生产"相对应的"精神生产"范畴。有学者从精神生产的角度定义文化产业，认为文化产业本质上是"以人类劳动力为基础的精神生产力发展的形态"。[1]总之，强大的文化产业是文化得以繁荣的重要条件之一，文化产业的发达程度是经济与文化融合程度的具体反映，同时也是衡量经济发展水平的重要标志。文化产业兼具文化（或社会）和经济双重属性。

其一，文化产业相较于其他产业的一个突出特性就是其产品具有"文化价值"，因而具有社会属性。贾斯丁·奥康纳（Justin O'Connor）认为，文化产业必须是那些以经营"符号性"商品为主要内容的产业，商品或服务的价值来源于其背后的文化价值，[2]有学者强调其意识形态属性。[3]可以看出，文化产品并非仅有表面的消遣、娱乐之用途，文化产品之多寡、内容之先进与否，都影响着人民对文化产品的精神需求，甚至影响着社会整体意识形态，文化产业对社会精神文明建设的深远影响是显而易见的。

其二，文化产业能够推动经济发展，因此具有经济属性。以文化产品的创造、传播、销售为产业内容的文化产业，已越发成为一个国家经济发展的重要支柱。由于文化产品具有无形性，其更容易凭借现代技术进行生产、流通，加之人们对文化需求日益增加，文化市场迅速发展壮大，文化及相关产业规模也持续扩大。随着国家文化数字化战略的深入实施，以数字化、网络化、智能化为主要特征的文化新业态行业快速发展，并反向促进高新科技的融合创新，带动了相关上下游行业的发展。2022 年，我国文化及相关产业增加值占 GDP（国内生产总值）比重为 4.46%，全国文化产业营业收入 165 502 亿元，文化产业已成为推动我国社会主义现代化建设高质量发展的重要支撑。

---

〔1〕 谢名家等：《文化产业的时代审视》，人民出版社 2002 年版，第 4 页。

〔2〕 Justin O'Connor, "The Definition of the 'Cultural Industries'", *The European Journal of Arts Education*, 2000, pp. 15-27.

〔3〕 李友根、肖冰：《论文化产业的法律调整》，载顾江主编：《文化产业研究》（第 1 辑），南京大学出版社 2006 年版，第 257—279 页。

（二）文化产业促进法概述

党的十八届四中全会决定明确提出要制定文化产业促进法，要把行之有效的文化经济政策法定化，以健全促进社会效益和经济效益有机统一的制度规范，既明确了文化产业促进法的内涵，也锚定了文化产业促进法在文化法领域中的独特地位。

1. 文化产业促进法的含义与性质

（1）文化产业促进法的含义

文化产业促进法，是促进文化产业发展的法律法规体系，要给文化产业促进法下定义，首先要回答的问题是：什么是本法主张的促进行为以及应依据何种路径促进文化产业？

《〈中华人民共和国文化产业促进法（草案送审稿）〉起草说明》[1]突出强调文化产业促进法的制定是为了解决产业发展中的困难，把行之有效的文化经济政策法定化。文化产业促进法仅解决文化产业发展困难之处，而不干涉能够正常发展之处，即指明是文化市场失灵催生了文化产业促进法，与文化成果权益调整法共同促进文化产业发展。具体来说，通过法律或政策措施激励文化产品的产生、传播、利用的路径有两种：一是私法路径，通过赋予智力成果创作者、传播者以作品上的排他性权利，激励其创作、传播作品；二是公法路径，政府通过实施一定奖助行为，如予以符合条件的主体一定的资金扶助、政策优惠、技术支持等，引导主体的行为选择。私法路径是普遍的、完全遵循市场要素的，具有一定的盲目性，[2]存在市场失灵；公法路径针对市场失灵，直接对符合要求的行为予以奖励，更加具有针对性。文化产业促进法直接调节的并非私主体的创作、传播行为，也并非直接代替促进政策向符合条件的主体给予一定利益，而是通过调整实施促进措施的政府主体的行为，在既保证政策之长远性、稳定性、公平性的基础上，最大程度发挥产业政策之灵活针对性，实现促进措施的激励功能，进而构建起文化产业促进法所期望的社会秩序。

至此，文化产业促进法可以被理解为"调整政府等有责任的'促进主体'

---

〔1〕　司法部：《〈中华人民共和国文化产业促进法（草案送审稿）〉起草说明》，2019年12月13日发布。

〔2〕　当然，知识产权法并非对一切文化产品予以保护，如对作品独创性的要求意味着也存在一定程度上的内容要求，但仍然是"形式"创新为主，较少关注作品之思想深度、价值观念。

在实施文化产业促进行为过程中产生的社会关系的法律规范总和",主要规定有关机关应该采取何种行为、何种方式履行促进职能,以促进产业发展。

(2)文化产业促进法的性质

就文化产业促进法的性质而言,其属于赋能法学、公法。首先,文化产业促进法属于赋能法学。学者廖义铭曾经提出要区分传统"裁判法学"与新兴"赋能法学",裁判法学指作为行为规范以及裁判准则的法律,赋能法学则相当重视当事人具有充分之诱因与能力,以就法律上之互动作双方之协商与调适。[1] 显然,文化产业促进法的主要内容并非为文化产业领域主体行为设定基本的行为规范,当前的重要目标也并非旨在使促进行为成为可诉行政行为,而是充分重视促进政策对文化经营主体的引导、激励,诱导其实施能产生国家所需要的效果的行为,因此是赋能法学。

其次,文化产业促进法属于公法。公法和私法最本质的区别在于调整的是否为平等主体之间的关系。文化产业促进法调整的是政府和民事主体之间基于文化产业促进而产生的法律关系,政府在此过程中并非作为民事主体,而是行政主体,文化产业促进法旨在把行之有效的文化产业政策法定化,仅有公权力主体是政策的实施者,有权力且有义务制定和实施具体的促进措施来促进文化产业发展。因此,文化产业促进法调整政府促进文化产业发展的行为,文化产业促进行为的作用对象才是文化产业行为,而文化产业行为是文化产业促进法调整对象的作用对象,产业主体的日常行为、公众的市场行为以及政府一般管理行为都不是产业促进行为,并非本法的直接调整重点对象。[2] 所以文化产业促进法属于公法。

2. 文化产业促进法的理论基础

(1)具有领域法色彩的"文化经济法"

如前文所述,领域法范式是为了弥补部门法范式的不足,主张以解决特定领域的问题为导向,运用多元手段,调整某一领域的各类社会关系。文化产业促进法是主要调整、吸纳文化经济政策来促进文化产业发展的法律,是以如何促进文化产业繁荣这一问题为导向的法律,其调整对象、调整方式具

---

〔1〕 参见纪振清主编:《产业发展与法治兴革论坛 2014》,台北论证出版有限公司 2016 年版。

〔2〕 贾旭东、宋晓玲:《论文化产业促进法的调整对象》,载《山东大学学报(哲学社会科学版)》2021 年第 2 期,第 56—64 页。

有多元性、复杂性，因此在立法建构上需要吸收领域法范式。

领域法范式的落实模式为"问题界定—规范提炼—调整适用"。[1]采取坚持问题导向的领域法范式，文化产业促进法首先需将文化产业的使命任务以及发展过程中遇到的现实问题法律化，并进行"理论抽象和拔高"。[2]文化产业的问题来源主要有两方面：一是贯彻落实党和人民的精神，将其转化为文化产业促进领域的"价值目标"并确定更具体层面的功能需求、任务目标；二是结合文化治理经验、产业实践经验以及有关组织经验，归纳现实问题后提出解决方法并进行改进完善。其次是对文化产业促进规范进行提炼，即确定统摄错综复杂的现实的连接点，也即确定文化产业促进法的落脚点，主要有两个：一是微观层面具体文化产品的高质量供给问题；二是宏观层面文化产业及其辅助产业的良好业态问题。其中文化产品的质与量是所要解决的根本问题，产业结构、产业综合效益则是解决该根本问题的重要着力点。最后则是调整适用，即在任务目标指导和启示下，基于现实问题探索法学领域的应对方式，如探讨应当运用何种法律工具进行设置，如何协调文化政策工具与经济政策工具，如何设置调整对象、调整方法，如何处理与其他法律的关系以及如何进行条文设计等。

（2）文化法中的"产业法逻辑"

在确定文化法应遵循的"产业法逻辑"时，需要从产业政策与产业政策法的关系、文化产业政策与文化产业促进法的关系两层来把握。

首先，从产业政策与产业政策法的关系来把握。以经济学视角来看，产业政策指"国家或政府为了实现某种经济和社会目的，以全产业为直接对象，通过对产业的保护、扶植、调整和完善，积极或消极参与某个产业或企业的生产、营业、交易活动，以及直接或间接干预商品、服务、金融等的市场形成和市场机制的政策的总称。"[3]产业政策法与产业政策具有天然的紧密联

---

〔1〕　刘剑文、胡翔：《"领域法"范式适用：方法提炼与思维模式》，载《法学论坛》2018年第4期，第78—86页。简单而言即首先将某一现实问题所涉的问题领域进行总结，将这些跨领域的要素进行提炼，确立"连接点"，进而整合其规范集合，最终运用系统思维进行分析、调整并最终确定法律设计，该模式具有一定可借鉴之处。

〔2〕　参见侯卓：《"领域法学"范式：理论拓补与路径探明》，载《政法论丛》2017年第1期，第92页。

〔3〕　中国社会科学院工业经济研究所、日本总合研究所编辑：《现代日本经济事典》，中国社会科学出版社、日本总研出版股份公司1982年版，第192页。

系，因为其制定机关、目标与调整手段具有一定的相似性。有学者认为产业领域的政策与政策立法在一定程度上是"内容与形式的关系，二者可以融为一体"，[1]或者认为"产业政策本质上是一种具有'组织规则'特质的软法规范"，[2]但也有学者认为，基于产业政策灵活易变的特点以及法的规范性、强制性，二者或许不可等同而言。[3]

在经济发展新常态以及全面推进依法治国的大背景下，为产业运行与发展提供法治保障是推进国家治理体系和治理能力现代化的应有之义。针对性的产业政策作为宏观调控手段的一部分，也应当被纳入法治体系，将产业政策合理地纳入法律规范或纳入法律调整范围，解决政策制定实施过程中可能的专权、腐败等问题。[4]与此同时，也要警惕法律与政策的相互替代，[5]造成二者缺点被共同放大的危害。

将行之有效的经济政策法律化，文化产业促进法应该遵从产业法逻辑。一方面，将符合法属性的规范从产业政策中剥离，将长远产业政策构建为产业法，并予以完善；另一方面，文化产业促进法本身就是对文化产业促进政策之制定主体、内容、实施进行调整的法律，应在充分尊重政策灵活性的基础上为文化产业促进政策提供规范指引。

其次，从文化产业政策与文化产业促进法的关系来把握。尽管文化产业政策和文化产业促进法的目标都包含促进文化产业的繁荣，但是两者的规范逻辑并不完全相同。结合现有的文化和旅游部《"十四五"文化产业发展规划》《电影产业促进法》，参考《电子商务法》《国务院办公厅关于加快发展体育产业的指导意见》等，大体可以将文化产业促进法与文化产业政策划分为四部分，下文将对两者在四部分中的不同之处予以阐释：第一部分，文化产业促进法通常将其命名为"总则"，主要规定指导和补充后续条文的原则性条款；文化产业政策则直接写明其基本方针、主要目标和重点任务，往往更多是精神阐释、背景介绍。第二部分，文化产业促进法通常具体规定该法的

〔1〕 董进宇主编：《宏观调控法学》，吉林大学出版社 1999 年版，第 212 页。

〔2〕 黄茂钦：《论产业发展的软法之治》，载《法商研究》2016 年第 5 期，第 76 页。

〔3〕 陶信平主编：《文化产业法概论》，中国人民大学出版社 2016 年版，第 7 页。

〔4〕 要避免政策陷入个人权威决策的泥潭，应当进行产业政策法治化，参见曹书、陈婉玲：《产业法之政策法源考——基于产业政策与产业法的关联性分析》，载《辽宁大学学报（哲学社会科学版）》2019 年第 2 期，第 106—117 页。

〔5〕 即"有法律，依法律，但还得适合政策"，或者地方立法的"政策化倾向"。

重点要素、环节，如《电影产业促进法》第二、三章关于电影创作、发行等要素、环节的规定，《电子商务法》关于电子商务经营者、电子商务合同订立、争议解决等要素、环节的规定；文化产业政策则往往在这一部分直接点明产业的重点发展任务，如《"十四五"文化产业发展规划》中的第二章到第八章、《新能源汽车产业发展规划（2021—2035 年）》中的第三章到第七章等。[1]第三部分，文化产业促进法往往是促进措施的分类列举，点明相关机关的具体职权；文化产业政策则规定"保障措施"。应当注意到，在这一部分，《电影产业促进法》使用的是"促进法"这一用语，2018 年《电子商务法》用了"促进"[2]这一表述，但 2021 年的政策文件都仍使用"保障措施"[3]一词，其中暗含着文化产业政策与文化产业促进法的些许不同，促进型立法是站在更高的位阶上统合本领域促进措施的法律规范，文化产业政策的制定、实施也应当在文化产业促进法的规范调整之下。第四部分是文化产业促进法不能缺失的法律责任部分，在文化产业政策中则鲜有规定。综上所述，文化产业促进法的文本逻辑一般是"总则—要素及环节—促进措施—法律责任"的完整法律规范体系结构，而文化产业政策则是"精神阐释—重点任务—保障资源"式的行政职责实施结构。2019 年文化产业促进法的草案送审稿采用了法律规范典型篇章布局，在整体结构上具有产业促进法逻辑上的合理性。

但是，制定文化产业促进法绝非替代或限制文化产业促进政策，文化产业促进法的定位既在于作为促进主体的行为规则与行动指南，也在于作为文化产业政策的法律依据。文化产业促进法与促进主体制定、实施产业促进政策之间是相互补充、相互完善的关系。

（3）促进型立法之理念

一般认为，促进型立法就是以促进或推动某种社会秩序的形成为主要目的，以引导、鼓励、倡导、奖励性手段调整相关社会关系的法律。与促进型立法相对应的两个概念是"设范型立法""管理型立法"，与两者相比，促进

---

〔1〕《新能源汽车产业发展规划（2021—2035 年）》，国办发〔2020〕39 号，国务院办公厅 2020 年 10 月 20 日发布。

〔2〕《电子商务法》第五章。

〔3〕《"十四五"文化产业发展规划》，文旅产业发〔2021〕42 号，2021 年 5 月 6 日发布，第九章"保障措施"。

型立法具有"前瞻性、引导性、公共性",[1]因其往往是对尚未形成但有需要形成的社会关系进行的规划性调整，如提供公共产品、发展新兴技术、调节收入分配等，通过正向的激励促使"理性经济人"的最优选择与某一社会公益目标相契合，以实现公共福祉。

促进型法律的一个非常重要的理论基础是法律具有激励功能。广义上法的激励功能的实现路径十分广泛，包括赞许、奖励规则，也包括教化、认同规则，甚至包括挫折激励规则等，[2]但本书所讨论的激励功能仅指狭义的激励，即单纯的赞许、奖励等直接正向激励。现代法经济学认可经济分析中的"理性经济人"假设，[3]并将其作为法经济学分析的基础，认为法律或制度保证下，"经济人"追求利益最大化的自由行动可以有效促进社会整体经济效率与利益。正如制度经济学将制度视为对组织经济效率最重要的因素，一些学者认为，法律的激励功能也遵循相似的原理——通过权利义务规则的配置，"内部化个人行为的外部成本"，以诱导个人选择利益最大化的行为，从而构建起制度所希望的社会关系，进而调整社会整体秩序。[4]文化产业促进法正是通过"设定奖励条件—激发企业动机—予以奖励—进一步促进产业发展"实现对奖励条件中包含的、希望产业主体实施的目标行为的促进，以及对产业主体的优惠待遇。通过这种正向激励，规范引导产业主体的行为选择，以构建制度设计所期望的社会秩序。

促进型立法理念与我国转变政府职能的大政方针相契合。有学者指出，"国家治理"是一种理念和人类政治发展趋向，是现代国家所特有的，其基础就是扬弃国家"统治"和国家"管理"理念。[5]政府职能转变是在国家治理现代化的整体制度构建中的一个子命题，强调由全能型政府向服务型政府的转

---

〔1〕 洪银兴、刘建平主编：《公共经济学导论》，经济科学出版社 2003 年版，第 78 页。

〔2〕 参见付子堂：《法律的行为激励功能论析》，载《法律科学（西北政法学院学报）》1999 年第 6 期，第 21—28 页。

〔3〕 关于法经济学，参见 [美] 罗伯特·考特、托马斯·尤伦：《法和经济学》（第六版），史晋川、董雪兵等译，格致出版社、上海三联书店、上海人民出版社 2012 年版，第 13 页。

〔4〕 参见刘水林、雷兴虎：《论经济法的社会经济功能》，载《法学评论》2004 年第 2 期，第 36—42 页。

〔5〕 参见何增科：《怎么理解国家治理及其现代化》，载《时事报告》2014 年第 1 期，第 20—21 页。

变，由社会"多主体共同规范权力运行及维护社会公共秩序"。[1]我国"推进国家治理体系和治理能力现代化"的改革目标反映出加强人民民主、优化政府职责、多元社会治理等理念。在此背景下，促进型立法强调的是政府强化其作为促进主体的"促进"，也即"激励"职能，引导、规范被促进主体的行为选择，从而构建起理想的社会秩序和市场秩序。其中，政府不再是"主管、主办"者，而是法治环境下的引导者、服务者。具体而言，文化促进政策与调控这些文化政策的目标在于保障人民群众获取高质量文化产品，政府在此制度设计下充分发挥引导、服务职能，引导高质量创作风向、抑制盲目逐利和市场垄断、扶持萌芽产业等，充分推动文化产业的繁荣与和谐。

3. 文化产业促进法的宗旨与原则

（1）立法宗旨

一部法律的宗旨体现着立法的终极目标和条文构建的最高追求。《文化产业促进法（草案送审稿）》第1条阐述了文化产业促进法的立法目的：促进文化产业健康持续发展、满足人民向往美好生活的精神文化需求、建设社会主义文化强国。这一立法宗旨紧紧把握文化产业社会属性与经济属性两大属性，使其发挥应有的价值。

（2）文化产业促进法独有的立法原则

除要兼顾文化法的综合立法原则以及产业政策法的逻辑外，为了更好协调文化产业的社会效益与经济效益，还应当遵循以下原则：

首先，应遵循社会效益优先、兼顾经济效益原则。提升综合效益是文化产业促进法最直接的目标。文化产业具有经济、文化双重性质，发达的文化产业既能带动经济发展，促进产业融合，又可以产出大量文化产品，满足人民群众精神文明的需要，从该角度来看，文化产业两方面的效益目标并无冲突矛盾之处。对于持"自由主义"观点的学者而言，无论是文化之产业，还是文化之产品，都应尽量予以最大的自由，充分发挥市场之配置功能和人民群众创作百花齐放的文化产品的潜力，过度的对文化产业的经济调控以及对文化产品的审查都会阻碍其双重效益的实现。但是，一方面，并非所有能够带来巨大经济效益的文化产业都能产出高质量的文化产品，过于放纵文化产

---

[1] 参见薛澜、李宇环：《走向国家治理现代化的政府职能转变：系统思维与改革取向》，载《政治学研究》2014年第5期，第62页。

业无序发展反而会有文娱环境乱象丛生的危险。现代文化产业以其发达的信息传播能力影响着社会整体意识形态，且随着文化产业规模的扩张，这种影响的速度越来越快、程度越来越深。另一方面，一些更符合社会主义核心价值观、更能满足人民文化需要的文化产品尚待发掘或在文化产业中占比较小、起步困难，短期内难以带来值得市场投资青睐的发展预期，因而亟需政府帮助扶持。因此，尽管多数情况下文化产业的经济效益与社会效益可以协同并举，相互促进，但文化产业以追求更高利润、无限扩张为最终目的，其与社会利益并不具有最终目标上的一致性，这就需要制度在二者发生冲突之时作出利益衡量和价值判断。

习近平总书记强调，"要坚持把社会效益放在首位，牢牢把握正确导向，守正创新，大力弘扬和培育社会主义核心价值观，努力实现社会效益和经济效益有机统一，确保文化产业持续健康发展。"这提纲挈领地指示文化产业促进法要协调二者关系。把社会效益放在首位，是对文化产业促进法宗旨目标的回归，具体而言就是将"为人民群众提供高质量文化产品和文化服务"始终作为文化产业促进法所要解决的首要问题，满足人民群众不断增长的精神文明需要，满足多元文化发展和文化强国建设的需要。在经济效益与社会效益发生冲突时，需要以社会效益为优先，绝不能只顾经济效益规模而忽视文化的社会效益。不过，这并非对两者互促关系的否定，制度设计仍要充分利用文化产业经济社会双重属性，发挥其不同于传统工业产业的独到优势，实现"价值循环"。[1]

其次，遵循以促为主原则。文化产业促进法是领域法范式下解决文化产业发展、文化产品和服务产出问题的"问题解决法""促进法"，这就意味着它并不同传统部门法一样具备更大的综合性，其所有制度规则都是为了回应在文化产业领域"谁来促进""促进什么""从何促进""如何促进"的时代问题。促进为主原则要求文化产业促进基本法、专门法组成的这一文化产业促进法治体系，充分发挥法治的激励功能，调整促进主体的行为，通过充分的促进支持进而间接影响被促进主体的行为选择。促进为主原则体现在以下几个方面：①文化产业促进法所规定的促进主体依法有权实施促进行为、

---

〔1〕 贾旭东、宋晓玲：《论文化产业促进法的调整对象》，载《山东大学学报（哲学社会科学版）》2021 年第 2 期，第 56—64 页。

负有促进义务，接受监督，不得在低于法定最低促进标准下实施促进行为，不得变相管控，其他管理职能等由其他法律作出规定；②文化产业促进法所概括定义或列明的文化产业，有资格在本法所规定的环节，依本法接受法定促进措施的帮助；③文化产业促进法所规定的法律责任，其目标在于更好调节、督促促进行为的实施和促进目的的实现，并非为了变相管理和控制。如对恶意获取促进支持、严重损害促进法实施效果的主体进行惩罚等，是为了更好实现文化产业促进法的立法目标，防止干扰其运行的保护性规定。

最后，应遵循民主原则。"将行之有效的文化经济政策法定化"既包含将经济政策法律化，也包含对为实现促进目的而制定和实施政策行为的规范。如果文化产业政策制定与实施程序缺乏民主性，政策的可落实性就会较差。对此，文化产业促进法有必要规范文化产业政策制定与实施程序，增强文化产业政策的民主性。政策"民主"主要体现在两个方面：政策的制定充分公开、透明，广泛吸取社会各界意见，充分考量各方利益；政策内容足够公平、合理，不会扭曲产业发展，损害公平竞争环境。

第一，增强政策制定过程的民主性。地方政府制定的某些文化产业政策欠缺法律依据。地方政府有着相当充足的资源和发达的信息渠道，对本行政区内产业状况也有着充分了解，并能够高效动用地方财政，因此是制定以及落实符合本地需求的文化产业政策的有力主体。但由于文化产业促进政策的制定过程不够透明，且欠缺对其监督以及寻求救济的有效渠道，地方保护、利益输送等现象时有发生，大大降低了政府的效用。对此，需要在文化产业促进法中规范制定文化产业政策的行为，解决其民主决策程序的公平公正公开问题，充分发挥地方能动性，广泛吸取民主意见，做到针对性促进。

第二，增强政策实施过程的民主性。政策民主意味着文化产业政策也是以人民的意志为依据，为了人民的利益而制定，因而文化产业政策"促进谁、在何种程度上促进、促进所消耗的成本从何而来"这些事关实质公正的内容，需要人民尤其是相关产业竞争者充分参与决策。社会公众往往对惩戒性、管理性的政策持有"警惕心理"，但往往会忽略政府实施促进、扶持工作的"偏向性"。文化产业促进政策不仅是对符合条件的产业主体予以额外奖励，还实质上深刻影响着市场竞争和整体财政政策。激烈的市场竞争中，部分主体往往只需要一点优势便可以快速攻占市场，建立垄断优势；而文化产业促进的资金来源、优惠扶持，本就是社会整体福利的一部分，在社会整体福利不变的情况下，倒向特定产业主体的资源越多，其余公众能够分享的资源就越少。因此，促进行为不应当随意实施，必须充分发挥民主、法治精神。这要求文化产业促进法规范好文化产业促进政策的决策、制定与实施、监督与救济程序。

二、文化产业促进法的价值目标

法的价值目标，是指法的价值倾向与价值选择，是法律的顶层精神。一方面，法的价值是为了落实人民的立法追求，将人民的价值选择融入法律设计；另一方面，法的价值又通过后续实施将法律文本承载的价值偏好转化到所调整的社会关系中，使法的价值目标得以在客观世界实现。[1] 为了贯彻落实习近平新时代中国特色社会主义文化、法治思想，将党的意志上升为国家意志，为了明确文化产业促进法的功能定位与方案设计，有必要明确文化产业促进法的价值目标。

（一）保障产业经济高质量发展

如前所述，文化产业越发成为推动经济结构调整和经济发展方式转变的重要着力点。借助新兴传媒技术之东风，文化产业在促进科技融合、赋能乡村振兴、推进"文化出海"等方面发挥着不可忽视的作用。自 21 世纪初我国文化产业走上高速建设和发展道路以来已有 20 年，但高质量发展不仅体现在增长速度和整体规模上，而且需要满足稳定性、均衡性、持续性、公平性等要求。《文化产业促进法（草案送审稿）》指出，文化产业作为新兴产业，在发展中还面临许多突出困难和问题，需要通过立法从法律层面加以解决。具体到产业表象层面，包括产业链结构亟待调整优化、市场秩序仍需调整以及产业主体面临的发展难题需要解决等。究其深层原因，难免与文化产业制度建设滞后、市场调节与法律调节不协调、不同的促进主体间的关系不协调、政策和法律环境与文化产业发展的需求不相适应有关。[2] 总而言之，制约和

---

〔1〕 史凤林、张志远：《法的价值内涵、本质及其实现》，载《太原师范学院学报（社会科学版）》2023 年第 2 期，第 67—72 页。

〔2〕 贾旭东：《文化产业促进法立法的必要性和可行性》，载《福建论坛（人文社会科学版）》2015 年第 12 期，第 122—129 页。

阻碍文化产业高质量发展的深层次问题开始显现，这些深层次问题需要清晰、统一协调的顶层设计给出指引。

以往的政策手段确实有效地调控了文化产业的相关问题，为文化产业发展提供了清晰的引导和合理的激励，但随着产业体量加大与市场复杂程度加深，单纯的文化产业政策效果并不理想。虽然现代化国家的"政策和法律在阶级本质、经济基础、指导思想、基本原则、社会目标等根本方面高度一致"，但"在制定机关和程序、表现形式和基本要求、实施方式和手段、调整社会关系的范围和对人的效力、稳定性等方面"仍存在一定区别。[1]政策手段往往能够快速回应市场需求、社会突发状况，这是其优于法律之处。但是政策的决策过程具有一定的行政管理色彩，其吸收意见是否充分往往受到质疑，其规则制定权限、所能调动的资源也受到各方面限制，加之多部门间因权力交叉而存在协调性问题等，使得单纯依靠经济政策手段进行调整的效率在复杂的产业环境下越来越低，政策制定的长期可持续性、考虑全面性也参差不齐。从法理上来说，公法领域遵循法无授权不可为原则，文化产业促进政策多以行政法规、规章以及规范性文件的形式存在，效力层级不高且体系散乱，[2]许多理论上可行的文化产业促进经济政策之落实可能面临着法无授权的窘境。无论是将政策法律化，还是设立调整政策之制定、实施的法律规则，法律层面的制度设计往往更能从机制顶层推动发挥文化产业促进措施的产业促进作用。制定文化产业促进法是在中国特色社会主义法治道路上推进文化产业健康、持续发展的必然选择。

（二）促进精神生活共同富裕

马克思主义理论揭示了文化作为精神生产是一种生产力的本质。习近平文化思想高度重视文化的价值性。习近平总书记指出："共同富裕是全体人民共同富裕，是人民群众物质生活和精神生活都富裕"，并在党的二十大报告中强调"物质富足、精神富有是社会主义现代化的根本要求"[3]。毫无疑问，

---

〔1〕　张文显主编：《法理学》，高等教育出版社、北京大学出版社 1999 年版，第 382 页。沈宗灵主编：《法理学》（第二版），高等教育出版社 2004 年版，第 184 页。

〔2〕　齐强军：《论我国文化产业促进立法模式、原则与基本制度》，载《学术论坛》2015 年第 4 期，第 86—90 页。

〔3〕　习近平：《高举中国特色社会主义伟大旗帜 为全面建设社会主义现代化国家而团结奋斗——在中国共产党第二十次全国代表大会上的报告》，2022 年 10 月 26 日发布。

人民日益增长的美好生活需要和不平衡不充分的发展之间的矛盾，也揭示着人民对美好精神生活的需要和不平衡不充分的精神文明产业发展之间亦存在矛盾。

多数观点认为实现精神生活共同富裕的主要障碍是物质财富不均，即精神生活所依附的物质载体资料分配不平衡、不充分，因此应当充分提高文化产品供给量，保障人民文化获得量。但必须认识到，精神生活与其物质基础并非一一对应，[1]"精神生活财富"只有转化为人的内在精神力量才与"精神生活富裕"相对应。[2]因此，文化产业满足人民精神需要的任务不应仅包含创造更多数量的文化产品，还应包含使客观文化载体更好地支撑主体素养培育。即精神生活共同富裕对文化产品的供给"量"与"质"都提出了要求。

一方面，文化产业促进法应当为精神文明共同富裕提供基础性制度保障，通过合理的制度设计促进文化产品的产出，提高国家整体精神生产水平。诚然，文化产业并不过多涉及文化产品公平分配的考量，不直接推动精神生活共同富裕。但正如"发展是解决我国一切问题的基础和关键"，物质生活的共同富裕有赖于物质生产力提高，精神文明的共同富裕同样有赖于足够发达的精神生产，体现在市场经济中就是足够发达的文化产业。自改革开放后文化体制改革以来，国家主管、主办的文化团体和机构数量大幅减少，取而代之的是社会主义市场经济体制下的文化市场、文化产业。文化产业在供给文化产品、提供文化服务方面有着无可替代的作用，市场化渠道的文化产品供给已然成为公众获取文化产品或服务的主要渠道，教育事业和公共文化服务事业的繁荣也有赖于其背后强大的文化产业支持。文化产业促进法通过调整促进行为产生的社会关系，规范、引导和支持企业与市场，调整、优化产业结构，加大财政金融以及人才环境支持力度，让文化产业在法治轨道上健康持续发展，解决文化产品和服务"从无到有，从有到优"的精神文明共同富裕基础性问题，保障满足人民群众需要的文化产品、文化服务源源不断地产出、传播和利用，增加广大人民接触高质量文化产品的机会，增强人民文化获得

---

〔1〕 参见辛世俊、王丹：《试论人民精神生活共同富裕的内涵与实践路径》，载《社会主义核心价值观研究》2021 年第 6 期，第 5—14 页。

〔2〕 参见罗叶丹、褚湜婧：《矛盾论视域下推动精神生活共同富裕的理论初探》，载《江西师范大学学报（哲学社会科学版）》2023 年第 4 期，第 35—42 页。

感、幸福感。在此意义上，文化产业促进法承担着精神文明共同富裕之重要制度基础的作用。

另一方面，精神生活共同富裕对文化产品、服务的"质"也提出了更高的要求，对此文化产业促进法应当为高质量文化产品提供沃土，潜移默化地在更高层次上实现人民对精神生活的高质量需求。在经济政策指导下的文化产业往往更多关注文化产品、服务的市场效益，而把文化产品、服务内容的规范引导交由文化政策以及文化市场监管相关法律法规负责。文化产业促进法则坚持社会效益优先，坚持以社会主义核心价值观为根本导向，突出对彰显社会主义核心价值观、展现创新精神、继承和发扬民族传统文化的优秀文化内容的引导与鼓励，助力精品文化的打造，满足人民群众对高质量文化产品、服务的需求，促进精神文明共同富裕的高质量实现。

（三）推动社会主义文化强国建设

"十四五"时期文化发展规划的定位在于，为建成社会主义文化强国奠定坚实基础。颁布并完善文化产业促进法，促进文化产业在法治轨道上持续健康运行，健全现代文化产业体系，是满足人民多样化、高品位文化需求的重要基础，也是激发文化创造活力、推进文化强国建设的必然要求。

法治轨道下持续健康发展的文化产业服务于社会主义文化强国建设具有逻辑上的必然性。正如前文所述，文化产业属于"精神生产"范畴，有着经济、社会双重属性。只注重经济效益，不仅可能使文化市场出现劣币驱逐良币现象，还无法有效发挥文化引领社会价值观塑造的效用；只注重社会效益，则文化产业将丧失市场化资源配置工具，难以形成规模，无法充分满足人民对文化产品、文化服务的需求。统筹协调经济效益和社会效益的最优解在于将文化产业的经济带动效应与意识形态引导作用统一于社会主义现代化文化强国建设，推动相关经济产业发展的同时，满足人民群众精神文明需要，[1]这也是文化产业健康发展的内在必然性。

法治轨道下持续健康发展的文化产业，是提升文化自信、打造中国文化核心竞争力的坚实基础。改革开放以来，尤其是随着我国文化体制改革深入

---

〔1〕 当然，文化产业两大效益并不是等同重要，文化产业所具有的文化属性或意识形态属性难以替代，社会效益理应优先于其带来的经济效益，应当坚持把社会效益放在首位、社会效益和经济效益相统一。

推进，文化生产力进一步解放，文化市场之繁荣，文化产品数量之多、品种之丰富前所未有，但欧美、日韩文化产品仍长期占据文化市场主流，深刻影响了社会各个方面。尽管文化自信并不排斥吸收外来优秀文化，但发展本国文化产业、推动优秀本土文化产品占据更多文化需求市场的规划早应提上日程。另外，习近平总书记提到，"新一轮科技革命带来传播格局深刻变革"，在各国文化实力竞争中，谁掌握了传播渠道，掌握了发达的文化生产力，谁就掌握了时代的主动权、文化的制高点。[1]对此，文化产业促进法应关注文化产品制作、传播技术的研发，实现文化自强。

总而言之，文化产业促进法通过促进文化生产力尤其是先进文化生产力的解放，激发文化产业的庞大经济潜力，提升中国文化产品核心竞争力，有力推动中国早日成为更好满足人民精神生活需要、具有强大文化国际影响力的文化强国。

三、我国文化产业促进领域的法治实践

从客观实践来讲，文化产业几乎伴随着人类现代文明全程，原始时代生产并使用富有艺术价值的陶器进行物质交换已经初具精神生产的雏形；随着生产力的发展和社会分工的出现，封建社会出现了专门从事"精神生产"并以此为生的群体，如文人墨客、街头艺妓；到现代社会，文化产业早已成为国家经济的重要支柱，成为国家参与国际竞争的重要一环。但从主观认识来讲，"文化产业"这一概念被我国国家、社会正式认可仅有二十多年的历史。正如物质决定意识，物质生产水平也在相当程度上影响精神生产水平，早期受限于经济发展水平，社会公众对物质的需求远高于精神需求。2000 年中共十五届五中全会，"文化产业"一词才正式出现在党和国家的事业规划中。此后，关于文化产业的政策、研究不断完善，"发展文化产业"的历史重要性被越发认可。随着我国经济、社会、科学、文化全面发展，文化强国建设稳步推进，中国特色社会主义法治建设不断深入，文化产业及其相关产业得到了迅猛发展，一系列文化产业领域的法律法规、政策规划也蓄势待发，文化产业在法治轨道上迎来新的飞跃。

---

〔1〕 中共中央党校（国家行政学院）：《习近平新时代中国特色社会主义思想基本问题》，人民出版社、中共中央党校出版社 2020 年版，第十章第一节。

（一）新中国成立初期的"文化事业"

新中国早期采用政策引导的方式管理文化发展，重点强调发展群众文化事业。这一思想可追溯至新中国成立前党带领人民进行革命时，这在一定程度上为新中国的文化事业定下了社会主义的特色基调。[1]伴随着国民经济恢复和社会主义改造，中国共产党在领导社会主义文化建设的过程中形成了"一个方向"和"两个方针"政策，即为人民服务、为社会主义事业服务的方向，百花齐放、百家争鸣和古为今用、洋为中用、推陈出新的方针，并强调要发展人民的文化、满足人民精神需要。文化事业和文化产业就是在这样的文化政策背景下萌芽发展的。

新中国成立初期我国文化建设刚刚起步，文化事业与文化产业建设并未清晰分离，重视"文化事业"发展，但缺乏对文化产业之认识；而事实上的文化产业一直存在，以文化事业为名的文化商品之生产流通蓬勃发展。[2]这一阶段，文化产业主要受到两方面的政策影响：第一，随着工商业社会主义改造基本完成，文化产业受到产权制度、企业制度变革的影响，开始以计划经济为底层逻辑、以文化事业为主要形式面向人民提供文化产品与服务。第二，在国家对主体的改造的进程中，国家也对从事文化创作、文艺生产的主体机构进行了相应的组建与重构，使得依赖于文化市场的文化创作者成了国家文艺工作者。

这一时期，与私营企业公有化改革相似，文化产业相关市场、相关机构也纷纷接受社会主义改造。20世纪50年代初期，中央政府主要采用政策、指示等方式，对全国旧民众教育馆进行改造，建立起工人文化宫、农村俱乐部、群众艺术馆等群众文化组织，甚至在幅员辽阔的农村建立起广播和收音站网络。那些计划经济逻辑下的文化政策，如1953年文化部《关于整顿和加强文化馆、站工作的指示》，1956年《关于群众艺术馆的任务和工作的通知》等，让这一时期的文化事业带有浓厚的公共事业色彩。同年，我国逐步建立了与计划体制相适应的文化管理体制。首先，在延安文工团的基础上，建立新型

---

〔1〕参见李成武：《毛泽东与建国初期的群众文化建设》，第六届国史学术年会，长沙，2006年9月。

〔2〕韩晗：《拓新·立新·创新：新中国文化产业七十年》，载《东岳论丛》2019年第11期，第14—31页。

文艺院团，使得文艺工作者的身份地位有了天翻地覆的变化；[1]其次，引进外国经典艺术，大大丰富了我国的艺术体系，并逐步建立起艺术教育体系；最后，改革图书出版企业模式，以公有制或公私合营制成立了数量众多的出版机构等。[2]

综上可以看出，新中国成立初期我国对文化产业这一概念缺乏系统认识，文化产业的建设较多依赖于行政指示、行政命令等，在非市场经济体制下建立并完善公有制主导的文化建设事项，尽管呈现出政府统包统办的特点，却有力化解了新中国成立初期缺乏统一意识形态引导、私有制文化市场鱼龙混杂的难题。中央领导人始终坚持马克思主义的指引，坚持文化产业的最终目标是满足人民群众精神文化需要、实现人的自由全面发展，这为我国文化建设打下了坚实的理论基础，同时大量的文化管理、文化改造政策经验为日后文化产业促进立法发展留下了宝贵的经验。

（二）改革开放后文化产业促进法律探索

改革开放后，文化产业领域最突出的特征在于，作为第三产业的文化产业成为改革开放的重点，在这一领域进行所有权改革、产业结构调整、市场分工协作等，其指导政策也从以政府管制为主向尊重市场规律、发挥市场作用为主的方向调整。

1979年10月，我国召开了中国文学艺术工作者第四次全国代表大会。邓小平在会上的祝词提出文艺始终要为人民服务、为社会主义服务的根本方向。在此之后，我国的经济制度也发生了翻天覆地的变化，逐步建立起社会主义特色市场经济。旧时代的"文艺工作者"以及他们的文化创造传播活动再次与市场接轨，精神生产力随之得到解放，社会公众隐藏的文化产品需求释放出来，大大推动了文化产业的蓬勃发展。

这一时期，各类文化产业政策相继出台，且不再延续以往的行政管理色彩，而以引导和培育市场为主。这意味着国家开始转变思想，即不再限于采用直接调整方式来"主管、主办"文化，而是利用政策间接调控市场环境。例如，我国曾开展"以文补文"活动，政府鼓励一些单位突破原有的限制，

---

[1] 《政务院关于戏曲改革工作的指示》，1951年发布。

[2] 蔡武：《走向发展 走向繁荣——新中国成立60年文化建设与发展》，载文化部网站 https://www.gov.cn/test/2012-04/11/content_2110564.htm。

进入文化市场，采取"利用知识、艺术进行经营、获取利益"的方式，补充资金来源，进而反哺文艺工作；[1] 1988 年，《关于加强文化市场管理工作的通知》首次提出文化市场这一概念，标志着我国文化市场的地位正式得到承认，娱乐性文化开始萌芽；1991 年，文化部《关于文化事业若干经济政策意见的报告》首次提出"文化经济"概念；1992 年，党的"十四大"报告明确提出要"完善文化经济政策"；1997 年，中共十五大报告指出"深化文化体制改革，落实和完善文化经济政策"是践行中国特色社会主义的文化建设之道的重中之重；1998 年，国家文化部设置了文化产业司，在政府职能中将"促进文化产业发展"纳入其中。以上种种，标志着文化领域真正迎来了历史性转折，文化与市场真正接轨，文化生产得以放开手脚，利用市场工具配置资源，文化产业切实站到了"明面上"，并飞速发展。

也正是在这一阶段，我国各界对"文化产业"这一概念展开了热烈讨论，讨论的焦点在于文化何以产业化、文化与经济的关系、何为精神生产等问题。一部分学者开始研究马克思主义文化生产力学说，研究美国和欧洲一些国家文化产业、创意产业以及艺术产业的理念和实践，并总结我国的文化产业实践案例，逐步形成了发展文化产业的共识。[2]

与此同时，在法治轨道上建设文化产业的条件逐渐成熟。党的十四大确立了社会主义市场经济体制改革目标，中共十五大报告首次提出依法治国，从 1982 年宪法，到确定依法治国的总方略，再到《民法通则》和一系列单行民事法律、《著作权法》以及一批经济方面的、保障公民权利的、涉外方面的、行政管理方面的重要法律相继出台，中国法治建设进入了"快车道"的同时也激发了市场竞争活力，极大地解放了生产力，为文化产业的发展打下了坚实的经济、社会基础。更重要的是，我国整体法治建设与发展为文化产业立法奠定了法治环境，积累了立法经验。1999 年发布的《文化立法纲要》

---

〔1〕 参见雷宗荣：《以文补文》，载《人民论坛》1994 年第 1 期，第 52—53 页；孙建平、邹晓岩：《总结"以文补文"经验 促进文化事业发展——全国文化事业单位"以文补文"经验交流会综述》，载《财政》1988 年第 9 期，第 29—30 页。

〔2〕 早期讨论可参考李建中：《论社会主义的文化产业》，载《人文杂志》1988 年第 3 期，第 38—44 页；许钢：《我国文化产业及其产业政策》，载《管理世界》1992 年第 6 期，第 176—177 页；李翠贤：《解放思想 转换观念 加快文化市场的建设》，载《四川戏剧》1993 年第 2 期，第 15—18 页；张建勋：《发展文化产业初探》，载《经济问题探索》1994 年第 12 期，第 44—46 页；杨宏海：《关于深圳文化产业的调查与思考》，载《特区经济》1992 年第 11 期，第 52—54 页。

虽然没能短期内改变文化立法不受重视这一局面，但也意味着文化法领域已经处于黎明前的黑夜，文化产业与文化事业的分界逐渐清晰，1995 年实施的广告法开启了文化产业法治化进程。

2000 年，文化产业这一概念正式出现在党中央的整体建设工作部署中，《中共中央关于制定国民经济和社会发展第十个五年计划的建议》首次提到"文化产业"这一概念，并指出要深化文化体制改革，建立科学合理、灵活高效的管理体制和文化产品生产经营机制。这彻底打破了传统计划经济体制下国家统包统管文化建设的文化"签到"模式，有力推动更好发挥市场在合理配置文化资源中的基础性作用和发展文化产业。第十个五年计划建议提出要"完善文化产业政策"，将文化产业列入国民经济和社会发展计划之中。[1]党的十六大将文化产业与文化事业两分，文化产业至此终于独立地享有了重要的政策地位。与此同时，文化体制与文化市场的改革也揭示了政府职能的转变方向：由直接管理向间接管理，由主要以行政手段为主向综合运用法律、经济、行政等管理手段的转变。

此后，党和国家运用政策手段对文化产业的引导、调控能力愈发成熟，文化产业顺应着改革开放与经济全球化的浪潮繁荣发展。随着中国经济、文化对外融合程度加深以及我国经济、社会、文化的全方位飞速发展，党和国家发展文化产业的思路更加明晰，不仅重视文化产业的意识形态属性，更认识到其在经济发展、国际竞争、科技融合方面的强大促进作用。一方面，党中央坚持把社会效益放在首位、社会效益和经济效益相统一的发展思路，重视特色文化产业发展，对迅速发展的文化企业参与市场竞争、经营性文化事业单位转企改制等问题作出规范引导；[2]另一方面，2011 年"十二五"规划将文化产业确立为国家支柱性产业，2014 年国务院出台《关于推进文化创意和设计服务与相关产业融合发展的若干意见》，旨在进一步促进文化产业的融合带动作用。由此可以看出，此时的政策已凸显文化产业的先导地位、强调与以互联网为媒介的新兴文化产业融合发展。文化领域对外开放、国际文化竞争、"数字文化产业"政策等又将中国文化产业推到了一个新的历史

---

〔1〕 参见其第 15 条"加强社会主义精神文明建设"部分。

〔2〕 李向民、杨昆：《新中国文化产业 70 年史纲》，载《福建论坛（人文社会科学版）》2019 年第 10 期，第 59—72 页。

高度。

（三）新时代的文化产业法治建设

党的十八届四中全会决定明确提出要制定"文化产业促进法"，明确强调文化产业促进法的"促进"属性，这恰到好处地点明了文化产业促进法的立法基调与功能定位，即其并非产业政策的替代或反面，而是通过法的规范作用，发挥激励、促进功能，并为行政手段提供规范依据。2019年12月，司法部公布《文化产业促进法（草案送审稿）》并公开征求意见，尽管至本书成书之时尚未正式颁布，但可以预见的是，这部文化产业领域的基础性法律即将掀开文化产业发展的全新篇章。

在党的十九大上，习近平总书记作出中国特色社会主义进入新时代的伟大论断，对我国现阶段主要矛盾作出了新的论述。人民日益增长的美好生活需要和不平衡不充分的发展之间的矛盾，体现在文化产业领域就是人民日益增长的精神文化需求和精神生产、精神供给不平衡不充分的矛盾，这对文化产业治理、促进、管理的方式提出了全新要求。面对文化产业有"量"缺"质"的问题，文化产业不能再粗放发展，而需要向高质量发展迈进。传统政策导向的治理模式逐渐显现出欠缺系统性、精确性，无法适应现代化经济、行政法治体系的弊端，文化产业亟须通过更多法治化手段予以确立、保护与促进。

"健全现代文化产业体系"是"十四五"规划的重要目标之一，文化产业发展迎来重大机遇，但还面临百年未有之大变局以及错综变换的国际局势，文化产业建设面临复杂挑战。"文化之内核"与"文化之载体"可以理解为源与流的关系，文化产业是文化源流中至关重要的一环。在国际竞争中文化产业又是经济和文化领域的排头兵，深刻影响着我国国际竞争力和文化影响力。新时代文化产业立法，需要深刻把握我国当前主要矛盾之变化，贯彻新发展理念，全面推进文化产业建设法治化进程。

目前，除了即将问世的文化产业促进法，我国涉及文化产业的法律法规散布在各个法律部门，根据其效力层级，可以划分为以下几个层面：

整体来看，文化产业牵涉公民基本文化权的实现、市场交易、政府行为，因此文化产业的发展必定受到宪法、民法、商法、经济法、行政法、刑法等基础性法律的规制。具体来看，与文化产业直接相关的第一层面是由全国人民代表大会常务委员会制定的法律，在条文中出现"文化产业"的共有三部，分别是《电影产业促进法》、[1]《黄河保护法》、[2]《乡村振兴促进法》。[3] 其中仅有《电影产业促进法》直接属于文化产业促进专门法，其立法目标在于"促进电影产业健康繁荣发展，弘扬社会主义核心价值观，规范电影市场秩序，丰富人民群众精神文化生活"，主要章节包括总则，电影创作、摄制，电影发行、放映，电影产业支持、保障，法律责任。

与文化产业直接相关的第二层面是国务院颁布的文化行政管理方面的行政法规，数量较少，仅有《国务院实施〈中华人民共和国民族区域自治法〉若干规定》，其在第 24 条和第 25 条详细规定了促进民族自治地区文化产业发展的措施。[4]

与文化产业直接相关的第三层面主要是文化产业的主管部门如文化和旅游部、国家新闻出版署、国家广播电视总局等部门出台的有关文化产业的部门规章、管理办法、实施细则等，以及各省、自治区、直辖市为促进和保护文化产业而制定的地方性法规和政府规章。其中，现行部门规章有《博物馆管理办法》第 4 条直接与文化产业相关；[5]《国家级文化生态保护区管理办法》提出国家级文化生态保护区总体规划应纳入本省（区、市）国民经济与社会发展总体规划，要与相关的文化产业等专门性规划和国家公园、国家文

---

〔1〕《电影产业促进法》第 37 条："国家引导相关文化产业专项资金、基金加大对电影产业的投入力度，根据不同阶段和时期电影产业的发展情况，结合财力状况和经济社会发展需要，综合考虑、统筹安排财政资金对电影产业的支持，并加强对相关资金、基金使用情况的审计。"

〔2〕《黄河保护法》第 98 条第 1 款："黄河流域县级以上地方人民政府应当以保护传承弘扬黄河文化为重点，推动文化产业发展，促进文化产业与农业、水利、制造业、交通运输业、服务业等深度融合。"

〔3〕《乡村振兴促进法》第 33 条："县级以上地方人民政府应当坚持规划引导、典型示范，有计划地建设特色鲜明、优势突出的农业文化展示区、文化产业特色村落，发展乡村特色文化体育产业，推动乡村地区传统工艺振兴，积极推动智慧广电乡村建设，活跃繁荣农村文化市场。"

〔4〕《国务院实施〈中华人民共和国民族区域自治法〉若干规定》第 24 条："上级人民政府从政策和资金上支持民族自治地方少数民族文化事业发展，加强文化基础设施建设，重点扶持具有民族形式和民族特点的公益性文化事业，加强民族自治地方的公共文化服务体系建设，培育和发展民族文化产业。国家支持少数民族新闻出版事业发展，做好少数民族语言广播、电影、电视节目的译制、制作和播映，扶持少数民族语言文字出版物的翻译、出版。国家重视少数民族优秀传统文化的继承和发展，定期举办少数民族传统体育运动会、少数民族文艺会演，繁荣民族文艺创作，丰富各民族群众的文化生活。"第 25 条："上级人民政府支持对少数民族非物质文化遗产和名胜古迹、文物等物质文化遗产的保护和抢救，支持对少数民族古籍的搜集、整理、出版。"

〔5〕《博物馆管理办法》第 4 条："国家鼓励博物馆发展相关文化产业，多渠道筹措资金，促进自身发展。博物馆依法享受税收减免优惠，享有通过依法征集、购买、交换、接受捐赠和调拨等方式取得藏品的权利。"

化公园等专项规划相衔接。在地方性法规上，一方面，有些地方已颁行或研究提出综合性文化产业促进条例，如已颁行的《深圳市文化产业促进条例》《太原市促进文化产业发展条例》《泉州市文化旅游发展促进条例》《汕尾市文化旅游发展促进条例》，列入立法计划的如重庆市文化产业促进条例、陕西省文化产业促进条例；另一方面，部分地区依托地方制定特定行业的文化产业促进条例，如贵州省依托丰富的非物质文化遗产、传统村落、中医药等传统文化资源，出台了《贵州省优秀民族文化传承发展促进条例》，潍坊市依托本地风筝文化，发布了《潍坊市风筝文化产业促进条例》。

四、文化产业促进法治的现实问题

（一）文化产业促进法的法律定位、体系模糊

首先，文化产业促进法的法律定位模糊。近年来我国在文化法领域出台了一系列法律法规以及规章、政策，但文化产业促进法这一基本法迟迟未出台，其中一个可能的原因就在于未对其定位达成共识。学界对文化产业促进法的定位形成以下三种代表性观点：第一种是从文化产业领域的法律地位、内容、调整范围等层面总结其为文化领域的基础法、综合法、一般法；[1]第二种为文化产业促进法与公共文化服务保障法共同构成中国文化立法领域的两大"主干法"；[2]第三种从"产业法"的角度，强调产业法体系下的文化产业促进法在调整方法上的综合性与调整对象上的独特性。[3]

其次，文化产业促进法缺乏体系性。这主要表现在以下几个方面：第一，欠缺文化产业促进基本法，导致现行立法缺乏统一法律支撑；第二，现行立法之间不协调，如《深圳市文化产业促进条例》《太原市促进文化产业发展条例》两部地方法规对文化产业的定义不同，深圳将其定义为"为社会公众提供文化、娱乐产品和服务的活动，以及与这些活动有关联的活动的集合"，[4]

---

〔1〕 郭玉军主编：《文化产业促进法》，武汉大学出版社2022年版，第14—15页。

〔2〕 周刚志、周应杰：《"文化产业促进法"基本问题探析》，载《江苏行政学院学报》2017年第1期，第130页。

〔3〕 陶信平主编：《文化产业法概论》，中国人民大学出版社2016年版，第9—11页。

〔4〕 《深圳市文化产业促进条例》第2条："本条例所称文化产业，是指为社会公众提供文化、娱乐产品和服务的活动，以及与这些活动有关联的活动的集合。本条例所称文化企业，是指从事前款规定生产经营活动的生产经营单位。"

太原则将其定义为"从事文化产品生产、流通和提供文化服务的经营性行业"。[1]

(二) 经济、文化政策落地之难

《〈中华人民共和国文化产业促进法(草案送审稿)〉起草说明》强调文化产业促进法的制定是把行之有效的文化经济政策法定化,然而,在实践之中将文化经济政策落地存在一些困难。

首先,在政策向法律规范的转化过程中,充分吸收政策理念,并将政策体系化存在困难。学界曾对于产业政策法治化程度产生分歧,[2]一部分学者认为,应该大力加强产业政策立法,使政策制定与实施更具规范;[3]另有学者认为对市场经济而言,无论是产业政策还是产业政策立法,都应该保持适当克制,充分发挥市场功能。[4]这要求文化产业促进法应秉持充分发挥市场在资源配置中的决定性作用,更好有为发挥政府作用的理念,不能将其制定为一部管理法、计划经济法。另外,产业政策法治化需要弥补单纯政策措施所存在的不足,化解地方政策和专门政策的碎片化、价值引领缺失问题,否则就只是为其套上了法治外衣,解决了程序性、公正性的问题,却不能解决制度效率问题。

其次,在将产业政策法治化的过程中往往牵涉多部门利益。促进文化产业发展需要多部门协同,厘清错综复杂的政府部门间的关系,成为绕不开的问题。在传统领域,部门设置与问题领域通常相对应,如商务部、外交部、司法部等权责清晰、分工明确。但现代社会的问题越来越呈现出"综合化""全局化",多部门协调问题日益突出。文化的外延本身就很大,文化产业促进法又是解决特定问题的领域法,本就不存在特定对应部门,所以对文化产

---

〔1〕 《太原市促进文化产业发展条例》第3条:"本条例所称文化产业,是指从事文化产品生产、流通和提供文化服务的经营性行业。主要包括影视制作、出版、发行、印刷复制、广告、演艺、娱乐、文化会展、数字内容和动漫,以及其他文化服务和文化用品、设备及相关文化产品的生产、销售等行业。"

〔2〕 学者称之为"法学界对于产业政策法治化必要性的认识分歧",不过在法治轨道上建设、完善国家各项产业早已无需争论,因此本书称之为法治化程度的分歧。参见叶卫平:《产业政策法治化再思考》,载《法商研究》2013年第3期,第115—124页。

〔3〕 参见王先林:《产业政策法初论》,载《中国法学》2003年第3期,第110—116页。

〔4〕 参见李曙光:《对制定中国产业政策法的几点不同看法》,载《法学》2010年第9期,第36—37页。

业促进法而言，在将促进政策、促进职能法定化过程中，更是涉及对相关部门职责的划分以及协调。

（三）社会效益优先原则落实困难

由于文化产业兼具精神生产属性与经济建设属性，20世纪我国就提出文化产业建设要兼顾经济效益与社会效益，以社会效益优先。但社会效益优先原则落地十分困难，主要基于以下两个原因：第一，社会效益概念过于抽象，而经济效益则十分具体，实实在在地体现为市场利益和地方经济发展动力。第二，社会效益欠缺一定的衡量标准，经济效益则可以通过产业经济数据等直观现象来衡量。

社会效益优先原则是文化产业促进法不同于一般的促进法的突出特点。作为"促进法"的文化产业促进法，重点内容在于调整促进主体的促进行为。但是文化产业不同于物质生产产业的最大特点就是其精神生产属性，文化产业之"促进"同样对文化产品的内涵质量提出了促进的要求。而如何促进文化产品内容之进步？可采取的措施就包括对积极作品的鼓励、产业方向的引导以及对低劣文化产品的排斥。理论上，法律通过设立禁止规范实现特定正面立法目的同样能促进某一目标的实现，即在"事实上"促进了社会某一方面的发展，在此意义上，促进法当然也可以设定违反规则的法律责任。另外，表面上看，促进法设置的文化审查性质的措施是对文化产业经济的拖后，实则是从另一个维度对文化产品内容的激励与筛选，进而实现精神文明层面的抽象促进。由此引发了是否应该将"促进"文化产业发展的禁止性规范纳入文化产业促进法的争议。

总体来说，文化产业促进法建立社会效益优先、社会效益和经济效益相统一的制度安排，应该处理好两方面内容：一是实现综合效益，基本路径在于通过对文化产业进行经济层面的"促进"和一定程度上的内容引导，激发文化产业的附加文化价值，满足人民群众精神需要，并在进一步的文化生产中赚取经济利益，回馈促进投入，实现价值循环；二是处理好文化经济促进与文化内容引导之间的关系，文化产业促进法既不是单纯的经济法，也不是文化内容监管法，而是激励、鼓励创造良好的文化市场、积极正向文化产品的"促进法"。

五、域外文化产业促进法治经验

尽管各国文化各异，法治理念与水平也参差不齐，但世界各民族的文化产业都是一种既有物质属性又有精神属性的产业，是一种既有精神生产、意识形态属性又有一般物质生产、商品属性的产业，是一种跨行业"渗透""蔓延""同化"的产业。因此各国都注重文化产业的发展，并试图走出一条适合本国的文化产业发展之路。纵观各国文化产业促进法治状况，其文化产业促进模式大致可以分为三种模式：市场主导型、间接干预型和政府主导型。[1]

（一）美国为代表的市场主导型国家的文化产业促进法治经验

1. 美国文化产业与政策概况

美国文化产业产值占美国 GDP 总量的 18%—25%，全球半数以上"文化巨无霸企业"属于美国，控制了全球 3/4 以上的电视节目的生产和制作，其制作影片总量上虽然只占全球电影产量的 6.7%，放映时间却占全球总放映时间的一半以上，[2]是世界公认的文化产业大国、文化强国，文化领域综合竞争力处于世界前列。

但美国的行业分类并没有将文化产业列为单独的一类，而是将"文化产业"统一纳入"版权产业"。北美产业分类体系（NAICS）将美国的文化产业定义为所有以版权为基础的产业，并根据版权在产业中的比重，将版权产业分为核心版权产业及外围产业。[3]由于美国经济高度发达，文化交易市场成熟，美国文化产业政策整体上采取市场主导理念下知识产权保护与地方财政税务支持相结合的策略。其认为自由开放的市场是文化多样性的基础，并主要通过知识产权规则、民商事规则等私法保障市场秩序。政府对文化产业发展方向的干预相对较少，且至今没有设立专门负责文化管理的行政部门，文化管

---

〔1〕 卫霞：《西部地区民族特色文化产业法律保障研究》，中国社会科学出版社 2020 年版，第 196 页。

〔2〕 参见商务部服务贸易和商贸服务业司、中宣部文化体制改革和发展办公室编著：《美国文化贸易与投资合作指南》，湖南人民出版社 2016 年版，第 16 页。

〔3〕 核心版权产业的特征是创造有版权的作品或者受版权保护的物质产品，并对享有版权的作品进行再创作、复制、生产和传播。外围产业又可细分为三种：一是部分版权产业，特指那些在生产过程中，部分产品具有版权的产业；二是发行类版权产业，指对有版权的作品进行批发和零售的产业，如书店等；三是与版权有关的产业，指在生产销售过程中，要使用或部分使用与版权有关的产品。核心版权产业、部分版权产业和发行类版权产业三部分构成了我们所理解的"文化产业"。

理事务主要由联邦艺术暨人文委员会、国家艺术基金会、联邦政府的文化代理机构负责。[1]税收优惠和投资扶持主要包括区域性文化产业、特殊文化产业的税收抵扣等，对符合政策导向的文化产业，予以政府投资的同时对捐款的私主体予以相应免税优惠。[2]

2. 市场主导型文化产业促进法治经验

美国这一文化法治实践是以其文化产业发达、市场运行成熟、传统文化匮乏、以个人利益至上的价值观等国情为基础的，是美国政府经过各种权衡后选择的策略。而我国的基本国情是属于文化大国而不属于文化强国，即优秀传统文化丰富却未被充分开发利用、价值观因受到他国恶意曲解而未被充分传播和接受、文化市场规则运行不够成熟。因此，尽管我国主张充分发挥市场在资源配置中的决定性作用，但也绝不忽视政府支持、扶助的作用，双管齐下促进文化产业高效高质发展，如此才能在世界百年未有之大变局的情况下实现文化产业领域的突破。

（二）英国为代表的间接干预型国家的文化产业促进法治经验

英国是仅次于美国的第二大文化产品产出国，是英国就业人数最多的产业和继金融业后的第二大支柱产业。[3]其采取的是多元发展模式，一方面抵御外来文化产业的冲击，另一方面积极发扬自身文化特色，凭借语言、历史文化优势，壮大本国特色文化创意产业。[4]

1. 英国文化创意产业管理体制与法治状况

与美国不建立文化管理行政部门不同，英国早在 20 世纪就组建成立了三级结构式的文化创意产业管理机构，包括中央层面的财政部、外交部、贸易与工业部、教育与就业部以及英国文化委员会负责的"创意产业工作组"，中

---

〔1〕 1965 年，美国通过了《国家艺术及人文事业基金法》。依据此法，美国创立了致力于艺术与人文事业发展的机构——国家艺术基金会与国家人文基金会。参见卫霞：《西部地区民族特色文化产业法律保障研究》，中国社会科学出版社 2020 年版，第 174 页。

〔2〕 参见商务部服务贸易和商贸服务业司、中宣部文化体制改革和发展办公室编著：《美国文化贸易与投资指南》，湖南人民出版社 2016 年版，第 17 页。

〔3〕 2017 年，文化产业为英国经济作出里程碑式的贡献，达到 1300 亿英镑，从业人员大约 200 万人。英国文化产业在创新、出口和创造就业机会等方面的表现尤为突出。参见张燕：《英国文化产业及其政府行为》，载《阴山学刊》2021 年第 2 期，第 69—74 页。

〔4〕 英国在全球最早提出"创意产业"概念，也是世界上第一个政府出台政策推动创意产业发展的国家。1997 年布莱尔上台后，创立英国文化、媒体和体育部（DCMS），内设创意产业工作组（Creative Industries Task Force），大力推进创意产业。

间层面的各类艺术委员会,[1]以及地方层面与中央层面相对应的相关职能部门和行业管理组织。三级结构之间并无直接领导关系,如创意产业工作组并不直接领导地方政府的相关创意产业部门,且财政关系相对独立。

英国文化产业管理秉持"独立交易原则"(或称为"一臂之距原则"),[2]该原则通常指税法领域的一项估值原则,用于评估关联公司之间交易定价的相关问题。[3]在英国文化产业领域,该原则指文化产业管理体制纵向、横向分权,即政府与文化产业主体保持一定距离,不直接管理文化机构和文化企业,而是充分发挥政府与文化企业之间的中介机构的作用,通过独立中介机构的协助,将文化产业政策落地。且政府无论是制定文化政策还是对文化机构或者企业的拨款予以评估,都接受中介机构的建议和咨询,并受其监督。[4]

具体来说,即中央政府创意产业工作组先制定文化产业相关政策,规范中间层、下层职责机关的行为,并制定拨款分配计划;各类艺术委员会随之执行文化创意产业工作组的相关计划,推动促进措施的制度设计并具体分配资金;地方政府以及行业管理组织最后落实促进措施、拨款到具体产业主体。在地方层面仍存在横向分权,即在落实优惠措施时,地方政府需要依据相关中介机构的评估来决定最终受益的产业主体,并受相关中介机构的监督。

2. 间接干预型文化产业促进法治经验

英国间接干预文化产业发展的模式,与市场主导的文化法治模式最大的不同在于中央政府成立了文化主管部门,统领制定、落实文化产业政策以及资源支持。与政府主导的文化产业法治模式的区别则在于在制定、落实具体政策时充分吸纳文化委员会和各类行业中介机构等的社会意见,并受其监督,提高了决策的透明度、公平性、科学性。我国政府在制定、落实文化产业立

---

〔1〕 刘咏梅、饶世权、习洁:《英国政府发展创意产业的主要措施及经验启示》,载《天府新论》2014年第3期,第129—134页。

〔2〕 Arm's Length Principle,《牛津高阶英语词典》的解释:at arm's length = as far away from one's body as possible,即保持距离,甚至越远越好。

〔3〕 我国的《企业所得税法》第41条也有相关论述,而《企业所得税法实施条例》第110条规定:"企业所得税法第四十一条所称独立交易原则,是指没有关联关系的交易各方,按照公平成交价格和营业常规进行业务往来遵循的原则。"

〔4〕 参见卫霞:《西部地区民族特色文化产业法律保障研究》,中国社会科学出版社2020年版,第181页。

法或者政策时，也会向社会公众征求意见，进行评估，不同的是我国的评估工作由政府主导，而不是由中介机构独立进行。而且，我国中央政府直接领导地方政府，没有中间机构的介入，这与我国宪法规定的中央与地方之间的关系相匹配。我国宪法规定的地方遵循在中央的统一领导下，充分发挥地方的主动性、积极性的原则决定了地方必须接受中央直接领导，以高效实现上传下达。我国评估市场运行不够成熟的国情也决定了不可能由中介机构独立评估哪一或哪些主体可以受到政府扶持。但政府的支持行为毕竟影响到企业的发展和市场竞争机制，为了增强公平性和透明性，可以适度提高社会参与程度。

（三）法国、日韩为代表的政府主导型国家的文化产业促进法治经验

1. 法国文化产业促进法治经验

法国是世界公认的文化大国，有着璀璨的特色文化，且法国一直十分重视对本国文化的扶持，以保持文化产业长期繁荣，具有诸多值得借鉴的经验。与美国实用主义观念指导下的"自由发展"型文化产业不同，法国更加注重对本国特色或传统精英文化的扶持与保护。

在文化管理体制方面，法国具有国家最高统治层统一管理文化的悠久传统。[1] 法国政府对文化产业的干预程度较高，如曾为了保护独立书店而出台《图书统一价格法》，直接干预市场定价。1959 年法兰西第五共和国文化部的成立在法国文化治理中意义重大，其代表国家主要履行立法与规制、直接管理文化机构、再分配资金以及活跃文化氛围四大职能，[2] 如法国文化部直接领导许多文化组织、团体、机构，且每年都会对其进行直接拨款资助。有学者认为，法国对文化产业采取"文化部和外交部双重管理"的模式，文化部及其下设的众多公共文化部门和地区性文化机构主导国家文化发展，每年向文化产业投入巨额资金支持，从 2011 年起，法国文化部年度预算就超过了 70 亿欧元；[3] 而外交部在海外积极宣传法国文化、开展文化活动，将文化交流

---

〔1〕 田珊珊：《法国的文化政策：一个基于民族文化视角的研究》，载《法国研究》2010 年第 2 期，第 76—82 页。

〔2〕 王海冬：《法国的文化政策及对中国的历史启示》，载《上海财经大学学报》2011 年第 5 期，第 10—17 页。

〔3〕 参见高海涛、王秋梦：《法国文化产业政策的社会效益评价及财政资助研究》，载《传媒论坛》2022 年第 3 期，第 52—56 页。

作为外交基石，因而外交部在法国文化发展中也发挥了重要作用。[1]

法国的文化管理体制和文化发展策略背后有着独特历史因素和现实考量。在文化理念方面，法国前总统戴高乐曾在法国文化部成立的政令中写道："使最大多数的法国人能首先接触法国的文化精华；使法国的文化遗产拥有最广泛的群众基础；促进文化艺术创作，繁荣艺术园地。"[2]自文化部成立以来，也一直致力于实现人民的文化权利，践行"文化民主"理念。[3]但是，在这种特色背景下，法国却没有构建起统一的文化法，更不用说文化产业促进法。除了保护文化遗产和民族特色文化的相关法律，[4]涉文化产业的文化立法散布在行业性法律或财政税收法律中，例如，于1959年就颁布的《电影资助法》即是体现。

2. 日韩文化产业促进法治经验

日韩文化产业同样是其各自的经济支柱产业。在21世纪初，两国不约而同地提出了"文化立国"的文化发展方略。其后，日韩文化迅速席卷全球文化市场，以其独特的文化特色在世界文化之林中占据了一席之地。

日韩的文化管理体制与法国的政府主导型文化体制十分相似，都是通过中央政府的文化部门、经济部门与地方政府进行分工治理，并十分重视发挥本民族文化独特优势，参与国际文化竞争。两国也在人才培养、财政税收支持、海外战略等层面制定了一系列政策方针，强化政府对文化产业的管理和扶持。

日韩文化产业促进领域的法律体系同样有着许多的相似之处。一方面，两国都有文化产业基本法，1999年韩国制定了世界上最早的《文化产业振兴基本法》，2001年日本临时国会通过《振兴文化艺术基本法》，都通过立法表明"文化立国"的理念；另一方面，两国在特定行业领域也制定了文化产业专门法，如日本的《传统工艺品产业振兴管理法》《关于电影及录像制品振兴法律》，韩国的《电影振兴法》等。

我国和法国、日本以及韩国都具有丰富的文化资源，但我国文化产业相

---

[1] 参见高海涛、王秋梦：《法国文化产业政策的社会效益评价及财政资助研究》，载《传媒论坛》2022年第3期，第52—56页。

[2] 夏国涵：《法国文化产业的国家战略》，载《才智》2013年第31期，第262—263页。

[3] 方雪梅：《法国文化产业的发展模式及其启示》，载《湖南科技大学学报（社会科学版）》2015年第1期，第124—126页。

[4] 如法国《巴-洛里奥尔法案》（Bas- Lauriol）、《法语使用法》等。

较于这三个国家还有值得完善之处和发展的空间，因此更应充分发挥政府在市场失灵之处的主导作用，加快出台文化产业促进法，将行之有效的文化产业政策以及实践经验上升至法律层面，为政府的促进行为提供法律依据。

第二节　文化产业促进基本法

文化产业促进法是文化领域的基础性法律，是文化产业领域的基本法，制定文化产业促进法是推动文化经济产业结构优化，实现文化经济高质量发展的必由之路。文化产业促进法应紧紧围绕文化产业促进这个着力点，完善文化产业促进的政策激励机制，在领域法的范式下回答中国特色社会主义文化建设过程中，文化产业由谁促进、在什么环节促进、采取什么促进措施的时代问题。

一、文化产业促进基本法体例布局

《文化产业促进法（草案送审稿）》共分为九章，分别是总则、创作生产、文化企业、文化市场、人才保障、科技支撑、金融财税扶持、法律责任以及附则，整体上规定了文化产业促进法的目的、促进领域、促进方式、法律责任等，体例设计逻辑较为清晰，但有些内容与文化产业促进法聚焦于"促进什么""怎样促进"两个核心问题的定位不符，且规定不够细致。

《文化产业促进法（草案送审稿）》以问题导向为核心，回答了谁来促进、促进什么、怎样促进三个关键问题。在回答谁来促进的问题时，《文化产业促进法（草案送审稿）》通篇都在规定"国家应当"，而非"产业主体应当"，规定了国家机关促进文化产业发展的义务与责任。对促进什么的问题的回答是，促进的是文化产业经济水平与文化产品的文化价值，具体而言就是促进三个关键环节：创作生产活动、文化企业发展、文化市场秩序。怎样促进这个问题的答案是，调整和规范促进主体的促进行为，具体而言就是调整政府"利用人才政策、科技支持、财税政策来激励创作、激发市场活力和产业发展"的行为。[1]至此，《文化产业促进法（草案送审稿）》可以被解读为是一部

---

〔1〕　对于"怎样促进"的问题，涉及具体的人才保障、科技支撑、金融财税方式，本书将在后文中结合具体产业领域进一步阐述。

规定了国家应该如何以及采取什么样的促进措施促进文化产业发展的法律。

其中，促进规范是文化产业促进法的重点。根据促进规范所针对的产业环节，可以将产业促进措施概括为调整与文化生产相关的规范、调整文化产业组织和结构的规范，文化产业促进法在调整文化产业领域的促进行为方面，应该注意把握以下几个方面：

首先，在规定调控文化创作生产的规范时，应增强其引导性。文化产品的创作、生产环节是整个文化产业的起始，是真正的"精神生产"活动，因此调控文化创作生产的规范相比于调整文化产业组织、结构的规范更关注文化之内容。然而何为先进文化、何为糟粕文化，往往只能结合具体内容作出评判。[1]《文化产业促进法（草案送审稿）》第12条、第13条、第14条通过概括+列举的方式规定了国家倡导的文化产品类型。较为模糊的表述兼具了政策性与法律性，既不会导致文化内容导向的过度僵化，也给各行各业在此规范下结合行业特点对其进行细化留下了空间。

其次，在规定调控产业组织和结构的规范时，应注意尊重市场主体意愿。调控产业组织行为是政府对产业中参与生产的主体间相互关系进行的"中观调控"，[2]既非重点关注企业内部架构，也非重点关注行业之间的产业生态，其核心在于调控企业规模、促进公平竞争，[3]以及促进企业规模效应、提高协同发展能力。而调控产业结构一般是指政府根据产业结构演变规律，[4]明确各产业在国民经济中的地位、作用，确定产业结构协调发展的比例。[5]调整文化产业组织的规范与调整结构的规范的核心区别在于，实现组织优化要在充分尊重市场规律的基础上通过政府的管控行为抑制恶性竞争，间接促进市场自由竞争；而要实现产业结构优化，调节不同行业间的配比，需要在尊重市场规律的基础上通过政府促进措施的利益引诱，引导生产要素的流动。

文化产业促进法在将长远性产业政策转化为法律规则的过程中，应当注

---

〔1〕 马克思主义理论一般认为先进文化的评判标准是理性尺度、历史尺度、物质尺度、价值尺度的统一，先进文化就是兼具科学性、真理性，能够促进人的自由全面发展、推动生产力提高的文化，然而具体实践中把握起来往往难以拨云见日。

〔2〕 杨吉华："文化产业政策研究"，中共中央党校2007年博士学位论文，第38页。

〔3〕 汪同三、齐建国主编：《产业政策与经济增长》，社会科学文献出版社1996年版，第43页。

〔4〕 一般认为产业结构是指宏观上产业占国内生产总值的比例以及中观上产业内各行业的比例关系。

〔5〕 邬义钧、邱钧主编：《产业经济学》，中国统计出版社2001年版，第500页。

意散布于促进环节、促进措施中的文化产业组规范政策与结构规范所依据的核心理念之差异，既要坚定地对有困难但有潜力的企业、行业或相关技术进行综合扶持，也要充分尊重市场规律，避免破坏公平竞争关系，甚至出现歧视性支持和利益输送等问题。此外，建议文化产业促进法在后续修订过程中逐步完善对规范落实流程的细节规定，完善意见吸收程序，加强促进行为可诉性研究。

二、文化产业促进基本法方案设计

（一）文化产业促进法总则

总则规定了本法的宗旨、目标、基本概念、责任主体等，前文已对文化产业促进法的立法目的、调整范围作出了详细论述，不再赘述。除此之外，结合《文化产业促进法（草案送审稿）》的内容，文化产业促进法的总则部分应关注下述内容：

第一，守正创新。习近平总书记特别重视挖掘中华五千年文明中的精华，弘扬优秀传统文化，指出"中华民族是守正创新的民族"，强调"无论时代如何发展，我们都要激发守正创新、奋勇向前的民族智慧。"创新是发展的不竭动力，《文化产业促进法（草案送审稿）》的第5条"文化创新"对此作出宣誓性规定，从国家鼓励"内容、技术、业态"的层面，点明文化产业促进法提倡并鼓励文化产业领域创新的理念。但是，纵观总则所有11条条文，其并未突出中华民族特色文化、传统文化的深厚积淀和先进性，也未强调文化创新需要依靠本民族璀璨的文化遗产而进行，因此，建议将第5条前半句修改为："【守正创新】国家保护传统文化遗产资源，提倡对传统文化、民族特色文化以及社会主义先进文化进行充分开发利用，鼓励文化产业从内容、技术、业态等层面开拓创新。"

第二，规划发展与部门职责。《文化产业促进法（草案送审稿）》第4条规定，文化产业发展将纳入国民经济和社会发展规划，并将制定专项规划、指导目录，来促进结构调整和布局优化，第6条规定了主管文化产业促进工作的政府部门"职权"，[1]两条一并组成了我国文化产业促进领导体制的基

---

〔1〕 与传统管理型法律的"职权规范"不同，文化产业促进法规定了部门权力、义务，但这种权力大多为鼓励、引导等，其施行较少附带国家强制色彩。

本法律规范，回答了"谁来领导促进工作的问题"。第7条还鼓励文化行业组织依法制定行业自律规范，充分体现了社会多元治理的理念。值得注意的是，《文化产业促进法（草案送审稿）》未专门提及经济领域部门职责，也未规定部门协调机制、综合促进部门，应对协调机制加以细化完善。

第三，合法经营与内容合法。《文化产业促进法（草案送审稿）》第10条"合法经营"以及第11条"内容合法"，是从经济、文化两个角度对文化产业主体"应当为或不为某一行为"的基本义务作出的规定，位于总则最后一部分，其与本法第八章法律责任部分一同构成法律义务和违法责任的完整结构。从保障文化产业促进法的落实角度，管理性规定当然有其必要之处，但文化产业促进法并非直接调整文化产业主体创作行为的法律，世界上其他规定文化产业振兴法的国家也并未在振兴法、促进法总则中设置产业主体的责任条款，[1]更符合文化产业促进法之"促进"特色的思路是：在此规定国家鼓励、提倡文化产业主体积极参与构建、维护良好的市场秩序，坚持社会主义核心价值观，创作、传播高质量精神文化产品，与第二章中鼓励创作的有关条款相连接，也为文化产业专门法作出概括示范。

（二）文化产业促进环节与促进措施

文化产业促进环节指文化产业促进措施所针对的文化产业环节或重点要素。此"环节"并非单纯流程环节，而是指产业生态所涉连接点，是文化产业背后涉及的行为、参与主体、背景环境等因素或其组合。《文化产业促进法（草案送审稿）》所涉及的促进环节，包括创作生产环节、文化企业主体、文化市场机制三部分，促进措施则包含人才、科技、财政金融政策措施等。

具体条文设置上，本书重点针对下述条款提出建议：第一，《文化产业促进法（草案送审稿）》设置"精品战略"条款。本条第1款规定了国家在促进文化产业内容进步方面的职责：编制专项创作规划，落实重大创作工程项目，举办文化精品展演展播展览展示活动。随着商品经济发展和社会进步，人类社会文化产品的品种越来越丰富，数量越来越多，传播速度越来越快，文化产品的创作和生产也呈现出一些新的趋向，如商品化、大众化、流行化

---

〔1〕 不过，在文化基本法中，有些国家如蒙古国、哈萨克斯坦等，设置了公民的权利义务。参见中共中央宣传部政策法规研究室编：《外国文化法律汇编》（第一卷 文化基本法、文化产业振兴法律），中国国际广播电台对外交流中心、新华社世界问题研究中心译，学习出版社2015年版，第3—10、17—33页。

等，在市场化的环境中，文化精品、文化经典往往需要时间的检验，不一定能从浩如烟海的文化产品中脱颖而出。从鼓励先进文化创作、传播的角度来看，需要相关部门树立典型，引导社会主流意识形态的选择。此条款通过规定文化精品创作工程、展示工程，发挥国家有关机关的促进职能，体现了我国文化领导体制优势。但对于什么是先进文化产品、人民群众需要的文化产品，以及本条第 1 款的具体适用细节，如责任主体、资金来源等，还有待进一步探索和立法细化。

本条第 2 款规定了文化艺术评奖机制，正式将全国性文艺评奖制度改革纳入了法治轨道，使得文艺评奖制度有了法律依据。在此之前，中共中央办公厅、国务院办公厅曾印发《关于全国性文艺评奖制度改革的意见》，[1]旨在坚持正确导向、发挥文艺评奖制度的正向激励作用，解决评奖过多、奖项重复交叉、标准不尽科学、程序不尽规范、监督机制不尽完善等问题。建议《文化产业促进法（草案送审稿）》将此前文化评价制度的优良经验总结归纳，在第 15 条第 2 款中将《关于全国性文艺评奖制度改革的意见》中评奖主管机构、评价标准、监督机制等规定落实为法律规则。

第二，"创作便利""基金支持""支持传播"条款。为创作者提供便利，主要指政府机关为创作行为提供工作条件与展示平台，人民团体、社会组织为其提供协调、维权等服务。前者属于直接规定政府有关机关的行为义务，后者则是"鼓励和支持"人民团体，属于政府的间接促进职责。

"基金支持"条款中规定"国家发挥现有专门基金的作用"，这意味着以下两点：一是文化产业促进法并不直接要求政府直接对创作活动提供财政支持，二是文化产业促进法并不直接调整相关基金的组织建立和行为规范。前者是因为创作者的创作动力、资金保障涉及市场竞争和利益平衡，私法规范已经通过财产法体系、竞争法体系等保障了创作者的收入以及人格利益等，无需专门针对其创作活动予以公法上的直接资金支持；后者主要是由于文化产业促进法的主要调整对象是政府或有关机关的行为，基金组织则由其他法律规范进行调整或由党和国家其他机关领导，文化产业促进法不宜对其进行过度约束，使其丧失灵活性。

第三，守正与创新条款。守正与创新条款是典型的倡导型规范，鼓励加

[1]　2015 年 10 月 8 日发布。

快发展新型文化业态、改造提升传统文化业态，同时鼓励加强文化科技创新和应用。其问题在于，"机构应当大力传播优秀作品"，"学校应当……发挥国民教育在文化传承创新中的基础性作用"，"构建有中国底蕴、中国特色的思想体系、学术体系和话语体系"等表述十分宽泛。传播机构、学校、学术组织在一定程度上具有促进文化产业发展的能力与职责，比单纯的文化市场参与主体更具可调整性，且我国既有文化建设实践中存在诸多优秀实践典范，可以结合既有实践经验在文化产业促进法及其他法律规范中对上述规定进一步细化。另外，法律规则结构也并不完善，只有行为规范而没有奖励或惩罚的行为后果。

值得关注的是，在鼓励创新方面，草案规定国家鼓励文化创作的数字化、智能化，鼓励创意服务产业，充分把握我国当前文化产业突出特点，将文化领域发展规划予以落实。2022 年国家统计局发布的《全国文化及相关产业发展情况报告》指出，我国"文化新业态行业营业收入占比超过 30%，产业结构不断优化"，新业态行业[1]即为随着国家文化数字化战略的深入实施，以数字化、网络化、智能化为主要特征的文化行业。文化创意设计和服务产业则"处于产业链的高端，主要包括文化软件服务、建筑设计服务、专业设计服务和广告服务，不仅具有高知识性、高增值性和低能耗、低污染等特征，而且对增加各行业产品和服务附加值、促进产业链延伸和价值链提升具有重要意义。"[2]

此外，近年来在鼓励传统工艺、文旅融合、海外推广等方面，国家相关机关已经落实《国民经济和社会发展第十四个五年规划和 2035 年远景目标纲要》以及相关领域的指导意见，通过发布《文化和旅游部、教育部、科技部等关于推动传统工艺高质量传承发展的通知》[3]《"十四五"文化和旅游发展规划》[4]《商务部等 27 部门关于推进对外文化贸易高质量发展的意见》[5]

---

[1] 新业态特征明显的 16 个行业小类是：广播电视集成播控，互联网搜索服务，互联网其他信息服务，数字出版，其他文化艺术业，动漫、游戏数字内容服务，互联网游戏服务，多媒体、游戏动漫和数字出版软件开发，增值电信文化服务，其他文化数字内容服务，互联网广告服务，互联网文化娱乐平台，版权和文化软件服务，娱乐用智能无人飞行器制造，可穿戴智能文化设备制造，其他智能文化消费设备制造。

[2] 参见 2015 年《河南省文化创意和设计服务与相关产业融合发展规划（2015—2020 年）》。

[3] 文旅非遗发〔2022〕72 号，2022 年 6 月 23 日发布。

[4] 文旅政法发〔2021〕40 号，2021 年 4 月 29 日发布。

[5] 商服贸发〔2022〕102 号，2022 年 7 月 18 日发布。

等，进一步明确了指导规划以及部门职责分工。文化产业促进法可以提取其公因式，对包括文化与金融、文化与商业等在内的产业融合整体进行概括规定。

第四，文化产业与文化市场条款。《文化产业促进法（草案送审稿）》将产业主体的组织架构、文化产业市场环境作为促进环节，有其逻辑必然性，也与后文的"促进措施"，尤其是财政税收优惠等相对应。理论上，文化产业促进法的"促进环节"应当主要讲述环节是什么、有关主管部门的权责分工以及环节中主体的行为规范，但难点在于如何突出文化产业促进法的自身特点并与公司法、行政法、经济法以及相关法律相区分协调。

草案采取的是"主体行为规范"＋"政府职责"的体例，对文化产业企业主体、国企的权利义务和社会责任进行了概括式表述。从文化产业促进法的制度原理角度分析，一切本法规范都是为了实现文化产业促进之目的，因而这几条的目的主要在于规定这些主体所肩负的促进文化产业发展的社会责任，这就与一般商法、经济法、行政法中的企业一般责任相区分开来。[1]有学者认为，第30条对国有企业的"发挥对文化产业发展的主导和引领作用"表述不妥，因为这一表述使得国有企业有了超越平等主体的权力色彩。的确，从经济层面来说，国企本就是市场中的一员，不应"主导市场"；从文化层面来说，国企也并不一定比其他企业拥有更高水平的文化产品产出能力，难言"引领"。因此，其表述应为：有关部门应当有效领导、督促国有企业巩固并发展内容生产优势和传播主渠道优势，进而发挥模范带头作用。

文化产业促进法应对文化企业与文化市场的条文布局作进一步优化，贯彻促进法之理念，沿着"壮大文化企业—扩充文化市场"的促进法逻辑，对法条进行梳理布置：①从简化行政流程、优化营商环境、改革国企制度、引导企业提升数字化发展能力、打造文化品牌、鼓励公平竞争与协作等角度助力壮大企业自身；②从完善政府的公共服务体系、发展社会服务机构、发挥行业协会服务作用、发挥产业园区引导模范作用等角度为企业提供环境支持；③从培育和完善市场、引导和扩大消费、鼓励市场服务、构建和发展诚信体

---

〔1〕　当然，对于第28条"【行政许可】公民、法人和非法人组织从事文化产业活动，依法需要取得相关行政许可的，应当取得行政许可"这类规定，可以认为只是宣誓性地明确了企业所肩负的接受行政管理的义务。

系等角度，引导市场秩序、激发市场潜力。这样更能体现出促进法之突出特点，也更符合产业政策之逻辑，便于引导今后的产业政策制定与实施。

（三）法律责任其他重点内容

《文化产业促进法（草案送审稿）》第八章规定了文化产业促进机关的失职责任、渎职责任，以及市场主体因产出违法内容产品、扰乱文化产业发展、有损文化产业政策实施效果等行为而应承担的行政、刑事责任。从法的规范结构上来看，调整促进主体实施促进行为不仅要有鼓励规范，还必须明确政府或其他主体的法律责任。但第70条"市场主体责任追究"[1]有待改进：首先，只要实施条文所列行为，就应当受到处罚，而且必有倍数处罚，略显草率——因为该条用语并不精确，且未区分具体情景。其次，这些处罚规则与现行其他法律法规所规定的内容有所重合，引发法律适用冲突问题。如《出版管理条例》中发行法律禁止的内容的处罚规定与草案中生产、提供含有法律、行政法规明确禁止内容或严重违背公序良俗内容的文化产品和服务的应受处罚的内容基本一致，实践中是对文化市场主体作出两个处罚还是一个？且两个法律规范的惩罚规则不同，前者规定"违法经营额1万元以上的，并处违法经营额5倍以上10倍以下的罚款，违法经营额不足1万元的，可以处5万元以下的罚款"，后者规定"违法所得五万元以下的，并处违法所得五倍以下的罚款；违法所得五万元以上的，并处五倍以上十倍以下的罚款"，应当适用哪一个？草案规定"有关法律、行政法规另有规定的，从其规定"，由于草案规定的情况几乎都可以在其他法律、行政法规中找到相似规则，相当于架空了这一规范。最后，这是一部文化产业促进立法，应聚焦于"促进什么""怎样促进"两个核心问题，相应地在法律责任部分应对阻碍促

---

〔1〕 公民、法人和非法人组织违反本法规定，有下列行为之一的，由县级以上有关主管部门依据各自职责予以警告、没收违法所得；违法所得五万元以下的，并处违法所得五倍以下的罚款；违法所得五万元以上的，并处五倍以上十倍以下的罚款；情节严重的，责令停产停业、暂扣或吊销许可证或营业执照；构成犯罪的，依法追究刑事责任：（一）生产、提供含有法律、行政法规明确禁止内容或严重违背公序良俗内容的文化产品和服务的；（二）非法传播文化产品和提供文化服务的；（三）违反有关规定，擅自从事文化产业活动的；（四）违反有关规定，扰乱文化市场秩序的；（五）伪造、变造或非法出租、出借、买卖相关许可证、批准或者证明文件，或者以其他形式非法转让本法规定的许可证、批准或者证明文件的；（六）骗取国家文化产业优惠政策支持的；（七）在提供文化产品和服务过程中欺骗消费者、从事虚假交易、虚报瞒报销售收入、虚构市场评价信息的；（八）侵犯他人知识产权等合法权益的；（九）其他违反法律、行政法规行为的。有关法律、行政法规另有规定的，从其规定。

进行为正常实施的行为作出处罚规定，如骗取国家文化产业优惠政策支持，有责任实施促进行为而未实施的，有责任在文化产业促进法下制定、实施文化产业促进政策而未制定或违反文化产业促进法所规定的制定原则、规制、监督程序的，严重违反文化产业促进法与相关政策所组成的促进体系规制的故意干扰创作生产、破坏市场秩序、不当骗取促进优惠等类似性质的行为。而不应关涉不属于产业政策鼓励的内容，具体而言，草案应将擅自从事文化产业活动、欺骗消费者、侵犯他人知识产权等合法权益的处罚条款予以删除也不会与其他文化法产生冲突。

总的来说，文化产业促进法应紧紧围绕文化产业促进所需解决的"谁来促进""促进什么""怎样促进"三大问题，完善自身框架，不规定公共文化服务、文化市场监管、企业社会责任等内容，既避免模糊文化产业促进法的立法目的，无法突出文化产业促进的重点，也避免与公共文化服务保障、文化市场监管等其他文化领域立法内容重合，破坏文化法的体系性。具体而言，第一章总则应继续优化文化产业的内涵定义与界定方法，明确主管机关及其相互关系；第二章到第四章既应继续紧抓文化产业的关键环节，如创作、企业、市场，也可考虑增加重点问题作为单独环节，如新兴科技融合领域、国际交流与国际竞争、文化产业赋能乡村振兴等问题，有效助力并指引促进主体实施促进行为的准确性、切实性，指导促进主体找准促进行为的着力点；第五章到第七章，则需探索以往政策经验、地方经验，将其转化为法治化的促进规范；第八章法律责任部分应只对两部分内容予以规定，一是规定失职促进主体的失职责任，二是规定被促进主体恶意获取优惠的法律责任，以使得整部法律更加协调统一。

第三节　电影产业促进法

当前我国文化产业法治体系建设仍处于初期摸索和建构阶段，其最集中的体现就是缺乏统一的、较高层级的产业促进法，立法供给明显不足。文化产业促进基本法历时多年仍旧"难以敲定"侧面反映出人们对产业促进法的规范设计仍莫衷一是。基本法的"难产"进而导致专门产业促进法的立法工作失去了最根本的法治遵循，也停滞不前。当我们的视野转向现行法律规范中去，会发现当前的产业立法仅有一部 2017 年施行的《电影产业促进法》，这就为研究基本法和其他专门产业领域立法提供了可参考的法治模板。下文将着重剖陈电影产业促进法的规范内容，以此为文化产业法治体系建设觅得一条主线。

一、电影产业促进法概述

（一）电影产业促进法的范畴界定

依据《电影产业促进法》第 2 条的规定，电影指运用视听技术和艺术手段摄制、以胶片或者数字载体记录、由表达一定内容的有声或者无声的连续画面组成、符合国家规定的技术标准、用于电影院等固定放映场所或者流动放映设备公开放映的作品。如何确定"电影"的内涵，即《电影产业促进法》第 2 条中是否包含电视剧以及网络电影等是本法所要解决的八个主要问题之一。[1]

电视剧与电影共同构成了公民文化娱乐生活的重要部分。从产品生产过程看，两者具有高度的重合性，都属于对内容要素的演绎且内容要素的组成相似，均包含剧本、服装、音乐、美术等。但两者又存在着巨大的差异，具体表现为：第一，两者的播出平台及其性质不同。电视剧的上映平台主要是中央及地方电视台，该平台仍然属于事业单位，市场化和产业化程度有限；电影则通过以影视发行公司和院线公司为主的电影播映链发行和上映，已经实现了充分的市场化运营。第二，两者的终端消费模式不同。电视剧的播出主要依靠中央以及地方电视频道，以无线电视网和有线电视网作为传播介质；电影则主要集中在影院等固定或流动的公开放映场所。第三，两者的商业模式不同。以制片方和发行播映方为例，电视剧采取的是"B2B"模式，电视剧制片方的收入主要来自同电视台之间的版权交易，电视台的收入则主要来自广告，而作为播映主体的电视台并不与电视剧制片方进行广告收益的分账；电影则采取"B2C"模式，由电影制片方、发行方和院线按照票房情况进行分账。

网络电影是一种独立的文化产品，又被称为"网络大电影"，指时长超过

---

[1] 依照全国人大常委会法制工作委员会专家编纂的《中华人民共和国电影产业促进法释义》一书，本法主要解决八个问题，其中第一个问题就是《电影产业促进法》的调整范围，而其中"电影"的内涵界定又处于该问题的最前端。

60 分钟，制作水准精良，具备正规电影的结构与容量，并且符合国家相关政策法规，以互联网为首发平台的电影。网络大电影并不是因传统电影在传播路径上的改变而衍生的附属产品，而是在包括生产创作、发行传播、终端消费等全产业链环节均发生重大变革的新业态文化产业，拥有着自己独立的禀赋特点。传统电影运营属于在场型运作模式，制片方将影片投放至院线，观众通过购票方式前往影院等院线指定的放映场所欣赏消费。与之相反，网络电影运营可以被认为是一种在线型模式，具有相对独立的特点：第一，互联网发行。这也是网络电影与传统院线电影最大的区别，网络电影强调影片的发行就是在互联网平台进行的。第二，制作成本较低。2017 年六成以上的网络大电影制作成本集中在百万级别；[1]反观 2016 年的中国院线电影中，投资成本在 7000 万元以下的都基本属于中小成本。[2]第三，评价体系更为灵活。相较于院线电影主要依靠口耳相传和事后的网络评论，弹幕文化的引入为网络电影的评价体系开辟了全新路径。第四，分账模式更为灵活。与传统的院线电影相比，网络电影破除了传统的"制片方+发行公司+院线"三方分账模式，取而代之的是"版权费保底+拉新分账+观看分账+广告分成"这种多位一体、灵活组合的利益共享模式。[3]同时不同平台所采取的经营模式也各有特点，比如爱奇艺注重电影、综艺、动漫等多种形式的分众分账，重视版权开发和原创作品。优酷则通过成立店铺，开创了网络电影自运营的新业态，给了更多的中小民营电影公司生存的机会。

简而言之，虽然电影与电视剧、网络电影等在内容呈现的底层元素构成上基本相同，但三者在商业运作逻辑上仍然有较大差异。当前国家正在推动出台广播电视法，为广播电视行业发展提供法治保障。针对网络大电影，在立法研讨过程中曾有人大常委会委员主张将其纳入电影产业促进法的保护范围，但也因担忧两者在市场准入、产业运营和行业管理模式上的差异会导致规则的不兼容而最终作罢。因此，《电影产业促进法》中的电影不包括电视

---

〔1〕　白芸：《网络大电影：九成不赚钱！平均成本上涨十倍，投资加码却仍缺爆款》，载 http://www.nbd.com.cn/rss/fenghuang/articles/1157307.html，最后访问日期：2017 年 12 月 1 日。

〔2〕　《2016 国产电影性价比调查》，载 http://news.mtime.com/2017/01/11/1565400.html，最后访问日期：2017 年 12 月 1 日。

〔3〕　李杨芳：《网络大电影：内容自制的下一个掘金高地》，载 http://ip.people.com.cn/n1/2018/0626/c179663-30085673.html，最后访问日期：2023 年 7 月 30 日。

剧、网络大电影。

对于电影产业，当前立法并未对其进行法律意义上的界定，仅是在《电影产业促进法》第 2 条第 1 款规定法律适用调整电影的创作、摄制、发行、放映等活动。巴里·利特曼在《大电影产业》中提出，电影产业链是市场经济时代和产业格局下，以电影产品为核心，以其形成到最终消费所指涉的具有上下游关系的各个功能主体的集合。陈岩研究员立足电影产业链的上下游关系及其延展性特征，将其进一步划分为"传统电影产业链"和"大电影产业链"。所谓传统电影产业链，整合电影制作、发行、放映三个环节于一体，构建了一条从电影最初制作到最终提供给消费者的完整电影产业链条。而大电影产业链则在传统电影产业链的基础上实现了前后端的横向延伸和各环节的纵向融合。与传统电影产业链相对，大电影产业链致力于打造"哑铃型"模式：在电影产业前端加入电影投融资，通过资本介入方式有效化解电影产业面临的轻资产性、高风险性等问题；后端则致力于开拓以电影衍生品为轴心的其他产业模块。这里的后端市场既可以包括对影视元素的商品化利用，如创作同人漫画和小说等文化核心产品，也包括发展诸如影视基地和主题公园等文旅融合的文化产品。产业链的纵向融合可以理解为通过渠道扩窗、跨界融合以及联合营销方式推动电影的品牌化，使各产业环节动态联合，发挥最大效益。大电影产业链突破了时空上的局限，构筑了电影产业主体之间的经济生态系统，促进了传统票房经济的转型[1]。此种模式相较于国内电影行业的"橄榄型"产业模式[2]更能充分推动电影产业高质量、全方位发展。故而，电影产业促进法必须致力于转变我国的电影产业发展的旧有形态，向大电影产业链模式转型升级。例如，我国《电影产业促进法》第 7 条第 4 款对衍生品的保护规定，就体现了立法者对打造大电影产业链、促进电影产业转型升级和适应多元文化需求的期待。因此，从产业链角度对电影产业进行框定时，宜将其涵摄范围作进一步的横向延长与纵向扩展，即"电影产业指以电影制作、发行和放映三大环节为基础的文化产品供给过程，包含电影融投资、后电影产品开发以及电影品牌化为一体的全方位经济形态。"

---

〔1〕 陈岩主编：《中国电影产业发展趋势报告》，中国传媒大学出版社 2018 年版，第 15 页。

〔2〕 当前国内的电影产业呈现出中游发行环节规模大但上游制作与下游放映环节规模小的特点，前后端缺乏必要延展。

（二）电影产业促进法的历史沿革

1984 年我国电影产业促进法第一稿诞生，但伴随着社会主义市场经济体制的确立，这部具有浓重计划经济转型时代色彩的初稿也就此作罢。2000 年，"文化产业"这一概念在党的十五届五中全会上被首次提出；2002 年党的十六大进一步对"文化产业"与"文化事业"加以区分；2003 年文化部下发文件，将文化产业划分为九大类，影视业位列其中。[1]正是乘着电影产业化改革的春风，《电影产业促进法》的立法规划也再次被提上日程。2003 年，国家广播电视总局正式着手法律起草工作并于 2008 年定稿报送、2011 年向社会公众征求意见，此后经过长达五年的广泛讨论，几易其稿，《电影产业促进法》最终于 2016 年经全国人大常委会第二十四次会议正式审议通过并于次年正式实施。为规范迅速扩张的电影市场，在对电影产业促进法进行立法论证的过程中，我国也陆续通过了《电影管理条例》等一系列行政法规与部门规章。从重新着手起草到最后实施，《电影产业促进法》的诞生前后历经了十三年时间，可见其立法过程之艰辛，这也侧面反映出我国电影产业法治建设仍存在许多问题亟待解决。纵使过程艰辛，但这部法律的出台仍然具有里程碑式的意义。它是我国文化体制改革以及文化产业法治化建设的一座里程碑，也为倒逼文化产业促进基本法的规则构建提供了原生动力和模板参考。

（三）电影产业促进法的立法宗旨

《电影产业促进法》第 1 条开宗明义地指出本法的宗旨在于"促进电影产业健康繁荣发展，弘扬社会主义核心价值观，规范电影市场秩序，丰富人民群众精神文化生活"。习近平总书记强调，要坚持把社会效益放在首位，牢牢把握正确导向，守正创新，大力弘扬和培育社会主义核心价值观，努力实现社会效益和经济效益有机统一，确保文化产业持续健康发展。电影产业促进法的出台是深入推进全面依法治国，让文化事业、文化产业在法治轨道上走得更快更稳更好的重大立法举措，是贯彻落实党的十八届四中全会中确立的"建立健全坚持社会主义先进文化前进方向、遵循文化发展规律、有利于激发文化创造活力、保障人民基本文化权益的文化法律制度"的宏观战略部署。

在理解电影产业促进法立法宗旨过程中要精准把控社会效益和经济效益双效统一的辩证关系。在市场经济条件下，经济效益是基础，社会效益是灵

---

〔1〕《文化部关于支持和促进文化产业发展的若干意见》，2003 年 9 月 4 日发布。

魂。经济效益和社会效益"双效统一"既是文化领域供给侧结构性改革的准绳，又是优秀文艺作品创作和文化企业经营必须遵循的内在规律。[1]《电影产业促进法》中也集中回应了这一基本原则：在第二章"电影创作、摄制"中指出，电影的摄制过程必须坚持生态优先原则，遵守有关环境保护、文物保护、风景名胜区管理和安全生产等方面的规定，积极采取保护措施；强调内容把控，确保中国电影能够体现和承载社会主义核心价值观，传承和弘扬中华优秀文化，提升民族文明素质，展示中国良好的国家形象和中国人民良好的精神风貌。在第三章中强化了实现社会效益方面的政府义务，注重文化产业发展与文化事业发展的互联互通，加大对农村电影放映的扶持力度，将农村电影公益放映纳入农村公共文化服务体系建设，保障公民基本文化需求，实现城乡公共文化服务供给均等化。第四章中列明对特定题材电影的支持态度，鼓励和支持少数民族题材的电影创作与翻译推广，采取多渠道推动电影产品的海外推介，扶持农村、边疆和贫困地区开展电影活动。通过上述系列产业支持与保障规范，《电影产业促进法》致力于以优质文化产品弘扬社会主义核心价值观、铸牢中华民族共同体意识，向世界讲好中国故事、传递中国声音。

二、电影产业促进法的基本内容

（一）以义务为本位，优化政府权责配置

电影产业促进法以义务为本位，强调政府在产业促进方面的各项义务。考察我国电影产业促进法的立法工作侧重点，总的来说是以义务为本位进行规范设计的，着重于明确政府促进文化产业的责任。具体体现为：《电影产业促进法》在总则部分整体构筑起以国家和县级以上人民政府为主体的二元电影管理体制，着重强调保护知识产权的政府责任，明确中央政府的宏观调控义务，确立了政府在推动技术创新、产权保护以及内容创作等领域的基本职责；在第二章中重点明确各级政府对电影产品内容的前端审查职能，发挥政府在推动电影产品准入方面的自主研判功能并进一步优化相关程序规范，实现以管带促；在第三章中明确政府对电影放映与发行的主体资格认定以及放

---

[1] 范周：《文化领域供给侧改革须坚持"双效统一"》，载《光明日报》2017 年 3 月 29 日，第 11 版。

映管理职责，突出政府在实现文化资源的城乡协调配置以及文化育人功能上的主导作用，细化其促进电影产业发挥社会效益方面的主体义务；在第四章则集中系统地规定了政府在财政倾斜、资金补贴、产业税收、人才培养和产业融资等领域的主体义务。

《电影产业促进法》积极落实政府职能转变的改革成果，相较于早先实行的《电影管理条例》，《电影产业促进法》在电影活动管理的全过程中实现了政府松绑和权力下放，优化了中央和地方政府的权责配置，为产业发展打造了更为优质的营商环境以及更加到位的政府服务：在电影摄制创作阶段，本法将六项行政审批缩减为四项，完全取消关于电影摄制资质的前端审查并改革剧本的行政许可模式，将上述两项审批事项进行合并，确立了以剧本备案为原则、审批为例外的前端管理模式；在电影发行阶段，随着简政放权的不断深入，加之目前国内电影统一市场的形成，已经难觅仅在某个省内单独成立的院线公司或者电影发行公司，因此在发行公司和院线公司的设立上采取了更为灵活的规定，将电影发行公司以及院线公司设立的审批权限由中央下放到省一级地方政府，既巩固了政府职能优化的改革措施，也为下一步优化政府在企业市场准入审批方面的权责配置留足空间。在电影放映阶段，相较于摄制与发行，相关主体从事电影放映只需经过县级以上主管部门批准即可。

（二）以法律形式巩固多层次政策规范

一方面，《电影产业促进法》统合过往实践经验，将那些经住历史考验和市场捶打的产业政策成果以法律形式予以确认。比如 2008 年由财政部牵头确立的一系列专项基金扶持制度，比如文化产业发展专项基金、电影事业以及电影精品专项基金等，再如自 2005 年起由多部门联合实施的关于推动文化体制改革中的产业税收支持政策等。这些产业扶持政策都是被实践证明对我国过去的电影产业改革具有重大促进作用，也必将为未来产业高质量发展保驾护航的良方。另一方面，《电影产业促进法》为未来政策的制定指明基本方向、框定政策理念、确立基本原则。本法在产业政策支持方面仍多为原则性规定，这是为了避免一刀切，防止对政府促进电影产业发展的积极性和自由度产生反向侵蚀。与电影产业发展有关的法律和政策的协调模式应当是以电影产业促进法为统领法，对经过长期调研且论证合理的政策以法律方式予以明确，但也不能大包大揽，不当侵越其他部门法的调整范围，避免冲突混乱。对尚在摸索阶段、仍未达成统一的产业支持政策，宜作出原则性规定，体现鼓励性立法的精神，发挥各级政府与立法机关的主观能动性，引导地方因地制宜地出台产业政策，指导行政法规、地方法规以及部门规章制定配套方案。

1. 税收政策优惠

在税收政策上，《电影产业促进法》规定，国家实施必要的税收优惠政策，促进电影产业发展，具体办法由国务院财税主管部门依照税收法律、行政法规的规定制定。《电影产业促进法》在税收问题上仅作出了原则性规定，并未对电影产业的税收优惠作出具有针对性的、具体化的规定。该部分在电影产业促进法立法过程中争议最大，界别人士担忧这种笼统的规定会缺乏可执行性，仅能发挥宣誓作用。针对该问题，全国人大常委会法制工作委员会曾作出较为权威的解释，指出党的十八届三中全会要求税收优惠政策统一由专门税收法律法规规定，因此立法一般不再对财政、税收等问题作出具体、明确的规定。故《电影产业促进法》对有关税收优惠的规定应当保持谦让与克制，当《电影产业促进法》涉及财税政策时，就很难也不应作出具体规定。[1] 但本法尚可再进一步就税收优惠的支持对象以及税收改革的整体方向和原则进行规定。一方面，《电影产业促进法》可以大致框定税收优惠的支持对象，至于具体的优惠方式则可交由其他税收法律以及税收政策设计。比如，针对后文将要提及的版权质押融资，国家可以明确对融资机构给予必要的税收优惠政策，鼓励融资业务发展。再如，当前国内亟待构建更为完善的电影工业体系，对技术创新提出新的要求。《电影产业促进法》第6条即明确规定国家鼓励形成以企业为主体、产学研深度融合的技术创新体系，为此应当对文化科创的投入、研发、推广和应用等多个环节分门别类地实施优惠政策，加强对中小文化企业的税收扶持力度。再者，为推动落实电影出海战略，本法应当明确对出口电影实施更为强力的优惠政策。最后，产品创作是电影产业之基，本法应当对导演、编剧等相关从业者给予更为积极有效的个人税收优惠。另一方面，《电影产业促进法》应当确立本领域税收改革的基本原则，明确多种税收优惠政策并行、扩大文化消费为导向、降低税负、差异化设置税率以

---

[1] 参见蔡赴朝：《关于〈中华人民共和国产业促进法（草案）〉的说明——2015年10月30日在第十二届全国人民代表大会常务委员会第十七次会议上》，载《中华人民共和国全国人民代表大会常务委员会公报》2016年第6期。

及完善税收监管等基本原则。

2. 专项资金投入

我国的电影产业起步晚，在很多方面都与国外电影产业有着较大的差距，若仅依靠电影产业自身来发展，短时间内难以有效减小与其他国家间的差距，因此有必要依靠政府的支持和引导，加速我国电影产业的发展，早日在世界市场占据高位。《电影产业促进法》主要规定政府资金支持，包括专项资金以及社会资本支持两种方式。域外国家也多通过产业专项基金或者资金的方式对电影产业发展提供必要财政支持：2007 年德国正式成立德国联邦电影基金，通过正向激励和负向激励结合的方式确立文化测试标准，采取捆绑式的事前激励等制度规则，成功吸引了众多本国和海外的电影项目，资助了 1000 多部电影的制作，资助总额高达 5.8 亿欧元，受资助电影的总制片成本近 52 亿欧元；[1] 印度政府颁布法规批准外国公司可以直接投资印度电影产业，2001 年还补充规定外资投资可以高达 100%，并放宽了投资领域。我国当前也建立起多元化的专项财政扶持和基金支持制度，具体包括由财政部设立的文化产业发展专项资金，以激发企业、个人和社会加大对文化产业投资的热情与市场信心；设立电影事业专项基金，由中央和省两级分别设立省级电影专项资金管理委员会管理基金，用于资助电影配套设施建设、国产电影制作和少数民族电影译制等，以此维系民族电影的竞争力和生命力；设立电影精品专项基金，用于支持电影精品的摄制，支持优秀国产影片创作生产和宣传推广、电影设施建设、国产电影新技术推广应用等。除政府出资之外，政府还鼓励社会设立产业投资基金，通过公募或者私募方式将不确定多数投资者的急出资汇集成一定规模的信托资产，由专门投资管理机构不特定产业的企业或者项目进行组合投资，以实现规避投资风险和促进产业健康成长的目的。

3. 融资服务保障

在金融支持上，国家鼓励金融机构为从事电影活动以及改善电影基础设施提供融资服务，依法开展与电影有关的知识产权质押融资业务，并通过信贷等方式支持电影产业发展。前文提及，电影产业的一大特点是资产性，即

---

〔1〕　曹怡平：《德国联邦电影基金的运作机制、成效及启示》，载《电影艺术》2017 年第 6 期，第 153—156 页。

电影在创作、发行和放映等环节都需投入大量资金，国家电影产业具有较高的资本系数。在内容制作产业中，电影版权是最为重要的无形资产。但与此同时，由于电影在制作过程中，电影预期的经济收益与社会效益是难以预估的，以电影版权作为资本融资的资产，在前期难以实现有效的估值，无论对制片方还是投资方来说，都属于高风险投入。如果说这是各国面临的共同挑战，具体到我国，在电影市场准入环节采取的审查制加之目前不确定的审查标准就会进一步挫伤市场信赖度。

当前的电影产业质押融资模式主要可以划分为四类：第一类是单一版权质押，将一项或者多项优质版权作为质押标的；第二类是应收账款质押，主要是将制片方与发行公司的版权购买预售合同作为质押标的；第三类是未来收益权质押，主要是将未来的票房收益等营业收益作为质押，以票房所得分账还款；第四类是组合担保质押，即在将电影版权担保质押的基础上，将有限的不动产，如房产、土地等作为质押物或者提供个人保证等。其中电影版权质押融资中的版权，包括已有版权和期待版权两类，而已有版权随着上映期的结束，其商业估值也会进一步降低；期待版权则是以尚未创作完成电影的未来收益作为质押，但当前的期待版权质押融资业务仍存在法律规则缺位、融资风险大、评价估值困难和交易市场混乱等问题。第一，基本法律制度缺位。当前的著作权质押仍以已有版权为标的进行规则设计，而在期待版权是否可以设立质权上，立法并未予以释明。我国在期待版权质押上缺乏必要的规范建构，这就导致相关质押合同在商事活动中的性质定位不明、法律纠纷的风险增大，故而商事主体之间开展版权质押融资业务主要仰赖的是彼此之间积累的市场信誉和信赖利益，融资业务开展缓慢。第二，外部因素影响风险较高。当前演艺市场管理秩序有待完善，国家不断加大对劣迹艺人的打击惩戒力度，演职人员的社会评价充满不确定性并影响着电影未来走向，甚至有"出师未捷身先死"之可能，除此之外，对外关系、国家政策等诸多不稳定的外部因素都使融资方望而却步。第三，期待版权在设立质押时的估值问题也亟须解决：一方面，当前版权价值评估体系并不完善，评估机构未成规模、评估标准各异、评估费用昂贵；另一方面，缺乏更为统一的版权交易市场和快捷的版权交易通道，社会资本介入程度低，版权变现困难。

为此，电影产业促进法在阐明对知识产权质押融资业务支持态度的同时，也必须建立起与之匹配的知识产权质押制度，补足期待版权质押的法律规则空白。未来应当在立法中明确期待版权的法律地位并完善其设立规则，建立期待版权的预告质押制度，精细化处理好质押过程中电影产品涵摄的各权利主体利益。现行《电影产业促进法》鼓励通过组合担保等方式降低电影融资过程中融资机构的风险系数，但电影产业本身的资产性又决定了这种组合担保的作用有限，融资机构持有更加审慎的态度，审核过程耗时巨大。因此本法也进一步规定，国家开发更多有关电影融资的保险产品，降低市场对版权质押风险的忧虑。针对当前的评估体系不完善问题，应当充分引入第三方评估机构，建立国家层面的版权评估指引，统一评估标准。

（三）以社会效益为导向发挥公共服务效能

针对农村地区，当前电影产业的空间布局存在着乡村基本文化需求同城乡文化产品供给不平衡之间的矛盾。《电影产业促进法》第28条贯彻以人民为中心的理念，注重文化产业布局的协调发展，通过政府引导和帮扶，合理调配文化产品的城乡资源配置，丰富乡村居民的精神文化生活，助力乡村文化振兴，使电影产品可以更好地惠及全体人民。为此国家实行政府主导的农村公益电影发行与放映工作，明确县级以上人民政府应当将农村电影公益放映纳入公共文化服务体系的建设规划中，框定了政府的宏观调控责任：在发行阶段实行政府出资的版权采购与统一发行。国家广播电视总局每年会划定一定数量的公益电影，由中影新农村数字电影发行有限公司（以下简称"中影公司"）代理国家广播电视总局出面、由政府出资向制片方采购公益版权，随后在统一平台面向各农村数字电影院线公司接受订购，完成电影发行工作。当然，对不属于国家广播电视总局划定的公益电影，中影公司也可自行进行版权采购并投放农村院线市场。在放映阶段，国家鼓励各地由政府牵头、吸纳社会资本参股筹建农村数字电影院线公司，在政府规划指导下鼓励社会资本参与完善当地农村电影放映基础设施与配套设施的建设工作。此外，在放映过程中要强化监管工作，使政策支持落实到刀刃上，严禁院线公司将公益电影投放至县级以上城市专业电影院放映，严禁以虚报、冒领等手段骗取农村电影公益放映补贴资金。

针对特殊群体，《电影产业促进法》第28条第1款的规定形成了学校牵头、政府推荐、多元合作的未成年人观影机制，充分发挥电影文化育人功能，推动未成年人义务教育事业的高质量发展。首先，政府要利用好其权威性和引导性地位：一方面在优秀电影的筛选中发挥主导作用，由国务院教育和电影主管部门进行影片推荐工作；另一方面政府积极主动协助学校与院线的交流合作，为未成年人观影提供充足片源和观影场地，将影视教育开支纳入公共经费开支范畴。此外，学校作为未成年人义务教育的主阵地和第一责任人，应当将影视教育纳入义务教育规划范围，积极联系院线，在条件允许的情况下，开展电影进校园活动，拓展校园院线。《电影产业促进法》第28条第2款则充分展现了本法对特殊群体的人文关怀。文化产业的兴旺应当是惠及全体人民的，针对未成年人、老年人、残疾人、城镇低收入居民以及进城务工人员，影院和其他企业或者个人应当在票价收取、配套设施建设等方面提供便利。对未成年人实行电影进校园活动，由政府牵头合作，共建覆盖高校、辐射中小学的校园院线；对城乡低收入居民等群体，通过票价优惠途径，推广惠民观影，使电影产品"飞入寻常百姓家"；对行动不便的老年人，鼓励建设社区放映点，便捷老年人观影；对残障人士，完善影院场所设备，对视障人士要设置专门的盲道和绿色通道。积极筹建专门放映厅和无障碍影院，使残障人士可以平等融入社会、共享文化资源。

针对少数民族，习近平总书记在党的二十大报告中指出，要以铸牢中华民族共同体意识为主线，加强和改进党的民族工作，而助推少数民族文化事业和文化产业的繁荣发展是民族工作的内涵要求之一。首先，《电影产业促进法》规定，鼓励、支持少数民族题材电影创作，将少数民族题材电影纳入影片或重点影片的资助范围，对民族地区申报的电影重点关注并给予政策支持，鼓励少数民族题材电影进入主流院线。其次，法律支持电影的少数民族语言文字译制工作。我国《著作权法》第24条第1款从私权利益分配的角度豁免了将中国公民、法人或者非法人组织以国家通用语言文字创作的作品翻译成少数民族语言文字作品并在国内出版发行的法律责任，将其纳入合理使用，但政府仍需采取更为积极有为的措施。一方面，加快少数民族语言译制中心建设，鼓励各地广播影视类企业建立译制中心，增加优秀广播影视节目的民族语言译制量。另一方面，加大对译制工作的资金支持，通过"以奖代补"的方式为各译制中心提供资金支持。最后，要统筹保障民族地区群众观影需求。和农村地区一样，我国少数民族地区在电影播映和观影的基础设施与配套设施建设上较为匮乏，政府应当致力于改善民族地区，尤其是边远农牧区电影放映条件，实施民族地区农村电影公益放映工程。推动固定和流动数字化放映全覆盖，积极培育发展民族地区农村电影放映主体。[1]

三、电影产业促进的法治展望

（一）着力推动优质电影内容生产

首先，政府要重视对电影内容创作的保护、引导和帮扶。电影产品的核心竞争力在于剧本，而剧本的优劣则主要取决于两个方面，一个是题材的选取，另一个是叙事。中国五千年的历史长河为我们提供了取之不尽、用之不竭的创作题材，淬炼出自成一体的民族秉性、精神特质和价值观念。我们既可以立足于当代中国的多样题材，也可以从中华传统文化中汲取养分、获得灵感。但题材的选取只是基础，通过形式和手段的创新来架构其优秀的剧本叙事更为重要，这也是目前国产影视作品必须突破的瓶颈。比如，当下国产职场剧存在剧本创作缺乏新意、故事内容脱离现实等痼疾，如"主旋律电影"一词在年轻受众群体中也逐渐成了略带贬义的词汇，这都源于剧本创作质量的乏善可陈。许多主旋律电影被打上了说教的烙印，但这并不是题材本身的缺陷，而是源于剧本创作的短视。事实上，无论是电影市场还是电视剧市场，近年来其都不乏优秀的主旋律作品，比如《山海情》《大江大河》等一系列现实主义题材电视剧，凭借优秀的剧本设计、专业的导演团队和敬业的演职人员，为我们展现出改革开放和脱贫攻坚时代大潮下的人与事；电影《我和我的祖国》《长津湖》等也取得了不菲的票房和口碑。如何做到新瓶装旧酒是对剧本创作者提出的新课题，比如2014年的《父母爱情》让影视行业从业者再次看到了年代剧的巨大市场空间，但也必须避免此类剧集最终走向千篇一律的归途。2019年《流浪地球》的横空出世被誉为中国电影的科幻元年，却并未为科幻电影市场带来足够的长尾效应，相关领域的电影创作质量仍是参差不齐。

其次，政府对我国电影产业的促进手段应适当。《电影产业促进法》为国产电影的创作市场提供了倾斜式保护，并对其播放时长和场次进行了规定，要求电影院应当合理安排国产影片的放映场次和时段，并且放映的时长不得低于年放映电影时长总和的三分之二。比较法视角下，这种银幕配额制早有实践先例。1999年，面对好莱坞等美国电影对本土市场的巨大冲击和本土电

---

[1] 许安标主编：《中华人民共和国电影产业促进法释义》，法律出版社2017年版，第206—207页。

影竞争力的持续下滑，韩国对《电影振兴法》进行了第二次修改，其中明确要严格执行国产电影的银幕配额制，即每一个影厅每年必须放映 146 天的国产电影，保护力度相当之高。韩国电影的发展并没有依赖这种被动式的保护，事实上在实施银幕配额制后韩国电影经历了一段时间的快速发展，最终还是变得萎靡不振。2006 年，韩国将银幕配额制规定的天数下降到了 73 天，随后又相继确认了电影分级制度并成立了电影振兴委员会，通过引入社会力量推动电影市场自治。因此，银幕配额制只不过是政府公权力强制介入后的兜底之策，我们要谨防因这种"保姆式"立法所引发的电影产品趋同化和粗制滥造现象，唯有以质取胜才是固本之策，创作者一定要在体裁、形式、手段等方面下足功夫。

对此，一方面要突出政府在与电影相关的知识产权保护中的地位。《著作权法》在电影知识产权保护中发挥着基础性作用，其详尽规定了电影作品的创作主体之间的利益配置、权利内容以及保护期间，为电影的版权交易以及电影产品的发行上映等提供根本的私法规范指引；通过注册商标获得对电影名称以及部分核心内容要素的市场垄断，有利于维护电影市场秩序，同时也为后续开拓衍生产品市场和培育跨界联名等新型商业模式扩展空间；强化专利保护，重视电影制作、放映等环节的技术开发，推动电影制作技术和放映技术等革故鼎新，满足人民群众的新型电影消费需求、增强产品的国际竞争力。为达到上述目标，必须推动完善以知识产权专门法为主干、司法保护为主导的私权保护体系和政府主导的行政保护体系，走出一条司法与行政保护的中国特色电影知识产权保护道路。县级以上政府要以《知识产权强国建设纲要（2021—2035 年）》为统领，打造便捷高效、严格公正、公开透明的行政保护体系，牢牢把握以执法人才培养、执法规则完善、行政司法协调共进等为核心的工作主线，在跨部门跨区域以及国际执法合作、执法监督平台现代化建设等方面进行优化探索。另一方面，《"十四五"文化发展规划》指出，要把创作优秀作品作为中心环节，推出更多无愧于时代、无愧于人民、无愧于民族的精品力作。这要求我们第一要坚持以人民为中心，抓好重大现实题材、新时代发展题材、国家重大战略题材、爱国主义题材、青少年题材、军事题材的创作，贴合群众生活，回应群众文化消费多元需求，避免"假、大、空"的电影创作。第二，文学创作既要取材于当代，也要挖掘好、继承好、利用好中华传统文化资源，"收百世之阙文，采千载之遗韵"。中华文化文脉悠久、生生不息、资源丰富。2015 年的《西游记之大圣归来》、2019 年的

《哪吒之魔童降世》和《白蛇：缘起》以及 2023 年的《封神第一部：朝歌风云》无不昭示着 21 世纪中国电影创作的新出路。第三，要鼓励通过数字技术赋能传统文化资源的影视化创作，以更为优质的故事内核与更为先进的现代技术，推动文化资源多渠道活态传承，实现传统文化资源的创造性转换和创新性发展，创作出更多人民喜闻乐见、具有中国特色、彰显时代精神的优质文化产品。第四，要完善组织引导，发挥政府引导作用，通过实施文艺作品质量提升工程，着力打造国家级以及省级重大课题和重点项目，在资金支持、场地协调等方面进行必要的政策倾斜，最大化地发挥其引领带动作用，推动优质电影产品的制作提质增效。

最后，政府要在最大化推动科技赋能优质产品生产中发挥激励作用。电影的发展本身就是科技与艺术的联动，科技是电影产业的核心竞争力，特别是在国际视野下，科技水平的高低影响着国家电影整体实力和电影产品的出海，进而会引发一连串蝴蝶效应。文化产品的国际竞争不仅是国际市场份额的竞争，也是文化软实力和意识形态的竞争。以《流浪地球》系列为例，其故事内核中蕴含着深厚的中华民族处世哲学与价值观念，但作为一部科幻题材电影，只有优质的故事叙事还远远不够，是否有过硬的影视制作技术是决定其在国际电影市场中竞争力的关键因素。因此，未来我国要尽快在电影技术标准体系方面达到国际标准，推动国产电影走向世界，把电影技术标准化建设作为促进电影产业发展的一个重要内容。为达到这一目标，一方面我国在 2020 年《专利法》的第四次修改过程中采取了更为积极、灵活和多元的创新激励机制，新增的第 15 条规定，国家鼓励被授予专利权的单位实行产权激励，采取股权、期权、分红等方式，使发明人或者设计人合理分享创新收益，持续放大专利法的私权激励机制。另一方面，我国也出台了多项具有针对性的政策办法，如国家广播电视总局曾出台《电影技术应用成果奖评审奖励办法（暂行）》。此外，要充分发挥以企业为主体的创新机制，建立产学研协同创新机制，强化企业在技术创新中的主体地位，发挥大型企业创新骨干作用，激发中小企业创新活力，推进应用型技术研发机构市场化、企业化改革，建设国家创新体系，以企业自身力量带动电影产业发展。[1]

---

〔1〕《中共中央关于全面深化改革若干重大问题的决定》，2013 年 11 月 12 日中国共产党第十八届中央委员会第三次全体会议通过。

（二）持续优化电影市场准入管理机制

一方面，要进一步完善细化内容审查的负面清单。《电影产业促进法》第16条明确规定了八类禁止性规定，为后续电影剧本的备案审查、电影放映的前端审查提供了实质性标准。筑牢文化安全、弘扬社会主义核心价值观、充分发挥文化产品的社会效益是影视创作过程中必须遵循的基本原则，上述规范整体符合我国目前社会主义核心价值体系的建构要求，但对某些具体表述仍然存有争议。比如"侵害未成年人合法权益或者损害未成年人身心健康"的边界为何？未成年人尚处于价值观塑形阶段，需要积极向上的价值引领。但当前国产片中常见的校园爱情片虽不符合我国目前的未成年人教育理念，却仍旧可以进入院线、占据市场，令人不禁怀疑我国电影的审查机制究竟在采取何种标准进行市场准入研判，该机制是否已经出现了失灵。再以韩国电视剧为例，韩剧《模范出租车》豆瓣评分一度达到 9.0 分以上，该剧改编自同名网络漫画，讲述了地下秘密出租车公司"彩虹运输"的义警成员为了帮助一群无法受到法律保护而满腹冤屈的受害者们，而开始代替他们进行复仇计划的故事，类似题材的影片是否属于"教唆犯罪"？是否有在中国被翻拍的可能？由此可见，我国《电影产业促进法》中较为笼统的禁止性规定与电影创作的自由价值取向之间仍存在矛盾。[1]

另一方面，要对电影审查程序进行更为妥帖的规范设计，在不完全转向分级制的前提下使审查制更为合理可信，更好地服务于电影产业的高质量发展。电影分级制度改革一直是立法者、界别人士和大众消费者普遍关注的问题，在立法研讨过程中也存在着巨大分歧。有观点认为就目前中国的国情和政治文化发展阶段来看，短时期内很难实现从电影审查到西方式电影分级的跨越。[2]全国人大常委会法制工作委员会对此也作出回应，认为在各方分歧较大的情况下，继续实行审查制是一种立法上的稳妥之举，同时也将通过不断细化电影审查制以为将来的改革留有空间[3]。当前世界范围主要有三类电影管理模式，第一类是欧美国家采取的电影分级制，第二类是印度、新加坡等国家采取的审查与分级并行制，第三类则是我国目前推行的电影审查制。

---

〔1〕 许安标主编：《中华人民共和国电影产业促进法释义》，法律出版社 2017 年版，第 182 页。

〔2〕 刘毅：《电影审查或电影分级？——中美比较法视野的研究》，载《政法论坛》2018 年第 5 期，第 113 页。

〔3〕 许安标：《中华人民共和国电影产业促进法释义》，法律出版社 2017 年版，第 16 页。

2023 年召开的全国宣传思想文化工作会议正式提出习近平文化思想，精准提炼出"七个着力"的要求，回答了新征程上建设一个什么样的文化强国、怎样建设文化强国的时代课题，其中就指出要"着力建设具有强大凝聚力和引领力的社会主义意识形态"，因此发挥好电影的教化引导作用是电影产业良性健康发展的内在要求。从 2000 年到 2009 年，美国联邦通信委员会先后六次向国会提交《面向儿童的暴力娱乐营销：基于电影、音乐录制以及电子游戏产业实践的第六次后续审查》，其中显示出美国分级梯度，特别是在 PG13 这个梯度设计上的实践困境，展现出诚如电影产业发达的美国，其分级制度当前也面临着诸多困境。曹怡平教授就指出，当前由美国电影产业巨头主导的《分级规则》深陷失之客观公正、失之严格执行、失之规范的囹圄。[1]在具有传统电影审查制的行业管理惯性和历史背景下，中国在制度建构上不能脱离实际国情、贸然摒弃电影审查制。但是，我们也不能忽略当前电影审查制面临的种种问题。比如《红海行动》等主旋律电影中出现的部分血腥画面，虽然这是基于爱国主义宣传和主流意识形态培养所作出的"例外抉择"，却实实在在与《电影产业促进法》第 16 条的规定相左，令社会大众对电影法治产生怀疑。因此，有必要重新调整当前的法律规范，构建具有中国特色的电影审查制度，不断细化电影审查标准，具体包括：第一，标准制定的民主公开。国务院主管部门在制定电影审查的具体标准过程中，应向社会公开并征求意见。电影审查标准的模糊性和不公开性会增加片方的不可知风险，导致其畏首畏尾，缺乏扩圈破壁的动力，不利于培育多元化的电影产品供给市场，更无助于形成百花齐放、百家争鸣的现代电影产业格局。电影审查标准的公开可以发挥指挥棒作用，为剧本创作方和电影制片方在影片制作过程中指明方向，理性评估和规避风险，规范自身拍摄行为，保障电影摄制内容符合电影审查相关标准。第二，电影审查的共商共议。"兼听则明、偏信则暗"，现行《电影产业促进法》规定，电影审查工作应当由不少于五人的专家组进行并接受社会监督。通过引入专家意见，确保共商共议，可以保障电影审查结果更加公平、公正和权威。但还需注重专家评审组成的多元化，应当根据不同类型的电影和可能的争议点，有针对性地选择评审人员。第三，审查结果的充

---

〔1〕　曹怡平：《失效的美国电影分级制——美国联邦贸易委员会的调查报告及反思》，载《北京电影学院学报》2019 年第 11 期，第 83—86 页。

分救济。电影放映许可作为政府具体行政行为必须配有完备的法律救济途径，为此要进一步规范行政复议以及行政诉讼的救济流程，通过明确对电影审查结果的行政救济途径，赋予制片方以法律作为利益博弈和制度改进的工具，避免电影审查的独断专行。

（三）重视衍生产品全链条打造

《电影产业促进法》虽然在总则部分原则性地表明了国家对电影衍生品的支持态度，但缺乏更为翔实的引导。现行《电影产业促进法》在第四章中则以鼓励创作为导向，采取的措施多集中在资金支持、税收优惠、融资担保等领域，所要解决的问题是影视产品的产出数量与质量，忽视了下游市场的多元化需求，供需两端实际没有达成有效衔接。对此，《电影产业促进法》未来可从版权交易模式和产业集群化发展等角度切入，进一步细化该部分的内容。

首先，电影产业促进法规应增加激励、指引政府参与版权相关活动的条款等，以开辟促进文化衍生产业发展的新赛道。以最为典型的迪士尼乐园和环球影城为例，对经典 IP 符号的全产业链开发逐步成为影视产品下游市场的关注重点。一方面，IP 全链条打造可以为电影创造者带来巨大的经济收益。康卡斯特第二季度的财报显示，环球影城和迪士尼乐园的收入占据其集团总收入的 44%。另一方面，衍生产业的落地也为提高当地经济收入助益良多。2023 年，在北京环球度假区的带动下，城市副中心文体娱乐业 1 月至 6 月收入同比增长 101.6%，高于全市 97.7 个百分点。因此，文化产业促进法对电影行业等内容创作行业的关注不能再局限于产品本身的优劣多寡，相反要重新审视市场需求，将衍生产业涵摄其中，呼应内容创作类文化产业新形势。

推动衍生 IP 产业的发展就需要政府在创新版权交易领域下足功夫，立法在具体规则的设计上自然也应作出回应。当前对版权利益的调整主要是通过以著作权法为主轴的私权路径，其所能解决的问题也仅是版权利益在平等主体之间的流转，但在政府主导的电影产业促进层面仍然缺乏较为系统的激励措施和法律保障。当然，政策先行的产业实践也已经为立法提供了指引，即利用好版权交易的展会模式以有效对接版权上下游资源，实现合作共赢。为此，地方政府可以积极学习与借鉴文化产业促进的"广东经验"，在法规条例制定和政策扶持等方面下足功夫，充分发挥区位优势，积极探索版权交易的"展会模式"，打通版权交易的快速路。2022 年 9 月 29 日，广东省第十三届人大常委会第四十六次会议正式通过了《广东省版权条例》，尝试从制度机制上为推动版权创造与产业促进提供法治保障，让版权授权交易的"展会模式"不再是纸面文章，而是有了切实的法律依据。该条例第 15 条规定，省和地级以上市人民政府应当充分利用中国进出口商品交易会（广交会）、中国（深圳）国际文化产业博览交易会、中国国际影视动漫版权保护和贸易博览会、南国书香节等大型展会，促进版权授权交易。该条例敏锐地察觉到博览会的功能多元化趋势，其从最早的展览展示功能、产品零售功能，逐步向版权授权功能倾斜。事实上早在 2019 年，时任中宣部版权管理局局长于慈珂在国际版权授权大会上致辞时就指出要着力打造全国版权展会授权体系。当然，该条款强调的仍然是地方政府要充分利用已有平台，放大博览会本身承载的版权交易功能。但在具体规则的设计上立法除借鉴《广东省版权条例》的表述外，仍可更进一步，分别对以下几方面予以关注：第一，各级政府应当积极探索和鼓励承办专门的版权授权（贸易）展会，搭建更高质量、更高水平的专业 IP 授权 B2B 平台。如第十六届中国国际品牌授权展览会吸引两千余个国内外知名 IP 参展，举办超过三十场授权行业活动，被誉为中国市场开展授权业务的最佳商贸平台。地方政府也通过筹办专门的版权贸易展会，获得了巨大经济收益。据不完全统计，第二届江苏（南京）版权贸易博览会签订版权贸易合同涉及金额 3.9 亿元，达成意向性合同金额 2051.5 万元；首届"天府好版权"授权展总交易金额达 7910 万元。[1]第二，各级政府还需充分发扬其在信息沟通方面的优势，开展纵横多向联动合作，积极对接国家龙头展会和兄弟政府的精品地方展会，有效促进全国版权资源供需精准匹配。以 2023 年11 月召开的第九届中国国际版权博览会为例，本次展会既是国家级别的版权博览会，也是成都创办的数字版权交易博览会，这为打造创新策源新引擎、要素集聚新高地、产业体系新标杆提供了有力支撑。第三，地方政府还应当鼓励筹建地方版权授权中心或版权基地，积极加入国家版权贸易中心联盟，群策群力探索搭建包括展会授权在内的多渠道版权交易快速路。2015 年 10 月 28日，在国家版权局倡导和指导下，国家版权交易中心联盟正式成立，截至 2019年，主要有包括中国人民大学国家版权贸易基地等在内的 12 家首发单位。[2]

---

〔1〕　党雷：《完善版权授权体系 释放版权资源价值》，载《中国知识产权报》2021 年 12 月 3 日，第 5 版。

〔2〕　赖名芳：《版权授权交易"快速路"何时能建成》，载《中国新闻出版广电报》2019 年 10月 24 日，第 5 版。

第四，要注重跨国合作。以广东省为例，其依托改革开放南大门的战略定位和毗邻粤港澳大湾区的地理优势，可以有效地推动版权产业国际国内对接合作，构建版权产业国际化专业对接平台，辐射带动粤港澳大湾区版权产业创新升级和协同互补，实现展会经济创收效益与文化宣传效益的价值最大化。以此为鉴，地方政府应当聚焦自身的禀赋特点，依托京津冀协同发展、"一带一路"、长三角一体化发展等国家政策，牢牢把握对外开放新高地，以版权授权的展会模式为立足点，助力国际行业合作，让更多有中国文化价值的 IP 走向世界。

此外，电影产业促进法应格外关注产业的集群化发展。影视产业集群化通过发挥其独有的成本优势、创新优势以及增强机制，实现了包括集聚效应、知识的溢出效应、植根性、拉拔效应、外部范围经济以及衍生及吸聚作用等在内的经济效益。[1]比如产业园建设可以在耗资巨大的住宿、交通、场地、设备等方面实现资源共享，降低影视作品创作成本。同时，集群可使电影产业中优秀的文学创作者、导演、演员等优良资源得到迅速整合，提高电影产业资源的配置效率。此外，正如前文所提及的在版权交易领域的"大展会模式"，影视产业基地本身也可以成为版权交易的便捷平台，通过探索影视公司入驻模式等，实现影视 IP 的集中授权。除上述优势外，当前文化产业进入高质量发展阶段，应当更加注重产业融合，通过创新"影视+"产业发展路径，以影视产业实现对休闲旅游等衍生产业"以一带多"的辐射作用，进而发挥多产乘数效应，在拉动当地经济发展的同时，打造更具有地方特色和持久生命力的城市品牌。以横店影视城为例，其坚持"影视为表，旅游为里，文化为魂"的经营理念，实现了影视基地向影视旅游主题公园的转变，旅游产品由观光型向休闲体验型转变，游客可深度体验影视拍摄、享受度假休闲乐趣，以影视主题带动了旅游产业发展。横店影视城通过特色秀、五千年历史文化、明星和"横漂"，开发出影视欣赏、影视基地参观、体验群众演员、粉丝旅游经济等多种特色盈利点。

有鉴于此，影视产业的高质量发展必须重视产业集群化的良性发展，这也需要从法律层面作出回应。从内容创作本身上看，电影产业促进法并未解决文化产业高质量发展的新需求；影视产业的发展高度契合于当前经济社会

---

〔1〕 参见夏颖：《中国影视产业的集聚效应及发展模式》，载《传媒》2011 年第 3 期，第 39 页。

发展的主要趋势，即产业链化和园区化，影视行业的竞争也相应地从影视产品之间的竞争开始转向动态产业链之间的竞争，而电影产业促进法缺乏对上述问题的回应。所谓产业集聚，是指在某个产业领域内，相互关联的企业及其支撑体系在一定区域内大量集聚发展，并形成具有持续竞争优势的经济群落。[1]

一方面，政府应当为影视基地建设提供更为便捷的一站式行政审批流程；改善营商环境，在先进影视设备技术和国际影视行业人才的引入等问题上采取优惠政策；以数字赋能影视基地建设，政府可以效仿东方明珠数字影视基地样板，推动影视基地建设与工业 4.0 时代城市功能区规划建设的深度绑定，使影视基地在数字技术引进、企业入驻等方面充分享受功能区的扶持和激励政策，一举多得，利用功能区政策优势为数字化建设开辟快捷通道；在资金支持上适度参考目前《电影产业促进法》的规定，推动融资担保，发展针对影视产业园区的保险融资产品，当然也可以将监管事由纳入银行房贷、融资担保等的信用评价体系中，以期达到"正面激励与负面纠偏"共赢的效果。

另一方面，政府在推动影视产业聚集区落地实施、大开绿灯时，也要注重科学指导和纠偏。首先，地方政府应当科学规划影视基地的审批建设，打破"唯数量论"的观点，因地制宜和差异化地打造具有特色和持久影响力的品牌影视基地，防止出现影视基地同质化现象，避免低水平重复建设并将其纳入政府的考核指标。其次，政府应当合理控制影视基地配套规模，防止其变形走样，严控影视基地建设和管理运营主体在基地周边捆绑开发建设住宅、办公楼等房地产项目，不得通过调整规划为影视基地项目配套房地产开发用地。[2]在从制度层面实现影视产业与房地产的切割后，影视产业集群化发展将更多朝文创产品、密室体验、美食消费等转向，进一步促进影视文化产业的良性发展。再其次，各地政府要严守生态红线，避免园区建设无序扩张破坏生态环境。影视产业聚集区的一大类别就是资源依托型园区，这类园区建设涉及对当地自然生态、人文景观和历史文化资源等的利用。各级政府应当因地制宜，依据当地自然人文环境特点有针对性地严格划定和把控园区建设

〔1〕　夏颖：《中国影视产业的集聚效应及发展模式》，载《传媒》2011 年第 3 期，第 38 页。

〔2〕　肖波、张敏丽：《深圳审结首例人工智能生成文章作品纠纷案 法院认定构成作品》，载 https://www.chinacourt.org/article/detail/2020/03/id/4855752.shtml，最后访问日期：2024 年 8 月 20 日。

规模和方式，建立动态监控和责任追究机制，对环保政策执行不到位的单位，采取停止营业和处以罚金等措施。最后，政府与影视基地方应当合作加强侵权风险预防与监控，共同守住版权红线，寻求文旅产品打造与版权利益之间的平衡。正如前文所提及的，从文旅层面看，打造私人剧组，依托丰富的影视拍摄资源，复刻经典影视形象，早已是各大影视基地文旅的特色体验，有着非常成熟的经营模式和运作经验，这一模式也可以有效带动当地旅游产业发展，推动"影视+旅游产品"转型升级，国家不应对此进行否定性评价。而2023年的"退休阿姨翻拍《甄嬛传》"事件却使得影视作品私人翻拍这类沉浸式文旅体验项目背后的版权侵权风险问题进入人们的视野。这场发生在横店影视城的小插曲牵涉到多方主体：提供场所和业务支持的横店影视基地、直接对接并提供拍摄服务的微电影公司、参与拍摄的游客以及影视作品著作权人。从政府主导的电影产业促进视角看，为推进产业良性发展，笔者建议政府应当将版权侵权纳入对影视基地的考核标准，加强对版权侵权的风险监控。影视基地有义务对侵权问题作最低程度的风险提示并建立侵权投诉反馈机制，如与相关入驻企业订立合同并明确追责方式、与游客签订承诺告知书等。对违反相关管理规定的入驻企业和游客个人，通过在素人沉浸式体验等文旅项目上设置失信名单制度等方式，强化主体责任。

第四节　其他文化产业促进法

当前我国文化产业领域的立法工作在整个文化法治体系建设中仍属于较为薄弱的环节，其主要体现为缺乏统一的、层级较高的法律规范。具体而言，除2017年实施的《电影产业促进法》外，其余门类众多的文化产业项目均只有零散的低级别规定，且这些规定并没有集中展现产业促进法的精神特质。为此，本节将在对其他文化产业领域进行周延性归类的前提下，选取典型领域并剖陈其基本内涵、法治现状以及对产业促进法治化建设进行未来展望。对文化产业的分类因标准不同而形态各异，比如前文所提及的《文化及相关产业分类（2018）》是以便利于国家经济数据统计为目的而进行的划分，这种分类虽然有助于我们更翔实地了解当前文化产业的全景样貌，但并不必然适应于本书所欲进行的理论研究和学术探讨。故而本书以客体属性为划分标准，将文化产业切割为有形文化产业和无形文化产业并在此基础上进行研究。

除此之外，以政府为主要介入力量的产业促进法并不能完全代替市场调节作用，对于一些当下新兴的文化样态，如短视频等，是否有必要通过制定专门产业促进法加以协调仍有待思索，本节最后一部分将对这一问题略表观点，以期可以更全面和客观地厘清文化产业促进法的功能定位。

一、有形文化产业领域立法

所谓有形文化产业，指的是需要依托一定物质载体来供给文化成果的产业形态。除上文电影产品之外，以图书、报刊、音像制品等为主要供给并由此形成的出版产业和依托于互联网技术的网络游戏产业亦属于此领域，故下文将以出版产业和网络游戏产业为例就其产业促进的法治现状以及未来展望加以分析。

（一）出版产业

1. 出版产业内涵

当前学界对出版的定义莫衷一是，有观点认为出版的本质是通过经济运作的方式来传播人类精神活动的创造成果；[1]也有观点认为出版的本质不过就是"公之于众"的过程；还有观点认为出版的本质是复制，即把一个有内容的东西复制为多个有内容的东西。[2]2020 年《出版管理条例》第 2 条将出版活动总结为包括对出版物的出版、印刷或者复制、进口、发行。出版工作具有鲜明的意识形态属性、文化属性和经济属性，发挥着宣传科学理论、立德树人、传播科学文化、满足阅读需求和传播中国声音等多重作用。依照国家统计局公布的《文化及相关产业分类（2018）》，出版服务作为一类独立的文化产业被归入内容生产服务中，项下划分为图书出版、报纸出版、期刊出版、音像制品出版、电子出版物出版以及数字出版等子行业。

2. 出版产业领域法治建设特点

第一，要求坚持党对新闻出版行业的领导。出版业具有意识形态属性与经济属性的双重性特点，这决定了它必然是政府力量嵌入较深的领域，重视政治引导和发挥社会效益的要求在该产业中显得尤为突出。早在 2018 年党的十九届三中全会上，新闻出版的职责就从国家新闻出版广电总局划拨到了中

---

〔1〕　施勇勤：《出版构成要素分析》，载《编辑学刊》2001 年第 2 期，第 35 页。
〔2〕　阎晓宏：《关于出版、数字出版和版权的几个问题》，载《现代出版》2013 年第 3 期，第 6 页。

宣部，由中宣部统一负责新闻出版并外挂牌国家新闻出版署。习近平文化思想明确提出，要着力加强党对宣传思想文化工作的领导、着力提升新闻舆论传播力引导力影响力公信力，坚持党管宣传、党管意识形态。《出版管理条例》第3条明确指出，出版活动必须坚持党的指导思想。作为宣传思想战线最为重要的前沿阵地，坚持党对新闻出版行业的领导是必须始终坚守的底线和根本。从历史维度上看，我们党百年以来也一直十分重视对出版工作的领导。在中国共产党正式成立前，我党早期创始人十分注重出版宣传战线工作，通过开办《新青年》等刊物，将报纸刊物作为宣传马克思主义思想的重要窗口；党在成立伊始就在《中国共产党第一个决议》中明确将"出版工作"作为整个宣传工作的核心，强调任何出版物都不得违背党的宗旨、原则和政策。在新民主主义革命时期，无论是土地革命战争、抗日战争还是解放战争，我们党都极为重视新闻出版工作，在中央苏区反"围剿"时期由中华苏维埃政府统一规划苏区出版工作；抗日战争后，中国共产党领导的出版业逐渐形成了以延安为中心、辐射各革命根据地的格局并在1937年重设中央党报委员会；解放战争期间各地新华书店成为出版业发展的主力军，承担着编印马列著作、宣传大政方针、服务文化教育的重任。

第二，秉承双效统一、社会效益优先的基本理念。《出版管理条例》第4条明确规定，从事出版活动，应当将社会效益放在首位，实现社会效益与经济效益相结合。党的十九届四中全会明确指出，要建立健全把社会效益放在首位、社会效益和经济效益相统一的文化创作生产体制机制。2019年，中宣部印发的《图书出版单位社会效益评价考核试行办法》正式施行，明确图书出版单位要将社会效益放在首位，将育新人、树新风、兴文化等作为图书出版工作的重要导向。该办法设置了考评标准，并对考评结果进行量化与梯度化，着重考察出版质量、文化与社会效益、队伍建设、产品结构与专业特色等，其中值得关注的是，其在文化与社会效益考评部分采用了"差异化评分标准"，针对不同类型的出版单位，规定不同的加权系数：在区域上突出了对少数民族地区的关注，将加权系数设置在1.25；在种类上突出了对古籍、美术、科技等专业性书籍的倾斜支持，将加权系数设置在1.15。当然，社会效益放在首位并不意味着完全摒弃经济效益。新中国成立后，在计划经济体制下，出版行业延续了新民主主义革命期间的定位，把其定性为行政事业部门和上层建筑的一个重要组成部分，突出了它的思想意识形态性和文化阵地性。[1]但随着社会主义现代化建设的推进和市场经济体系的建立，只注重单一的社会效益已经不能满足出版行业朝着产业化方向前进的现实需求，出版效益观念发生了新的变化——在重视出版社会效益的前提下最大限度地实现其经济效益的最优化。两个效益是出版内部规律的本质要求，若只讲社会效益而不讲经济效益则社会效益难以达到最优化，反之亦然。[2]

第三，以行政法规、部门规章为主的出版业法律体系。当前我国出版产业的法律规范呈现出立法层级不足，以行政法规和部门规章等为主的特点。除宪法和法律中的关联条款外，当前我国关于出版领域的规范性文件主要可以划分为以下几大类：第一类是有关出版类的综合性规范，如2001年的《出版管理条例》是层级最高且系统规定有关出版领域行为规范的法律文件，前后经历了五次修改。该条例对出版的基本概念以及内涵、出版活动应当遵循的基本原则以及具体规范、监督管理与保障奖励等进行了系统规定。第二类是有关新闻、期刊的，前者由一系列部门规章共同组成，如《新闻出版许可证管理办法》《新闻出版统计管理办法》等；后者则由《期刊出版管理规定》从期刊的创办、出版以及监督管理等环节进行细致规定。第三类是图书出版类，如《图书出版管理规定》。该规定从图书的内容创作、主体资格、出版印刷和监督管理等环节进行规定。第四类是印刷质量类，如《印刷业管理条例》。该条例对印刷经营活动进行了细致分类、明确了具体要求并制定了相应罚则，实现了在纸质化阅读时代对印刷活动的规范化管理。第五类是有关音像出版类的，如《音像制品管理条例》。该条例对音像制品的制作、出版、复制、进口以及零售出租环节进行了系统规定。第六类是有关电子出版和数字出版类的，如《网络出版服务管理规定》。该规定立足数字技术赋能下出版领域的新业态，系统释明了网络出版服务以及网络出版物的内涵与外延，明确了网络出版服务提供者的市场准入标准，规定了监督管理与保障奖励。

---

〔1〕 阎现章：《试论中国当代出版理念与出版思想体系的建设和发展》，载《河南大学学报（社会科学版）》2001年第3期，第115页。

〔2〕 阎现章：《试论中国当代出版理念与出版思想体系的建设和发展》，载《河南大学学报（社会科学版）》2001年第3期，第116页。

3. 出版产业法治治理的未来展望

当前我国出版产业在法治建设上仍然处于"管"大于"促"的阶段，现行法律规范层级较低且主要为对图书印刷、音像制品出版和网络出版等的管理性规定，缺乏鼓励性规范。为此，我们应当将出版领域产业促进的法治规划纳入文化法治体系建设的总体布局中去。当然，出版产业促进的法治建设也应结合其产业发展特点进行统筹谋划：它属于传统与现代深度融合的、具有悠长历史的文化产业，一方面数字出版行业的出现深刻影响着公民的文化生活，抓住数字出版新机遇并赋予其法治保障是对我们提出的新的治理命题；另一方面，随着数字技术的发展以及人民群众阅读习惯的改变，传统纸媒行业面临凋敝，如何以法治保障传统纸媒产业得以存续并实现与数字出版等新业态的共赢值得我们思索。

在体例设置上，无论是该部分所讨论的出版抑或其他领域的产业促进法，均可以参照《电影产业促进法》，以"总则+分则"的形式进行设计。总则部分应当划分为三个层次进行展开，分别明确本法的立法目的与宗旨、定义本法调整的对象并敲定基本原则。第一，明确中国特色出版产业促进法的立法目的与宗旨。鉴于出版行业在意识形态宣传领域中占据重要的窗口地位以及出版行业在中国产生与发展的历史逻辑，除文化产业促进法固有的推动双效统一以及弘扬社会主义核心价值观等共有理念外，还应当格外强调"坚持党对出版产业的领导，筑牢底线思维，夯筑文化安全，坚持马克思主义在意识形态领域的绝对领导"。第二，明确本法所调整的对象。统合现行出版领域的法治规范，指的是出版物的出版、印刷或者复制、进口、发行等活动，出版物包括图书、报纸、期刊、音像制品、电子出版物以及数字出版物等。第三，梳理确定基本原则。除明确双效统一、坚持技术创新、划定政府责任等共同原则外，出版产业促进法在框定基本原则时应当特别关注传统产业与数字技术的碰撞与冲突，在大力支持数字出版的同时也要重视对纸媒行业的扶持帮助，明确"国家鼓励和支持印刷产业高质量发展"的基本精神和立法导向，将其作为全局性的问题进行通盘考量。

在分则部分应当贯彻产业促进法的定位，明确国家制定产业政策的基本方向。为此，分则应当在内容创作、资金支持、宣传推广等方面予以重视：第一，在内容创作上，产业促进法应当明确国家鼓励特定内容项目的出版物创作，如重大出版物精品创作。这里的重大出版物可以包括以下几种类型：

习近平新时代中国特色社会主义思想主题出版物、马列主义出版物、"四史"研究出版物、现实主义题材出版物、重大人文社科题材出版物等，建立滚动式、可持续的创作生产机制，持续推出质量上乘，吸引力、感染力强的重点出版物，更好发挥引领带动作用。[1]第二，在资金支持上，对国家和地方的重点出版内容专项工程，可以通过设立专项资金等方式进行政策的倾斜性扶持，借以形成良性社会引导；鼓励获得国家社科基金、国家自然科学基金资助的项目研究成果在国内出版、发表，进一步加大对优秀科研成果出版、发表的资助力度；除专项资金外还应当鼓励设立针对出版产业的基金项目，充分吸纳社会资本共同推动出版产业高质量发展。第三，在宣传推广上，国家应当重视优秀文化产品出海，产业促进法应当对出版物的进出口贸易作出针对性的安排。政府应当支持出版物翻译工作，支持筹办各级各类出版物交流大会，积极推动境内外刊物的交流互动。分则部分在规则建构上除应当按照上述分类展开外，还应当关注因出版物类型和出版方式的不同而在规范设计上存在的差异。对于传统纸媒产业，特别是日渐衰退的印刷产业，产业促进法必须予以回应。《出版业"十四五"时期发展规划》为产业促进法提供了较为明确的指引，具体而言：一方面要重视技术创新，以突破关键核心技术为导向推动印刷质量提质增效，为此国家要加强对相关科创企业的扶持力度，培育扶植一批骨干企业，开展重点领域技术攻关专项工程；另一方面，优化印刷生产要素空间配置，增强梯度发展韧性，形成特色鲜明、优势互补、融合互动、全面升级的产业布局。对于数字出版产业，要做大做强相关数字科创企业，根据不同出版门类的规律特点，推出一批技术领先、融合度高、精品聚集、示范性强的出版单位，带动行业全面提高融合发展能力和水平。此外，还应当健全完善数字出版科技创新体系，突出科技创新在推动出版业数字化转型升级、实现深度融合发展中的重要作用，大力推动5G、大数据、云计算、人工智能、区块链、物联网、虚拟现实和增强现实等技术在出版领域的应用。

（二）网络游戏产业

1. 网络游戏基本概述

网络游戏本质是利用TCP/IP协议（传输控制协议/网际协议）等网络技术衍生而成的新业态游戏项目，其中蕴含着特定的价值观以及文化观。由于

---

[1]　《出版业"十四五"时期发展规划》，2021年12月28日印发。

脱离于场地限制，网络游戏通过互联网平台实现了多名玩家可以同时在线开展文娱活动，实现互动。2003 年国家体育总局将电子竞技运动纳入我国正式开展的第 99 个体育项目；2023 年举办的杭州亚运会也首次将电子竞技列为奥运会比赛项目之一。当然，伴随着网络游戏产业蓬勃发展的是一系列法律规则空白亟待补位，在文化产业促进上体现为如何优化网络游戏治理，在"管促"之间寻求平衡，在营造风清气朗网络游戏空间的同时，助力该新业态文化产业蓬勃发展。

2. 游戏产业法治现状

2023 年 12 月发布的《2023 年中国游戏产业报告》显示，2023 年国内游戏市场实际销售收入 3029.64 亿元，同比增长 13.95%，首次突破 3000 亿元关口，中国游戏用户数量也保持稳定增长，用户规模达 6.68 亿人，同比增长 0.61%，同样达到历史新高。从游戏产业的细分视角上看，无论是移动端游戏、客户端游戏抑或主机游戏，其销售额在过去一年均取得了不菲的成绩，发展势头强劲。游戏产业在现代产业体系结构中发挥着不可忽视的作用，但社会公众对游戏特别是网络游戏的态度仍然停留在将其视为一种"精神鸦片"，而这与国家层面现代化产业建设的要求产生了理念割裂。事实上在法治层面，我国对游戏产业也依然是以管理性规范为主要底色，重点聚焦于未成年人的防沉迷活动。由于网络游戏的受众以青少年群体居多，"防沉迷"问题也逐步成为网络游戏管理领域必须回应的重大和首要课题，特别是随着近些年手机等便携式智能终端的迅猛发展，更是使得"手机低头族"年轻化、普遍化。对于该领域，我国已有许多出台的法律、行政法规等。笔者以北大法宝作为搜索引擎，输入关键词"网络游戏 沉迷"，共检索出 1 部法律、3 部行政法规、10 份司法解释、6 份党内法规、2 份团体规章以及 45 份部门规章。而教育部曾联合多部门，其中最多可达 17 个部门印发有关网络游戏防沉迷的通知与办法。

但事实上，电子游戏早已摆脱娱乐产品的单一属性，已成为对一个国家产业布局、科技创新具有重要意义的行业。人民网曾刊文指出，电子游戏的娱乐属性总会使人忽视其背后的科技意义。与数字经济相伴相生的游戏，也已从大众娱乐需要成长为一个新产业。实际上，游戏从诞生起就与前沿科技密不可分。凭借蓬勃的发展态势，游戏产业也助力了多个产业释放数字经济新动能。此外，游戏也可以达到破除文化壁垒、创造友好民间交往的效果，这有力拓宽了文化宣传窗口阵地，为讲好中国故事、传播中国文化开辟了新路径、提供了新选择。域外视角下，欧洲议会在 2022 年 11 月高票通过了内含 38 条规范的电子游戏法案，呼吁欧洲重视发展电子游戏产业并制定长期发展战略，倡议推动欧洲电子游戏学院的建立。欧洲议会在制定该法案的过程中系统论述了游戏产业的重要价值以证成通过该法案的必要性和迫切性，其指出，电子游戏不仅对数字经济的发展起到了重要助推作用，同时也具有不可忽视的辐射性带动作用，作为文化创意产业的组成部分，游戏产业的蓬勃发展也将为电影等内容产业的创新提供丰富素材。此外，游戏产业的价值张力还可以延伸至科普教育领域，其深度参与了年轻一代的智力、社交、精神和生理的健康发展。在亚洲地区，韩国作为全球唯一一个针对游戏产业进行专门立法的国家，早在 2007 年就出台了《游戏产业振兴法》并在 2020 年进行了修改，在更名为《游戏商业法》的基础上增设了专门的"游戏产业促进"章节。此外，针对最为重要的电子游戏衍生产业——电子竞技，韩国政府亦在 2012 年通过了世界上首部《电竞振兴法》。反观我国，随着电子游戏产业发展的观念转向，大量管理型规范反而束缚了游戏产业发展，为此我们亟须重塑现行的产业法治体系，实现由管到促的立法动向调整。

3. 游戏产业促进法的立法探索

诚如前文所提及的，游戏产业促进法可供借鉴的域外立法经验亦是捉襟见肘，除欧洲议会通过的电子游戏法案和韩国的《游戏商业法》为我们提供了可供参照的模板外，各国并未形成较为系统的相关产业立法。这其中也包括游戏产业成熟的国家，诸如美国、日本、巴西、加拿大等，这些国家在游戏领域的立法多为管理性规范，同时其法律模式并不相同。诸如马来西亚、越南等国家将电子游戏作为互联网内容之一，与视频、网络文章等一同放在一部互联网相关的法律之中，而游戏产业高度发达的美国和日本则主要以游戏行业协会的自律规范为管理依据。我国当前可供参考的游戏领域立法规范多为管理性规范，为此下文在讨论制定产业促进法的过程中，主借鉴欧盟和韩国立法，结合产业促进法的特点进行规范设计。

第一，在基本定义中法律应当明确"游戏是一种重要的文化产品供给，作为现代产业体系的重要组成部分，国家鼓励和支持游戏产业健康发展"，将其作为一种宣示性规范对澄清游戏产业的错误定位、弥合社会观念分歧有着重要的引导价值。

第二，明确对网络游戏产业的政策支持面向。纵使韩国早在 2007 年经研究通过了产业振兴法案，但在长期的实践中也凸显出其在监管领域存在介入过深进而导致产业萎靡的负面影响，为此在 2020 年修法过程中韩国立法机关明确单列"游戏产业促进"章节，就促进游戏研发、促进游戏知识产权保护、促进专业人才培养、促进技术发展、促进标准化、促进国际合作和海外扩张、建立游戏产业促进园区等问题进行了系统规定。以此为鉴，我国游戏产业促进法在设置产业促进专章时应当从以下几个方面着重入手：首先在政府的宏观调控方面，与游戏产品不同，电影产品具有普惠性特点，为此《电影产业促进法》明确县级以上政府应当将电影及其衍生产业发展列入国民经济与社会发展长期规划中去。网络游戏及产业是否有必要纳入这一规划有待更进一步的论证，但由专门的政府职能部门制定相关产业政策确是行之有效的。韩国《游戏商业法》中提及，文化体育观光部应每五年制定关于振兴电竞相关的中长期振兴基本计划，并且每年应针对电竞产业作出产业分析报告。欧盟则在这一方面考虑得更为长远，游戏法案中第 3 条呼吁欧盟各国建立一个统一的"欧盟电子游戏管理部门"，议会希冀于依托"创意欧盟"和"地平线"计划展开具体的招标工作，以汇集社会资本的方式共建、共筹欧盟电子游戏部门。视野转向国内，相较于欧盟，韩国模式更贴合中国的产业指导部门建构规律，我国游戏产业促进法在政府进行宏观调控的职责划分时应当规定由文化和旅游部牵头，会同多部门定期制定中长期产业政策，及时评估有关产业的发展现状。其次，重视人才培养。游戏行业目前正面临着人才长期短缺的问题，为此在数字转型的背景下，各级政府应当意识到游戏产业是发现和培育创意人才的重要行业，要着力于促进相关文化创作者和专业人士的技能提升和再培训。再其次，着力技术创新研发。游戏内容和用户体验感是一款网络游戏的核心竞争力，而拥有更为前端的技术支撑是关键。随着增强现实、虚拟现实、元宇宙等虚拟现实技术的快速发展，玩家娱乐放松的方式从过去只注重内容规则的设计到现在更加注重游戏的沉浸式体验，而上述技术的加持将会满足这种新的文化消费需求。随着硬件设备的技术进步和支持，未来将有更多的虚拟现实游戏出现，为用户带来更加真实、震撼的游戏体验，这也将成为游戏产品的研发导向。因此，要继续着力于构建以企业为创新主体、产学研深度结合的创新体系，政府应当在资金支持、人才培养、技术研发等方面给予政策倾斜，优化市场需求，进行必要的税收优惠和财政补贴；不断优化外部市场环境，重视知识产权保护、改革管理制度、改善融资环境，加强对中小企业的政策倾斜，在鼓励头部企业继续做优的同时，扩大竞争市场。最后，中央和地方政府应当推动精品工程建设，打造具有中国特色的网络游戏产品。2023 年 9 月，杭州亚运会闭幕前，国家新闻出版署发布《关于实施网络游戏精品出版工程的通知》，这表明国家对网络游戏整体态度已渐明朗，曾经的"电子鸦片""网络海洛因"已得到正名，成为重要的文娱产业。值得关注的是，该通知中注重强调鼓励游戏素材选取更多立足于中华优秀传统文化，利用新业态文化产业推动传统文化的活态传承。中华文化博大精深，具有丰富的 IP 开发价值，比如 2017 年故宫博物院与腾讯人气手游《奇迹暖暖》达成长期合作，以更开放的姿态展示国潮。据伽马数据《2021 中国自研游戏 IP 研究报告》显示，在我国排名前 50 的自研游戏 IP 中，有半数以上的题材包含中国文化元素。通过推动精品工程建设，将网络游戏与非物质文化遗产和文物传承等深度融合，依托虚拟现实技术，在实现游戏沉浸式体验的同时，达到寓教于乐的效果，使玩家可以更深层次地感受到中华文化底蕴，增强民族认同感的同时也可以打造更具中国特色的网络游戏产品。

第三，重视电子竞技作为衍生产业的发展。2023 年杭州亚运会首次将电子竞技纳入了奥运会比赛项目，电子竞技也逐步从"不务正业"变成了拥有"正式编制"的项目。未来，各级政府要加强对网络游戏以及由此衍生的电子竞技背后产业链发展的重视程度：2023 年 3 月，中央广播电视总台国家电子竞技发展研究院正式成立；2023 年 10 月成都出台"数字经济 24 条"；2023 年深圳市将电子竞技新增纳入了市体育产业专项资金重点鼓励发展的运动项目类别，力求打造"国际电竞之都"；等等。首先，中央和地方政府有职责就电子竞技活动制定相关的基本规范。欧盟游戏法案鼓励欧盟委员会与出版商、团队组织、俱乐部和比赛组织者合作，制定一个宪章以促进电子竞技比赛中的欧盟价值观，在此背景下明确电子竞技参与的行业指导原则和国家电子竞技行为准则等工具，以促进电子竞技在一个开放和包容的环境中为世界各地的玩家和组织者提供乐趣、公平和享受。其次，地方政府应当提供能够举办电子竞技赛事或便利公众接触电子游戏的基础设施。在这方面，我们可以放大图书馆等公共场所的价值，在为电子竞技活动提供多样场所的同时也可以助力多功能图书馆的建设，推动公共文化服务机构朝着综合性、包容性和多元化的方向改革，为此，政府应当在图书馆设施建设等方面提供更为充足的资金支持。最后，政府应当支持建设影视、电竞产业园区、基地、众创空间、专业场馆等产业载体，搭建技术服务产权交易、设备租赁、资源共享、人才孵化等功能性服务平台。此外，政府应当推动电竞原内容创作、加强培育电竞市场主体、支持电竞俱乐部创新发展、打造电竞赛事和活动体系、完善电竞产业发展载体、推动电竞产业融合发展。

二、无形文化产业领域立法

与有形文化产业相对，无形文化产业指的是以提供劳务等服务为主要供给内容并在此基础上形成的产业形态或者是向其他行业提供文化附加值的行业。前者如演出、体育、娱乐、策划、经纪，后者如装潢、装饰、形象设计、文化旅游等类型，下文将选取演艺文化产业作为典型，通过阐述演艺产业的法治现状、现实困境和法治展望，以期可以达到抛砖引玉的效果。

（一）演艺产业概述

演艺产业指由演艺产品的创作、生产、表演、销售、消费以及经纪代理、艺术场所管理等配套服务机构共同组成的产业体系，它包含音乐、舞蹈、歌剧、戏曲等多种表现形式。演艺产业的产业链可以分为上、中、下游三个部分，其中上游产业主要由剧团、剧组以及演艺个人等创作团队组成，构成了整个演艺市场的基础。中游产业则主要包括票务、经纪、策划等，为演艺市场走向市场和面向大众提供了渠道。下游产业则主要包括剧场、剧院以及演艺广场等消费终端场所。传统演艺市场表现为以专业演出场所演出、实景演出、民营团体演出、大型演唱会等为主的在场型文化消费形态，例如仅 2010 年一年全国演艺市场就产生了 108 亿元的营收。随着互联网移动终端的普及，新技术给行业发展注入了新活力，如何搭上网络技术快车，创新演绎产品、调整产业结构、优化管理模式，推动演艺产业转型升级，成了从业者必须回答的新命题。从 2014 年起，互联网演艺产业开始兴起，YY、六间房、斗鱼等网络直播平台逐渐进入大众视野，而演唱会"线下演出+线上直播"的新型商业模式也得到市场验证和认可，同时伴随着网络演艺模式的兴起，互联网经纪公司逐步趋于稳定并得到进一步发展。当下，我国演艺产业所呈现的主要趋势是演艺产业与互联网技术深度绑定融合、旅游演艺产业高速发展、演艺消费群体区域年轻化、演艺科技创新正在推动演艺产业革新等。

（二）促进演艺产业的法治措施

当前演艺产业促进法缺乏较为成熟、可供参考的域内外立法实践，但值得欣慰的是，作为国内演艺产业较为发达且分布集中的地区，我国北上广等特大城市已经率先着手推动地方层面的促进演艺产业发展相关规定的出台，这为我国制定国家层面的统一立法提供了可借鉴的先行经验，下文将结合《"十四五"文化发展规划》《关于促进上海演艺产业发展的实施办法》《广州市促进演出市场繁荣发展实施办法》等规范，以期对未来统一的产业促进立法工作有所启发。

第一，重视内容创作。要大力扶持精品力作，对涉及重大题材的演艺内容创作予以政策扶持，其中包括弘扬社会主义核心价值观、反映中华民族伟大复兴中国梦的艺术精品，鼓励结合重大时间节点、重大社会热点、重大事件亮点创作思想性、艺术性、观赏性统一的，具有全国影响力的精品力作，对重点选题、重点创作在采风、孵化、一度及二度创作等环节中予以扶持。[1]支持以高新技术、创新形式等手段呈现经典剧目，鼓励国外优秀剧目的引进和中文版、外文版的制作。

第二，做大做强产业主体。演艺产业促进法的设计应当立足于中国特色，从本国国情出发找准产业促进发力点。《"十四五"文化发展规划》中明确将国有文艺院团改革列为未来五年的改革侧重点之一，我国演艺产业发展不同于资本主义国家，以国有企事业单位为主体形成的演艺单位在计划经济时代是演艺活动的主要承办者，社会主义市场经济体制确立后，随着自由演职人员、演艺经纪公司的崛起，国有文艺演出单位逐渐式微，但仍然是我国演艺文化产业中不可忽视的一方主体。2021年6月发布的《关于深化国有文艺院团改革的意见》指出，各级政府要落实对符合条件的国有文艺院团的支持政策，支持国有文艺院团提升创作生产能力，加强文化艺术交流，保护和传承文化遗产，开展文化惠民活动等。此外，上海市在实施办法中指出，政府除应当在内容创作、艺术交流等方面对国有演艺团体加以支持，同时也要推动探索混合所有制试点改革，促使文艺院团市场化转向。当然，除国有文艺院团外，政府还应当重视对民营演艺团体的关注，特别是对小微类型的民营团

---

〔1〕《关于促进上海演艺产业发展的实施办法》，沪文广影视〔2018〕148号，2018年5月4日发布。

体，政府应当在税收等方面给予减免。

第三，创新产业发展模式。在演艺产业促进领域应当探索"产业+"模式，重视跨领域产业融合发展。根据文化和旅游部印发的《关于促进旅游演艺发展的指导意见》，其一，政府要致力于推进业态模式创新。鼓励发展中小型、主题性、特色类、定制类旅游演艺项目，形成多层次、多元化供给体系。其二，壮大演艺经营主体。推动旅游演艺经营主体与相关企业在创意策划、市场营销、品牌打造、衍生品开发等方面开展合作，打造跨界融合的产业集团。其三，积极开展惠民服务。引导旅游演艺经营主体结合中国旅游日、文化和自然遗产日、国际博物馆日等时间节点与重要节庆开展惠民活动。其四，深化跨国跨境合作。推动与周边国家和地区率先开展旅游演艺交流合作，组织开展跨境节庆共办、品牌共建、文化援助等活动，优先推动国家边境旅游试验区和边境全域旅游示范区创建单位打造跨境旅游演艺节目。

第四，改善营商环境。演艺产业促进法应当在基础设施建设、艺术活动交流、融资担保服务等领域予以回应，例如国家应当支持开展融资担保活动，建立知识产权质押融资服务，鼓励银行、金融机构等参与到融资活动中去，保险机构应当创新相关专门金融保险产品，为演绎产品高质量发展引入社会资本力量。此外，政府应当支持对剧院等公共基础设施场所的营建，一方面完善老旧剧场，另一方面推动建设新剧场，同时支持社会资本投资建设特色剧场，政府积极探索拓宽演艺空间的可能性，推动形成流动城市剧场，鼓励高等院校剧场、青少年活动中心、社区文化中心等公共服务机构以及其他可利用演出空间资源向社会开放。在艺术交流方面，国家应支持设立各类电影节、戏剧戏曲节，通过公共服务平台建设，强化地域间、国际演艺文化的交流互动。

第五，落实"放管服"改革成果。政府要建立动态的产业统计及指标体系，及时准确进行演艺产业数据统计，综合研判以更好制定未来政策、指引产业健康发展。地方政府要做好对行业自律协会的指导工作，积极推动制定行业标准，支持形成充分参与、多元共治的演艺产业治理体系。

三、文化产业促进特殊法保护必要性探究

根据《文化及相关产业分类（2018）》，当前的文化产业具体包括新闻信息服务、内容创作生产、创意设计服务、文化传播渠道、文化投资运营、文化娱乐休闲服务、文化辅助生产和中介服务、文化装备生产、文化消费终

端生产九个大类，而针对人民日益增长的文化需求，文化产业的种类和形态亦进行着动态调整。面对不胜枚举的产业领域，是否都有必要通过制定专门的产业促进法从而借助政府力量推动产业发展成了我们在界定产业促进法调整对象上必须思考的问题。当前《文化产业促进法（草案送审稿）》第2条以"定义+非穷尽式列举"的方式规定了文化产业的内涵外延，但这种开放式立法仍无法回避许多问题：第2条列举了内容创作生产、创意设计、资讯信息服务、文化传播渠道、文化投资运营、文化娱乐休闲六大类产业类型，而这些分类本身就属于大类划分，以电影产业促进法为例，其调整的电影活动属于内容创作生产项下的特定类别，专门立法当前无法统合各类内容创作生产类的产业实践而制定一部"内容创作生产产业促进法"，但这是否意味着所有内容创作生产领域的子产业都必然要建立相应的产业促进法？电影产业促进法将调整对象限定为院线电影，排除了网络大电影等其他视听产品，那么在未来的文化产业法治体系建设中是否有必要对网络大电影等电影产业促进法未涉足领域进行回应？文化产业促进法强调政府力量对产业发展的介入，通过资金投入等倾斜性政策拓宽并优化相关产业的市场营商环境，但有为政府并不等同于保姆型政府。同样，通过公法的介入强制增加政府义务也应当经过审慎衡量，以符合最基本的比例原则从而避免行政权力的过度干预。具体到产业发展领域，政府在其中主要承载管与促的二元功能，产业促进法关注于"促"，而后文所探讨的市场监管法则关注于"管"。政府在调整某一社会关系时，应当以促为主还是以管为主就决定了立法究竟是选择以鼓励性规范为特质的促进法，还是以禁止性和义务性规定为特点的监管法。要回答这一问题就需结合特定产业发展的现实实践，对此应当予以明确的是，对于可以通过其他社会规范加以调整的社会行为，诉诸法律并非唯一和必要的途径，而在产业发展语境下，市场自发形成的运行规范就是重要且不可替代的。产业发展是市场运作与政府调控共同作用的结果，正确处理好市场与政府的关系是中国式现代化进程中面临的重大课题。党的二十大报告指出，"充分发挥市场在资源配置中的决定性作用，更好发挥政府作用"，这是对市场与政府关系的基本定位，[1]而有为政府和有效市场则是对两者各自定位更为精准的概

---

〔1〕　陈梓睿：《有效市场与有为政府相结合 推动高质量发展》，载《光明日报》2023年8月29日，第6版。

括。有为政府是有所为、有所不为、善于作为的政府，政府要在宏观指引、公共服务供给、市场监管和化解风险挑战等领域积极作为；有效市场则要求高效进行市场资源配置、形成市场主体并推动企业创新以此实现帕累托最优。

在文化产业发展领域，以短视频等新兴文化业态为例，其产生并不是产业促进法引导的结果，而是市场依据供需关系而自发催生的产品，其当前正处于野蛮生长阶段，政府的宏观指引应当更多放在通过形成市场监管合力助推产业有序发展，因此在法治体系建设上就应当侧重于对政府监管方面的规范设计，突出"管"的特质。对于"促"这一方面，短视频的兴起肇始于市场的自发选择，当然这并不意味着政府在产业促进领域应当消极怠工，只不过其扮演"促"的角色并不是通过大量政策倾斜助力内容创作和宣传推广，相反应当是进一步关注关联产业：低成本创作为短视频行业充足的产品供给提供了基本保障，为全民共创提供了客观条件，而这种低成本创作又源自技术创新，因此政府与其过度介入短视频核心产业的发展，不如找准发力点，将重点放置在关联产业和基础产业的发展上去。

本章小结

文化产业的竞争是价值观的竞争，承载着我国价值观的文化产品的繁荣与否关乎我国意识形态与社会主义核心价值观的稳定，关乎我国形象的传播、关乎我国国际话语权的提升。因此，政府有必要对制作、传播这类文化产品的主体加以扶持，加快提高我国文化产品国际竞争力的速度。健康的文化市场是有竞争活力的文化市场，随着高新技术在生产、传播文化产品中的地位不断提升，文化市场的进入门槛随之提高，仅依靠市场监管防止大型文化企业实施不正当竞争行为不足以激发市场活力，还需要政府通过提供资金、技术、交易场所等方式正向扶持中小企业，以帮助其发展壮大，保持文化市场竞争活力，也是强化我国文化产业话语传播力，提升文化软实力的必由之路。为实现文化强国目标，肩负起五千年中华文明在全球化时期的文化发展责任，政府有必要采取有效救济措施以促进文化产业高质量繁荣发展。

文化产业促进法作为调整、规范文化产业所涉社会关系和法定化文化产业政策的产业法，以经济学理论为依据，紧紧围绕文化产业促进所需解决的"由谁促进""促进什么""怎样促进"三大问题，为政府指明采取促进措施的路径，兼具经济法属性和文化法属性。其既为政府干预文化市场的运行提供了法律依据，也为政府的干预程度划清了界限，即在尊重市场运行机制、遵循文化产业发展规律、把握好产业周期规律和产业深层结构规律的基础上，激励、引导文化经营主体实施推动国家文化强国建设的行为，彰显和壮大主流价值、主流舆论、主流文化。为避免政策僵化，规范应保持一定的抽象性，以为各地政府因地制宜，采取与当地经济文化发展水平相适应的文化产业促进措施留下空间。在世界百年未有之大变局的背景之下，文化竞争在当今世界之争中的地位愈加重要，文化产业促进法为政府采取措施加速文化产业发展、推动有效市场和有为政府更好结合提供了法治保障。

第四章

文化市场监管法

文化强国建设以文化产业和文化市场的繁荣为基础。文化市场的繁荣是规范、有序的文化市场的繁荣，是以维护国家主流意识形态、维护社会主义核心价值观等文化产品为主要交易对象的文化市场的繁荣。《"十四五"文化发展规划》指出要"实现更高质量、更有效率、更加公平、更可持续、更为安全的发展"，而放任文化市场自由发展一方面会使资本在经济效益面前放弃文化产品的社会效益，影响社会精神文明建设；另一方面容易形成市场垄断，损害文化产品创造、传播活力，影响百花齐放、百家争鸣样态的文化社会的构建。为保持社会主义现代化文化市场有序运行，促进文化产业和文化事业健康发展，有必要对文化市场进行监管，把控社会主义先进文化的前进方向，维护国家文化安全。

第一节　文化市场监管法概述

文化是更深沉、更持久的力量，优秀的文化产品可以引领风尚、教育人民、服务社会、推动发展，而对社会不利的文化产品则可能阻碍国家方针政策的落实以及社会的良性发展，因此监管文化市场具备合理性。文化市场监管法为监管主体监管文化市场提供了法律依据，也为被监管主体提供了行为指引。其旨在保证文化产业沿着中国特色社会主义文化道路，朝着社会主义文明建设的方向发展，实现巩固主流意识形态阵地、引领文化价值导向、保护国家文化资产、维护国家文化主权、维护文化市场秩序的价值目标。

一、文化市场监管法的范畴解析

（一）文化市场监管与文化市场监管法

我国并未制定统一的文化市场监管法，也没有法律文件对"文化市场监管"一词作出规定。但是，我们可以通过回顾国内文化市场监管的发展历程及相关文化市场执法文件，探究文化市场监管的内涵。1982 年，根据第五届全国人大常委会第二十三次会议决定，我国将文化部、对外文化联络委员会、国家出版事业管理局、国家文物事业管理局、外文出版发行事业局合并，设立文化部。其主要职责为：归口管理文化市场，拟定文化市场的发展规划；研究文化市场发展态势，指导文化市场稽查工作。1988 年 2 月，文化部、国家工商行政管理局联合发布《关于加强文化市场管理工作的通知》，第一次在正式文件中使用"文化市场"的概念。1989 年，国务院批准在文化部设置文化市场管理局，全国文化市场管理体系开始建立，国家以文化立法者和执法者的角色开始参与文化市场活动。1994 年文化部发布的《文化市场稽查暂行办法》[1] 第 2 条规定："文化市场稽查是政府文化行政管理部门依照文化市场管理法律、法规和规章对公民、法人和其他社会组织的文化经营活动进行监督、检查的具体行政行为。"这是我国首次对文化市场监管作出规定。随后于2006 年发布《文化市场行政执法管理办法》，第 2 条规定："本办法所称文化市场行政执法是指各级人民政府文化行政部门或者经法律法规授权的其他执法机构（以下简称执法机构），依照国家有关法律、法规和规章的规定，对公民、法人或者其他组织的文化经营活动进行监督检查，并对违法行为进行处理的具体行政行为。"2011 年，文化部发布的《文化市场综合行政执法管理办法》对文化市场执法的规定，除将监管主体改为"文化市场综合行政执法机构"外，其他和 2006 年《文化市场行政执法管理办法》的规定一致。[2]上述文件对文化市场监管的定义基本包含监管主体、监管依据、监管对象，监管主体随着国家体制改革不断发生变化，监管依据主要是国家有关法律规

---

〔1〕　文化部令第 7 号，1994 年 11 月 25 日发布。

〔2〕　《文化市场综合行政执法管理办法》，文化部令第 52 号，2011 年 12 月 19 日发布，第 2 条："本办法所称文化市场综合行政执法是指文化市场综合行政执法机构（以下简称综合执法机构），依照国家有关法律、法规、规章的规定，对公民、法人或者其他组织的文化经营活动进行监督检查，并对违法行为进行处理的具体行政行为。"

范，监管对象是公民、法人或非法人组织的文化经营活动。

上述文件在界定文化市场监管时存在以下不足：第一，未指明监管目的。一方面文化市场监管是对公民行为的限制，应在立法文件中写明限制原因；另一方面，监管目的可以指导监管者的行为，尤其对某一事件是否应纳入监管范围或者如何监管不确定时，监管者应以是否能够实现监管目的为标准予以考量。第二，上述文件未对文化经营活动这一概念进行界定，这在实践中可能造成不恰当地扩张或限缩监管对象的后果，因此需要明确文化经营活动的范围。文化经营活动指文化经营主体在文化产业领域的活动。为保障文化法体系内部的协调，可参照《文化产业促进法（草案送审稿）》对文化产业的界定，[1]通过文化产业的范围限定文化经营活动的范围。第三，近年来，伴随文化经济繁荣发展的还有文化市场乱象，如表演者假唱、"饭圈"斗争等，上述 2011 年之前的文件规定的被监管对象的范围较窄，不合时宜，需要将被监管对象从文化活动经营者扩展到表演者、粉丝等其他文化市场参与者，下文第二节、第三节也正是以此为依据进行的划分。

结合既有经验以及文化市场现状，从监管的目的、主体、依据、对象四个方面入手，笔者将文化市场监管界定为：为促进文化市场健康、有序、繁荣发展，相关部门以及经法律授权的执法机构依据国家有关法律、法规和规章的规定，对创作、生产、传播文化产品和提供文化服务的文化经营主体以及其他文化市场参与者进行监督和管理的行为。法律是调整人与人之间的社会关系的制度，文化市场监管法就是调整基于文化经营活动产生的监管主体与被监管主体之间关系的法律规范。基于文化市场监管是国家利用公权力对文化产业这一兼具产业价值和文化属性的特殊产业形态的监督管理，是国家意识形态在文化领域的表现，文化市场监管法是文化行政法。

（二）文化市场监管法的基本原则

行政监管是政府对特定领域的事项展开的监督管理，以矫正其发展过程中产生的偏离制度价值的问题。由于行政监管涉及对他人行为自由的干涉，甚至伴随着一定的惩罚措施，因此需要将这一行为限定在制度价值允许的合

---

[1] 《文化产业促进法（草案送审稿）》第 2 条第 1 款中规定："文化产业，是指以文化为核心内容而进行的创作、生产、传播、展示文化产品和提供文化服务的经营性活动，以及为实现上述经营性活动所需的文化辅助生产和中介服务、文化装备生产和文化消费终端生产等活动的集合。"

理范围内。加之由于文化市场监管法属于行政法，根据行政法的一般原理，文化市场监管和文化市场监管法需要遵循以下几个方面的基本原则。

1. 依法监管

依法行政是行政主体行使行政权力的基本原则，要求行政权的存在和运行都必须依据法律、符合法律要求，而不能与法律发生抵触和冲突。[1]依法监管，实现监管实践和监管规定一致，也是公民准确预期自己行为后果的前提，以及营造稳定公平透明可预期的制度环境的基础。首先，监管权需有合法依据。文化市场监管是国家公权力对公民行为的监督管理与限制，应遵循"法定职责必须为、法无授权不可为"的原则。《国务院办公厅关于文化市场综合行政执法有关事项的通知》提出，凡没有法律法规规章依据的执法事项一律取消。

其次，监管程序应符合法律规定。《文化市场综合行政执法管理办法》第17条规定："综合执法机构开展行政执法活动，应当严格按照法律、法规和本办法规定的程序进行，并依法制作执法文书。"一方面，依照法律规定履行监管职责是加强监管公平、提高监管公信力、提升监管效率的保障；另一方面，互联网时代，人人都是"发言人"，执法人员若不严格遵守程序，即使监管具有正当性，也很有可能成为网络舆情中的"受害人"。

为了保护被监管主体的合法权益，也为了保护监管主体不被恶意中伤，文化市场主体在履行监管职责时应有法可依、有法必依、执法必严、违法必究。

2. 比例原则

比例原则要求公权力采取的措施要具备适当性、必要性和狭义的比例性。比例原则起源于19世纪末的警察国家观念，是行政法的原则。适当性要求监管措施必须是为了达到监管文化市场所追求的目的。国家行使公权力对文化市场进行监管是为了维护国家文化安全、巩固社会主义核心价值观以及建设文明社会等。只有当被监管人的行为危害上述目标的实现时，国家才可以对其行为进行处罚，否则会造成过度干预，影响市场正常的运行机制，阻碍文化市场繁荣发展。

必要性要求监管主体选择对公民影响最小的监管措施。在监管文化市场

---

[1] 余凌云：《行政法讲义》（第三版），清华大学出版社2019年版，第82页。

过程中，监管人员拥有较大的自由裁量权。一方面，行政处罚和刑事处罚之间的界限并非泾渭分明，而是存在相互交融的混沌地带。比如对传播淫秽物品行为的惩治，《治安管理处罚法》第68条作出了行政处罚的规定，同时《刑法》第364条也作出了刑事处罚的规定，两者的区别仅在于《刑法》条款中增加了"情节严重"这一构成要件。由于刑罚是国家最严厉的制裁手段，"只有当一般部门法还不足以抑止某种危害行为时，才由刑法禁止"。[1]因此，在行政违法向刑事犯罪转化的过程中，需认真权衡行政违法犯罪化的合理性与合法性，根据行政违法的外在特性判断。具体而言，行政违法行为犯罪化需具备以下特征：违法行为具有严重的社会危害性、法益侵害性、客观真实性和二次违法性。[2]另一方面，有些文化产品的低俗与否难以认定，监管人员既可以在前期审查时作出禁止传播的决定，也可以允许其传播，同时加强事后监督。在必要性要求的指导下，监管人员应尊重市场、尊重艺术，偏向性地采取对被监管人影响较小的事后监管措施。

狭义的比例性要求监管措施与其所达到的目的之间必须合比例，即"对行政手段与行政目的之间关系进行衡量，甚至是对两者各自所代表的、相互冲突的利益之间进行权衡。"[3]随着文化产业的发展，文化产品创造进入井喷期，这和国家机构人员数量的稳定性形成鲜明对比，对文化市场进行监管应抓大放小，着重解决文化市场中的关键问题，正确处理政府和市场的关系，充分发挥市场在资源配置中的决定性作用，更好发挥政府作用，提升文化监管效率。

3. 有利于文化创新

促进文化创新，实现文化产品多样化、高质量发展是文化法的基本目标。监管文化市场绝不是重兴"文字狱"，更不是对人们思想的禁锢以及对言论自由的威胁，否则会极大削弱相关文化产品和服务的供给数量，损害文化市场活力，导致文化创新乏力和发展停滞。而是要统筹发展和安全、统筹活力和秩序，规范文化市场健康、有序、繁荣发展，做到监管与繁荣并重。对此，文化市场监管要有边界感，不能违背中华文明的包容性、和平性与创新性，对各种文明应秉持兼收并蓄的开放胸怀，允许在文明交汇中进行文化创新，

---

〔1〕 张明楷：《刑法学》（上册，第六版），法律出版社2021年版，第23页。

〔2〕 参见赵运锋：《行政违法行为犯罪化的检视与应对》，载《政法论丛》2018年第2期，第100页。

〔3〕 余凌云：《行政法讲义》（第三版），清华大学出版社2019年版，第83页。

以促进中华优秀传统文化创造性转化和创新性发展，使得中华文明与时俱进，永葆活力。同时，文化市场监管应坚守国家文化安全底线，维持中华文明的统一性和连续性，坚决抵制、处罚一切动摇我国意识形态、危害社会主义核心价值观塑造、破坏文化市场经营秩序的文化经营活动，为文化活动经营者和参与者构建一个风清气朗的文化市场环境。

二、文化市场监管法的价值目标

党的二十大报告指出，要围绕举旗帜、聚民心、育新人、兴文化、展形象建设社会主义文化强国，这为文化市场监管指明了价值目标，即巩固主流意识形态阵地以举旗帜、维护国家文化主权以聚民心、引领文化价值导向以育新人、维持文化市场秩序以兴文化、保护国家文化资产以展形象。

（一）巩固主流意识形态阵地

我国主流意识形态是以马克思主义为核心内容和理论指导的社会主义意识形态，习近平总书记在党的二十大报告中指出："全面建设社会主义现代化国家，必须坚持中国特色社会主义文化发展道路"，坚持中国特色社会主义文化发展道路就是把马克思主义基本原理同中国具体实际、同中华优秀传统文化相结合。"意识形态的基本功能是进行文化与社会的整合，意识形态能够为制度合法性提供理论支撑。任何阶级社会都有它的主流意识形态，主流意识形态构成了一个社会精神文化的灵魂，它是一种社会制度和政权赖以存在的思想基础。"[1]历史教训告诫我们，意识形态被侵蚀的后果是我们所不能承担的，苏共垮台一个重要原因就是意识形态领域的斗争十分激烈。[2]

然而，随着经济全球化深入发展，文化产品的交易日益频繁，西方国家可利用其文化产品对我国进行意识形态渗透，这是一场没有硝烟的战争，具有隐蔽性、长期性、后果难以修复性的特点。习近平总书记指出："一个政权的瓦解往往是从思想领域开始的，政治动荡、政权更迭可能在一夜之间发生，但思想演化是个长期过程。思想防线被攻破了，其他防线就很难守住。"加之资本是经济利益导向而非社会责任导向，不对其文化经营活动进行监管，其

---

〔1〕　孔德永：《当代我国主流意识形态认同建构的有效途径》，载《马克思主义研究》2012年第6期，第91页。

〔2〕　参见学而时习：《旗帜鲜明反对历史虚无主义》，载 http://www.qstheory.cn/zhuanqu/2021-04/08/c_ 1127308462. htm，最后访问日期：2024年8月10日。

难免会迎合部分社会公众的喜好，利用文化产品传播危害国家安全的内容。为了维护国家安全、守住文化安全底线，国家需要对此予以监管，既要防止资本流向有害于社会主流意识形态的地方，也要防止社会公众对危及我国主流意识形态文化产品的接触，以保证我国主流意识形态处于相对没有危险和不受内外威胁的状态。

（二）维护国家文化主权

《保护和促进文化表现形式多样性公约》在"指导原则"部分提出"主权原则"，即"根据《联合国宪章》和国际法原则，各国拥有在其境内采取保护和促进文化表现形式多样性措施和政策的主权。"也就是说，"一国政府可以为了维护本国文化多样性生态，尤其是为了延续、弘扬境内民族艺术形式，采取各种必要措施，包括经济措施、管制手段以及教育途径等"。[1]之所以尊重各个国家的文化主权，是因为影响各个国家文化构成的地理位置、经济发展阶段、宗教信仰、价值观、政治制度等基本国情不相同，这些因素本身构成文化的独立分支，是一国国民身份认同的基础，同时又彼此交错，牵一发而动全身。若允许其他主体任意干涉，会影响一国兴亡，因此各国都积极采取一定措施维护本国文化主权，如法国为了保护本国的文化产品与文化市场，采取了较为严苛的贸易保护政策以阻止其他国家的文化产品进入法国的文化市场。特别是在 1993 年的关税与贸易总协定乌拉圭回合谈判中，法国坚决反对美国把文化列入一般服务贸易范畴，提出"文化不是一般商品""文化例外"的新概念，拒绝了美国的要求。[2]

因此，尽管随着文化建设的深入展开，文化产业领域应当逐步转向以市场主导为方向，但政府在文化建设中的主导性并不因此被削弱。[3]文化主权是一国文化发展的基础，只有文化主权得到尊重与维护，民族国家才能独立自主地处理自己的文化事务，保持自己的文化特性，选择自己的文化发展方式和道路。[4]我国正处于实现中华民族伟大复兴的关键时期，又遇国际经济、科技、文化、安全、政治等格局的深刻调整，随着国际交往的深入，社会公

---

〔1〕 周艳敏、宋慧献：《文化法学导论》，北京大学出版社 2017 年版，第 42 页。

〔2〕 参见韩骏伟、胡晓明编著：《国际文化贸易》，中山大学出版社 2009 年版，第 135 页。

〔3〕 参见肖金明：《文化法的定位、原则与体系》，载《法学论坛》2012 年第 1 期，第 30 页。

〔4〕 周叶中、蔡武进：《论我国文化法的场境、意境与面向》，载《法学杂志》2015 年第 2 期，第 33 页。

众的价值观也会因受到各种文化产品的影响而摇摆不定。而且，网络空间中我国主流意识形态话语权建构面临着西方话语挤压、碎片化解构、资本逻辑宰制、宣传话语滞后等困境。[1]为防止我国主流文化被排挤，保持我国文化的历史延续性，一方面应加强我国文化产品权益人的保护，激励文化产品的创新与发展，使其不断以符合新时代口味的样态传播符合我国价值观要求的文化产品；另一方面，政府应采取措施，监管文化市场经营者的文化经营活动，保证我国特定文化产品的曝光率，避免我国优秀文化传承受阻。

（三）引领文化价值导向

法律是以国家强制力为保障，迫使社会公众遵守一定的行为规则，文化产品则通过帮助社会公众形成内心秩序，引导社会公众的外化行为。最早把文和化两个字联系起来的是《周易》："观乎人文，以化成天下。"意指以传统的诗书礼乐体现的社会生活的根本法则和精神来教化天下之人。文化对应的英文是culture，来源于拉丁文cultural，本义为耕作和植物培育，后来引申至精神领域，有化育人类心灵、智慧、情操、风尚的意思。[2]"近朱者赤，近墨者黑"，"孟母三迁"等，都在暗示社会文化环境影响人的思想。人属于社会性动物，人的行为无不处于人的价值观的支配下，因此建设社会主义文化强国，提高全民族思想道德水平，需要首先塑造风清气正的社会环境，引领文化价值导向。

然而，流量经济以及网络技术的发展给更高质量的精神文化生活环境的创造带来诸多障碍。"代表着用户也即消费者注意力的流量，已经成为各类互联网平台生存和发展的'制胜法宝'。"[3]社会公众为了获取流量，可能会故意迎合一些低级趣味，传播低俗信息。互联网技术使社会公众接触违法内容的途径更加便利，算法技术使得社会公众抵制违法内容的能力变弱。共青团中央维护青少年权益部和中国互联网络信息中心发布的《2021年全国未成年人互联网使用情况研究报告》显示，2021年38.3%的未成年网民在上网过程

---

〔1〕 参见赵丽涛：《我国主流意识形态网络话语权研究》，载《马克思主义研究》2017年第10期，第78页。

〔2〕 参见祁述裕主编：《十八大以来中国文化政策与法规研究》，社会科学文献出版社2018年版，第1页。

〔3〕 胡泳、李雪娇：《反思"流量至上"：互联网内容产业的变化、悖论与风险》，载《中国编辑》2021年第11期，第29页。

中遭遇过不良或消极负面信息，血腥暴力内容的比例也达到 15.8%。对此，政府需要主动采取有效措施，遏制违法内容的传播，净化社会文化环境，营造清朗空间，通过外力的限制辅助公众更容易接受优秀文化的熏陶，最终形成优秀文化环境培育高文化水平公民、优秀公民创造优秀文化环境的良性发展。

（四）维持文化市场秩序

《"十四五"文化发展规划》提出要建设高标准文化市场体系，健全文化要素市场运行机制，促进劳动力、资本、技术、数据等合理流动。市场的有效竞争可以避免文化垄断，从而促进文化的繁荣与多样化发展。这需要市场的"无形之手"和政府的"有形之手"共同发力。

若放任市场自由发展，很容易形成寡头垄断，供方将在市场的供求关系中占据主导地位，控制着供给内容、供给价格等并产生下列危害后果：首先，文化产品蕴含着一定的思想，社会公众的价值观正是在不断接触文化产品中形成的，若寡头主体控制了社会公众接触的文化的类型、内容，有限的信息将限制社会公众的思维以及辨别真伪的能力，进而限制社会公众的选择，不仅不利于文化多样性的发展，无法形成百花齐放、百家争鸣的有活力的文化市场，而且无异于控制了社会的精神样貌、发展方向，影响国家对文化主权的掌控。其次，若相关主体在文化市场上形成垄断地位，文化产品的价格可能以垄断价格呈现，导致有些民众无法承担，进而在不同经济阶层的社会公众之间形成文化壁垒。一方面，这摧毁了方便社会公众交流的共同的话语体系，容易造成社会割裂；另一方面，在以科技创新能力为关键资本的社会，竞争能力正是通过接触传播知识的文化产品得到提升，文化壁垒的形成最终将加深社会贫富鸿沟，影响社会稳定。最后，有序市场才能够充分发挥文化权益调整法这一经济激励体系的功能，"经济激励系统属于丰富公共领域资源和满足民众经济利益实现的基本诉求，实现国家生活中的本体性安全。"[1]文化市场规范、有序运行，为文化市场主体提供公平、可竞争的市场环境，才能够激发市场活力，让人们有动力参与竞争，通过竞争获得财产或精神利益，从而促进文化经济高效、健康发展。

---

〔1〕 金太军、姚虎：《国家认同：全球化视野下的结构性分析》，载《中国社会科学》2014 年第 6 期，第 14 页。

（五）保护国家文化资产

文物因其罕见性、不可复制性以及历史性而具有高额的经济价值以及身份地位象征意义，从而衍生了巨大的文物需求市场，文物非法交易行为盛行，导致国家文化资产大量流失。文物是中华文明的象征，保护文物就是保护我国精神文明。首先，文物是见证历史的物质载体，帮助解答我们是谁、我们从哪里来、我们走过怎样的路，是有力回应历史虚无主义，维护国民身份的重要凭证。其次，丰富厚重、绚丽多姿的文物是源远流长、博大精深的中华优秀传统文化的重要载体，[1]它们能够准确揭示蕴含其中的中华民族的文化精神、文化胸怀和文化自信，[2]是弘扬中华优秀传统文化的珍贵财富，也是培育社会主义核心价值观、凝聚共筑中国梦磅礴力量的深厚滋养。[3]最后，国际环境日趋复杂，不确定性显著增加，需要发挥好文物工作独特优势，展示真实、立体、全面的中国，增强中华文化影响力，为构建人类命运共同体贡献力量。[4]因此，监管文化市场上的非法交易文物行为，保护国家文化资产刻不容缓。

三、文化市场监管法的法治实践

"吾日三省吾身"，只有不断对过去的监管实践进行反思与总结，找出监管效果良好的措施以及与监管价值目标相偏离的措施，才能够在未来的监管过程中扬长避短，更好地发挥监管效用。

（一）文化市场监管法的法治实践概况

从法律规范层面来看，我国未制定统一的文化市场监管法，而是以行业为划分依据，形成了以专门性文化市场监管行政法规、部门规章为主，其他相关法律、行政法规协同规定的文化市场监管法律体系。前者如针对图书出版者的《出版管理条例》《图书质量管理规定》，针对广播电视台、电台的《广播电视管理条例》，针对影院的《点播影院、点播院线管理规定》，针对

---

〔1〕《依法保护文物和文化遗产典型案例新闻发布会》，载 https://www.court.gov.cn/zixun/xiangqing/388251.html，最后访问日期：2024 年 8 月 20 日。

〔2〕参见《中共中央宣传部等 3 部门发文全面加强历史文化遗产保护》，载《光明日报》2022 年 2 月 21 日，第 4 版。

〔3〕《最高人民法院、最高人民检察院、公安部、国家文物局关于办理妨害文物管理等刑事案件若干问题的意见》，公通字〔2022〕18 号，2022 年 8 月 16 日发布。

〔4〕《国务院办公厅关于印发"十四五"文物保护和科技创新规划的通知》，国办发〔2021〕43 号，2021 年 10 月 28 日发布。

音像制作者的《音像制品管理条例》，针对印刷者的《印刷业管理条例》，针对互联网服务提供者的《互联网上网服务营业场所管理条例》，针对娱乐场所经营者的《娱乐场所管理条例》，针对艺术品经营者的《艺术品经营管理办法》等，以及针对上述规定更加细致的实施细则、规定等；后者如《刑法》《治安管理处罚法》《未成年人网络保护条例》等综合性法律规范也涉及文化市场监管规定。

从履行监管职责层面来看，以监管阶段为划分依据，大致可以分为事前监管、事中事后监管。在事前监管阶段（审批阶段），我国大致以文化行业为依据，由各相关主管部门对市场主体从事文化经营活动进行审批。在事中事后监管阶段（执法阶段），我国文化市场执法整体上经历了"开展试点、积极探索"，"扩大试点、由点到面"，"加快推进、全面展开"，[1]"深化改革"[2]四个阶段，实现了分头管理、多头执法向统一领导、综合执法的转变。2018年推动的最新一轮文化市场综合执法改革将统一文化市场综合执法主体作为深化改革的重要任务，要求无论直辖市还是市、县两级文化市场综合执法队伍，都要统一归口相关文化和旅游行政部门管理，以文化和旅游行政部门名义实施执法。[3]目前我国已经基本形成了文化和旅游部指导全国文化市场综合执法，组织查处全国性、跨区域文化、文物、出版、广播电视、电影、旅游等市场的违法行为，督查督办大案要案，地方依据中央文件，结合本地实际，出台地方规范性文件，在省市县三级整合文化市场综合执法队伍，监管本地方文化市场的格局。截至2022年10月，全国共有文化市场综合执法机构2450个，在编在岗执法人员3.5万余人。[4]

（二）文化市场监管法的法治实践问题

健全的文化市场监管体系应是在不损害文化产业繁荣发展的基础之上，保障文化产业朝着正确方向前进。随着文化市场监管体制不断成熟，我国文化市场监管规范化程度不断提升，文化和旅游部发布的《文化市场综合行政

---

〔1〕《我国文化体制改革主要经历了三个发展阶段》，载 http://www.scio.gov.cn/gxzt/dtzt/srtjwhtzgg/zxbd_24737/202209/t20220920_345184.html，最后访问日期：2024年8月8日。

〔2〕《中共中央办公厅、国务院办公厅关于进一步深化文化市场综合执法改革的意见》，2016年4月发布。

〔3〕参见祁述裕、徐春晓：《深化文化市场综合执法改革：演进、挑战与建议》，载《山东社会科学》2021年第2期，第54页。

〔4〕李荣坤：《文化市场综合执法能力持续提升》，载《中国文化报》2022年10月16日，第2版。

执法事项指导目录（2021 年版）》对监管事项、职权类型、事实依据、实施主体进行了列举；专业化能力进一步增强，严格实行执法人员持证上岗和资格管理制度，健全执法人员培训机制；信息化水平进一步提高，各监管部门结合技术发展，完善执法人员设备配置。但文化市场监管法治体系仍存在提升的空间。

1. 法律规范体系有待完善

首先，法律规范的效力层级有待进一步提高。文化市场监管的现行法律依据主要是行政法规、部门规章、地方性法规等，且立法多是针对特定行业的专门性立法，无法有效指导文化市场监管的全局工作。第一，文化市场监管直接关乎公民基本文化权利的实现以及文化市场的发展方向，应通过法律予以规范。第二，在技术快速发展的时代，文化产品创造以及传播模式也随之改变，没有统一的上位法对执法程序、执法部门、执法原则等进行统筹，容易出现监管空白、重复监管、监管部门之间信息不透明、难以协调合作等问题。第三，现行许多规范性文件中存在重复性内容，在制定统一的上位法时，可以对其提取公因式，减轻企业规范性文件检索的负担。如仅针对互联网直播行为就存在《国家新闻出版广电总局关于加强网络视听节目直播服务管理有关问题的通知》，国家互联网信息办公室、全国"扫黄打非"工作小组办公室、工业和信息化部等发布的《关于加强网络直播规范管理工作的指导意见》，国家互联网信息办公室发布的《互联网直播服务管理规定》，三份文件的内容虽各有所侧重，但是也不乏重复性内容，这不仅是对行政资源的浪费，也增加了文化市场参与主体的经营成本。

其次，监管部门职责有待细化。实践中，各地对事中事后监管的理解不尽相同，执法机构和行政管理部门之间互相推诿，文化行政管理机构常将事中监管职责部分或全部推给综合执法机构，使其承担过多的事中监管任务。[1] 同时，互联网时代的到来，又使得依据文化产品传播渠道分配监管职责的方式不再适用，注定了各部门之间的职责必然会产生交叉。对此，不必完全厘清各部门的职责，可通过规范各部门执法程序，实现对文化市场的全面监管。具体而言，监管部门发现违法行为的方式有被动发现（通过他人举报等方式

---

[1] 参见祁述裕、徐春晓：《深化文化市场综合执法改革：演进、挑战与建议》，载《山东社会科学》2021 年第 2 期，第 57 页。

发现）和主动发现（在执法过程中自己发现）两种，在被动发现情况下，接到举报的部门应积极回应，属于本部门监管职责，依法予以处罚，不属于本部门监管职责，移交其他具有监管职责的部门；为避免主动发现动力不足，可以设置绩效或者奖励。同时，要加强各职能部门的沟通联动，组织线索通报和会商研究，配合做好问题查处，依法惩治违法违规行为。

最后，监管事项有待清理。文化市场监管应不断深化"放管服"改革，从"严进宽管"向"宽进严管"转变，推动有效市场和有为政府更好结合。一般认为认定某行为是否应纳入审查范围以及如何审查，应以是否会影响国家文化安全为标准。但是现实情况并非如此，如《出版管理条例》中规定禁止出版含有反对宪法确定的基本原则的，危害国家统一、主权和领土完整等严重危害国家安全的内容的书籍，这很容易判断。但"三审三校"制度要求出版单位对书稿的社会效益、文化学术价值和出版价值进行审核，这在一定程度上与"放管服"的要求相悖。因为文化学术价值有时是难以认定的，通常需要通过社会反响进行认定，比如许多大班底、大制作的影片，播出后却受到社会公众的抵制。而且，即使不将其作为监管内容，出版单位为了占据出版市场份额，也会通过各种方式审核出版物的质量。另外，有些文化产品具有时效性，审查事项的数量和审查时间成正比，过于烦琐的审查程序可能会使得某些文化产品失去抢占市场的先机。且将此类事项纳入监管范围，会增加监管主体的负担。有为政府应做到该管的事管好、管到位，该放的权放足、放到位，把市场机制能有效调节的经济活动交给市场，把政府不该管的事交给市场，坚决克服政府职能错位、越位、缺位现象。

2. 文化市场监管队伍建设有待加强

首先，监管效率有待进一步加强。国家新闻出版署于 2022 年 4 月发布《关于开展图书"质量管理 2022"专项工作的通知》[1]以及《关于开展 2022年度报纸及其所办新媒体质量专项检查工作的通知》，[2]两个通知都将出版单位执行"三审三校"制度的情况作为检查重点。《出版管理条例》针对中学小学教科书的出版进行了单独规定，即经国务院教育行政主管部门审核的才有出版资格。但是，在 2022 年一年里，中小学教材十余版都存在各种各样的

---

[1] 国新出发〔2022〕7 号，2022 年 4 月 7 日发布。
[2] 国新出发〔2022〕6 号，2022 年 4 月 1 日发布。

问题，即使抛开美感、艺术性等具有个人主观评价的因素，还出现了隐私部位暴露、文身、掀女孩裙子等对青少年有不良引导的插画，甚至连国旗都绘制错误。这与严苛的审查程序和标准不相匹配。虽然法律对出版单位以及出版内容作出了严格的审批规定，但实际上，有些出版单位并未有效落实，管理出版单位的行政部门也有失职。另外，一些危害社会公德的影视剧也通过审核，比如物化女性的《东八区的先生们》、伤害信教公民宗教感情的《天乩之白蛇传说》等，在播出后又被下架，暴露出监管不到位等问题。

其次，透明监管标准。习近平总书记指出："必须牢牢把握社会公平正义这一法治价值追求，努力让人民群众在每一项法律制度、每一个执法决定、每一宗司法案件中都感受到公平正义。"在进行文化市场监管时，应相同情况相同处理，如遇特殊题材的电影可以特殊处理，同时应该予以释明。比如《红海行动》中有些画面比较血腥，按照法律规范不能通过审核，但是也正是因为这些画面才更体现出中国军人不畏战以及保卫国家的英勇气魄。对此类影片进行特殊处理的标准应予以公布，及时回应社会疑惑，使得监管行为真正起到指引行业发展的作用。

再其次，监管队伍有待扩充。随着网络技术的发展，人人都是文化产品创造者和文化产品传播者，监管部门的压力随之增大，但是监管人员数量并未得到相应的扩充，导致审查时间长或审查不到位的后果。另外，我国不断深化"放管服"改革，从事前监管向事中事后监管转变，事中事后监管给政府带来了较大的监管压力。相较于事前监管，事中事后监管要求政府持续地、主动地对市场主体进行监管。在放宽事前审批的情形下，市场主体的大量涌入与市场活动大幅增加使得事中事后的监管任务量和难度成倍扩张。这与行政人员数量受到编制的严格限制、财政开支受到严格限制乃至压缩，因此能够组织调动用于事中事后监管的队伍、资源更显不足的情况形成鲜明对比，[1]引发了在事中事后监管制度下的综合执法中，文化执法方面难以享受国家自上而下的文化系统执法方面的政策支持、工作中外部衔接不顺畅的现象。[2]

最后，监管技术有待提升。中国互联网络信息中心发布的第 53 次《中国

---

〔1〕　潘翻番、包垠含、薛澜：《市场监管体系转型背景下自我规制的实施机制研究》，载《经济社会体制比较》2022 年第 4 期，第 112 页。

〔2〕　何卫东：《放管服背景下事中事后监管制度研究》，载 https://hd.sfj.sh.gov.cn/ztzl_xsqk/20201126/d2977fb4ad504c16881e1a23e62d4b59.html，最后访问日期：2024 年 8 月 20 日。

互联网络发展状况统计报告》显示，网民人均每周上网时长为 26.1 个小时，网络成了文化传播的主要途径。但是，网络取证存在一定的困难。第一，传播主体可以快速将正在传播的内容移转或下架。在纸质或者光盘时代，文化产品的传播必定是通过一定的物质载体，审查机关在取证的时候只要寻找到存储这些物质载体的三维空间即可。但是在网络时代，文化产品通过 "1" "0" 这种二进制代码进行传播，这些代码又存储在域名之下，而域名以及域名中的二进制代码不像利用泥沙等物质搭建的三维空间那样搭建、转移都要成本，因此，传播者很容易通过修改域名的方式在网络中销声匿迹，如 "一个盗版网络文学站点倒下的同时，能够裂变出几个新的盗版站点，如同百足之虫死而不僵。"[1] 第二，网络身份的虚拟性使得监管人员难以将网络传播主体与现实主体相对应。在我国 "91 资源网" 系列网站涉嫌侵犯影视作品著作权案中，警方介绍，该团伙未经著作权人许可，通过购买国外域名和服务器注册多个网站，向国内网站提供非法视频资源，并利用虚拟身份通过互联网完成远程操作。[2] 这意味着需要从网络的虚拟身份中寻找出对应的现实主体。第三，传播手段更加隐蔽，监管人员难以发现违法、违规的传播行为。如区块链等分布式计算的发展使得传播方式由原来的点对面变成了点对点，传播过程更加隐蔽。《 "十四五" 市场监管现代化规划》提出要充分运用互联网、云计算、大数据、人工智能等现代技术手段，加快提升市场监管效能。对此，一方面要完善、更新监管部门的技术设备，进行智慧监管，在生产、流通、消费全链条更多发挥数字技术的作用，包括监测和取证固证，以适应加快提升超大规模复杂市场的监管效能的需要；另一方面要加强对监管人员的培训，提升其网络技术应用能力。

四、域外文化市场监管立法的借鉴

在既往的文化市场监管法治实践中，一松就乱，一管就死的魔咒，堪称我国文化市场监管的难题。"他山之石，可以攻玉"，国际上代表性国家的文

---

〔1〕 史竞男、袁慧晶：《一年 "盗" 走 60 亿元，打盗版怎成 "打地鼠"？——网络文学盗版乱象调查》，载 http://media.people.com.cn/n1/2019/0505/c40606-31062970.html，最后访问日期：2019 年 5 月 9 日。

〔2〕 北京商报沸点调查小组：《盗版影视网站为何 "生生不息"》，载 http://it.people.com.cn/n1/2019/1205/c1009-31490722.html，最后访问日期：2024 年 8 月 20 日。

化市场监管模式可以为我国科学有效地进行文化市场监管提供经验。

（一）分级监管

分级监管指将被监管对象按照一定的标准分成不同的级别，再根据所属级别针对性采取监管措施。相较于"一刀切"式的粗放式监管，这种监管方式更加精细。"一刀切"式的监管虽然表面上看起来省时省力，但埋下的隐患是巨大的，而分级式的精细化监管在规则制定之初可能会遇到些许麻烦，但可以最大限度满足社会公众的各种文化需求，且一旦运行成熟，就可以节省很多物力财力。

1. 域外分级监管实践

英国、美国等国家都对文化产品内容进行分级监管。2023 年 10 月英国《在线安全法案》（Online Safety Bill）获批正式成为法律，此法案在针对儿童的特别规定中，不仅要求网络服务平台依据儿童年龄段进行儿童风险评估，还将对儿童有害的内容细分为"首要优先"（primary priority）和"优先"（priority）内容，并分别提出不同的监管要求。美国是最早进行分级监管的国家，且模式已经较为成熟，本书将着重介绍美国的分级监管，从中获取一些可供我国借鉴的经验。美国电影的发展完成了从"一刀切"式审查到行业协会分级监管的转变。目前，美国的电影主要根据电影中是否含有裸体、性爱场面，吸毒和暴力场面以及上述场面的多寡分为 G 级、PG 级、PG-13 级、R 级和 NC-17 级、NR 级或 U 级以及 M 级、X 级和 P 级，以 13 岁和 17 岁两个年龄界限为区分，在电影上映时提示这几个年龄段的孩子能否独立或者在父母的陪同下观看。对于这种分级分类监管可能会激起社会公众的猎奇心理，使得级别更高的内容更受欢迎的问题不必过分担心，因为美国的审查制度在 20 世纪 60 年代被分级制度刚刚取代时，曾出现过影片定级越高，收益越大的现象，但是这个现象只是暂时的，由于对不同级别影片宣传方式的限制，这种监管方式逐渐被业界普遍接受，并形成了一套比较完整的行业管理化规范。[1]

美国具体执行这一规则的组织是美国电影协会分类与分级监管部的分级委员会，其中分级委员会的构成需要遵循三个原则：一是人员构成具有多元

---

〔1〕　钟大丰：《美国电影分级制度与社会价值建构》，载《北京的电影学院学报》2015 年第 1 期，第 67 页。

性，即必须兼顾男女、种族等；二是所有委员必须拥有子女，而且还要求普通分级委员子女在 5—17 岁之间；[1]三是所有分级委员都不可以在其他娱乐行业任职。

2. 分级监管可供我国借鉴的经验

分级分类监管能够使得政府监管有的放矢，减轻监管压力，释放市场活力，使市场在资源配置中起决定性作用以及更好发挥政府作用，实现有为政府和有效市场的有效结合。借鉴域外分级监管经验并非对审查式监管的否定，而是在坚持我国现行审查式监管的前提下，按受审查内容的危害程度进一步划分审查标准，控制其传播渠道或传播方式等，以实现对通过事前审查的内容的分级监管。比如在事前审查中，禁止含有危害国家安全内容的文化产品进入市场，允许含有血腥暴力内容的文化产品进入市场，同时按这些文化产品进一步分级，监管其传播对象、传播方式等。此种机制一方面能够一定程度上减轻监管机关的负担，另一方面通过允许更多的文化产品进入市场可以更好地满足不同年龄段的文化需求，一定程度上可以更好地表明我国实施的是文化监管而非文化管控的立场。

在分级阶段，可以借鉴的外国经验有以下两点：首先细化分级标准。我国虽然也以年龄为依据，对传播内容进行了分级，但分类标准比较简单。如各个网络平台简单将模式分为青少年模式和非青少年模式，并在青少年模式下采取措施控制青少年上网的时长、保护个人信息、制止打赏行为等。有些方面应当进行控制，但是有些方面不适合"一刀切"式地管制，如平台给 17 岁孩子和给 10 岁孩子提供的内容相似，这和青少年的心理发展历程不相符，内容缺乏丰富性和趣味性，很难吸引孩子的注意力，并容易引发他们的排斥抗拒心理。[2]而且，这是对文化产品通过统一内容审查标准后的进一步分类，并未从根本上改变内容审查标准，即未改变市场上的文化产品的总量，以提升文化产品的丰富性。国务院 2023 年 9 月 20 日通过的《未成年人网络保护条例》中，多处提到"根据不同年龄阶段未成年人身心发展特点和认知能力"作为划分服务提供类别、时长等的依据，这不失为一个细化分类标准的契机。

---

〔1〕 刘毅：《电影审查或电影分级？——中美比较法视野的研究》，载《政法论坛》2018 年第 5 期，第 131 页。

〔2〕 参见刘诗瑶：《进一步优化模式效能，着力防止未成年人沉迷网络 为青少年营造清朗网络环境（民生视线）》，载《人民日报》2021 年 8 月 20 日，第 19 版。

青少年的心智随着年龄的增长不断改变，划分得越细致，越符合实际，但是过于细致无疑会给审查工作带来较大负担。因此，在具体分级的时候，可以借鉴刑法或者民法对年龄的划分依据。

其次，优化审查人员的配置。美国的分级监管要求审查人员是正在抚养5—17岁孩子的父母，这样更加贴近实际，也更能得到家长的认同，达成社会共识。我国在实施分级监管时，可以通过调查问卷等形式，参考家长们的意见，并通过市场反馈、文化产品对社会的影响，不断优化评估机制，使评估结果和实际更加契合。

（二）事前事中事后的体系性监管

事前监管和事中事后监管的区别在于监管的时间是在事情发生之前还是之后。前者指先评估风险，再决定是否允许实施某一行为；后者是先允许实施某一行为，同时对行为后果予以追踪，若发现事态朝着不好的方向发展，则予以叫停。

1. 域外对文化市场事中事后监管的实践

首先，政府监管和非政府组织监管并行。域外监管主要是行业协会和政府共同监管，以电影审查为例，英国是英国电影分级委员会（British Board of Film Classification）负责，美国由美国电影协会（Motion Picture Association of America）和全国影院业主协会（National Association of Theater Owners）组织的委员会实施，德国负责电影审查的机构是电影行业自律协会（Freiwillige Selbstkontrolle der Filmwirtschaft）。这不仅在一定程度上解决了行政部门负担重的问题，还提升了审查结果的准确性，因为行业自治组织的成员对本领域有较为熟悉的认知，能够对被监管事物作出更加准确的判断。

其次，在事前监管阶段，减少对文化市场主体的资格进行审查的流程。我国由相关主管部门制定全国出版单位总量、结构、布局的规划，[1]并对出版、播放的内容进行全面的事前审查。而域外对文化主体设立的相关规定是开放的，比如在文化领域具有优势地位的美国，设立出版机构不需要经过政府部门的审批，出版机构自己可以决定图书是否出版，但是如果政府认为出

---

〔1〕《出版管理条例》第10条："国务院出版行政主管部门制定全国出版单位总量、结构、布局的规划，指导、协调出版产业和出版事业发展。"《广播电台电视台审批管理办法》第3条："国家广播电影电视总局（以下简称广电总局）负责制定全国广播电台、电视台的设立规划，确定广播电台、电视台的总量、布局和结构……"

版的书籍会影响国家安全，可以向法院提起诉讼；作为全球最具影响力的媒体机构之一的英国广播公司（British Broadcasting Company）是英国的公共广播电视机构，由英国政府资助但独立运作；依据德国《基本法》，德国广播业管辖权归属于各州，但各州政府也不能直接干预，政府监管只表现在审批收视费征收标准和处罚其违规行为上。[1] 上述几个国家都较少干预文化市场主体的设立和运营。

2. 事中事后结合的文化市场监管模式的启示

"橘生淮南则为橘，生于淮北则为枳。"在美英等国适用良好的事中事后监管规则，具有其自身特有的文化、经济与社会基础，我国文化市场无法直接适应。对文化市场监管的程度、方式，要与我国文化市场的成熟度、社会公众的文化素质、行业自治的经验、市场失灵程度、文化产品竞争力等具体国情相适应，制定符合我国文化发展要求的规则。

首先，我国不适合全面放开文化市场或过度依赖事中事后监管。与美国发达的文化市场、较高的国际话语权的国情不同，我国文化产业的繁荣性有待提高，新闻舆论传播力、引导力、影响力、公信力有待加强，在世界百年未有之大变局的特殊时期，一旦放松监管，我国主流意识形态、社会主义核心价值观、文化产业等可能受到重挫。习近平总书记指出："宣传思想阵地，我们不去占领，人家就会去占领。"我国既要在市场竞争机制下提高自身文化产品的竞争力，也应注意守住国家文化安全底线，保持对关键领域、重要内容的监管。

相较于事前监管，事中事后监管的优点是监管依据更加贴近现实，对事情发展态势的判断更加准确；缺点是监管滞后，并且为消除事件已经产生的影响可能需要花费较高成本。因此，对于容易产生较大影响或后果难以消除的事情应进行事前审查，而对于不易对社会产生不良影响且影响可以被有效控制、消除的事情应进行事中事后监管。具体应综合考量事项的审查难度、造成后果的危害程度，分别进行绝对监管、相对监管和不予监管三类。绝对监管指在事前严格审查，只要存在危害风险就不允许其进入市场，此种审查主要针对危害国家安全的内容，此类内容的审查标准相对客观，产生审查错误的可能性较低，而对社会的危害性较大；相对审查指在进行事前审查时，

---

[1] 参见周艳敏、宋慧献：《文化法学导论》，北京大学出版社 2017 年版，第 206 页。

若无法确定其是否会对社会造成危害，应允许其进入市场，并对社会反应进行监控，根据社会反应调整对后续类似文化产品的审查标准，此类审查主要针对文化产品的不良信息。[1]不予监管针对市场可通过优胜劣汰机制发挥作用的内容，如对"错别字"，"游戏角色是否合理、充足，游戏剧情是否完整"[2]等的审查。总之，要深刻把握市场与监管的关系，处理好监管与秩序、发展活力的关系，既要严守文化红线，确保国家文化安全，也不能过度监管，不能让政府代替市场、代替社会公众作决定。

其次，行业协会难堪独立监管大任。我国行业协会并非脱离政府而完全独立，且缺乏实践锻炼，运作模式和体系也不够成熟，我国法律目前也并未强制要求行业履行监管职责，仅作出一些鼓励性规定。[3]但也不能不重视行业协会的重要作用，第一，行业协会成员可以作为政府顾问，提出一些本领域的专业意见，供政府机关参考。如《互联网视听节目服务管理规定》规定，国务院广播电影电视主管部门就是否许可颁发《信息网络传播视听节目许可证》作出决定前，需要专家评审，评审时间为20日。[4]第二，在行业协会较

---

〔1〕《网络信息内容生态治理规定》第 7 条规定："网络信息内容生产者应当采取措施，防范和抵制制作、复制、发布含有下列内容的不良信息：（一）使用夸张标题，内容与标题严重不符的；（二）炒作绯闻、丑闻、劣迹等的；（三）不当评述自然灾害、重大事故等灾难的；（四）带有性暗示、性挑逗等易使人产生性联想的；（五）展现血腥、惊悚、残忍等致人身心不适的；（六）煽动人群歧视、地域歧视等的；（七）宣扬低俗、庸俗、媚俗内容的；（八）可能引发未成年人模仿不安全行为和违反社会公德行为、诱导未成年人不良嗜好等的；（九）其他对网络生态造成不良影响的内容。"

〔2〕《游戏审查评分细则》将"游戏完整度，如游戏角色是否合理、充足，游戏剧情是否完整，游戏功能玩法是否完全开放，游戏运行是否稳定等"作为评分依据。

〔3〕《网络信息内容生态治理规定》第五章针对网络行业组织作出的规定。其中第 26 条规定："鼓励行业组织发挥服务指导和桥梁纽带作用，引导会员单位增强社会责任感，唱响主旋律，弘扬正能量，反对违法信息，防范和抵制不良信息。"第 27 条规定："鼓励行业组织建立完善行业自律机制，制定网络信息内容生态治理行业规范和自律公约，建立内容审核标准细则，指导会员单位建立健全服务规范、依法提供网络信息内容服务、接受社会监督。"第 28 条规定："鼓励行业组织开展网络信息内容生态治理教育培训和宣传引导工作，提升会员单位、从业人员治理能力，增强全社会共同参与网络信息内容生态治理意识。"第 29 条规定："鼓励行业组织推动行业信用评价体系建设，依据章程建立行业评议等评价奖惩机制，加大对会员单位的激励和惩戒力度，强化会员单位的守信意识。"

〔4〕《互联网视听节目服务管理规定》第 10 条第 2 款规定："省、自治区、直辖市人民政府广播电影电视主管部门应当提供便捷的服务，自收到申请之日起 20 日内提出初审意见，报国务院广播电影电视主管部门审批；国务院广播电影电视主管部门应当自收到申请或者初审意见之日起 40 日内作出许可或者不予许可的决定，其中专家评审时间为 20 日。予以许可的，向申请人颁发《许可证》，并向社会公告；不予许可的，应当书面通知申请人并说明理由。《许可证》应当载明互联网视听节目服务的播出标识、名称、服务类别等事项。"

为成熟的领域，可以接受政府部门委托，协助监管。如国家广播电视总局提出将不断完善常态化管理机制，委托中国网络视听节目服务协会开展网络微短剧日常监看工作。[1]第三，行业协会可以积极推动行业自律和业务指导。一方面，充分发挥协会中专家队伍的作用，加强对创作和传播文化产品的培训，提升制作机构的业务能力；另一方面，通过制定文化产品制作和传播行为规范，统一标准，发布行业通报，进行风险预警，曝光违规典型、以案说法，发布行业自律公约、公益倡议书等方式，促进行业健康规范发展。

第二节　对文化市场经营者的监管

文化兼具社会效益和经济效益，因此文化市场经营者的经营活动也兼具社会属性和经济属性，前者主要是对文化市场主体设立和传播内容的监管，后者主要是对文化市场主体破坏文化市场秩序的监管。

一、为维护社会效益而进行的监管

（一）文化经营许可

进行文化经营需要获得行政审批，即公民、法人或者非法人组织从事文化经营活动，需要事先申请并经行政机关审核批准，这是政府依法对文化事务实行事前监督管理的一种重要手段，在预防风险、保障安全、分配稀缺资源、提高从业水平等方面发挥着积极作用。[2]依据我国《出版管理条例》《印刷业管理条例》《音像制品管理条例》《广播电视管理条例》《互联网新闻信息服务管理规定》《专网及定向传播视听节目服务管理规定》《互联网视听节目服务管理规定》等的规定，想要从事上述经营活动，需要获得经营许可。主要涉及以下许可证：

---

〔1〕 杨虞波罗：《广电总局：完善常态化管理机制 持续开展网络微短剧治理工作》，载 http://ent. people. com. cn/n1/2023/1115/c1012-40118808. html，最后访问日期：2024 年 9 月 1 日。

〔2〕 张定安、彭云、武俊伟：《深化行政审批制度改革 推进政府治理现代化》，载《中国行政管理》2022 年第 7 期，第 6 页。

主要文化经营许可证类型及批准部门

经营类型	许可证类型	批准部门
互联网视听节目服务	信息网络传播视听节目许可证	广播电影电视主管部门
出版	出版物经营许可证	国务院出版行政主管部门
点播影院	电影放映经营许可证	电影行政部门
互联网新闻信息服务	互联网新闻信息服务许可证	国家或省、自治区、直辖市互联网信息办公室
经营性互联网文化活动	网络文化经营许可证	文化和旅游部
营业性演出活动	营业性演出许可证	文化和旅游主管部门
广播电视经营	广播电视节目制作经营许可证	国务院广播电视行政部门
网络出版服务	网络出版服务许可证	出版行政主管部门

另外，相关法律规范也对一些文化经营主体的设立作出特别规定，涉及设立资金、[1]出资主体、[2]设立地点、[3]设立人员、[4]技术支持[5]等。这是因为文化经营活动关涉国家文化安全，通过要求专业人员参加能够更好地把握文化产品的质量关，通过控制设立地点能够更好地平衡娱乐、教育、安全之间的关系，通过对技术支持作出要求能够更好地维护文化服务提供的稳定性、安全性（包括用户信息安全、国家文化安全、数据安全等），通过管控出资主体能够更好地维护国家文化安全，尤其是要管控好新闻行业的出资主

---

〔1〕《出版管理条例》第11条第1款第4项规定："有30万元以上的注册资本和固定的工作场所"。

〔2〕《互联网视听节目服务管理规定》第8条第1项规定："具备法人资格，为国有独资或国有控股单位，且在申请之日前三年内无违法违规记录"。

〔3〕《娱乐场所管理条例》第7条规定："娱乐场所不得设在下列地点：（一）居民楼、博物馆、图书馆和被核定为文物保护单位的建筑物内；（二）居民住宅区和学校、医院、机关周围；（三）车站、机场等人群密集的场所；（四）建筑物地下一层以下；（五）与危险化学品仓库毗连的区域。娱乐场所的边界噪声，应当符合国家规定的环境噪声标准"。

〔4〕《互联网文化管理暂行规定》第7条第3项规定："有适应互联网文化活动需要的专业人员、设备、工作场所以及相应的经营管理技术措施"。

〔5〕《网络安全法》第10条规定："建设、运营网络或者通过网络提供服务，应当依照法律、行政法规的规定和国家标准的强制性要求，采取技术措施和其他必要措施，保障网络安全、稳定运行，有效应对网络安全事件，防范网络违法犯罪活动，维护网络数据的完整性、保密性和可用性。"

体。习近平总书记提出："坚持党管媒体原则不动摇，坚持政治家办报、办刊、办台、办新闻网站，加强马克思主义新闻观教育。"媒体是国家的口舌，是讲好中国故事、传播中国文化、宣介中国理念、表达国家主张的重要渠道，关乎国家形象、国家国际话语权。《互联网新闻信息服务管理规定》第7条规定："任何组织不得设立中外合资经营、中外合作经营和外资经营的互联网新闻信息服务单位。互联网新闻信息服务单位与境内外中外合资经营、中外合作经营和外资经营的企业进行涉及互联网新闻信息服务业务的合作，应当报经国家互联网信息办公室进行安全评估。"

提高文化市场主体的设立标准，虽然在一定程度上提高了市场准入门槛，降低了文化市场竞争活力，但是由于我国目前文化软实力仍有待提升，舆论掌控能力有待加强，全党全国人民团结奋斗的共同思想基础有待进一步巩固，现阶段不宜过度放开文化市场，否则容易遭受他国文化侵蚀，危害我国文化安全乃至国家安全。做好事前监管一方面能够在一定程度上减少非法出版物进入市场的可能性，维护国家文化安全，减轻事中事后监管的负担。另一方面，通过事前登记审查可以迅速锁定市场上非法出版物的发行主体，及时要求其采取一定的补救措施并承担相应责任。

（二）对传播文化产品行为的监管

对传播文化产品行为进行监管主要是防止含有不法内容的文化产品进入社会，让文化产品更好地发挥思想引领、价值观塑造、文化传承的作用，更好地服务于人民，服务于国家实现两个"一百年"奋斗目标和中华民族伟大复兴的中国梦，为其提供强大精神力量和舆论支持。

1. 监管传播文化产品行为的合理性

首先，文化产品影响社会公众的价值观的塑造。从纯主观的角度界定文化的含义，它指的是一个社会中的价值观、态度、信念、取向以及社会公众普遍持有的见解。[1]这和社会公众接触的文化产品所传递的思想息息相关。虽然法律不监管、控制社会公众的思想，但是要监管受思想支配的人的行为。人的行为是人的大脑思考的结果的外在表现，大脑思考的过程就是将各种行为、事情的价值排序的过程，这个序列正是由社会公众的价值观、世界观、

---

〔1〕 ［美］塞缪尔·亨廷顿、劳伦斯·哈里森主编：《文化的重要作用：价值观如何影响人类进步》，程克雄译，新华出版社2010年版，第4页。

人生观决定的。因此，为了减小行为的监管与矫正成本，社会有必要对引导社会公众三观的文化产品的内容进行监管。

其次，监管传播文化产品行为是各个国家的共识。美国根据《爱国者法案》实行极为严格的网络审查制度和互联网监控措施；德国《青少年媒体保护州际协议》第4条详细规定了互联网不允许向青少年提供的十种有害内容，包括德国《刑法典》第86条所禁止的内容，以及煽动民族仇恨、美化战争、暴力色情等内容；[1]新加坡禁止在互联网上讨论宗教、种族等有可能影响社会稳定的敏感问题。[2]可以看出，对传播文化产品行为进行监管是各国维护国家安全的必要手段。

2. 监管传播文化产品行为的基本范畴

（1）监管流程

国家对出版物的审查贯穿选题、书号、出版物质量，即出版全过程。首先，对出版物的审查从选题开始。《出版管理条例》第20条规定，涉及国家安全、社会安定等方面的重大选题，应当经所在地省、自治区、直辖市人民政府出版行政主管部门审核后报国务院出版行政主管部门备案，未备案不得出版。其次，我国对图书等出版物实行"三审（初审、复审、终审）三校"制度，要求初审从专业的角度审查稿件的社会价值、文化学术价值，把好政治关、知识关、文字关；复审对稿件质量及初审报告提出的复审意见作出总的评价；终审主要对稿件的内容，包括思想政治倾向、学术质量、社会效果、是否符合党和国家的政策规定等方面作出评价，确保所编辑的稿件达到出版的标准。[3]最后，不仅文化产品的首次发表要接受审查，再次发表也要再次接受审查，如《广播电视管理条例》规定，广播电台、电视台对其播放的广播电视节目内容，应当进行播前审查，重播重审。这些规定表明，我国文化产品从被创作到进入市场，需要经过层层严格审核。

（2）监管内容

首先，监管内容是否危害国家利益。典型的如危害国家安全，即"故意

---

〔1〕　参见黄志雄、刘碧琦：《德国互联网监管：立法、机构设置及启示!》，载《德国研究》2015年第3期，第60页。

〔2〕　杨军：《互联网已成意识形态交锋的主战场》，载《中国社会科学报》2014年4月18日，第A07版。

〔3〕　魏玉山：《担负起编辑的责任》，载《出版发行研究》2020年第9期，第1页。

危害中华人民共和国的主权、领土完整与安全，颠覆国家政权、推翻社会主义制度的行为"。[1]例如，随着"历史虚无主义""恶搞文化"的蔓延，一些否定我国历史、否定我国历史英雄人物事迹的内容在网上广为流传。文化是一个国家、一个民族的灵魂。历史和现实都表明，一个抛弃了或者背叛了自己历史文化的民族，不仅不可能发展起来，而且很可能重演历史悲剧。否定我国的历史，就是在否定我国人民在中国共产党的领导下取得的伟大胜利，动摇我国的立国之根基。

其次，监管内容是否危害社会公共利益。典型的如危害社会主义核心价值观。不良的文化产品能够于潜移默化间影响社会公众的思想观念，破坏社会公众已经建立起来的符合社会主义核心价值观的情感秩序，从而引起社会公众行为的转变，并引发社会表象的改变，如将社会过度暴露在淫秽物品之中会使得社会公众对某些不良性行为的态度从抵制向逐渐接受转变，甚至主动实施。另外，文化认同的建立始于儿童期，[2]这一时期是帮助其建立正向价值观、人生观、世界观的关键时期。但共青团中央维护青少年权益部和中国互联网络信息中心发布的《2021 年全国未成年人互联网使用情况研究报告》显示，在设置青少年模式的未成年网民中，遭遇过网络不良信息的比例为34.7%；而未设置青少年模式的未成年网民中，该比例为47%。尽管通过设置青少年模式可以降低12.3%接触不良信息的概率，但是仍有近35%的可能性遭受不良信息影响，这一比例并不小。青少年的心智尚未成熟，对事情真假、好坏的辨析能力较弱，模仿欲、猎奇心理强，而自制力、抗诱惑能力差，这使得他们极易受到文化产品传播的内容的影响，甚至在不良信息的引导下作出不恰当的行为。"少年智则国智，少年富则国富，少年强则国强，少年独立则国独立，少年自由则国自由，少年进步则国进步，少年胜于欧洲则国胜于欧洲，少年雄于地球则国雄于地球。"[3]青少年一代是国家的未来，对传播文化产品行为进行监管，帮助他们建立一个风清气朗的文化环境是有必要的。

最后，监管内容是否侵害他人民事权益。侵害个人民事权益以民事救济为主，但文化产品和其他产品相比，具有极强的公共属性，因此利用国家公

---

〔1〕 张明楷：《刑法学》（下册，第六版），法律出版社 2021 年版，第 869 页。

〔2〕 董莉、李庆安、林崇德：《心理学视野中的文化认同》，载《北京师范大学学报（社会科学版）》2014 年第 1 期，第 70 页。

〔3〕 梁启超：《少年中国说》，北京联合出版公司 2018 年版，第 5—6 页。

权力加以保护具有正当性。尤其随着技术的发展，侵权手段愈加隐蔽，侵权内容难以量计，以私法保护不足以维护文化产品权益人的利益。如 2021 年中国网络文学盗版损失规模为 62 亿元，保守估计已侵占网络文学产业 17.3%的市场份额。[1] 截至 2019 年，我国大型盗版网站数量在 1.2 万—10.5 万个，中小型盗版网站数量超过百万，每个盗版网站内盗版作品最少有几十部，最多可能超过千部，有些版权网站刚更新网络资源，盗版网站立即随之更新，且更新速度和网络资源的引流程度基本成正比。[2] 文化产品的最佳营利期一般是最初发行的时间，加之社会公众较少会对同一文化产品反复欣赏，所以若不在文化产品最初发行阶段快速制止侵权行为，权利人将遭受极大的损失。"行政保护具有处理及时、解决迅速、自愿执行率高等特点。"[3] 国家版权局等四部门联合启动的"剑网 2023"专项行动已经是自 2005 年以来第 19 次打击网络侵权盗版的专项行动，截至 2022 年，各地查办侵犯网络著作权案件1180 件，删除侵权盗版链接 84 万条，处置侵权账号 1.54 万个，[4] 这很大程度上弥补了私人救济效率低的问题。

　　另外，有些私主体创作的作品已经成为中华优秀传统文化的重要组成部分，具有强大的社会效益。习近平总书记指出："'向内凝聚'的统一性追求，是文明连续的前提，也是文明连续的结果。"[5] 保护我国文化的连续性是弘扬中华优秀传统文化、提升中华文化影响力的必要条件。而近来一些对我国文化产品的改编却使得其失去中华血统。如迪士尼对我国《木兰辞》的改编就在很大程度上损害了作者原本想要传递的价值思想：在中国传统文化的背景下，花木兰替父从军的故事旨在宣传集体主义精神，宣扬中国的孝和忠，而改编后的《花木兰》则着重强调女权主义、个人主义和英雄主义。传承优秀

---

　　〔1〕《中国版权协会：2021 年网络文学盗版损失达 62 亿元，超八成作家受侵害》，载 https://news. cctv. com/2022/05/26/ARTINSLjbTU4Me7ZiNAEKb4S220526. shtml，最后访问日期：2024 年 8 月30 日。

　　〔2〕程新晓：《网络盗版侵权新动向及其应对思路》，载 http://media. people. com. cn/n1/2019/1210/c430599-31499275. html，最后访问日期：2024 年 8 月 20 日。

　　〔3〕冯晓青：《关于中国知识产权保护体系几个重要问题的思考——以中美贸易摩擦中的知识产权问题为考察对象》，载《人民论坛·学术前沿》2018 年第 17 期，第 32 页。

　　〔4〕《国家版权局：连续 18 年开展打击网络侵权盗版"剑网"专项行动》，载 http://www. news. cn/2023-04/26/c_ 1129566237. htm，最后访问日期：2024 年 8 月 30 日。

　　〔5〕习近平：《在文化传承发展座谈会上的讲话（2023 年 6 月 2 日）》，载《求是》2023 年第17 期。

文化需要靠经典和文化偶像来维系。"如果一个民族的经典和偶像不断被颠覆，社会的道德底线和核心价值观也会随之荡然无存。"[1]中华优秀传统文化是全国人民的精神寄托，是中华儿女文化认同的根本，将中国故事改编为与中国价值观脱节的"中国故事"，不利于中国优秀文化的传播与弘扬，对此国家有必要、有理由采取措施预防以及制止此种任意篡改我国优秀传统文化的行为。

3. 监管传播文化产品行为的基本原则

（1）对不良信息的认定保持谦抑

首先，我国执法人员缺乏准确判断文化产品低俗性的能力。第一，艺术的审美是有门槛的，审美素养是个体在审美经验基础上积累起来的审美素质涵养，主要由审美知识、审美能力和审美意识三要素组成。[2]审查机关的工作人员并不全部具备。第二，文化产品的低俗与否无法通过客观标准一一判断，其对社会的影响往往需要通过社会的反应来判断。且对文化产品低俗性的认定往往掺杂着个人"偏见"，个别主体的认知不一定和社会大众的认知相符。比如国家一级舞蹈演员杨丽萍的孔雀舞因为演员的着装和舞蹈动作在社会中引起争议，一些人认为这是艺术，很高雅；另一些人则认为属于淫秽表演；还有一些人认为可以供成年人观看，但是不适合未成年人观看。杨丽萍本人认为"孔雀舞是一种美好的人类语言，它所阐述的是生命的意义"，作为国家一级舞蹈演员，她的观点是否可以作为权威观点？如果不可以，出版社的编辑又为何可以对书稿的高雅或者低俗作出评价，并决定着书稿能否出版？第三，随着社会的变迁，社会公众的理念在不断变化，比如《金瓶梅》因大量的性描写而在早期被认定为是禁书，但是据不完全统计，20世纪百年间共发表金学论文千余篇，专著百余部，其中对性描写的争议是热点争议之一，[3]这体现了社会公众对"性"的认知的转变。在此动态性转变过程中，包括审查主体在内的社会公众都在作着激烈的思想斗争，不同文化利益的主体对此有不同认知，在此情况下，审查主体应让子弹飞一会儿，而非草率拒绝这种转变。其次，判断错误可能会给相关主体带来较大的损害。相较于民事责任，行政

[1] 徐稳、曹宏：《论中国优秀传统文化安全》，载《观察与思考》2014年第10期，第40页。

[2] 聂珍钊：《文学伦理学批评：基本理论与术语》，载《外国文学研究》2010年第1期，第24页。

[3] 梅新林、葛永海：《〈金瓶梅〉研究百年回顾》，载《文学评论》2003年第1期，第64—65页。

以及刑事处罚都是较严重的责任承担方式，拘留、徒刑等都会对相对人的身心造成较大伤害，且难以用金钱来弥补，因此在作出判断的时候应该保持谦抑。

（2）平等保护各种文化

1956 年 4 月 28 日，毛主席在中共中央政治局扩大会议上的总结讲话中明确指出：艺术问题上的百花齐放、学术问题上的百家争鸣应该成为我们的方针。

根据文化认同人数的多寡，文化可以分为主流文化和亚文化，亚文化是相对于主流文化而言的。社会对亚文化的态度大致经历了从排斥到包容的过程，比如二次元文化刚被引入中国时被污名化，热爱二次元的人甚至被认为是非正常的，但现在，我们不仅可以在公共场所看到许多人自信、大方地穿着二次元服饰，各个城市还会举办二次元主题的文化节。这体现了社会对各种文化的宽容，彰显着文化自信。

首先，亚文化是社会总体文化关系网中的一条"鲶鱼"，以其自身的创造性存在和文化活力不断地刺激和推动着社会主流文化的创新与前行。[1]当今社会，社会公众越来越追求自我，对文化的表现形态、传播方式提出了更高的要求。价值观、思想的输出，不能仅仅依靠说教式的输出，这些亚文化的表达方式为主流价值观的传播提供了新的思路，迫使主流文化按照不同群体的需求，以更加多样化的方式进行传播。

其次，亚文化也是对国家治理的一种间接的监督，亚文化的存在一方面是因为社会公众的兴趣爱好不同，另一方面也可能是因为对社会现状的不满。对此，政府机关应探寻亚文化存在的原因及其诉求，适当调整治理政策和措施，促进社会不断进步。

最后，平等保护各种文化，有利于正确引导亚文化的发展。在亚文化不会危害社会的前提下，国家予以平等保护不仅可以实现文化多样性发展，增强主流文化的包容性，还能增强亚文化群体对国家、对社会的满意度，并以自己的方式参与国家建设，如作为中国青年亚文化的一个重要阵地的"帝吧"，在涉及国家利益和民族尊严的问题上主动发声，展示青年群体的爱国

---

〔1〕　马中红：《青年亚文化：文化关系网中的一条鱼》，载《青年探索》2016 年第 1 期，第 74 页。

热情。

（三）对非法交易文物行为的监管

《文化市场综合行政执法事项指导目录（2021 年版）》规定需对"转让或者抵押国有不可移动文物，或者将国有不可移动文物作为企业资产经营"等行为进行监管。[1]文物是中华文明、中国革命的精神标识和文化标识，是国家象征、民族记忆的情感依托和物质载体。保护文物就是保护国家与民族的历史，守护中华民族的根与魂。[2]但文化市场上非法交易文物行为泛滥，严重危害国家文物安全。在国家文物局、最高人民法院 2023 年发布的倒卖文物案典型案例中，依某等人违反国家文物保护法规，多次进入罗布泊保护区非法获取国家禁止经营的文物，在当地自发形成的文物经营市场内出售，霍某程以出售牟利为目的大量收购、运输、储存文物，并利用互联网拍卖变现，呈现出规模化、产业化、网络化特点，涉案文物数量巨大，包括数十件二级文物、三级文物，严重破坏罗布泊保护区的地理、文化原貌和文物安全。

按照文物是否绝对不允许进入交易市场来划分，非法交易文物行为包括买卖不可交易文物和经非法途径买卖文物；按照文物归属主体，非法买卖文物包括非法买卖国有文物和非法买卖私有文物；按照交易主体划分，非法买卖文物包括非法出口文物和非法国内买卖文物。之所以作出上述划分，是因为不同的行为对国家文化主权、民族情感等的伤害不同，因此应当设立的处罚力度不同，比如同样是非法交易私人文物，如果涉及出口，就构成犯罪，不涉及出口就仅需要受到行政处罚。因为文物是国家历史的见证，是民族情感的寄托，将其非法出口到海外的行为，无异于出卖自己的民族情感。而且，虽然我国加入了《关于禁止和防止非法进出口文化财产和非法转让其所有权的方法的公约》以及《关于被盗或者非法出口文物的公约》，但是在实践中，与其他国家合作交涉返还非法出口的文物的过程依旧十分艰难。

对非法交易文物的监管应遵循从严原则。文物具有极大的历史价值，是国家发展的见证，且文物流失后再对其予以追回耗时、耗力、耗钱，如对福建省大田县吴山乡阳春村被盗的章公祖师像的追回涉及《关于禁止和防止非

---

[1] 文旅综执发〔2021〕71 号，2021 年 6 月 25 日发布。

[2]《国务院办公厅关于进一步加强文物安全工作的实施意见》，国办发〔2017〕81 号，2017 年 9 月 9 日发布。

法进出口文化财产和非法转让其所有权的方法的公约》《荷兰民法典》《联合国打击跨国有组织犯罪公约》等法律规范，仅国内诉讼就历时七年。因此，严格监管文物交易行为、保护国家文化资产刻不容缓。

二、为维护经济效益而进行的监管

推动文化产业的繁荣需要为文化产业的发展建设规范化市场，而丛林法则是市场竞争的底层逻辑，市场失灵是市场经济的常态，若对文化市场的发展放任不管，文化市场将最终被寡头企业垄断，降低经济运行效率，损害消费者利益和社会公共利益，最终影响我国文化市场经济健康发展。对市场进行合理监管有利于中国经济实现更高质量、更有效率、更加公平、更可持续、更为安全的发展。

（一）文化市场中垄断行为的类型

1. 经营者集中

经营者集中"是指经营者通过合并、收购、委托经营、联营或其他方式，集合经营者经济力，提高市场地位的行为。"[1]经营者集中可以带来规模经济效益，降低企业的运营成本，提高企业的竞争力。但是集中后的经营者也可能利用市场支配地位排除或者限制竞争，因此国家要求满足一定条件的经营者集中进行申报。若不申报，即使集中行为不具有排除、限制竞争的效果，也会因未申报而受到处罚，如阅文集团就仅仅因在收购新丽传媒控股有限公司前未进行申报而被罚款 50 万元。[2]

我国国家市场监督管理总局 2021 年发布了平台经济领域禁止经营者集中第一案——禁止虎牙公司与斗鱼国际控股有限公司（以下简称"斗鱼公司"）合并案。这也是自《反垄断法》实施以来禁止经营者集中的第三案。本案中，虎牙公司主要从事游戏直播等互动娱乐视频业务，由腾讯单独控制；斗鱼公司主要从事游戏直播等互动娱乐视频业务，由腾讯与斗鱼公司创始人团队共同控制。根据双方的集中协议，腾讯拟通过虎牙公司收购斗鱼公司全部股权，交易后腾讯将取得合并后实体单独控制权。国家市场监督管理总局

---

〔1〕刘隆亨：《经济法概论》（第五版），北京大学出版社 2009 年版，第 190 页。另参见《反垄断法》第 25 条。

〔2〕《国家市场监督管理总局行政处罚决定书》（国市监处〔2020〕27 号）。

从集中会强化腾讯在中国境内游戏直播市场上的支配地位、腾讯会因此在上游中国境内网络游戏运营服务市场和下游中国境内游戏直播市场拥有双向封锁能力两方面阐述理由，禁止此项经营者集中。[1]

我国《反垄断法》实施以来要求违法实施经营者集中行为的主体采取必要措施恢复市场竞争状态的第一起案件也和文化产业相关——腾讯收购中国音乐集团案。在此案件中，腾讯完成收购后占有的独家曲库资源超过80%，国家市场监督管理总局认为这可能使腾讯有能力获得更多独家音乐版权，或获得相较于竞争对手的优势交易条件，或通过支付高额预付金等版权付费模式提高市场进入壁垒，因此责令腾讯及关联公司采取30日内解除独家音乐版权、停止高额预付金等版权费用支付方式、无正当理由不得要求上游版权方给予其优于竞争对手的条件等恢复市场竞争状态等措施。

2. 滥用市场支配地位

滥用市场支配地位指具有市场支配地位的主体利用其市场支配地位破坏市场的公平竞争。[2]在文化产品交易链条中，文化产品的创作是起点，消费者感知文化产品是终点，两点之间通过中间人搭建的交易桥梁相连接。桥梁搭建与否以及搭建的大小很大程度上影响着文化产品的曝光率，因此文化产品的交易量不仅和文化产品本身的质量有关，还和中间人的行为有关。在许多情况下，中间人和文化产品创造主体之间存在着交叉利益关系，使得中间人在搭建桥梁时无法保持中立，而容易倾向于与其有直接利益关系的文化产品。比如根据猫眼专业版数据，2021年大年初一及初二《唐人街探案3》排片占比分别为37.5%和45.2%；《你好，李焕英》排片占比分别为20%和20.6%；《人潮汹涌》排片占比为8.5%和3.8%。前两者排片时间均为观影黄金时间，《人潮汹涌》的排片时间则不是清晨、饭点就是午夜（俗称"幽灵场"），有些影院甚至没给《人潮汹涌》排片或者突然取消排片。离奇的是，《人潮汹涌》的口碑很好，甚至有观众抱怨买不到合适时间段的场次，被绑架消费其他影片。控制排片的院线和文化产品出品方之间的关系揭开了这一谜底，万达电影股份有限公司对《唐人街探案3》的主要出品方万达影视传媒

---

〔1〕《市场监管总局关于禁止虎牙公司与斗鱼国际控股有限公司合并案反垄断审查决定的公告》，载 https://www.samr.gov.cn/fldes/tzgg/ftj/art/2023/art_ 47b307e668484e83a598add8793dcdca.html，最后访问日期：2021年7月20日。

〔2〕参见《反垄断法》第22条至第24条。

有限公司控股 95.77%，阿里巴巴影业（北京）有限公司是《你好，李焕英》的出品方之一，而阿里巴巴影业（北京）有限公司是万达影视传媒有限公司的第二大股东；相比起前两位的硬核后台，光线传媒、英皇等公司投资的《人潮汹涌》没有任何院线优势。[1]

（二）监管文化市场垄断行为的特殊原则

1. 坚持发展和监管并重原则

监管不等于控制，监管立法不应是控制理念下的监督和管理，而应是服务理念下的监督与管理。[2]监管服务于加快构建统一开放、高效规范、竞争有序的文化市场，激发文化市场活力，保障文化经济发展行稳致远。对此，一方面应持续加强经营者集中反垄断审查，防止"掐尖式并购"，推动形成大中小企业良性互动、协同发展良好格局。[3]平台用户规模带来的网络效应、以用户为中心的范围经济、消费者的转移成本和数据的"飞轮效应"使得网络平台容易形成垄断地位，[4]对于文化类网络平台来说，垄断地位意味着可以控制社会公众获取信息的渠道、方式和内容，影响文化多样性、创新性、高质量发展。因此，需加强对他们的监管，规范其行为，使其在法治轨道上运行。另一方面，应合理监管，不能不恰当干涉企业的发展规划，允许企业发展壮大。自《反垄断法》实施以来，仅有三件禁止经营者集中的案件，这也表明了我国尊重市场的态度。经营者集中不是实施不正当竞争行为的充分条件，而且现在许多文化产品的研发和传播需要较大成本，如百度 2023 年第三季度的研发费用为人民币 61 亿元，同比增加 6%，主要由于支持文心一言研究投入的服务器的折旧开支及服务器托管费用增加，[5]这决定了只有大型企业才能够负担起如此巨额成本。尤其是在世界百年未有之大变局的背景之

〔1〕陈玉：《2021 春节档排片凸显中国电影行业反垄断监管紧迫性》，载 https://finance.sina. com.cn/tech/2021-03-05/doc-ikftpnnz2513292.shtml，最后访问日期：2024 年 8 月 20 日。

〔2〕刘继萍：《文化市场监管立法的突出问题与对策》，载《哈尔滨工业大学学报（社会科学版）》2014 年第 2 期，第 77 页。

〔3〕《张工：强化反垄断 深入推进公平竞争》，载 https://news.cctv.com/2021/10/21/ARTIejO-tOzXIsa2hMiid0F2X211021.shtml，最后访问日期：2024 年 8 月 20 日。

〔4〕李云舒、柴雅欣：《给资本扩张设置红绿灯》，载《中国纪检监察报》2021 年 9 月 11 日，第 4 版。

〔5〕刘佳：《文心一言令百度 Q3 研发费用增长 6%，上月成立科技伦理委员会》，载 https://www.yicai.com/news/101908933.html，最后访问日期：2024 年 9 月 1 日。

下，为了增强我国文化竞争力，提升在国际上的话语权，有必要发展大型企业，以更好地应对国际竞争。

2. 遵守经济基础决定上层建筑原则

法律是由国家制定或认可并依靠国家强制力保证实施的，反映由特定物质生活条件决定的统治阶级意志的规范体系。[1]社会实践是第一性的，法律是第二性的，法律需要尊重经济现实，在社会经济的发展过程中，不断对法律规范的存废以及适用进行调整。如美国曾出台《派拉蒙法案》，依据此法案，制片厂的垂直垄断行为是非法的，其不可以开展电影发行和电影院放映的业务。但近来美国司法部提出废止此法案，主要基于以下三点：①自从地方法院颁布《派拉蒙法案》以来，电影行业发生了相当大的变化，被告派拉蒙均不再拥有大量电影院。②与70年前不同的是，如今大多数大都市地区都不只存在一家电影院。20世纪30年代和40年代首映的电影院只有一个屏幕，一次放映一部电影，如今已被复合影院取代，复合影院拥有多个屏幕，可同时放映许多不同发行商的电影。③今天的消费者不再局限于在电影院观看电影，新技术创造了许多不同的发行和观看平台，这些平台在法案颁布时尚不存在。

随着科技的发展与人们消费模式的转变，数据已成为促进经济发展的核心要素。许多大型网络平台企业利用其在某一领域收集的大量用户数据，不断拓展业务触角，形成对数据的进一步垄断，压缩市场竞争空间，损害消费者利益，阻碍数字经济持续健康发展。这要求我国对平台的态度由宽松放任走向强化审慎监管，如我国已要求音乐平台除特殊情况外不得签署独家版权协议，以使平台经济在科学的法治监管下规范、高效运行。

第三节　对文化市场其他参与者的监管

一、对表演者的监管

（一）监管表演者的行为类型

表演者是文化市场中的重要参与主体，其参与文化活动的多种行为需要被加以严格监管。首先是对表演者表演行为的监管。近年来，文化市场频频

---

〔1〕　本书编写组：《思想道德修养与法律基础》（2018年版），高等教育出版社2018年版，第139页。

曝出假唱[1]行为。一方面，此种行为有违诚实信用，属于违约行为。文化市场消费者购买的是表演者的表演行为，表演者需要按照双方约定履行自己的义务，不能利用信息差欺骗消费者。另一方面，表演者是文化传播的重要参与者，其专业程度关乎文化产品的质量，关乎我国文化产品的市场竞争力，而假唱行为不利于提升表演者的专业技能。

其次是对表演收入的监管，包括对表演者天价片酬的监管，以及对纳税行为的监管。天价片酬指表演者就其表演行为获得远高于其劳动付出的报酬。这种不合理的付酬方式会造成以下危害：第一，无论是影视剧等视听作品的制作还是现场演出等，都有一定数额内的预算，若将大量的预算用于支付表演者不合理的报酬，会使文化产品的制作从重质量向重表演者流量转变，进而极大压缩文化产品的制作成本，包括剧本打磨、道具配置、后期剪辑等，严重影响文化产品的质量，这与我国"高质量发展"的大政方针不符，无法有效提升我国文化产品的市场竞争力，影响文化强国建设进程。第二，这种突破"按劳分配"原则的付酬方式，还容易引发其他工种劳动者的心理不适，诱发社会矛盾。第三，此种以流量而非实力为依据的付酬标准还会造成文化市场的无效竞争，"黑红也是红"正体现了对流量的盲目追求，表演者不再追求专业技能的提升，而是通过制造一系列绯闻等热点事件吸引社会眼球，并通过商业行为将短暂的流量快速变现，这不仅无法推动文化市场的发展，而且破坏了文化市场"优胜劣汰"的良性竞争机制，引发劣币驱逐良币的负面效应。

税的本质是国家作为一方主体依法无偿地参与国民收入分配而形成的特殊分配关系。[2]税不仅是国家财政的重要来源，还是一种重要的调节国民收入、减小收入差距、实现共同富裕的重要手段。我国《个人所得税法》《税收征收管理法》《刑法》都规定了纳税义务以及违反纳税义务的法律责任。依法纳税是每个公民的义务，任何人、任何组织都不能通过任何方式偷税漏税。国家监管部门需要不断提升监管能力，有效应对隐蔽式偷税漏税行为。在实践中，影视行业偷税漏税现象格外严重，表演者通过成立个人工作室、签订

---

〔1〕《营业性演出管理条例实施细则》第26条第2款规定："前款所称假唱、假演奏是指演员在演出过程中，使用事先录制好的歌曲、乐曲代替现场演唱、演奏的行为。"

〔2〕徐孟洲、徐阳光：《税法》（第六版），中国人民大学出版社2017年版，第11页。

"阴阳合同"、片酬分期付款、将收入转化为投资股权红利或借款等各种方法达到偷税漏税的目的，国家税务总局针对这一现象下发了专门文件——《关于进一步规范影视行业税收秩序有关工作的通知》[1]，规定凡在 2018 年 12 月底前认真自查自纠、主动补缴税款的影视企业及从业人员，予以行政处罚，不予罚款。仅三个月的时间，就自查申报税款 117.47 亿元，入库 115.53 亿元。[2]

（二）加强事后处罚力度

1. 加强事后处罚力度的合理性

首先，假唱等行为属于现场行为，只有表演者开始以及完成表演后才能对其是否实施了假唱等行为进行认定。相关部门尽管可以事前审查表演者的表演流程与表演内容，但是表演者进行现场表演时具有较大的自主性和不可控制性，事前审查无法完全控制表演现场。其次，天价片酬以及偷税漏税行为都具有较强的隐蔽性，正是其合法表象使其顺利通过事前审查。因此，规制此类行为需要加强事后处罚力度，以提高实施此类不法行为的成本，有效规范表演者的行为。

2. 加强事后处罚的对象

首先，加强对表演者的事后处罚。我国政府针对影视行业的偷税漏税行为给予了严厉的行政处罚，如《税收征收管理法》在规定不履行纳税义务的法律责任时，规定除暴力抗拒纳税或者骗取出口退税要缴纳欠缴税款 1 倍以上 5 倍以下罚款外，其他偷税行为被处以欠缴税款 50% 以上 5 倍以下的罚款。另外，2021 年发布的《中央网信办秘书局关于进一步加强娱乐明星网上信息规范相关工作的通知》，要求"对违法失德明星艺人采取联合惩戒措施，全网统一标准，严防违法失德明星艺人转移阵地、'曲线复出'"；同年，文化和旅游部发布的《关于规范演出经纪行为加强演员管理促进演出市场健康有序发展的通知》也要求演出经纪机构配合文化和旅游行政部门做好行业监管，演出活动不得使用造成恶劣社会影响的违法失德演员。这对违法失德表演者来说等同于禁止其再从事演艺事业，是相当严厉的处罚。规定如此严厉的处罚措施主要是因为表演者的行为不仅会破坏文化市场的生态，还会误导社会

---

[1] 税总发〔2018〕153 号，2018 年 10 月 2 日发布。
[2] 《影视行业自查申报税款 117.47 亿元》，载《经济参考报》2019 年 1 月 23 日，第 A01 版。

公众尤其是青少年，在演艺市场乱象久治不绝的情况下，有必要提高处罚力度。

其次，加强对相关演艺公司、主办方的处罚力度。因为有些情况下，表演者假唱、假演奏并非出于本意，而是主办方或演出公司、经纪公司为了保证现场效果，要求表演者假唱或者在表演者不知情的情况下为之。而且演艺公司、演出活动主办方是最能监督以及制止表演者不法行为的主体。《营业性演出管理条例实施细则》要求演出举办单位派专人对演唱、演奏行为进行监督，并对演奏过程的基本情况等作出记录备查。[1]若未予以记录，则会被处以3000元以下处罚。[2]《营业性演出管理条例》要求演出举办单位以及演出经纪机构对表演者行为负责，若表演者以假唱等行为欺骗观众，演出举办单位、文艺表演团体、演员都将面临罚款，演出举办单位、文艺表演团体在两年内再次被公布的，还要面临被原发证机关吊销营业性演出许可证的处罚。[3]这可以充分发挥演出举办单位等的监管效能，有效预防表演者的假唱行为，并同时降低政府的监管压力。

二、对文化产品消费者的监管

（一）监管文化产品消费者的原因

文化产品消费者会将对文化产品的喜欢延伸到创作或表演、传播这一文化产品的特定个体或者组合身上，由此形成偶像与"粉丝"的关系。"饭圈"文化的盛行使得这种关系变得畸形，严重扰乱了社会公共秩序。"饭圈"是指

---

〔1〕《营业性演出管理条例实施细则》第26条第3款规定："演出举办单位应当派专人对演唱、演奏行为进行监督，并作出记录备查。记录内容包括演员、乐队、曲目的名称和演唱、演奏过程的基本情况，并由演出举办单位负责人和监督人员签字确认。"

〔2〕《营业性演出管理条例实施细则》第51条第1款。

〔3〕《营业性演出管理条例》第47条规定："有下列行为之一的，对演出举办单位、文艺表演团体、演员，由国务院文化主管部门或者省、自治区、直辖市人民政府文化主管部门向社会公布；演出举办单位、文艺表演团体在2年内再次被公布的，由原发证机关吊销营业性演出许可证；个体演员在2年内再次被公布的，由工商行政管理部门吊销营业执照：（一）非因不可抗力中止、停止或者退出演出的；（二）文艺表演团体、主要演员或者主要节目内容等发生变更未及时告知观众的；（三）以假唱欺骗观众的；（四）为演员假唱提供条件的。有前款第（一）项、第（二）项和第（三）项所列行为之一的，观众有权在退场后依照有关消费者权益保护的法律规定要求演出举办单位赔偿损失；演出举办单位可以依法向负有责任的文艺表演团体、演员追偿。有本条第一款第（一）项、第（二）项和第（三）项所列行为之一的，由县级人民政府文化主管部门处5万元以上10万元以下的罚款；有本条第一款第（四）项所列行为的，由县级人民政府文化主管部门处5000元以上1万元以下的罚款。"

某个（或某几个）偶像的"粉丝"们组成的共同体圈子，[1]这些圈子的许多行为都扰乱了社会公共秩序，破坏社会生活所必须遵守的行为准则与国家管理活动所调整的社会模式，以及结构体系和社会关系的有序性、稳定性与连续性，[2]构成违法行为，如向航空公司员工购买明星航班信息的行为侵犯个人信息，"粉丝"为给偶像投票而大量购买奶制品后的倾倒行为违反了我国《食品安全法》，歌迷为抢占场馆周边有利位置而打架斗殴的行为违反我国《治安管理处罚法》，跟车造成交通事故违反了《道路交通安全法》……2021年，仅首都机场公安局就办理了涉"粉丝"违法违规追星案件17起，共刑事拘留2人次，行政拘留10人次，行政罚款342人次，警告121人次。[3]

另外，数据显示，网上应援"粉丝"中，有26.9%的成员是高中及以下学历人员，这表明接近1/3的人是未成年人，他们的心智尚未完全成熟，正是思想形成的关键阶段，无论是此种文化中的语言表达还是行为方式，在集体行为环境下都会深刻影响他们的人生价值观、道德价值观、审美价值观和交往价值观。青年一代是祖国的未来，对他们思想的影响最终将延伸到整个国家、社会的风气，因此国家应严加监管此类行为。

（二）监管消费者行为遵循源头监管原则

忽视源头治理，会使得一些治理整顿运动只有短期效果，没有长期效果。资本在当下中国"饭圈"串起了"偶像—粉丝—商业平台—娱乐经纪—营销机构—广告商—厂家"各个利益集团，形成一条围绕数据流量的产业链，由此出现了"流量至上"的理念建构与规则输出。[4]上述"饭圈"问题，究其根本，是文化市场经营者在不断地推波助澜，引导"粉丝"作出某些不当行为。对此，仅规制"粉丝"的行为治标不治本，如果背后的文化市场经营主体不转换经营思路，改变经营手段，仍以号召"粉丝"、雇用网络水军、"养号"形式刷量控评，以及通过"蹭热点"、制造话题等形式干扰舆论，以获取

---

〔1〕彭兰：《网络的圈子化：关系、文化、技术维度下的类聚与群分》，载《编辑之友》2019年第11期，第9页。

〔2〕张明楷：《刑法学》（下册，第六版），法律出版社2021年版，第1349页。

〔3〕韩浩月：《粉丝追星被拘留，不妨多公布点细节》，载 https://mp. weixin. qq. com/s? _ _ biz = MzI3MTQzNjYxNw = = &mid = 2247582568&idx = 4&sn = f2a83e91ea2ce01fbe647ffbf3461394&chksm = eac21d4 eddb59458c46d5144730506283316a16389ccecbe19fd0bcc6c4d637b49b4f0a1a948&scene = 0&xtrack = 1 # rd，最后访问日期：2024年8月13日。

〔4〕栾轶玫：《饭圈失范的表象及纠偏》，载《人民论坛》2020年第26期，第138页。

流量利益，将社会责任抛之脑后，上述社会乱象无法得到根治。

为提高解决这一问题的效率，用最低的成本获得最大的收益，需要从源头出发，规制、监管幕后文化市场经营主体的行为，以实现釜底抽薪的效果。我国对此已经出台相关规定，《中央网信办秘书局关于进一步加强"饭圈"乱象治理的通知》提出了 10 项措施要求，其中取消明星艺人榜单、优化调整排行规则、严管明星经纪公司、清理违规群组版块、不得诱导粉丝消费、强化节目设置管理 6 项都直接指向文化市场经营主体。2022 年 5 月，国家广播电视总局发布《广播电视和网络视听领域经纪机构管理办法》，要求经纪机构不得发布引发粉丝互撕、拉踩引战等有害信息，不得以虚假消费、带头打赏、应援集资等方式诱导粉丝消费。2023 年 9 月 20 日国务院第 15 次常务会议通过的《未成年人网络保护条例》[1]亦从根本出发，要求网络游戏、网络直播、网络音视频、网络社交等网络服务提供者不得设置以应援集资、投票打榜、刷量控评等为主题的网络社区、群组、话题，不得诱导未成年人参与应援集资、投票打榜、刷量控评等网络活动，并采取措施预防和制止其用户诱导未成年人实施上述行为。通过规范文化市场经营者的行为，减少粉丝实施不当行为的场所，可以从根本上杜绝社会上某些不良现象。

第四节　智能时代的文化市场的监管

人工智能正成为推动人类进入智能时代的决定性力量。[2]人工智能、算法技术的发展改变了文化产品的创作与传播范式，生成式人工智能创作作品的效率远远高于人类，成为创作文化产品的"主力军"；算法推荐技术使得人们不再需要主动搜寻想看的内容，只需要等待算法这一"私人专属"文化产品管理者的精准推送。生成式人工智能技术和算法推荐技术正在逐渐成为塑造社会公众文化世界的"中坚力量"，对文化市场的监管需要从对人创作和传播文化产品行为的监管走向对创作与传播文化产品技术的监管。习近平总书记指出："古往今来，很多技术都是'双刃剑'，一方面可以造福社会、造福

---

〔1〕《未成年人网络保护条例》第 45 条规定："网络游戏、网络直播、网络音视频、网络社交等网络服务提供者应当采取措施，防范和抵制流量至上不良价值倾向，不得设置以应援集资、投票打榜、刷量控评等为主题的网络社区、群组、话题，不得诱导未成年人参与应援集资、投票打榜、刷量控评等网络活动，并预防和制止其用户诱导未成年人实施上述行为。"

〔2〕谭铁牛：《人工智能的历史、现状和未来》，载《求是》2019 年第 4 期，第 39 页。

人民，另一方面也可以被一些人用来损害社会公共利益和民众利益。"〔1〕为保持"文化世界"的清朗性，需要规制这把"剑"的使用行为。

一、智能时代文化市场监管的法治实践

由于对算法等技术的研究尚未完全成熟，我国目前并未颁布与算法推荐、生成式人工智能相关的法律，但是发布了部门规章以及其他规范性文件，为相关技术的应用提供了指导，并初步建立起较为完备可行的监管体系，在《互联网信息服务算法推荐管理规定》《互联网信息服务深度合成管理规定》《生成式人工智能服务管理暂行办法》等文件中对相关技术的研发和使用提出了要求，明确服务提供者的法律责任。〔2〕

国际上，我国始终以高度负责的态度参与人工智能全球合作与治理。为进一步推动全球各方在人工智能合作与治理方面的对话，更加深入地探讨如何构建适合人工智能健康发展的治理体系，推动建设人类命运共同体，清华大学先后在 2020 年、2021 年、2022 年主办以"后疫情时代的人工智能国际合作与治理""如何构建一个平衡包容的人工智能治理体系""人工智能引领韧性治理与未来科技"为主题的人工智能合作与治理国际论坛，每年发布的白皮书都针对人工智能治理与文化发展之间的关系加以阐述。同时，我国积极参与联合国安理会 2023 年 7 月 18 日举行的主题为"人工智能给国际和平与安全带来的机遇与风险"的高级别公开会，并提出治理五原则，即坚持伦理先

---

〔1〕 习近平：《在网络安全和信息化工作座谈会上的讲话》，载《人民日报》2016 年 4 月 19 日，第 2 版。

〔2〕 《互联网信息服务算法推荐管理规定》第 6 条第 1 款规定："算法推荐服务提供者应当坚持主流价值导向，优化算法推荐服务机制，积极传播正能量，促进算法应用向上向善。"《互联网信息服务深度合成管理规定》第 6 条规定："任何组织和个人不得利用深度合成服务制作、复制、发布、传播法律、行政法规禁止的信息，不得利用深度合成服务从事危害国家安全和利益、损害国家形象、侵害社会公共利益、扰乱经济和社会秩序、侵犯他人合法权益等法律、行政法规禁止的活动。深度合成服务提供者和使用者不得利用深度合成服务制作、复制、发布、传播虚假新闻信息。转载基于深度合成服务制作发布的新闻信息的，应当依法转载互联网新闻信息稿源单位发布的新闻信息。"《生成式人工智能服务管理暂行办法》第 4 条规定："提供和使用生成式人工智能服务，应当遵守法律、行政法规，尊重社会公德和伦理道德，遵守以下规定：（一）坚持社会主义核心价值观，不得生成煽动颠覆国家政权、推翻社会主义制度，危害国家安全和利益、损害国家形象，煽动分裂国家、破坏国家统一和社会稳定，宣扬恐怖主义、极端主义，宣扬民族仇恨、民族歧视，暴力、淫秽色情，以及虚假有害信息等法律、行政法规禁止的内容……"

行、坚持安全可控、坚持公平普惠、坚持开放包容、坚持和平利用。在首届人工智能安全峰会上，中方代表团参与人工智能安全等问题讨论，积极宣介中方提出的《全球人工智能治理倡议》，[1]反对利用人工智能技术优势操纵舆论、传播虚假信息，干涉他国内政、社会制度及社会秩序，危害他国主权。[2]

可以看出，为防止不法分子利用先进技术危害我国文化安全、减缓我国建设文化强国的进程、阻碍世界文化多样性的构建，我国已经在对相关技术现有了解的基础上积极采取措施，加强对技术的监管，确保智能时代技术的发展安全、可靠、可控。

二、智能时代文化市场监管的类型

（一）监管生成式人工智能技术

生成式人工智能技术，是指具有文本、图片、音频、视频等内容生成能力的模型及相关技术，[3]其凭借创作成本低、效率高的优势，已经被运用于新闻、影视、设计、音乐等行业。可以预见，生成式人工智能将逐渐浸入人类生活的方方面面，影响人民福祉、经济发展、国家安全和战略竞争。

生成式人工智能是否会有意识这一问题并没有定论，但无论有无，其生成物会影响社会公众的思想。法国作家罗兰·巴特提出"作者在作品完成之际就已经死亡"，这表明作者想要表达意思并非读者从文化产品中领会到意思的充要条件。传播思想是文化产品的宿命，为避免因技术不成熟或被不当利用而引发智能时代的文化危机，需要对技术进行监管。

算据、算法、算力构成生成式人工智能三要素。在生成物的形成链条中，算据是基础"燃料"，为生成式人工智能提供了内容基础；算法是核心驱动力，为其提供内容整合逻辑；算力是其运行的重要保障，是维持链条转动的动力。[4]生成式人工智能的运行逻辑就是通过计算机算法对大量现有作品样

---

〔1〕　郭爽、许凤：《新闻分析：首届人工智能安全峰会开得怎么样》，载 http://www.news.cn/world/2023-11/03/c_1129956464.htm，最后访问日期：2023 年 11 月 3 日。

〔2〕　《全球人工智能治理倡议》，载 http://www.cac.gov.cn/2023-10/18/c_1699291032884978.htm，最后访问日期：2024 年 8 月 18 日。

〔3〕　《生成式人工智能服务管理暂行办法》第 22 条第 1 项规定："生成式人工智能技术，是指具有文本、图片、音频、视频等内容生成能力的模型及相关技术。"

〔4〕　参见李白杨、白云、詹希旎等：《人工智能生成内容（AIGC）的技术特征与形态演进》，载《图书情报知识》2023 年第 1 期，第 70 页。

本进行解码、学习和训练，形成这类作品集规律的概率模型，并依此进行模仿和预测。[1]算据是大量文化产品的集合，文化产品中蕴含的思想决定了人工智能生成物承载的思想，2024年3月全国网络安全标准化技术委员会发布的《生成式人工智能服务安全基本要求》就规定了语料安全要求，提出语料安全和生成内容安全的评估标准；"人工智能的底层算法都由带有主观目的与价值偏好的人类设计开发"，[2]算法是算据整合的规则，生成物的思想也受到算法设计的影响。因此，尽管人们无法对生成式人工智能的具体表达进行精准预测和控制，但是可以通过调整算据和算法使其生成物与社会主义核心价值观对齐，这为监管生成式人工智能技术提供了合理性基础。

另外，算力不会对生成物的内容产生影响，但是其发展水平的高低直接影响社会公众对生成式人工智能服务的体验。在域外的算力技术更加成熟，能够为用户带来更好的体验感的情况下，其产品的竞争力就会凌驾于我国产品之上。这为域外主体通过控制算据以及算法的设计，控制人工智能生成物的"思想"，使其生成对中国不利的文化产品提供了便利。一方面，一国人工智能技术的应用范围不限于本国，因此其生成物的影响是世界性的，其生成的虚假的、抹黑中国的文化产品会加深世界对中国的误解，影响中国文化、中国精神在世界上的推广与传播；另一方面，即使我国采取某些措施禁止未经审查的域外人工智能技术为我国社会公众提供服务，某些技术还是可以帮助国内公众跨越障碍，我国公民长期接触承载他国思想的文化产品，会使中国文化遭遇无形抹杀。

对此，我国有必要积极参与人工智能的全球治理。2023年世界互联网大会乌镇峰会聚焦治理与安全、人文与社会等多个维度，围绕全球发展倡议、人工智能、算力网络、网络安全、数据治理、未成年人网络保护等议题举办20场分论坛，峰会主题为"建设包容、普惠、有韧性的数字世界——携手构建网络空间命运共同体"。[3]此次峰会还发布了《发展负责任的生成式人工

---

〔1〕 参见曾田：《人工智能创作的版权侵权问题研究》，载《河北法学》2019年第10期，第178页。

〔2〕 陈兵、董思琰：《生成式人工智能的算法风险及治理基点》，载《学习与实践》2023年第10期，第23页。

〔3〕《"乌镇时间"即将开启 这些新精彩带你共赴十年之约》，载 http://www.news.cn/politics/2023-11/06/c_ 1212296837.htm，最后访问日期：2024年8月30日。

智能研究报告及共识文件》，此文件在发展负责任的生成式人工智能共识总则部分指出："发展负责任的生成式人工智能应始终致力于增进人类福祉，坚持以人为本，推动人类经济、社会和生态可持续发展。"这为我国参与全球技术治理，提高我国在全球技术治理上的话语权开创了一个良好的开端。

（二）监管算法推荐技术

在流量经济时代，如何从过载的信息中主动为用户定位和推送其感兴趣的内容是互联网面临的主要挑战，算法推荐技术有效解决了这一问题，[1]它通过利用生成合成类、个性化推送类、排序精选类、检索过滤类、调度决策类等算法技术精准向用户提供信息，[2]加强用户对网络平台的依赖性、黏性，从而提高网络平台的流量。短期来看，算法推荐既精准满足了用户的精神需求，又为网络平台带来了经济利益，似乎两全其美。然而长期来看，此种模式会影响文化产品正常的传播秩序、市场秩序和社会秩序，损害文化创新性发展、影响主流意识形态传播、加剧社会文化鸿沟、危害国家文化安全。

首先，算法推荐技术不利于文化创新性发展。"文明因多样而交流，因交流而互鉴，因互鉴而发展"，"读万卷书，行万里路"，见多识广、博学多才……这些都在提醒人们，多样的文化是激发社会公众创造力的源泉。然而，算法通过分析网络用户的行为，建立用户画像，并不断依此向其推荐同质化信息，这不仅降低了用户接触多样文化的概率，降低了不同文化产品在人的大脑中碰撞，并经过大脑的处理形成新的文化产品的可能性，还使得社会公众的思维更加固化，损害了社会公众的想象力、创造力。长此以往，会使得文化多样性的发展陷入停滞。

其次，算法推荐技术会影响主流意识形态传播。在网络已经成为人们获取信息的主要阵地的情况下，加强网络空间思想引领、加强网络空间文化培育，把社会主义核心价值观通过网络传播到社会公众心中、传导到社会各方面是建设文化强国的必由之路。而在泛娱乐化时代，若不在算法技术中有意识地提高承载主流意识形态的信息的曝光率，仅仅依据用户的喜好进行信息

---

〔1〕　参见杨博、赵鹏飞：《推荐算法综述》，载《山西大学学报（自然科学版）》2011 年第 3 期，第 337 页。

〔2〕《互联网信息服务算法推荐管理规定》第 2 条第 2 款规定："前款所称应用算法推荐技术，是指利用生成合成类、个性化推送类、排序精选类、检索过滤类、调度决策类等算法技术向用户提供信息。"

推送，会引发信息中的"劣币驱逐良币"，严重挤压主流意识形态的传播空间。对此，《中央网信办秘书局关于开展"清朗·整治短视频信息内容导向不良问题"专项行动的通知》提出要优化推荐机制，着力解决短视频平台算法价值导向存在偏差、优质短视频呈现不足等问题；优化流量分配机制，防止"重指标轻质量"，片面以点赞率、转发率等量化指标作为流量分配依据。

再其次，算法推荐技术可能加剧社会文化鸿沟，造成社会割裂，引发社会冲突。算法推荐技术使得网络用户陷入信息茧房，一方面，茧房中的人们为了表明自己的圈层身份会形成自己独特的语言、动作等交流方式，提高了社会公众之间的交流门槛，造成文化隔阂；另一方面，茧房中的人们会因长期接触同一或类似思想而固化思维，并降低对其他思想的包容度，可能在社会问题上难以与其他人达成共识。这些都可能引发社会矛盾，不利于和谐社会的建设。

最后，算法推荐技术可能危害国家文化安全。就目前而言，相比起美国这一世界第一大文化产业国，我国文化产品的竞争力还有待加强。在抽象物的产生、利用和提供上拥有相对优势的人会变为另一种殖民者，[1]美国利用文化产品传输本国价值观，在算法推荐加持下，其文化产品的传播会如虎添翼，大大挤压我国文化产品的市场份额，影响我国社会主流意识形态和价值观的传播，危害我国文化安全。

一幅生动的文化图景应如奔腾不息的长江，干流永恒，无数条支流相互交融并最终汇入干流，而算法推荐技术可能产生无数孤立的文化池塘，甚至可能因没有活水的注入而干涸。为降低算法推荐技术的危害，有必要对算法推荐技术进行监管，让技术为建设文化强国助力。

三、智能时代文化市场监管的特殊原则

（一）全链条监管原则

首先，加强对智能技术的事前监管。中国互联网络信息中心发布的第 53 次《中国互联网络发展状况统计报告》显示，截至 2023 年 12 月，我国网民规模达 10.92 亿人，互联网普及率达 77.5%，这为扩大生成式人工智能技术的推广范围以及提高推广效率奠定了基础，决定了人工智能生成物的影响必

---

〔1〕 ［澳］彼得·德霍斯：《知识财产法哲学》，周林译，商务印书馆 2017 年版，第 266—267 页。

定是范围广泛且难以消除的，因此应在事前就对其予以监管。《互联网信息服务深度合成管理规定》也要求具有舆论属性或者社会动员能力的深度合成服务提供者以及技术支持者，按照《互联网信息服务算法推荐管理规定》履行备案和变更、注销备案手续。[1]

其次，加强对智能技术的事中事后监管。一方面，相较于其他技术，算法技术具有不透明性，其开发者可能都无法完全准确解释其发展和内部工作原理、决策机制，无法准确预测其生成内容；另一方面，人工智能在为网络用户提供服务的同时，也在用户的反馈中不断学习、调整，即人工智能的生成逻辑会在提供服务的过程中发生改变。人工智能生成物的不可预测性、可变性使得对生成式人工智能的监管无法一劳永逸，需要对其进行持续监管，要求相关服务提供者不断优化模型训练，确保其输出内容符合法律要求。

通过构建算法安全风险监测、算法安全评估、科技伦理审查、算法备案管理和涉算法违法违规行为处置等多维一体的监管体系，[2]实现对智能技术的事前监管、事中监管和事后监管的全链条监管，能够有效防范智能技术带来的文化风险。

（二）包容审慎原则

包容指在已知远远小于未知的情况下，要允许新的事物发展，并对发展中出现的问题加以纠正；审慎监管就是要划出安全的底线。[3]党的十八大以来，党中央准确把握时代大势，紧抓科技创新的战略机遇，在智能技术方面取得较大成就，但人工智能算法、框架、芯片及配套软件平台等基础技术的自主创新能力仍有待提升。

---

〔1〕《互联网信息服务深度合成管理规定》第 19 条规定："具有舆论属性或者社会动员能力的深度合成服务提供者，应当按照《互联网信息服务算法推荐管理规定》履行备案和变更、注销备案手续。深度合成服务技术支持者应当参照前款规定履行备案和变更、注销备案手续。完成备案的深度合成服务提供者和技术支持者应当在其对外提供服务的网站、应用程序等的显著位置标明其备案编号并提供公示信息链接。"

〔2〕国家互联网信息办公室、中央宣传部、教育部等《关于加强互联网信息服务算法综合治理的指导意见》，2021 年 9 月 17 日印发。

〔3〕参见《李克强：以包容审慎的原则对待新业态、新模式》，载 http://www.xinhuanet.com/politics/2019lh/2019-03/15/c_1210083405.htm，最后访问日期：2024 年 8 月 15 日。

未来十年是全球发展数字经济、迈入智能经济社会的黄金期，[1]这决定了我国有必要抓住这一关键时期，大力推动智能技术的发展，抢占国际市场，争夺智能时代的话语权。因此，对智能技术的监管不宜过于严格，否则会使得智能技术提供者耗费大量时间、精力应对监管，扰乱技术推广、研发计划，影响行业发展信心。但是，也不能放任其发展，因为它既关乎国家经济发展，又关乎国家意识形态、社会价值观、人民素养的塑造。政府既不能为了经济利益而完全放任其自由发展，也不能为了社会效益而管死，应在维护国家安全的底线之上，给企业营造一个宽松的成长空间。

本章小结

安全和发展是一体之两翼、驱动之双轮。安全是发展的保障，发展是安全的目的。文化产品兼具经济效益和社会效益，因此我国在推动文化产业发展的同时，要善于运用底线思维，守住文化安全红线。

一方面，监管的同时要为文化产业发展留下自由的空间。严格的监管对文化产业经营者来说意味着更高的经营成本、更高的企业进入门槛、更严格的内容筛选机制，这将降低文化市场的竞争活力、影响文化多样性发展。对消费者来说，其不仅要最终承担文化产业的经营成本，文化多样性的需求还得不到满足。对国家来说，社会公众为满足文化需求而利用各种技术手段逃脱政府监管的行为会增加政府监管难度，不仅没有提高文化安全程度，还增加了维护文化安全的成本。另外，文化在兼容并蓄中发展、创新，过于严格的监管不利于构建"百花齐放、百家争鸣"的文化社会形态，文化产品的同质性无法充分挖掘社会公众的想象力、创造力，不利于文化创新性发展和创造性转化。

另一方面，加强对危害国家文化安全的文化产品的监管。由于我国还未从受制于人的技术和内容桎梏中跳脱出来，他国较容易通过文化产品对我国历史文化进行解构和偷梁换柱，于潜移默化间腐蚀我国社会公众的思想、淡化社会公众基于文化认同产生的中华民族的身份认同感，威胁中华文明的连续性发展。对此，我国固然要加快相关技术的研发与高质量文化产品的创作

---

〔1〕 中国信息通信研究院：《AI 框架发展白皮书（2022 年）》，2022 年 2 月发布。

和传播，也要注重文化市场监管，从正、反两个方向共同施力。

文化市场自由发展和文化市场监管之间是动态平衡的关系，监管的方法、程度与本国技术发展、文化产业的繁荣程度、国际话语权、社会公众文化素养、文化自信等密切相关，两者需要依据国家发展现实不断实现再平衡。

第五章

公共文化服务法

文化作为一个国家、一个民族、一个社会的灵魂，是凝聚和引领民众的精神力量，也是一国综合实力的重要指标。满足人民精神文化需求，保障人民文化权益，让人民享有更加充实、更为丰富、更高质量的精神文化生活，是当今党和政府文化事业的宗旨和目标。加强公共文化服务建设，是保障公民文化权利，贯彻落实"以人民为中心"发展理念的重要体现，是实现国家治理体系现代化的重要组成部分，也是坚定文化自信、坚持中国特色社会主义文化发展道路、建设社会主义文化强国的基本要求。习近平总书记指出，"完善公共文化服务体系，深入实施文化惠民工程，丰富群众性文化活动"，"要推动公共文化服务标准化、均等化，坚持政府主导、社会参与、重心下移、共建共享，完善公共文化服务体系，提高基本公共文化服务的覆盖面和适用性"。党的十八大以来，党中央、国务院针对我国公共文化服务建设作出一系列重要的战略部署和工作安排，在法律层面，我国已经初步形成了以《宪法》为保障，以《公共文化服务保障法》为基础，以《公共图书馆法》《博物馆条例》等相关法律法规为支撑的现代公共文化服务法律体系，为公共文化服务建设提供了有力法治保障。

随着我国社会经济的不断发展以及数字时代的到来，我国公共文化服务体系建设迎来了新机遇，同时也面临着新挑战。为促进文化事业繁荣发展，更好地满足人民日益增长的精神文化需求，需要从顶层设计出发对公共文化服务建设进行更加细致和深入的研究。本章在厘清公共文化服务、公共文化服务法的基本概念及价值目标的基础上，对我国现有公共文化服务法治现状进行系统梳理，并对域外公共文化服务立法经验进行借鉴，最终为我国公共文化服务保障法、公共图书馆法、博物馆法提供完善建议，以期对我国公共文化服务事业的繁荣发展有所助益。

第一节 公共文化服务法概述

市场在资源配置方面虽然规模大、范围广，但其范围、领域并非无处不至，在其内在不足所导致的市场失灵领域，特别是公共物品和外部效应、公平竞争和公平分配等方面，更需要政府配置，因为其中不仅涉及效率问题，更涉及公平和正义的价值实现。[1]作为文化事业的重要组成部分，完善的公共文化服务体系对于保障公民文化权利、提升公民文化素质、促进社会精神文明建设、推动文化事业繁荣发展具有重要意义。研究公共文化服务法，应先从基本问题出发，对公共文化服务、公共文化服务法等基本概念进行考察，从而为进一步的研究提供支撑。

一、公共文化服务的范畴界定

目前学术界对公共文化服务内涵的界定存在两种代表性观点：一种是经济学式定义，以毛寿龙教授、周晓丽教授为代表的学者运用经济学的相关概念，将公共文化服务界定为基于社会效益，不以营利为目的，为社会提供非竞争性、非排他性的公共文化产品的资源配置活动；[2]一种是管理学式定义，以闫平研究员为代表的学者认为政府除了要向公众提供公共文化产品和服务外，还需要主动承担文化建设与发展的管理职能。[3]相较于直接将公共文化服务理解为与营利性文化产业相对应的公益性文化服务而言，管理学式的界定引入了文化政策服务、文化市场监管服务等内容，强调了政府在提供公共文化服务过程中的管理职能。

从政策和规范层面来看，2002年党的十六大报告第一次将公共文化服务归入政府职能。2005年党的十六届五中全会首次提出，逐步形成覆盖全社会

---

〔1〕 张守文：《当代中国经济法理论的新视域》，中国人民大学出版社2018年版，第44页。

〔2〕 参见周晓丽、毛寿龙：《论我国公共文化服务及其模式选择》，载《江苏社会科学》2008年第1期，第90—91页。

〔3〕 参见闫平：《服务型政府的公共性特征与公共文化服务体系建设》，载《理论学刊》2008年第12期，第90—93页。

的比较完备的公共文化服务体系，这标志着我国已开始在全国范围内开展公共文化服务建设工作。我国 2017 年施行的《公共文化服务保障法》第 2 条规定，公共文化服务是指由政府主导、社会力量参与，以满足公民基本文化需求为主要目的而提供的公共文化设施、文化产品、文化活动以及其他相关服务。根据前述定义，公共文化服务由三部分构成：第一，公共文化服务的主体是以政府部门为代表的公共文化服务机构。公共文化服务以满足人民群众的基本文化需要为目标，不以营利为目的，不以市场为导向，这决定了公共文化服务必然以政府为主导，实践中主要是由公共文化服务机构具体实施。近年来，除政府主导公共文化服务外，国家从政策层面也越来越鼓励和引导社会力量参与公共文化服务体系建设，积极培育民间美术馆、博物馆等文化非营利组织。因此，实践中提供公共文化服务的主体主要包括政府、非政府组织、企业以及个人等。第二，公共文化服务的对象是全体公民。我国公民，无论民族、性别、年龄、区域、收入和地位，都应享有与国家经济发展水平相适应的公共文化服务。[1]第三，公共文化服务的内容是公共文化产品。经济学家萨缪尔森关于"公共产品"的定义最具代表性，其认为公共文化服务所提供的产品具有非排他性和非竞争性。[2]非排他性决定了公共文化产品不应当为某个具体的个人所独占和垄断。非竞争性则决定了公共文化产品不受市场竞争的影响，任何人对于该公共文化产品的使用不会减损他人对该产品的使用利益。萨缪尔森关于公共产品的理论从纯粹的经济学视角出发，其对于非排他性和非竞争性的解读主要是在技术层面，并未考虑公共政策、思想意识、阶级立场等因素。但随着社会科学技术的进步，公共产品已经具有从技术上以较低的成本实现消费的排他性和竞争性的可能，比如由个人、企业等社会力量筹办的民间博物馆，其旨在提供公共文化产品、满足公众文化需求，但是出于管理运行的考虑会收取一定的门票费用，而不是人人皆可免费进入的完全非竞争性状态。对此，有学者指出，非竞争性和非排他性是市场经济条件下公共产品的技术特征，社会共同需要是以社会伦理道德为基础的

---

〔1〕 参见陈跃主编：《公共文化服务政策与实践研究》，西南师范大学出版社 2019 年版，第 19 页。

〔2〕 参见［美］保罗·A. 萨缪尔森、威廉·D. 诺德豪斯：《经济学》（第 12 版，下），高鸿业等译，中国发展出版社 1992 年版，第 1192—1196 页。

公共产品的本质。[1]从社会需求出发对公共产品进行再解读更符合当今社会的发展。换言之，无论是面向所有公众的公益电影，抑或具有一定门槛的图书、影视等文化产品，只要其出于公益目的满足公众文化需求，便符合公共产品的要求。同时需要指出的是，此处所涉及的文化产品概念是广义上的，既包括狭义上的文化产业，也包括文化服务。以图书馆为例，其既为公众提供承载知识和信息的文献，也提供诸如培训、展览、信息咨询等服务。

二、公共文化服务法的范畴界定

在对公共文化服务的内涵和本质特征达成共识基础上，进一步探讨公共文化服务法的范畴，明确公共文化服务法的内涵与多元价值目标，对推进中国特色公共文化服务具有重要意义。

（一）公共文化服务法的内涵

法是以调整社会关系和社会秩序为目的的行为规范。公共文化服务法所调整的是以政府为主导的公权力机关为义务主体与以公民为权利主体之间基于公共文化服务产生的法律关系，政府通过履行一定的公共文化服务义务，以保障公民个人文化权利的实现，并满足公民普遍性、均等性的文化需求。本部分所称的"公共文化服务法"不是特指我国的《公共文化服务保障法》，而是广义上的涵盖了《公共文化服务保障法》《公共图书馆法》《博物馆条例》等的一系列与公共文化服务相关的调整上述法律关系的法律法规。公共文化服务法以社会主义核心价值观为引领，以实现公民文化权利为导向，以建成覆盖城乡、便捷高效、保基本、促公平的现代公共文化服务体系为主要目标，以促进我国文化事业繁荣发展，增强文化自信，建设文化强国为最终目标，以公共文化服务基础设施建设和服务提供为主线，涵盖服务设施、服务主体、管理运行、资金保障等方面。

（二）公共文化服务法的价值目标

在文化产业与文化事业动态发展的过程中，对公共文化服务的价值目标进行全面分析与多层次考察是保障公共文化服务良好运行、实现公共文化服务法治目标的重点前提。总的来说，公共文化服务法的价值目标体现在个人、

---

〔1〕　参见秦颖：《论公共产品的本质——兼论公共产品理论的局限性》，载《经济学家》2006年第3期，第80页。

社会和国家三个层面，包含保障公民文化权利、促进文化均等发展、全面实现共同富裕等多层内涵。

1. 保障公民文化权利，提高公众文化素养

（1）保障公民文化权利

保障公民文化权利是公共文化服务的首要价值目标。一切公共文化服务法律、制度、决策都要以维护人的尊严、实现人的理想为目的，一切公共文化服务行为、活动都要体现人的要求。[1]习近平总书记明确指出，"发展文化事业是满足人民精神文化需求、保障人民文化权益的基本途径。要坚持为人民服务、为社会主义服务的方向"，"着力提升公共文化服务水平，让人民享有更加充实、更为丰富、更高质量的精神文化生活"。[2]现行公共文化服务立法应以保障公民实现文化权利为出发点，规定政府以及其他公共文化服务机构的职责，要求其充分发挥公共文化产品的社会效益，保障公民参与文化活动和分享文化成果的权利。文化参与权作为一项基本人权，不需要国家通过法律创设即可由任何人平等地享有。因此，一国法律对文化权利保护与否不能决定权利本身的有无，只能影响其保障程度与实现水平。公共文化服务法正是通过法律手段要求政府采取一定措施保障公民文化权利的实现。为推进文化强国建设、满足公民基本文化需求，我国近年来颁布了《公共文化服务保障法》等一系列以提供公共文化服务为核心内容的法律法规，并依此推行了全民阅读、农家书屋、农村电影放映等一系列文化惠民工程，满足了人民群众多方面、多层次、多样化的精神需求，提高了人民群众的文化参与感、获得感与幸福感，全面、公平、高质量地保障了公众的文化参与权与文化分享权。

（2）提高公众文化素养

中共中央办公厅、国务院办公厅发布的《关于加快构建现代公共文化服务体系的意见》指出，构建现代公共文化服务体系需要以提高全民族文化素质为目标。推动经济社会发展的根本目的是实现人的全面发展，人的全面发展

---

[1] 参见曹爱军：《公共文化服务：理论蕴涵与价值取向》，载《湖北社会科学》2009 年第 6 期，第 42 页。

[2] 习近平：《在教育文化卫生体育领域专家代表座谈会上的讲话》，载《人民日报》2020 年 9 月 23 日，第 2 版。

的重要体现是文明素质的全面提升。[1]公共文化服务事业正是通过提供各种公共文化服务和产品提升社会公众的文化素养，培养人民群众的文化认同和自信，并在潜移默化中通过直接与间接的形式提升公众文化素养、促进公众自我发展。一方面，图书馆、博物馆、档案馆等公共文化服务机构以形式多样、内容丰富的馆藏文化为核心，通过教育培训、开办展览、科学普及等形式向公众提供文化服务以提高公众的文化素养与审美层次。随着数字时代的到来，公共文化服务机构大力开展数字化服务，使公众能够更加方便快捷地获取和利用文化资源，进一步推动了公众接触、传承优秀文化的进程。另一方面，作为共享性活动，公共文化服务将不同职业、地域和民族的人通过丰富多彩的文化活动凝聚在一起，在营造良好社会文化氛围的同时以传播文化知识的形式将社会主义核心价值观等主流思想渗透到公众之中，使公众在参与公共文化服务的过程中提升文化素养、团结社会关系。

2. 促进文化均等发展，平衡社会文化生态

（1）促进文化均等发展

均等性是公共文化服务的核心要求。作为政府主导的公益性事业，公共文化服务的提供过程要始终坚持文化均等发展的价值目标，缩小东部与西部、城市与农村的公共文化服务差距。文化是上层建筑，受制于经济基础，而经济基础引发的公共文化服务设施水平的差异直接影响了公共文化服务产品的供给。我国幅员辽阔，东西部地区经济发展水平不一，造成公共文化服务提供失衡。失衡的区域文化资源配置使得西部文化建设长期滞后，这不仅阻碍了文化的公平发展，更深刻制约了当前我国的现代化建设。[2]除了区域发展不平衡，"城乡二元结构"也是我国公共文化服务均等发展的严重阻碍。国家财政在城市与农村文化公共设施的投入上呈现出明显差异，不仅使农村需要自行负担相当一部分的文化建设经费，还造成农村公共文化基础设施薄弱、文化资源匮乏的局面，严重制约了公民文化素质的提升。对此，我国公共文化服务发展要以实现文化均等发展为重要价值目标，政府在主导公共文化服务建设的过程中，应当建立健全公共文化产品的供给机制、文化资源的分配

---

〔1〕　参见柳斌杰、雒树刚、袁曙宏主编：《中华人民共和国公共文化服务保障法解读》，中国法制出版社 2017 年版，第 10 页。

〔2〕　参见曹爱军：《公共文化服务：理论蕴涵与价值取向》，载《湖北社会科学》2009 年第 6 期，第 40 页。

机制和文化利益的实现机制，通过财政划拨等多种手段打破区域之间、城乡之间文化发展失衡的局面，不断缩小文化发展差距，逐步实现均等保障公众文化参与权、文化分享权。

（2）平衡社会文化生态

公益性是公共文化服务最显著的特征之一。与文化产业等更具商业性质不同，公共文化服务本身更加注重对主流文化、大众文化的培育。良好的社会文化生态固然应由多种不同的文化形式组成，各种性质的文化相互交融、和谐共生。但是，在文化商业化的同时不能忽略文化的精神文明实质。将文化过度商业化、娱乐化无疑会严重破坏社会文化生态。坚持发展社会公共文化服务，通过图书、广播、电视、表演等多种文化形式为公众提供积极向上、体现社会主义核心价值观的文化产品，能够在一定程度上抵御不良低俗文化在社会上的渗透。文化商业化和公益化并非完全对立，而是相互影响、相互作用。一方面，提供公共文化服务可借鉴文化商业化的成功模式，促进公益性文化产品的传播；另一方面，文化商业化运作也要向公益性文化产品看齐，提供具有正确的意识形态以及能够传播社会主义核心价值观的文化产品。

3. 深化文化体制改革，全面实现共同富裕

（1）深化文化体制改革

深入推进文化体制改革是公共文化服务的重要价值目标，中共中央办公厅、国务院办公厅《关于加快构建现代公共文化服务体系的意见》指出，构建现代公共文化服务体系是全面深化文化体制改革、促进文化事业繁荣发展的必然要求。我国现行文化行政管理体制比较复杂。在国家层面，文化行政管理涉及文化和旅游部、国家文物局、国家广播电视总局、国家新闻出版署等直接分管所属文化工作的专职部门以及财政部、教育部等间接承担部分公共文化服务事务的部门，使得公共文化服务资源分散、利用率低，难以形成一个高效便捷且科学合理的管理与运行机制。[1]随着经济社会的高速发展，尤其是数字技术时代的到来，我国公共文化逐渐呈现出多元发展趋势，文化投资结构日益复杂，人民对美好生活的向往也与日俱增。面对这些新挑战、新问题，为了确保公共文化服务的健康有序发展，政府需要转变自身职能定位。具体而言，政府在进行公共文化服务管理过程中应转变思维，作为主导

---

[1] 参见朱兵：《文化立法研究》（上册），中国政法大学出版社 2019 年版，第 220 页。

公共文化服务的主体，避免对公共文化事务进行"直接"管理，在具体事项上要做到管办分离，积极引导社会公众参与，听取多方意见，做好实践调研，同时充分发挥市场机制的调节作用。

（2）全面实现共同富裕

习近平总书记在党的二十大报告中强调："中国式现代化是全体人民共同富裕的现代化。共同富裕是中国特色社会主义的本质要求，也是一个长期的历史过程。"[1]新时代的共同富裕理念是力求推动全体人民共同富裕，其内在要求是人民群众的物质生活和精神生活都富裕，[2]公共文化服务是落实精神生活共同富裕的重要路径之一。公共文化服务法始终坚持把推进人民精神生活共同富裕作为价值目标。具体而言，首先，公共文化服务法是完善公平、便利的公共文化服务供给体系的制度保障。我国公共文化服务建设以基层公共文化服务为核心，加强公共文化基础设施建设、加大对公共文化资源的投入、推动公共文化共建共享。[3]其次，我国公共文化服务法积极鼓励社会力量参与公共文化服务提供，推动形成了政府"权威型供给"、市场"商业型供给"以及第三部门"志愿型供给"的多元化公共文化服务供给模式。[4]总之，各公共文化服务提供主体依据公共文化服务法，通过提高公共文化服务水平，提供充足、丰富的公共文化产品，丰富人民的精神文化生活，使人民群众日益增长的文化需求得到满足，推动实现精神生活的共同富裕。

三、我国公共文化服务的法治实践

党的二十大报告指出："全面依法治国是国家治理的一场深刻革命，关系党执政兴国，关系人民幸福安康，关系党和国家长治久安。必须更好发挥法治固根本、稳预期、利长远的保障作用，在法治轨道上全面建设社会主义现代化国家。"公共文化服务法治建设是我国实现全面依法治国的重要任务。新中国成立以来，我国公共文化服务立法、司法、执法实践取得了良好的法治

---

〔1〕 习近平：《高举中国特色社会主义伟大旗帜 为全面建设社会主义现代化国家而团结奋斗——在中国共产党第二十次全国代表大会上的报告》，2022 年 10 月 16 日发布。

〔2〕 参见习近平：《扎实推动共同富裕》，载《求是》2021 年第 20 期，第 8 页。

〔3〕 参见杨勇兵：《精神生活共同富裕的生成逻辑、科学内涵与实践路径》，载《党政研究》2022 年第 5 期，第 53—59 页。

〔4〕 参见周晓丽、毛寿龙：《论我国公共文化服务及其模式选择》，载《江苏社会科学》2008 年第 1 期，第 90 页。

效果，积极推动了文化事业发展。我国公共文化服务立法经历了从无到有、从有到优的发展阶段，应对公共文化服务发展现状，司法实践作出各种有益尝试，同时结合公共文化服务软法特点，行政执法采取监管为主的灵活策略。

（一）我国公共文化服务的法治现状

公共文化服务肩负着繁荣文化事业、弘扬社会主义核心价值观、传承中华优秀传统文化等重要使命。我国以完善公共文化服务体系作为重点任务，将城乡基本公共文化服务标准化纳入国民经济与社会发展总体规划。在国家政策引导及财政支持下，我国公共文化服务法治实践领域取得了显著成绩，在立法、司法、执法等方面都积累了诸多经验。

1. 公共文化服务现行立法情况

公共文化服务立法是保障全体社会成员享受文化发展成果的利器，是完善公共文化服务体系的基石，也是提升文化治理能力、推动文化强国建设的需要。[1]我国国家层面以及各省、自治区、直辖市等地方层面均对公共文化服务运行、管理等制定了法律规范，包括法律、行政法规、部门规章以及地方性法规、地方政府规章、其他工作文件等，初步形成了以《宪法》为根本保障，以《公共文化服务保障法》这一调整公共文化服务整个领域的基础性法律为基本法，以《公共图书馆法》《博物馆条例》等调整具体文化领域的专门法为主干，以《文物保护法》等与公共文化服务体系有关的相关法为支撑的层次分明、衔接有序的公共文化服务法律体系。[2]

（1）公共文化服务基本法

2016年，《公共文化服务保障法》出台，该法作为公共文化服务领域的基本法，在公共文化服务立法历程上具有里程碑意义。《公共文化服务保障法》从公共文化服务基础设施、运行管理、服务提供、保障措施等方面对我国建设公共文化服务事业作了原则性规定与系统性安排，明确了公共文化服务的定义、原则、责任主体、均衡协调与均等性措施、社会参与、对外交流等基本问题，细化了公共文化设施建设与管理的范围、选址用地、设备、标准等具体问题，同时回应了设施开放、公共数字文化重点区域和群体的供给、

---

〔1〕 参见耿达、田欣：《公共文化服务立法的实践场景：国家与地方互动视角》，载《图书馆论坛》2022年第5期，第87页。

〔2〕 参见蔡卫忠：《我国公共图书馆法的三重体系》，载《西南民族大学学报（人文社会科学版）》2019年第2期，第74页。

志愿服务、社会参与等重点问题，并对政府部门和公共文化设施管理单位的法律责任加以明确。作为中央立法，《公共文化服务保障法》为公共文化服务立法指明了方向。

就地方立法而言，我国公共文化服务立法呈现出"先地方后中央"的特点，在《公共文化服务保障法》正式出台前，以广州、上海、江苏为代表的省市便对公共文化服务立法进行了有益的尝试，并结合自身发展状况形成了地方立法特色。《广东省公共文化服务促进条例》作为我国第一部地方性公共文化服务立法，从公共文化服务提供、基础设施建设、激励与保障、法律责任等多个角度，为满足基层公众的文化需求提供详细法律指引；《上海市社区公共文化服务规定》则将重心放在基层公共文化服务的开展上，以社区为主要服务提供对象，积极探索社会公共文化服务的管理与运行；《江苏省公共文化服务促进条例》充分认识到了社会力量在公共文化服务中的重要作用，专设"社会参与"一章对个人、企业等社会主体参与公共文化服务作了详尽规定，有利于激发社会力量参与公共文化服务建设的热情。在《公共文化服务保障法》出台后，我国浙江、天津、湖北、山西等省市在《宪法》和《公共文化服务保障法》的指导下，结合自身经济发展水平与地方特色文化相继出台了地方性公共文化服务保障条例。上述地方立法是对《公共文化服务保障法》的细化与完善，并对自身公共文化服务体系建设过程中的有益经验进行固化，突出了地方文化特色，强化了政府保障责任，完善了服务评价机制，更好地推进了公共文化服务事业的健康有序发展。

（2）公共文化服务专门法

我国公共文化服务专门立法主要是指以公共图书馆、博物馆、文化馆等公共文化服务机构为对象的专门立法。目前，我国公共文化服务专门法主要包括公共图书馆法和博物馆法。

公共图书馆法为图书馆事业的发展提供了指引。我国公共图书馆专门立法开始时间较晚，2012 年 1 月，《公共图书馆法（送审稿）》公布，这是文化法治时代公共图书馆事业法治化的新起点。2012 年 2 月，《国家"十二五"时期文化改革发展规划纲要》明确提出制定公共图书馆法，这标志着公共图书馆事业法治化迈向了新阶段。2017 年 11 月 4 日，我国第一部图书馆专门法——《公共图书馆法》——正式通过，我国公共图书馆事业真正实现了"有法可依"的新局面。《公共图书馆法》的颁布不仅使我国的图书馆法律制度更加健全，而且为我国图书馆事业的发展提供了遵循与指引，有助于推动我国公共图书馆事业法治化进程，以及进一步推动我国文化强国建设。从规定内容来看，《公共图书馆法》是对《公共文化服务保障法》的有效衔接，其对设施建设、服务提供、人才队伍等内容进行了细化，同时在国家立法层面确立了出版物交存制度等，积极号召社会力量参与图书馆事业的建设之中，这对我国公共图书馆事业的建设与繁荣发展具有重要意义。与此同时，图书馆作为开展公共文化服务的重要一环，《公共图书馆法》与《公共文化服务保障法》一同为我国的公共文化服务事业保驾护航，极大地保障了公众的文化参与权。聚焦地方立法，基于公共图书馆自我管理的特点，地方公共图书馆法的颁布和实施相对较早，且整体呈现出地方先于中央的样态。20世纪末期，以深圳为代表的各级地方政府便开始积极探索公共图书馆的治理方式，并出台了一系列地方性法律法规以推进公共图书馆事业建设。目前，我国关于公共图书馆的现行有效地方性法规共 8 个，地方政府规章共 7 个，上述地方性法规、地方政府规章在地域上涵盖深圳、贵州、四川、内蒙古等多个省市，时间跨越近 30 年，对地方公共图书馆事业的健康有序发展起到积极的促进作用。但是，地方公共图书馆立法同样面临法律修订频率不高、立法层级效力较低、司法实际适用有限等问题。

我国目前并未针对博物馆出台专门的博物馆法，但是也形成了以宪法、法律、行政法规、规章为主要内容的不同层级的博物馆立法格局。在宪法层面，《宪法》第 22 条明确规定公民享有文化活动参与的权利，[1]并明确指出国家保护珍贵文物等重要历史文化遗产。[2]在我国法律体系中，宪法是国家根本大法，处于最高效力层级，具有绝对权威性。《宪法》中关于博物馆的相关规定为我国博物馆事业的建设和发展提供了根本遵循。在法律层面，我国目前没有关于博物馆的专门法律，与博物馆相关的法律规范分散在《文物保护法》《民法典》《著作权法》等法律中。其中，《文物保护法》在"馆藏文物"一章对博物馆等文物收藏单位如何取得、调取、交换、借用馆藏文物等行为作了系统规定，同时明确禁止博物馆等单位将馆藏文物赠与、出租或出

---

〔1〕《宪法》第 22 条第 1 款："国家发展为人民服务、为社会主义服务的文学艺术事业、新闻广播电视事业、出版发行事业、图书馆博物馆文化馆和其他文化事业，开展群众性的文化活动。"
〔2〕《宪法》第 22 条第 2 款："国家保护名胜古迹、珍贵文物和其他重要历史文化遗产。"

售给其他单位、个人。《民法典》对国有文物权属作了系统规定，《著作权法》则明确了博物馆对于馆藏作品的合理使用范畴。在行政法规层面，2015年3月20日施行的《博物馆条例》是目前专门针对博物馆的唯一行政法规。该法规从博物馆的性质宗旨、管理运行、社会服务、法律责任等方面对博物馆问题进行了规定，促进了博物馆的规范管理，对健全我国现有博物馆制度具有积极意义。此外，在《博物馆条例》出台前，《文物保护法实施条例》《公共文化体育设施条例》《事业单位登记管理暂行条例》等对博物馆馆藏事业的管理、博物馆设施的规划、国有和非国有博物馆机构的登记等也进行了规定。上述与博物馆相关的行政法规也是博物馆法律体系的重要内容。在规章层面，与博物馆相关的部门规章主要包括《博物馆管理办法》《博物馆藏品管理办法》《博物馆藏品定级标准》《文物认定管理暂行办法》等。在《博物馆条例》颁布前，上述规章尤其是《博物馆管理办法》在很长时间都是充当博物馆管理的核心法律规范，其系统指导各级博物馆开展馆藏管理、文物展示、公共服务等各方面业务工作，是博物馆法律体系的重要渊源。值得一提的是，在我国博物馆开展运行的过程中，部分博物馆出台了一些专门的管理办法。例如，故宫博物院专门颁布了《故宫博物院影像资料管理办法》等规章制度，专门针对院内的知识产权资源管理这一问题作出了规定。为博物馆等公共文化服务机构内作品的知识产权运营作出有益探索，为这些机构在法律框架内更好利用馆内藏品为社会公众服务提供指引。

（3）公共文化服务相关法

除《公共文化服务保障法》《公共图书馆法》等基本法与专门法之外，《文物保护法》《非物质文化遗产法》《电影产业促进法》等相关领域法也涉及公共文化服务的内容，包括与文化遗产、公共教育与科普、公共体育事业、广播电影电视剧产业、网络信息管理等有关的公共文化服务提供。就基于文化遗产提供的公共文化服务而言，《文物保护法》《非物质文化遗产法》《文物保护法实施条例》《国家级非物质文化遗产保护与管理暂行办法》等法律法规对文物收藏单位举办展览、科学研究、宣传教育等活动，以及合理利用非物质文化遗产开发文化产品以进行宣传、展示等作出了规定。就公共教育与科普而言，《科学技术普及法》规定要通过科学技术普及活动提高公民科学文化素质，《教育法》规定要帮助各少数民族地区、扶持边远贫困地区发展教育事业，健全终身教育体系。上述规定与公共文化服务的价值目标相吻合。就建设公共体育事业而言，《公共文化体育设施条例》明确要加强对公共文化体育设施的管理和保护，满足人民群众开展文化体育活动的基本需求。就广播电影电视剧方面的公共文化服务规范而言，《电影管理条例》要求对少数民族地区和贫困、农村地区的电影放映实行优惠，《电影产业促进法》将农村电影放映置入农村公共文化服务体系建设并规定政府对此给予奖励性补贴，这有利于促进公共文化服务城乡均衡发展。

总体而言，我国目前已有多部法律法规对公共文化服务作出规定，其充分体现了我国对于公共文化服务立法的重视，这些法律法规也对促进我国公共文化服务事业发展起到了保驾护航的作用。

2. 公共文化服务现行司法情况

随着互联网技术的快速发展以及数据时代的到来，馆藏资源数字化以及从线下到线上转换融合的多元式服务成为势不可挡的发展趋势。公共文化服务机构在数字化构建以及馆藏资源开发利用等过程中，可能因不当使用行为侵犯他人著作权等权利。笔者通过对实践中出现的涉及公共文化服务的纠纷进行检索与整理，进行以下分析：

（1）公共文化服务纠纷的特征分析

2012—2023 年间，与公共文化服务相关的案件数量逐年上升。从涉案类型来看，以著作权纠纷案为最多，其中又以侵犯信息网络传播权为主，另有少量其他民事合同纠纷案以及刑事纠纷案。这与网络时代背景下，公共文化服务机构纷纷顺应时代发展，改变服务形式和服务内容，积极推进数字资源的开发与建设有关。从涉案主体来看，在我国公共文化服务语境下，公共文化服务机构主要包括图书馆、博物馆、美术馆、文化馆、档案馆、纪念馆、科技馆等，不同公共文化服务机构在司法实践中发生纠纷的数量各不相同，其中图书馆这一公共文化服务机构发生的纠纷最多。

（2）公共文化服务纠纷的内容分析

整体来看，公共文化服务纠纷涉及公共文化服务资源、公共文化服务活动、公共文化服务成果等，具体内容概况如下表所示：

公共文化服务机构著作权纠纷的侵权行为模式

类型	侵权行为模式	典型案例
涉公共文化服务资源的著作权权属纠纷	使用通过捐赠等方式获取的馆藏作品	任之恭诉陕西省美术博物馆著作权权属纠纷案 案号：最高人民法院（2018）最高法民申2920号
	使用职务作品	孙某筠诉中国电影博物馆著作权权属、侵权纠纷案 案号：北京市朝阳区人民法院（2012）朝民初字第6331号
涉公共文化服务活动中的著作权侵权纠纷	数字化复制馆藏资源	王莘诉谷歌公司侵害著作权纠纷案 案号：北京市高级人民法院（2013）高民终字第1221号
	设置链接向公众提供数字服务	中国社会科学出版社等诉湖北省图书馆等侵害作品信息网络传播权纠纷案 案号：北京知识产权法院（2020）京73民终143号
	提供储存于其服务器上的作品资源	陈兴良诉数字图书馆著作权侵权纠纷案 来源：《最高人民法院公报》2003年第2期
涉公共文化服务成果的著作权归属纠纷	使用公共文化服务数字成果	北京全景客信息技术有限公司诉同创蓝天投资管理（北京）有限公司侵害著作权案 案号：（2018）京73民终1219号

　　涉公共文化服务资源的著作权纠纷主要是权利归属纠纷。在任之恭诉陕西省美术博物馆著作权权属纠纷案中，公共文化服务机构通过捐赠方式获取他人拍摄的照片并进行展览，法院认为对捐赠物的持有不等于享有相应的著作权，博物馆在后续展览及出版书籍中使用该作品的行为构成著作权侵权。在孙某筠诉中国电影博物馆著作权权属、侵权纠纷案中，法院认定职员在博物馆大型活动中拍摄的摄影照片属于职务作品，博物馆可以在其业务范围内合理使用。

　　因公共文化服务相关活动引发的著作权纠纷，指公共文化服务机构在开展公共文化服务活动中未经权利人许可使用了其作品，包括展示馆内馆藏作品、数字化复制馆藏资源、设置链接向公众提供数字服务、直接提供储存于其服务器上的作品资源等行为。[1]典型案件如王莘诉谷歌公司侵害著作权纠纷案，在该案中，被告谷歌公司在制作谷歌数字图书馆过程中未经著作权人许可全文复制了其作品。法院判决这一全文复制行为构成对著作权人复制权的侵犯。

与公共文化服务成果有关的著作权纠纷主要涉及公共文化服务成果著作权归属问题。在北京全景客信息技术有限公司诉同创蓝天投资管理（北京）有限公司侵害著作权案中，北京知识产权法院认定 VR 全景摄影作品可作为受著作权保护的作品。截至目前，司法实践中涉及公共文化服务成果著作权归属纠纷的案件并不多见，但上述就公共文化服务数字化成果的权利认定与归属的判决已经引起了公共文化服务机构行业与司法实务界的广泛关注。

3. 公共文化服务现行执法情况

习近平总书记指出："法律的生命力在于实施，法律的权威也在于实施。"《公共文化服务保障法》明确了"政府主导"的基本原则，并对政府责任作了严格要求。只有严格按照现行法律做好执法工作，把政府的工作纳入法治轨道，将法律规定与日常工作紧密结合，才能真正使法律落到实处。开展法律监督、执法检查是我国公共文化服务落实执法的一种主要形式。从政策层面来看，2017 年《文化部办公厅关于学习宣传贯彻〈中华人民共和国公共文化服务保障法〉的通知》中强调要"重点对地方各级政府履行政府保障职责情况、文化行政部门推进业务建设情况、公共文化设施管理单位开展服务情况等进行督察"。[2]《公共文化服务领域基层政务公开标准指引》对公共文化服务领域的行政许可、行政处罚、行政强制行为的政务公开事项作了明确细致的规定，通过信息公开促进公共文化服务执法监督。从实践落实来看，各级人大常委会对行政机关、司法机关以及社会各界执行相关法律的情况开展检查。此外，在开展公共文化服务法律监督与执法检查的同时，各级政府积极加强干部队伍法治培训，举办公共文化服务、非物质文化遗产保护等专题培训班，以强化执法队伍对《公共文化服务保障法》等相关法律文化的深入了

---

〔1〕 参见张健、陈琳：《图书馆著作权侵权分析及应对策略——基于近十年图书馆著作权纠纷的实证研究》，载《数字图书馆论坛》2021 年第 10 期，第 49 页。

〔2〕《文化部办公厅关于学习宣传贯彻〈中华人民共和国公共文化服务保障法〉的通知》，办公共函〔2017〕45 号，2017 年 2 月 13 日发布。

解，从而提升基层执法队伍的工作能力。[1]

（二）我国公共文化服务法治有待提高

我国公共文化服务法治实践已经取得显著成绩，逐渐形成了政府主导、多元社会力量参与的现代化公共文化服务体系。随着经济的高质量发展，公众产生了日益多样的文化需求，国家战略也对公共文化服务发展提出了更高的要求。如何从实践出发应对新挑战是亟须回应的问题。本部分梳理了我国公共文化服务法治有待提高之处，以期探寻我国公共文化服务的完善路径。

1. 公共文化服务法律体系有待完善

在国家呼吁满足公众文化基本需求、提供高质量公共文化服务的背景下，我国目前已经形成了较为完备的公共文化服务法律体系。无论是中央还是地方，抑或具有国家强制力的法律法规，还是其他规范性文件，有关公共文化服务的规则制定都已经有序开展。然而，我国公共文化服务的立法实践仍存在一定问题，具体可概括为以下两个方面：一是公共文化服务立法数量偏少，二是公共文化服务立法层级较低。从立法数量来看，目前我国与公共文化服务直接相关的法律仅有《公共文化服务保障法》《公共图书馆法》，行政法规层面主要包括《博物馆条例》《公共文化体育设施条例》《文物保护法实施条例》等，立法总数偏少，这与统筹推进"五位一体"总体布局、协调推进"四个全面"战略布局，建设社会主义文化强国要求不相适应。从立法层级来看，目前在法律层面我国与公共文化服务有关的基本法和专门法仅有《公共文化服务保障法》《公共图书馆法》，多数立法集中在行政法规和规章层面，立法效力等级偏低、权威性不足。以博物馆为例，虽然现行行政法规为博物馆的运行提供了一定法律基础，但是，专门针对博物馆领域的法律仍处于缺位状态。且现有法律无法全面涵盖非国有博物馆、考古博物馆、数字博物馆等博物馆形态，其规范内容也缺乏针对性和专业性。因此，制定专门的博物馆法仍具有极强的现实需求与意义。

2. 公共文化服务司法保护有待加强

实践中已经出现了涉及公共文化服务的一系列纠纷，总体上，我国公共文化服务司法保护仍有待加强，具体而言：一是公共文化服务机构开展公共文化服务面临较大的著作权侵权风险。公共文化服务机构开展公共文化服务

---

〔1〕《文化和旅游部关于 2020 年度法治政府建设情况的报告》，2021 年 3 月 29 日发布。

离不开对馆藏资源的使用，然而部分馆藏资源，如图书馆的图书杂志、博物馆的书画文物、美术馆的美术作品等，依然处于著作权保护期内。公共文化服务机构未经著作权人许可使用上述馆藏资源存在较大的著作权侵权风险。二是当侵权纠纷发生后，不同法院的司法裁判标准并不统一，导致我国公共文化服务机构产业发展存在停滞的风险。近年来，公共文化服务机构深陷著作权侵权的泥沼，但司法实践就某些著作权侵权认定标准尚未达成一致，存在同案不同判情形，使得公共文化服务机构无法对其行为后果作出准确预期。为避免侵权，更多公共文化服务机构倾向于选择停止对外开展公共文化服务，导致整体公共文化服务机构产业的发展陷入瓶颈。为了统一裁量标准，最高人民法院出台了一系列实践指导规则，如2021年1月1日实施的《关于审理著作权民事纠纷案件适用法律若干问题的解释》从侵权责任承担、避风港原则适用等方面对审理涉公共文化服务机构著作权侵权案件作出指导；2020年11月16日实施的《关于加强著作权和与著作权有关的权利保护的意见》就法院确定公共文化服务机构赔偿数额的方式予以明确规定等。著作权侵权事实多样、所涉法律问题纷繁复杂，有必要针对现有问题深入研究公共文化服务机构的应对方案，提高公共文化服务保护水平，以此助力我国公共文化服务机构的持续健康发展。一方面，通过对司法现状进行总结，可以了解纠纷案件的类型与争议焦点，为公共文化服务相关法律的适用与完善提供思路；另一方面，通过总结案例能够将公共文化服务纠纷类型化，为同类型纠纷提供裁判思路，提高司法公正性，更好推动国家公共文化服务发展。

3. 公共文化服务执法水平有待提高

我国公共文化服务执法主要集中于对公共文化服务的执法检查与执法监督，通过一系列执法检查和监督活动可以保障全民阅读、农家书屋、文艺下乡等公共文化服务活动真正落到实处。我国公共文化服务执法水平仍有待进一步提高。具体而言，可以从以下几方面展开：①结合公共文化服务体系化的特点，做好中央与地方执法间的有效衔接。国务院在中央层面发挥重要的协调作用，以确保公共文化服务的有效执行和顺利推进；地方各级人民政府负责管理和安排本地方的公共文化服务执法活动，并对其进行全面管理和监督。②通过制定公共文化服务执法活动相关实施细则、管理办法等强化公共文化服务机构的科学合理执法。目前，我国公共文化服务仍呈现出发展不均的情况，这要求执法机关在实际操作过程中要根据地区法律、政策等因素的不同，结合实际情况进行具体执法工作。③引入信息化、智能化等现代科技手段提高执法效率和水平。执法机关可利用大数据、云计算等现代科技手段对公共文化服务资金的使用情况等实时监测，及时发现和处理侵占、挪用公共文化服务资金等违法、违规行为，更好地实现对公共文化服务机构行为的监管。④建立健全执法监督，及时收集和处理公众的意见和建议。公共文化服务执法要提高公众参与度，鼓励公众、媒体等社会力量参与执法监督，形成多元化的监督格局。公众、媒体等对未及时开放公共文化设施、开展与公共文化设施功能不符的服务活动等违法行为的及时反馈有助于执法机关发现问题并及时整治。

四、域外公共文化服务立法的经验

我国目前已经形成了以政府主导为核心，社会力量有序参与，市场机制合理规范嵌入的具有中国特色的公共文化服务模式。[1]但我国公共文化服务实践在立法体系、资金来源、社会力量参与等方面仍有完善的空间。放眼国际，域外在公共文化服务立法方面的相关经验可供我国借鉴，以为我国推进全面依法治国战略、应对国际文化软实力竞争等提供有益思路。

（一）完善的公共文化立法

世界大部分国家出台了以图书馆法、博物馆法等为代表的公共文化服务专门法，如澳大利亚制定有《国家图书馆法》《国家美术馆法》《战争纪念馆法》《国家博物馆法》《公共借阅权法》《公共服务法》等法律，既对图书馆、美术馆、纪念馆、博物馆等公共文化服务基础机构的运作作出规定，又对公共文化服务提供作出规定，针对公共借阅行为出台了专门的法律以平衡社会公众与著作权人之间的利益。这样的体例安排及内容设置使立法内容更为完整、丰富和深入。除此之外，俄罗斯、哈萨克斯坦、泰国、乌克兰、加拿大、南非等国也对文化基本法进行了有益的立法尝试与积极探索。如俄罗斯的《联邦文化基本法》在开篇便指出，文化在个人发展和自我实现、社会人性化、维护民族特性和尊严方面起到基础作用。文化立法可以促进各民族文化合作以及俄罗斯民族文化与世界文化一体化的进程。作为文化领域的基本法，

---

〔1〕 参见金莹：《公共文化服务的立法促进研究》，西南政法大学 2022 年博士学位论文，第 1 页。

俄罗斯联邦文化法将保障俄罗斯联邦公民文化权利作为主要任务，确定文化活动主体关系、国家文化制度、国家支持文化的法律准则和保证国家不对创作过程进行干涉的原则，统合现行的文化基本法、俄罗斯联邦文化法律、俄罗斯联邦主体文化法律，明确文化活动、文化价值、文化财富、创作活动、创作者等基本概念。我国在保护公民文化权利、发展公共文化、保障公共文化服务方面的立法举措主要是出台相应的政策、条例和决定，文化层面的基本法律欠缺，公共文化服务专门立法不足，即既缺乏统一的文化基本法指明公共文化服务法在整个文化法体系中的定位，也欠缺具体的专门法规范为公共文化服务提供详细指导，这必然会导致公共文化建设、公共文化服务体系完善、公共文化服务保障方面的暂时性和不稳定性。[1]世界各国在文化立法层面所进行的积极尝试可以为我国相关法律的制定提供有益的经验借鉴。

（二）充足的资金支持体系

以政府与民间力量对公共文化服务管理的参与程度为标准，世界各国主要形成了三类公共文化服务管理模式：[2]一是以法国、日本为代表的"政府主导模式"，二是以美国为代表的"民间主导模式"，三是以英国、澳大利亚等为代表的政府与民间共建的"分权模式"。管理模式的不同导致各国在公共文化服务财政保障方面所采取的策略也有所差异，如美国主要通过设立国家艺术基金会等专门的公益性基金组织来资助和培育公共文化事业，而澳大利亚政府则会通过政府直接拨款对各类文化机构和各种文化艺术项目予以财政支持。

对上述模式进行总结，得出以下有益经验：一是对文化拨款采取间接管理模式，发挥中介机构在财政划拨中的积极作用。如英国政府只对文化经费进行财政拨款，而不参与具体的经费分配活动。以大不列颠艺术委员会等非政府公共组织为代表的中介机构接受政府委托，决定被资助文化项目的财政拨款。这一模式可以有效避免政府在文化领域的寻租行为，并通过将财政拨款委托专业机构进行分配充分发挥拨款的效用。二是积极扩展公共文化服务资金来源渠道，以保证公共文化服务活动的顺利开展。如美国除要求政府采取划拨经费、减免税收等文化资助措施外，还积极鼓励企业、个人和团体等

---

〔1〕 参见熊文钊主编：《文化法治体系的建构》（上卷），中国社会科学出版社 2021 年版，第478 页。

〔2〕 参见朱兵：《文化立法研究》（上册），中国政法大学出版社 2019 年版，第 201—202 页。

社会主体通过慈善捐赠、志愿服务等形式进行文化支持，并将文化单位的自营收入作为美国文化资金的重要来源。澳大利亚也通过税收减免等方式鼓励企业和个人向文化机构提供商业赞助。三是对公共文化服务经费的来源与用途进行明确规定。如美国的《国家艺术与人文基金会法案》规定政府经费不能仅用于公共文化服务机构自身的运行与管理，还应用于公共文化服务产品的开发利用，从而维持公共文化服务的高质量发展。法国规定公共文化服务的预算必须占国家或地方财政预算的1%以上，其彰显了法国政府对公共文化服务财政投入的重视程度。上述措施保证了文化资金的充足来源以及有效利用，避免了"重经济轻文化"现象的发生，对我国引导和规范公共文化服务事业健康持续发展具有重要借鉴意义。

（三）多元的社会力量参与

域外有些国家已在公共文化服务方面形成了多元社会力量参与的良好格局，其某些鼓励、引导企业、个人、社会团体等主体参与公共文化服务事业建设的方式可供我国借鉴。如法国形成了包括《文化资助税制优惠法》《文化赞助发展法》《共同资助法》《企业参与文化赞助税收法》在内的一整套文化赞助税收规范体系，以鼓励和引导各主体积极赞助公共文化服务。美国以资金匹配的方式对公共文化服务机构实施财政拨款，除明确政府需对公共文化服务机构进行一定的财政资助外，还对上述资助额度进行了明确限制，以激励公共文化服务机构对经费不足部分积极向社会力量进行筹集。美国的这一做法既可以调动公共文化服务机构的能动性，使其不过于依赖政府的财政划拨，又可以吸引社会力量参与到公共文化服务事业的建设中。在积极鼓励社会力量参与的同时，为了确保公共文化服务的公益性，有些国家在立法中还设置了社会力量进入公共文化服务事业的门槛，由政府承担考核评价及监督管理社会参与者的责任。如美国联邦政府通过立法明确规定社会力量应该是非营利性的艺术团体，应该严格限制以市场方式运作的电影公司、艺术团、舞蹈团等营利性艺术团体参与公共文化服务事业。社会力量是公共文化服务的重要主体之一，我国公共文化服务相关立法虽然明确了"政府主导、社会力量参与"的基本原则，但是对社会力量的法律地位、优惠政策、准入标准等均未作出明确回应，在对上述规则进行细化时，可依据我国国情借鉴域外有益经验。

（四）健全的绩效评价制度

完善绩效评价是公共文化服务机构提高服务质量、提升服务效能的重要抓手和根本保障，对于实现公民文化权利均等化、健全政府竞争机制具有重要作用。[1]虽然《公共文化服务保障法》提及各级政府要"加强绩效考评"，但是上述规定过于笼统，各地在将公共文化服务纳入政府绩效考核时"各行其道"，缺乏全国统一的标准和相应的监管制度。因此，我国有必要借鉴域外各国经验，从顶层设计层面健全绩效评价制度。域外各国绩效评价制度主要分为两类：一是以美国和澳大利亚为代表的结果导向型绩效评价体系，其侧重于对政府提供的公共文化服务的质量进行评价，以此反映出公众的满意度；二是以英国、日本为代表的公民导向型绩效评价体系，其从公众利益出发，直接以公民对公共服务的满意程度作为绩效评价的标准，将公民参与作为政府公共文化服务绩效评价制度设计的最基本原则。无论采取何种导向，各国均通过立法明确界定了政府绩效评价的内容、程序及相应的评价方法，同时设置了独立的绩效评价机构，保障了绩效评价活动的稳定性。此外，各国在开展绩效评价时均选择了与自身制度相应的理论进行指导，以保证绩效评价活动的科学性与合理性。如英国政府在进行绩效管理改革的过程中始终坚持"3E"（经济、效率、效益）原则，这对后续英国的公共文化服务绩效管理制度的设计也有积极影响。各国关于公共文化服务绩效评价制度的核心理念、执行机构、评价侧重、理论基础固然有所不同，但是可以为我国健全绩效评价制度提供有益启示。我国在完善绩效考核时应坚持以公众为导向，坚持法治化理念，从法律层面落实绩效评价的权利与义务。同时，要寻求与我国现实情况相符合的理论支撑，通过合适的理论使各地的管理体制达到有机统一的状态。

第二节　公共文化服务保障法

2017 年实施的《公共文化服务保障法》是公共文化服务领域的基础性、综合性、全局性的重要法律。《公共文化服务保障法》从顶层设计层面对我国公共文化服务制度作了原则性规定，同时明确了法人治理、社会力量参与等

---

〔1〕　参见张皓珏、张广钦：《国外政府公共文化服务绩效评价管理制度研究——对比英美日澳瑞五国》，载《图书与情报》2021 年第 3 期，第 125 页。

一系列具体制度，具有较强的针对性和可操作性。以《公共文化服务保障法》为代表的一系列相关立法保障了人民群众基本文化权利的实现，有力地促进了社会主义文化强国建设。同时，随着公共文化服务事业建设的持续推进以及信息网络传播技术的快速发展，《公共文化服务保障法》在实施过程中也面临着新机遇、新挑战。解决公共文化服务发展难题，完善现代公共文化服务体系，是繁荣文化事业需要着重努力的方向。

一、公共文化服务的功能定位

公共文化服务是《公共文化服务保障法》的核心概念，也是建设现代公共文化服务体系的核心范畴。公共文化服务的功能定位直接影响到国家公共文化服务治理的实践面向，因此，在探讨公共文化服务保障法的具体内容、现实问题与完善方向之前，厘清公共文化服务的功能定位，对于优化公共文化服务保障法的内容具有重要作用。同时，区分公共文化服务与公共图书馆、博物馆的功能定位，也有助于正确理解公共文化服务保障法这一基本法与公共图书馆法、博物馆法等专门法之间的关系。

（一）文化传播

文化传播是公共文化服务最主要的功能之一。公共文化服务秉承传承、保护与传播文化的原则，依托图书馆、博物馆、文化馆等公共文化设施，通过各种形式和渠道向公众提供内容丰富、形式多样的公共文化产品，传递文化信息和知识，满足公众对文化信息和知识的需求，促进公众文化素质的提高和文化价值的传承与创新。近年来，我国在开展公共文化服务过程中尤其注重中华优秀传统文化的传播。公共文化服务机构作为陈列、保管人类物质和非物质文化遗产的重要场所，通过征集、购买、调拨、捐赠、置换、考古发现等多元方式搜集文化资源，并积极向公众展示，让公众得以走进公共文化服务机构欣赏文化遗产、了解相关历史。公共文化服务机构应为社会公众平等、免费提供知识信息，保障全体成员接触、欣赏文化资源的基本权益，履行文化传承、保护与传播的社会职能，努力做好中华优秀传统文化的传承者和发扬者。

（二）社会教育

公共文化服务机构承担着一定的社会教育职责，对学校教育起到很好的补充作用。公共文化服务设施不只是供公众消遣时间、休闲娱乐的场所，还可以通过传播知识信息，帮助公众培养审美意识，提升文化素养。《公共文化服务保障法》第 10 条[1]明确指出公共文化服务的社会教育功能，同时强调了"公共文化服务与学校教育相结合"这一基本原则。首先，公共文化服务为教育和学术研究提供了丰富的资源支持。图书馆、博物馆、文化馆等公共文化服务机构不仅提供了书籍、文物等文化资源，还提供了学术数据库等研究工具，为学术界的合作、交流和创新提供了便捷和广阔的平台。学生、教育工作者和学者可以通过这一公共文化服务获得多样化的学术资料和知识，增加学习和研究的广度和深度。其次，公共文化服务机构应利用自身的资源优势，积极开展科学普及、学术讲座等活动，以激发社会公众尤其是青少年对于科学文化的兴趣，提高全社会的科学文化素质，进一步发挥公共文化服务的社会教育功能。

（三）科技创新

科技创新是数字时代公共文化服务的重要功能之一，随着数字时代的到来，公共文化服务与科技创新之间的联系越来越紧密。科技尤其是数字技术的发展使公共文化数字服务成为可能，传统文化资源实现了从有形到无形、从线下到线上的数字化转变。公共文化数字服务利用科技手段将文化内容和资源进行数字化，方便了公众的获取和利用。科技创新使得公共文化服务机构能够对公众阅读的文化习惯进行高精度的数据挖掘和分析，并以此为基础完善服务体系，不断提升服务的精准性、有效性，落实"以人民为中心"的发展思想。科技创新丰富了公共文化数字服务形式。科技赋能使得公共文化服务机构能够利用虚拟现实（VR）和增强现实（AR）技术，为公众提供更丰富、沉浸式的文化体验，提高了文化传播效率。科技还使得公共文化服务具备了更强的社交性和互动性。通过社交媒体平台，用户可以分享自己的文化体验并进行评论和互动。公共文化数字服务与科技创新相互促进、共同发展，科技创新为公众高效便捷地享受公共文化服务创造了可能，同时为公众提供了更加多元化、个性化的文化体验和学术赋能；公共文化数字化服务的发展也驱动了科技创新与进步，为社会发展带来了新的机遇。

（四）社会治理

现代公共文化服务体系是现代化国家治理体系的重要组成部分，是现代

---

[1]《公共文化服务保障法》第 10 条："国家鼓励和支持公共文化服务与学校教育相结合，充分发挥公共文化服务的社会教育功能，提高青少年思想道德和科学文化素质。"

化国家治理能力的必备要素。[1]社会治理是公共文化服务的重要功能定位，公共文化服务是社会治理的重要手段，二者相互交叉：公共文化服务作为社会治理的实践场域，既表现出特有的"治理"属性，也成为社会治理体系的有机组成部分，而社会治理的价值导向也为公共文化服务实践探索了制度框架与运行机制。[2]公共文化服务通过开展形式具体且内容丰富的各种文化活动培育公众的文化素养与群体意识。个体在日常的文化活动中通过价值选择与文化认同建立对社会主义核心价值观的价值认同，同时国家在这一过程中实现追求政权巩固→服务公民全面发展需要→以社会治理为主的转变。[3]公共文化服务通过多元主体共同参与的社会治理，形成政府、社会、个人之间的良性互动与协调发展，推动公共文化服务体系均等化发展。具体而言，公共文化服务在坚持政府主导的同时，应当顺应社会主义市场经济发展、鼓励社会力量积极参与，通过在公共文化产品与服务中引入市场机制优化资源配置，以及增强社会文化组织、文化志愿者、民办文化机构等队伍建设，使公共文化服务实现全覆盖以惠及所有个人，真正实现多元主体良性互动的社会治理结构。

二、公共文化服务保障法的主要内容

《公共文化服务保障法》有着鲜明的中国特色和时代特点，其以满足公众文化需求、促进文化繁荣发展为目标，总体围绕政府的保障义务与公民的文化参与权展开，主要内容可分为以下五个部分。

（一）公共文化服务设施保障

公共文化设施是公共文化服务的重要载体，无论是《公共文化服务保障法》等中央立法还是《广东省公共文化服务促进条例》等地方立法，均对公共文化设施的建设与运行管理作出详细规定。各级政府应主导、负责公共文化设施建设，严格把握国家基本公共文化服务指导标准和省级基本公共文化服务实施标准；始终坚持"以人为本"的理念，以满足公众文化需求、保障

---

[1] 参见李孝敏：《社会协同治理视域下河南公共文化服务体系建设浅析》，载《中共郑州市委党校学报》2016年第6期，第78页。

[2] 参见张金岭：《社会治理视域下的法国公共文化服务》，载《学术论坛》2016年第11期，第156页。

[3] 参见何义珠、祝黎丽：《公共文化服务概念、功能演化：从"福利"到"治理"》，载《图书馆》2022年第3期，第26页。

公众文化权利为目的，在设施选址等方面要充分听取公众意见，紧跟数字时代特点，进行科学合理的规划，将数字服务落实到设施建设之中。需要特别指出的是，我国《公共文化服务保障法》明确禁止将公共文化设施用于与公共文化服务无关的商业经营活动。[1]对此，有必要区分脱离公共文化服务职能的商业经营活动与公共文化服务衍生的商业经营活动。前者如将公共文化设施用作超市、娱乐场所等行为，应予以明确禁止；后者如在公共文化服务机构主营业务范围内开展的停车、餐饮等配套的经营性活动，在取得有关部门批准后可以正常开展。此外，我们应认识到文化创意产业有巨大经济潜力，公共文化服务机构在保证公益性的同时可以积极开发文化创意产品，增加机构自主收入，更好地维护与运营公共文化服务机构，为社会公众提供更加优质的服务，从而真正实现公共文化服务社会效益和经济效益的统一。

（二）公共文化服务提供保障

公共文化服务提供是现代公共文化服务体系建设的重点领域和关键环节。公共文化服务提供能够保障公民实现文化分享权益，提供公共文化服务是服务型政府的基本职能之一，促进优秀公共文化产品的提供和传播是各级人民政府应尽的职责。[2]《公共文化服务保障法》采用专章规定了"公共文化服务提供"，并就公共文化服务提供的内容和形式要求作出了明确规定。在内容方面，《公共文化服务保障法》第27条、[3]第29条、[4]第30条[5]分别对政

---

　　〔1〕　参见《公共文化服务保障法》第19条第1款："任何单位和个人不得擅自拆除公共文化设施，不得擅自改变公共文化设施的功能、用途或者妨碍其正常运行，不得侵占、挪用公共文化设施，不得将公共文化设施用于与公共文化服务无关的商业经营活动。"

　　〔2〕　参见柳斌杰、雒树刚、袁曙宏主编：《中华人民共和国公共文化服务保障法解读》，中国法制出版社2017年版，第112页。

　　〔3〕　《公共文化服务保障法》第27条："各级人民政府应当充分利用公共文化设施，促进优秀公共文化产品的提供和传播，支持开展全民阅读、全民普法、全民健身、全民科普和艺术普及、优秀传统文化传承活动。"

　　〔4〕　《公共文化服务保障法》第29条："公益性文化单位应当完善服务项目、丰富服务内容，创造条件向公众提供免费或者优惠的文艺演出、陈列展览、电影放映、广播电视节目收听收看、阅读服务、艺术培训等，并为公众开展文化活动提供支持和帮助。国家鼓励经营性文化单位提供免费或者优惠的公共文化产品和文化活动。"

　　〔5〕　《公共文化服务保障法》第30条："基层综合性文化服务中心应当加强资源整合，建立完善公共文化服务网络，充分发挥统筹服务功能，为公众提供书报阅读、影视观赏、戏曲表演、普法教育、艺术普及、科学普及、广播播送、互联网上网和群众性文化体育活动等公共文化服务，并根据其功能特点，因地制宜提供其他公共服务。"

府部门、公益性文化单位和经营性文化单位、基层综合性文化服务中心等利用公共文化服务设施提供服务的内容和方式进行规定，包括全民阅读、普法教育、艺术普及、广播播送等。在形式方面，《公共文化服务保障法》第11条〔1〕规定，在公共文化服务提供过程中应大力发挥科技的作用；第31条〔2〕规定，公共文化设施应当向公众免费或优惠开放。

（三）公共文化服务经费保障

我国《公共文化服务保障法》对公共文化经费投入保障机制作了原则性规定，要求将公共文化服务经费纳入各级地方政府预算，并要求中央和省级政府对老少边穷地区的公共文化服务经费予以重点扶助。具体来看：一是明确了公共文化服务经费数额。中共中央办公厅、国务院办公厅《关于加快构建现代公共文化服务体系的意见》〔3〕和《国家基本公共文化服务指导标准（2015—2020年）》〔4〕均对公共文化服务经费的测算提供了基本的实施标准。二是将公共文化服务经费纳入本级预算。《公共文化服务保障法》明确规定"将公共文化服务经费纳入本级预算"，使公共文化服务经费保障从政策提倡上升到了法律保障。根据我国《预算法》的规定，只有经过人大批准的预算才具有法律约束力。〔5〕将公共文化服务经费纳入本级预算，有利于各级人民政府落实开展各项公共文化服务活动，并接受人大对财政经费的监督。三是要求国家对实行免费或优惠开放的公共文化服务机构给予一定补助。公益性是公共文化服务的基本特征，《公共文化服务保障法》积极推进博物馆、文化馆等公共文化服务机构进行对外免费开放。但具体如何落实免费开放补助机制，还需

---

〔1〕《公共文化服务保障法》第11条："国家鼓励和支持发挥科技在公共文化服务中的作用，推动运用现代信息技术和传播技术，提高公众的科学素养和公共文化服务水平。"

〔2〕《公共文化服务保障法》第31条第1、2、3款："公共文化设施应当根据其功能、特点，按照国家有关规定，向公众免费或者优惠开放。公共文化设施开放收取费用的，应当每月定期向中小学生免费开放。公共文化设施开放或者提供培训服务等收取费用的，应当报经县级以上人民政府有关部门批准；收取的费用，应当用于公共文化设施的维护、管理和事业发展，不得挪作他用。"

〔3〕中共中央办公厅、国务院办公厅《关于加快构建现代公共文化服务体系的意见》要求，按照基本公共文化服务标准，落实提供基本公共文化服务项目所必需的资金，保障公共文化服务体系建设和运行。

〔4〕《国家基本公共文化服务指导标准（2015—2020年）》要求，县级以上各级政府按照标准科学测算所需经费，将基本公共文化服务保障资金纳入财政预算，落实保障当地常住人口享有基本公共文化服务所需资金。

〔5〕参见《预算法》第13条："经人民代表大会批准的预算，非经法定程序，不得调整。各级政府、各部门、各单位的支出必须以经批准的预算为依据，未列入预算的不得支出。"

要相关法律法规对补助范围和标准等进行进一步的明确与细化。

（四）公共文化服务人才保障

人才保障是公共文化服务保障的重要内容。科学合理的现代公共文化服务体系离不开高素质人才队伍的支持。公共文化服务的设施建设、服务提供、经费保障制度均需要专业人才予以落实。我国《公共文化服务保障法》在"保障措施"一章专门对人才队伍保障作了具体规定。首先，各级政府应该根据公共文化服务岗位配备相应的专业人员。新时代公共文化服务体系对人才队伍提出了新要求，针对公共文化机构普遍存在的人员年龄偏大、学历偏低等情况，各级政府要积极为上述机构注入新鲜血液。图书馆、博物馆等对专业性知识要求较高的机构，要注重对相关工作人员的技术培训，并保证配备与图书馆、博物馆等机构规模和功能相匹配的专业技术人员。其次，为保障公共文化服务均等性发展，要加强基层公共文化队伍建设。在对基层文化专业人员给予物质奖励与政策倾斜的同时，也可以鼓励高校毕业生和志愿者积极从事基层公共文化服务工作。最后，注重加强理论人才的培养。目前，我国对图书馆学、情报学等公共文化服务相关学科仍存在重视程度不够、理论研究不足等情况，对此应加强学科建设，扩充人才储备，真正从源头上解决公共文化服务人才队伍建设问题。

（五）公共文化服务监管保障

公共文化服务既需要人才、经费支持，也需要接受监督，以提高服务成效。首先，公共文化服务经费需纳入各级政府财政预算，接受审计机关对公共文化服务资金使用的审计监督，谨防挪用、滥用公共文化服务资金现象和行为，并将公共文化服务资金的使用以统计公告的形式向公众公开，以确保公众可以及时了解资金去向。其次，在确保资金用于公共文化服务的基础上，加强对公共文化服务资金的绩效考评。公共文化服务资金的使用应坚持以人为本的原则，规范化、科学化、制度化分配，提高资金使用效率，最大限度发挥资金效能，使公共文化服务经费真正实现取之于民、用之于民。最后，加强对公共文化服务的社会监督，充分发挥新闻媒体等社会舆论的监督作用，增加公共文化服务资金支配的透明度。

三、公共文化服务保障法的现实问题

我国公共文化服务保障立法以基础设施建设和服务提供为主线，对公共文化服务的内容、设施、主体、运行、保障等作了具体要求，体现了公共文化服务的多元价值，对我国现代公共文化服务体系的稳定运行起到了积极的规范与引导作用。但是，用发展的眼光看待问题，我国公共文化服务保障立法仍存在一定的现实问题亟待解决。

（一）公共文化资金来源单一

经费保障是公共文化服务得以顺利开展的前提，目前我国公共文化服务资金来源主要依靠各级政府的财政预算，公共文化服务资金来源渠道较为单一，造成公共文化服务投入总量偏小，以及城乡、区域发展不平衡。对此，我国虽然在《公共文化服务保障法》《公共文化体育设施条例》等中央立法中对公共文化服务的经费来源作了宏观性指导，如《公共文化服务保障法》第 48 条中规定"国家鼓励社会资本依法投入公共文化服务"，但是上述规定仍主要起到宣示作用，不具有强制效力，地方各级政府在落实时难以达到立法预期效果；另外，我国各地普遍存在"重经济发展轻文化建设"的现象，采取措施吸引社会力量提供公共文化产品、建设公共文化设施的主动性、积极性较差。当法律无法得到有效落实时，立法目的就会落空。如何提高地方政府对文化事业的重视程度，积极吸引社会力量，是公共文化服务保障法需要考虑的问题。

（二）社会力量参与动力不足

关于公共文化服务，我国虽然确定了"政府主导、社会力量参与"的基本原则，但是社会力量参与公共文化服务呈现出主动参与的意识不够、动力不足、参与能力低的情况。[1]究其原因是鼓励支持社会力量参与的措施尚有不足，在立法层面表现为现行法律对参与公共文化服务建设的社会力量的优惠规则不够明晰。如我国《公共文化服务保障法》仅对相关税收优惠作了原则性规定，仍存在以下问题：一是对可受优惠行为限制较大，如公民、法人和非法人组织捐赠财产用于公共文化服务的，必须通过公益性社会团体或者县级以上人民政府及其部门，[2]未对企业、个人等社会力量直接投资公共文化设施、开展公共文化服务活动作出优惠规定；二是优惠方式少，现行立法对参与公共文化服务的非政府主体的优惠方式局限于税收优惠，并未涉及土

---

〔1〕 参见朱兵：《文化立法研究》（上册），中国政法大学出版社 2019 年版，第 185 页。

〔2〕《公共文化服务保障法》第 50 条规定："公民、法人和其他组织通过公益性社会团体或者县级以上人民政府及其部门，捐赠财产用于公共文化服务的，依法享受税收优惠。国家鼓励通过捐赠等方式设立公共文化服务基金，专门用于公共文化服务。"

地政策优惠等其他优惠方式；三是优惠政策落实不足，实践中对与公共文化服务相关的税收优惠政策仍存在模糊处理现象；四是可受优惠主体范围窄，如国务院制定的《公共文化体育设施条例》未将演出场所列入公共文化设施，因此演出场所需与商场、娱乐业缴纳相同营业税，税率高达5%至20%，不仅高于被列入公共文化设施的电影院（营业税税率为3%），也高于金融保险业（5%），这一状况严重制约了演出场所的建设和发展。[1]

（三）考核评价机制有待完善

中共中央办公厅、国务院办公厅《关于加快构建现代公共文化服务体系的意见》明确提出完善公共文化服务评价工作机制，将公共文化服务考核指标作为考核评价领导班子和领导干部的重要内容。我国公共文化服务保障立法也明确规定了以公共文化设施使用效能考核、文化志愿活动管理评价、绩效考评等为主要内容的考核评价机制。公众是公共文化服务和产品的接受者和消费者，公众评价是衡量公共文化服务水平的重要尺度。[2]我国《公共文化服务保障法》明确将公众评价纳入公共文化服务考核评价体系，强调了公众参与的基本原则，体现了以人为本的立法思想。但是，目前立法层面的公共文化服务评价考核机制仍有待完善。如《公共文化服务保障法》第56条中规定"将考核评价结果作为确定补贴或者奖励的依据"，仅对考核评价结果的运用作了原则性规定，而未针对通过何种措施鼓励社会公众积极参与考核评价活动、如何保证考核评价结果的公正性与严肃性、如何落实基于考核评价结果的补贴或奖励优惠等问题予以回应。

（四）公共文化数字化建设欠缺

伴随着数字信息技术的蓬勃发展和广泛应用，公共文化服务应紧跟传统硬副本时代"欲消化和感知知识，必先拥有知识"模式向数字信息时代"欲消费和学习知识，只需直接使用知识"模式转变的节奏。[3]公共文化数字化服务为公众带来了更方便快捷地获得与使用公共文化资源的体验。近年来，中共中央办公厅、国务院办公厅《关于推进实施国家文化数字化战略的意见》

---

〔1〕 参见朱兵：《文化立法研究》（上册），中国政法大学出版社2019年版，第185页。

〔2〕 参见柳斌杰、雒树刚、袁曙宏：《中华人民共和国公共文化服务保障法解读》，中国法制出版社2017年版，第254页。

〔3〕 参见杨利华、王诗童：《NFT数字作品交易的著作权法规制——兼论数字信息时代权利穷竭原则的适用》，载《邵阳学院学报（社会科学版）》2023年第1期，第41页。

等一系列政策旨在推动文化数字化建设，公共文化服务数字化是其中重要一环，成为国家尤其重视、大力支持和系统布局的公共文化服务的重要领域和关键环节。公共文化数字化服务在促进文化传承、丰富文化体验、拓展文化交流与合作等方面发挥了积极的作用，为推动文化产业的创新发展和社会文化进步作出了重要贡献。在这样的时代背景和技术浪潮之下，公共文化数字化服务在文化产业中的地位逐渐凸显。公共文化数字化服务通过将文化资源转化为数字形式，有效地推动了文化资源的保存和传承，增加了文化资源的可及性和可持续性。但是，公共文化服务从模拟时代转向数字信息时代，必然会引起一定程度的混乱与矛盾，其中包括不同数字化服务内容之间的交叉与重复、公共文化数字资源格式和技术标准的不统一、数字化服务手段单一导致的优秀文化资源开发不足等问题。我国《公共文化服务保障法》虽然在第 33 条对公共数字文化建设的基本原则和主要任务作出了规定，但是并未对上述问题进行积极回应。我国公共文化服务保障立法需要进一步精细化、合理化和科学化，回应发展需求，加强顶层设计，用法律制度保障、支持和引导数字图书馆建设的有序开展。

四、公共文化服务保障法的完善方向

为了实现公共文化服务的多元价值，需要从理论到实践探究立法的完善方向。上文已经指出公共文化服务存在的问题，对此我国公共文化服务保障法应以强化公共文化服务经费保障、激励社会力量主动参与、完善服务考核评价机制、加强公共文化数字化建设为完善方向，发挥基本法的统领作用，积极应对新时代带来的新挑战、新机会。

（一）强化公共文化服务经费保障

完善的公共文化服务经费保障制度是确保城乡、区域平衡发展的基本前提。为了保障公共文化服务有效落实，中央立法应从宏观指导的角度不断加强对经费保障条款的完善，充分发挥中央立法的导向作用；各级政府应通过地方立法明确经费保障标准、细化经费保障条款、加大经费保障强制性，使法律真正落地施行。具体而言：首先，要建立城乡均衡发展的经费保障机制。公共文化服务保障法以保障公民基本文化权益为目标，保障全体社会成员平等享有获得公共文化服务的机会。在制定公共文化服务经费政策时，各地政府要结合本地经济发展水平，注重对老少边穷地区给予一定的政策倾斜。其次，要拓宽经费渠道，引导社会力量积极参与公共文化服务事业建设。依据法律规定，公共文化服务经费虽主要由政府承担，但社会组织和社会公众的支持也不可缺少。各地需针对本地公共文化服务活动的性质与特点，积极引导社会力量参与，营造供给多元、风险共担、利益共享的由各类社会主体参与的公共文化服务供给体系。[1]最后，要强化公共文化服务绩效考核机制。完善的公共文化服务经费保障既需要明确的预算测算细则、宽泛的经费来源渠道，也需要完备的绩效考核等事后监督机制。公共文化服务资金的绩效考核有助于确保资金规范、合理支出，增强资金使用的科学性与规范性，提高财政资金的使用效益，是强化公共文化服务经费保障的重要一环。

（二）激励社会力量主动参与

公共文化服务的公共性使得其长期由政府主导，但这并不意味着政府是提供公共文化服务的唯一主体。政府需要积极采取多种方式激励社会力量主动参与公共文化服务。目前，我国虽然在各类政策文件中积极鼓励社会力量参与公共文化服务，但是未对社会力量的种类和范畴作进一步限定，各地政府在制定地方政策时可以积极作出有益尝试。另外，在激励社会力量主动参与公共文化服务的同时，也应加强对社会力量参与公共文化服务的监督，避免其通过各种手段仅享受法律规定的优惠政策，而未提供或未充分提供相应的公共文化服务。对此，英国、法国、瑞士等国家采取的"一臂之距"的监督原则为我国提供了有益的借鉴，该原则指政府不直接监督社会力量，而是采用科学的绩效考评体系监督社会力量所提供的公共文化服务。[2]

（三）完善服务考核评价机制

完善的考核评价机制是公共文化服务机构提高服务质量、提升服务效能的重要抓手和根本保障。[3]目前，我国虽然构建起了较为全面的公共文化服务保障制度，但是仍存在重建设、轻管理的现象。对公共文化服务的粗放式管理将严重影响服务标准的落实与服务效能的发挥。因此，各级政府应积极

---

〔1〕 参见科教文科课题组：《湖北省公共文化服务体系财政保障机制研究》，载《中国财政学会2019年年会暨第22次全国财政理论研讨会交流论文集》（第三册），第500页。

〔2〕 参见郭玉军、李伟：《欧洲公共文化立法探讨及对中国的启示——以英国、比利时及法国公共文化立法为研究对象》，载《中国石油大学学报（社会科学版）》2018年第3期，第38页。

〔3〕 参见张皓珏、张广钦：《国外政府公共文化服务绩效评价管理制度研究——对比英美日澳瑞五国》，载《图书与情报》2021年第3期，第125页。

完善公共文化服务考核评价机制。首先，应明确考核评价制度的主体包括政府、公众：政府负责建立考核评价机制，公众则是各项服务考核评价的参与者。其次，考核评价类型应该主要包括两种，一种是奖惩性考核评价，主要为奖励或惩罚各级政府、公共文化设施管理单位等提供依据；另一种是发展性考核评价，主要为解决公共文化服务中出现的一系列问题，以促进发展。在涉及各项考核评价时需要充分考虑到考核行为的本质特征，并选择对应的机制类型。再其次，筛选考核评价指标时应该从公众满意度和文化需求出发，选择可以反映公共文化服务效能的指标，通过科学、合理的考核评价指标设计提高考核效率。最后，文化和旅游部、各省级文化行政部门等应做好服务评价考核机制的动态监督，对考核结果满意度高的做法及时做好经验总结与宣传推广，对考核结果满意度较差的要进行批评与惩罚，并通过进一步的政策立法将奖惩措施真正予以落实。

（四）加强公共文化数字化建设

在推动公共文化服务数字化的过程中，需要制定相应的政策和法律法规，加强数字资源的保护与管理，保障文化资源的合理使用与利益分配，确保更多的人能够享受到数字化服务带来的好处。具体可以从以下角度展开：第一，为数据资源之间的交换格式和互操作接口建立标准。实现公共文化服务数字化互联互通的关键在于各个公共文化服务机构的数据格式标准统一，因此建立具有统一标准的公共文化数字化服务网络是保证各级数字资源实现互通共享的基本前提。第二，制定信息资源库的相关标准。丰富的信息资源库可以为公众提供知识讲座、图书阅读、文物鉴赏、科技普及等各类普适性文化资源，因此国家应大力支持公共文化信息资源库的建设，并在整合各类优秀公共文化数字资源的基础上通过制定标准统一的资源目录，使公众可以根据自身需求方便高效地获取相应的文化资源。

第三节　公共图书馆法

公共图书馆是公众接受公共文化服务的主要场所之一，其在公共文化服务提供方面有着不可替代的重要地位。在公共图书馆法领域制定专门的法律规范有助于明晰公共图书馆的法律定位，改善公共图书馆建设不均衡的局面，以推动公共图书馆事业快速、高质量发展。我国《公共图书馆法》贯彻党和国家关于文化建设的各项政策精神，从制度层面为公共图书馆系统的良好运转提供支撑。在《公共图书馆法》的实施过程中，既要坚持公共文化服务的基本原则与价值目标，也要结合公共图书馆的自身特点完善该配套制度。

一、公共图书馆的功能定位

图书馆的职能即图书馆的职责和功能，指图书馆的人、事、物及机构本身应发挥的作用。理论上认为图书馆的职能包括传递科学情报、保存文化遗产、文化娱乐、文化整合、信息培育等。[1]2022年版《公共图书馆宣言》提出，公共图书馆是开展教育、传播文化、提倡包容和提供信息的有生力量。本书基于现有的研究成果，将公共图书馆的职能归纳为四个方面：文化建设、社会教育、信息整序和信息传递。

（一）文化建设

公共图书馆的文化建设职能体现在宏观、中观和微观三个层面。从宏观层面来看，图书馆能够保存人类文化成果，促进文化传承、交流和传播。公共图书馆通过收集、整理、加工和汇编人类社会从古至今不同地域的文化成果，帮助人类留存了大量文化财富。从中观层面来看，公共图书馆的建设是衡量国家文化软实力的重要标准。党的十九届五中全会明确提出到2035年建成文化强国，文化强国的一个重要体现就是以公共图书馆为代表的公共文化服务体系建设优良。另外，公共图书馆等各类公共文化服务，能够促进优秀文化成果的传播，增进社会公共文化福祉，进而促进整个社会文化的发展。从微观层面来看，公共图书馆能够推进公民个人文化权益的实现。公共图书馆既为公众提供丰富的图书文献等文化资源，又为公众提供多样的公益性展览、学术讲座等文化活动，使公众得以最大程度享受文化发展成果。

（二）社会教育

《公共图书馆宣言》指出，公共图书馆是人们寻求知识的渠道，为个人和社会群体的终身教育、自由决策和文化发展提供基本条件，支持各级正规教育，也支持个人和自学教育。承担教育功能的主体并不局限于学校，公共图书馆的教育区别于专门的学校教育，成为社会教育的重要组成部分。公共图

---

〔1〕 参见陈跃主编：《公共文化服务政策与实践研究》，西南师范大学出版社2019年版，第88—89页。

书馆是没有围墙的"社会大学"，其在社会教育方面有着丰富的资源优势和先进的设备条件。公共图书馆可以通过向社会公众推荐和提供优秀书刊、价值性知识和信息资源，以及举办各类公益性讲座，引导社会公众学习科学知识，促进全民文化教育的推广和公民综合素质的提升，增强公民文化成果创造能力，进一步保障社会公众的文化参与权。

（三）信息整序

整序是指将杂乱无章的事务整理成系统有序的状态，信息整序是指将杂乱无序的文献信息流整理成集中有序的信息。[1]图书馆是收集、整理、归类文化信息，并将其以特定的顺序展示出来以便公众获取的主要职能部门。如何有效地组织、控制、过滤和传递知识，及时满足公众文化需求，提高文化信息的利用率，是当下图书馆面临的紧迫问题，也是当前公共文化服务研究的重点和方向。首先，对于拥有海量图书文献的图书馆而言，信息服务和咨询既是其核心业务之一，也是其相较于其他机构的优势业务，其只有加强知识信息的排序能力，才能为用户提供更加直接、准确、全面、便捷的知识信息服务，解决文化信息自身的无序性与人们对文化知识的有序性需求之间的尖锐矛盾。其次，图书馆通过整理、分类、编目文化信息资源，能够更了解馆藏资源，避免遗失和损坏，并在此基础上使得馆藏资源得到更加充分的利用。最后，信息整序是一个重新认识各种知识的过程，在一定程度上可以促进文化交流和融合，推动文化创新和发展。

（四）信息传递

向公众传递文化信息和知识是公共文化服务的一项重要功能。公共图书馆通过图书借阅服务向公众提供纸质图书、电子书、有声读物、视听资料等多种形式的文化资源，传递文化信息。[2]此外，公共图书馆还通过提供各种形式和主题的教育和培训向公众传递文化信息，这些教育和培训课程不仅能够提升公众文化素质，丰富公众文化生活，同时还能够满足公众对文化知识的需求。另外，在大数据、人工智能、算法等新兴科技的加持下，许多图书馆已经实现了线上线下服务的结合，数字图书馆也成为当下图书馆建设的重

---

〔1〕　参见刘兰芹：《新闻信息序化与文献信息整序的共性探讨》，载《青年记者》2006年第14期，第98页。

〔2〕　参见翰章、王瑞菊：《论文献演进中的图书馆功能拓展》，载《四川图书馆学报》2002年第6期，第2页。

要方面。图书馆通过将传统的海量资源数字化来建立数字数据库，大幅提升信息检索和搜集的效率。此外，许多数字图书平台还可以进行智能推送，主动为用户提供其所需的信息，提供个性化服务，这也减少了用户信息检索的时间成本，有助于推进生产和科研活动进程。

二、公共图书馆法的主要内容

作为图书馆领域的专门性法律，《公共图书馆法》在坚持公共文化服务法基本原则的基础上，结合公共图书馆的自身特点，对公共图书馆的基础设施建设、管理机制建设、服务体系建设、人才队伍建设等作出规定。

（一）公共图书馆基础设施建设

作为主要的公共文化服务机构之一，设施齐全、配置合理、运行高效的公共图书馆是顺利开展各项公共文化服务活动的基本条件与前提。我国《公共文化服务保障法》中专设"公共文化设施建设与管理"一章，对设施的种类、建设标准、选址等内容作了原则性规定。《公共图书馆法》依此对公共图书馆设立条件、章程内容、登记管理制度、终止后剩余财产处理以及服务网络建设等内容进行了细化规定。例如《公共文化服务保障法》确立了设施公布制度，[1]《公共图书馆法》依此对该制度的责任主体、具体内容和途径作出细化规定。[2]需要特别指出的是，《公共图书馆法》并非对《公共文化服务保障法》的绝对细化与落实，而是根据公共图书馆的自身特点进行灵活调整。例如，《公共图书馆法》第13条第2款中规定"本行政区域内人口数量、人口分布、环境和交通条件等"作为确定公共图书馆的数量、规模、结构和分布时的考量因素。如何实现图书馆从"全设置"到"全覆盖"的跨越，是公共图书馆基础设施建设尤其需要重点考虑的问题。

（二）公共图书馆管理机制建设

公共图书馆在提供图书借阅服务的同时，也提供各种文化活动和阅读推广活动，例如阅读推广周、读书会、写作班等，以促进公众对文化的理解和

---

〔1〕 参见《公共文化服务保障法》第14条第2款："县级以上地方人民政府应当将本行政区域内的公共文化设施目录及有关信息予以公布。"

〔2〕 参见《公共图书馆法》第18条："省、自治区、直辖区人民政府文化主管部门应当在其网站上及时公布本行政区域内公共图书馆的名称、馆址、联系方式、馆藏文献信息概况、主要服务内容和方式等信息。"

认知。通过上述活动向公众传递文化信息、展示文化成果、弘扬传统文化是公共文化服务的重要功能。实现公共图书馆的价值与功能需要确保公共图书馆在科学、合理设立的基础上高效、便捷运行。对此，《公共图书馆法》从健全法人治理结构、规定文献信息管理细则、明确出版社交存出版物制度、加强公共图书馆馆际交流与合作等方面进行了积极尝试与有益探索。首先，建立健全公共图书馆法人治理结构有助于厘清政府与公共图书馆的职责边界，推动公共图书馆领域实现政事分开、管办分离，进一步提高公共图书馆的管理水平和服务效能。其次，对公共图书馆文献信息管理进行规定，可以使得公共图书馆在遵守法律、行政法规的前提下通过采购、接受交存或者捐赠等方式广泛地收集、整理文献信息，以实现信息传递这一基本功能。再其次，出版社交存出版物制度使其可按照法律规定向特定图书馆交存其合法出版的图书，一方面可以丰富公共图书馆的图书资源，另一方面也可以维护出版行业的运行秩序，在一定程度上保证了出版内容的合理合法。最后，对公共图书馆馆际交流与合作进行规定，可以使得公共图书馆依法通过馆际交流与合作充分弥补自身在信息收集、服务提供等方面的不足，实现公共图书资源的互通共享，推动建设公共图书服务网络。

（三）公共图书馆服务体系建设

设施体系是服务体系的基础，而服务体系则是设施互联互通的支撑。服务体系通过把"孤岛"状的公共文化设施联结起来，建立服务上下联动和资源互通共享的组织体系。[1]《公共文化服务保障法》原则性地规定了场馆服务、流动服务和数字服务相结合的服务体系，《公共图书馆法》在承接《公共文化服务保障法》上述内容的基础上，设专章规定公共图书馆应提供特殊群体服务、立法决策服务、流动服务与自助服务、数字服务、政府购买服务等，并规定支持公共图书馆之间开展联合服务。上述规定极大地丰富了我国公共图书馆服务体系，有助于公共图书馆更好地实现城乡一体化均衡发展。值得特别指出的是，为完善公共图书馆服务体系，我国《公共图书馆法》第14条[2]提出要建立总分馆制，通过在总馆与分馆之间形成完善的配送体系以及数字

---

〔1〕　参见陆晓曦：《从全面保障到具体落实：〈公共文化服务保障法〉和〈公共图书馆法〉重点内容比较分析》，载《图书馆》2018年第4期，第1—6页。

〔2〕　《公共图书馆法》第14条："县级以上人民政府应当设立公共图书馆。地方人民政府应当充分利用乡镇（街道）和村（社区）的综合服务设施设立图书室，服务城乡居民。"

化、网络化的服务体系，有效实现文献资源的通借通还，进而真正实现服务的互通共享，极大提升公共图书馆的服务效能。另外，总分馆制将公共图书馆服务体系有效地延伸到了乡镇、街道、村庄、社区，对促进基层公共文化服务均等发展具有重要意义。目前，绝大多数省份已经开展了总分馆制试点工作。作为公共图书馆建设的排头兵，广东省佛山市禅城区已经形成了"1主馆+5分馆+14成员馆"的服务模式。

（四）公共图书馆人才队伍建设

法律规范的有效实施需要专业人才队伍的支持。目前，公共文化服务普遍面临人才匮乏、专业化不足的问题。公共图书馆作为公共文化服务的主要机构之一，肩负着信息传递、社会教育等重要职能，而文献的收集、整理、管理等工作具有较强的技术性，这既要求各级政府加强对公共图书馆人才队伍的专业化培养，也要求公共图书馆的工作人员不断加强自身的理论学习。《公共图书馆法》第 15 条对公共图书馆配备的工作人员作出原则性要求，[1]并在第 19 条详细规定对公共图书馆馆长和工作人员的要求。[2]具体而言，馆长负责公共图书馆的运行和日常管理工作，对馆长的选任应注重从文化水平、专业技术、管理能力三方面进行考察：一要具备基本的文化素养和文化知识，二要具有图书情报领域的相关专业知识，三要具备日常工作管理能力。在选任工作人员时，应考虑以下两个问题：一是配备工作人员的依据，即公共图书馆在配备工作人员时应依据自身功能、规模、面积及服务范围等因素进行综合考量；二是工作人员的任职条件，即对于专业性岗位应安排具备专业知识与技能的人员。对公共图书馆专业技术人员可以参与专业技术职称评定的规定，一方面能够吸引专业人才参与图书馆建设，另一方面能够激励图书馆工作人员不断提升自身职业能力，更好地参与图书馆建设，为社会公众提供更优质的文化服务。

---

[1] 参见《公共图书馆法》第 15 条："设立公共图书馆应当具备下列条件：（一）章程；（二）固定的馆址；（三）与其功能相适应的馆舍面积、阅览座席、文献信息和设施设备；（四）与其功能、馆藏规模等相适应的工作人员；（五）必要的办馆资金和稳定的运行经费来源；（六）安全保障设施、制度及应急预案。"

[2] 参见《公共图书馆法》第 19 条："政府设立的公共图书馆馆长应当具备相应的文化水平、专业知识和组织管理能力。公共图书馆应当根据其功能、馆藏规模、馆舍面积、服务范围及服务人口等因素配备相应的工作人员。公共图书馆工作人员应当具备相应的专业知识与技能，其中专业技术人员可以按照国家有关规定评定专业技术职称。"

三、公共图书馆法的现实问题

以《公共图书馆法》为代表的公共图书馆相关立法对提升我国公共图书馆治理体系和治理能力现代化水平、推动我国公共图书馆服务体系城乡一体化建设起到了至关重要的作用。作为我国第一部图书馆专门法，《公共图书馆法》对《公共文化服务保障法》中公共图书馆领域的规定进行了更深入的界定，集中体现了我国图书馆法治建设的重要成果。[1]在积极落实《公共图书馆法》的同时，也要认识到公共图书馆立法还存在法律规范不够明晰、部分地方立法滞后、知识产权条款缺位、法人治理模式重视不够等问题。

（一）法律规范不够明晰

法律规范明晰是其得到具体落实的前提，《公共图书馆法》中的某些条款尚存在规范模糊的问题。首先，《公共图书馆法》作为保障公民文化权利的法律，其义务主体主要是政府。因此，政府是否履行《公共图书馆法》中的法定义务是决定法律实施效果的关键所在。但是，通过对《公共图书馆法》的分析可以看出，立法者并未针对义务性条款规定明确的实施标准。以公共图书馆的资金来源制度为例，虽然《公共图书馆法》规定了县级以上地方政府应从财政中划拨一定资金用于本地的图书馆建设，但是并未规定资金划拨标准以及政府在该环节所应采取的具体做法，也未规定加大对公共图书馆投入的标准是什么。其次，规范社会力量参与的有关条款规定不够清晰。《公共图书馆法》的一大立法亮点在于积极鼓励引入社会力量参与公共图书馆事业，但是现有法律条款表述模糊，可能造成实践中适用不一的后果。如《公共图书馆法》第 20 条第 2 款中规定"可以以捐赠者的姓名、名称命名公共图书馆"，该条款可以视为对社会力量捐赠图书馆行为的鼓励措施，但是问题在于条文中的"捐赠者"该如何确定、是否需要符合一定的标准。现有法律法规并未对上述问题予以明确回应。最后，馆员是公共图书馆建设的重要参与者，现有公共图书馆立法仍需要加强对其权益的保障。《公共图书馆法》第 19 条第 2 款中提出公共图书馆的"专业技术人员可以按照国家有关规定评定专业技术职称"。该规定看似是对馆员权益的保障，但是在《公共图书馆法》颁

---

〔1〕 参见吴钢：《我国图书馆法制化建设的突破与未来路径——〈中华人民共和国公共图书馆法〉颁布之际的思考》，载《图书馆建设》2018 年第 1 期，第 30—36 页。

布实施前，图书馆馆员就已享有评定职称的权利，而《公共图书馆法》将馆员本"应当"享有的权利变更为"可以"，实质上是对馆员权益的弱化，而非加强。

（二）部分地方立法滞后

地方立法是国家法律体系的重要组成部分和地方法治建设的基本规范，从应然视角而言，应当在公共图书馆的建设、保护和利用中发挥重要作用。[1]自 1997 年我国公共图书馆领域的第一部地方性法规——《深圳经济特区公共图书馆条例（试行）》——出台以来，我国图书馆地方性法规和政府规章的数量逐渐增多，截至 2023 年 11 月，现行有效的法规和规章已经达到 15 部。我国公共图书馆地方立法制定时间跨度大，呈现出由"粗线条"向"细致化"转变的特征，更加注重公共图书馆的公共文化服务功能，为推动我国公共图书馆立法事业发展起到了积极作用。但是，立法必须体现出时代性。正如习近平总书记多次强调的，"实践是法律的基础，法律要随着实践发展而发展"[2]。随着《公共图书馆法》正式出台，必须认识到部分地方立法呈现出滞后状态，如《河南省公共图书馆管理办法》自颁布至今已经超过 20 年未进行修改，其关于公共图书馆的定位仍停留在"政府兴办"层面，与现今"政府主导、多主体参与"的基本原则相悖。立法滞后将导致立法内容与现实情况脱轨，难以满足公众的文化需求。此外，随着科技的发展，数字化、信息化的新技术在图书馆领域的应用越来越广泛，这也对公共图书馆地方立法提出了新要求。

（三）知识产权条款缺位

公共图书馆在运行过程中许多获取和利用信息资源的行为，涉及著作权问题。但从我国立法现状来看，无论是《公共图书馆法》还是《著作权法》，都欠缺对公共图书馆等公共文化服务机构使用作品行为的相关规定，如与公共图书馆有关的著作权合理使用规定不足。根据《著作权法》的规定，图书馆

---

[1] 参见姚明、赵建国：《我国图书馆地方立法实证研究：反思与超越——基于 14 部地方性法律规范的考察》，载《图书馆建设》2020 年第 5 期，第 107 页。

[2] 中共中央宣传部：《习近平总书记系列重要讲话读本》，学习出版社、人民出版社 2014 年版，第 81 页。

只有为陈列或者保存版本的需要而复制本馆收藏的作品才构成合理使用，[1]而技术发展使人们获取信息的习惯改变，数字图书馆等的建设成为未来的趋势，在此情况下，如何规制公共图书馆使用作品的行为，平衡公众利益和著作权人利益，需要法律予以回应。另外，《著作权法》第 24 条第 1 款第 12 项规定"以阅读障碍者能够感知的无障碍方式向其提供已经发表的作品"构成合理使用，公共图书馆作为公益性机构，并以实现均等性为价值目标，为阅读障碍者提供必要的服务是其应有职责，但是如何界定阅读障碍者以及公共图书馆具体可以采取何种措施，也需法律进一步明确。

（四）法人治理模式重视不够

随着社会主义市场经济体制不断完善，文化事业单位的运营方式也逐渐发生转变。《中共中央关于全面深化改革若干重大问题的决定》以及《关于深入推进公共文化机构法人治理结构改革的实施方案》均提出要在公共图书馆、博物馆、文化馆等公益性的公共文化机构建立法人治理结构。为顺应政策发展与时代趋势，《公共图书馆法》也从国家立法层面对法人治理结构作了明确规定，使其具有了法律效力。虽然我国目前已经以法律法规及政策的形式强调了法人治理模式的重要意义，但是地方图书馆在建立健全法人治理结构过程中仍存在法人治理内容缺失、法治意识缺位的情况。在目前出台的公共图书馆地方立法中，仅有广州市和贵州省在其条例中提及了"法人治理"相关内容，但并未对具体的建设问题进行详细规定，可见地方对法人治理模式的重视程度不够。

四、公共图书馆法的完善方向

新时代的新的文化使命为公共图书馆法治建设提出了新任务。立足当下，需要清晰认识到公共图书馆法的现实问题；放眼未来，需要明确公共图书馆法的完善方向，通过增强法律规范的可实施性、加快地方立法更新、落实知识产权保护、强化法人治理机制等进一步发挥公共图书馆法在构建现代公共文化服务体系中的推动、引导作用，为推动文化繁荣、建设文化强国保驾护航。

---

〔1〕《著作权法》第 24 条第 1 款第 8 项："图书馆、档案馆、纪念馆、博物馆、美术馆、文化馆等为陈列或者保存版本的需要，复制本馆收藏的作品。"

（一）增强法律规范的可实施性

法律规范的准确性是保证其发挥指引、评价、预测、教育等作用的前提。针对《公共图书馆法》目前存在的法律规定模糊的问题可以着重从以下几个方面进行解决：一是明确政府资金提供标准。政府作为公共图书馆事业经费的主要提供者，其资金提供行为将直接决定公共图书馆健康发展与否。在完善公共图书馆立法的进程中，要明确界定政府资金提供标准，出台相应的实施细则，将政府的财政支持落到实处。这可以保证公共图书馆的稳定资金来源，同时可以促使政府更加重视公共图书馆事业的发展。二是对"社会力量""捐赠者"等概念予以明确，为公共图书馆的运行留下实际操作空间。对社会力量进行明确规定有助于促使更多符合条件的社会主体积极主动参与到公共图书馆事业的建设之中，为公共图书馆提供更多的资源和支持。三是注意对馆员权益的保障。在加强其队伍建设的同时需要做好权益保障工作，防止"重新授予馆员评定职称"这一"开倒车"现象的发生。同时，通过完善馆员的薪酬待遇制度等可以激发其工作热情，助力于高素质的图书馆人才队伍建设。

（二）加快地方立法更新

"法律是治国之重器，良法是善治之前提。"[1]只有良善之法才能起到对经济社会发展的保障、引导和促进作用。针对我国目前存在的公共图书馆相关立法滞后的问题，应当针对性地进行立法。首先，对于地方立法中与现实发展严重脱节的内容要进行删改，必要时可以予以废止，如关于公共图书馆的定义不应再强调"政府兴办"这一要件。其次，以全局性的眼光看待法律法规内容，对于不周延、不精确的语言表述要予以完善，增强法律的严谨性。如《河南省公共图书馆管理办法》第17条第1款中规定应"优先照顾未成年人、老年人和残疾人"，但是上述列举是否周延仍然存疑，如果修改为"优先照顾未成年人、老年人和残疾人等特殊群体"，可以使覆盖范围更全面，有助于保障文化权益的均等性。最后，地方立法应顺应时代发展，修改过程中对出台后的新问题要予以回应，例如，可以在立法更新时对公共图书馆数字化建设的目标和任务作出进一步规定，为图书馆的数字化发展提供法律保障。需要指出的是，加快地方立法更新是针对我国公共图书馆地方立法的实际情

---

〔1〕《中共中央关于全面推进依法治国若干重大问题的决定》。

况所提出的具体完善对策，并不意味着对地方立法的频繁修改。如何缓解法律法规的稳定性与滞后性之间的冲突需要进行谨慎考量。

（三）落实知识产权保护

当前我国以公共图书馆为代表的公共文化服务机构著作权规范体系尚不完善，无法有效应对技术发展产生的问题。随着我国人民精神文化需求的不断提高，对于公共文化服务的需求势必会不断增长，著作权人的权利与公共利益需求之间的矛盾也会日益显现，提供公共文化服务的机构在提供公共文化服务时会面临许多著作权问题，因此，落实以公共图书馆为代表的公共文化服务机构的知识产权保护具有现实必要性与制度正当性。具体而言，关于公共图书馆等公共文化服务机构的知识产权保护立法可从以下两方面展开：第一，完善公共文化服务机构著作权法律规制内容。我国现有的公共文化服务机构著作权规范仍无法满足纠纷解决的需要，想要更好地规范公共文化服务机构著作权问题、满足公众公共文化服务需求，有必要对规则内容进行完善与协调。如对于公共图书馆合理使用作品的问题，既可以通过《著作权法》的修改完善公共图书馆的合理使用条款，也可以根据《著作权法》合理使用条款中"法律、行政法规规定的其他情形"这一兜底条款，在《公共图书馆法》中对公共图书馆的合理使用行为予以规定。第二，成立专门部门，健全公共文化服务机构著作权保护机制。各公共文化服务机构内部应当设立专门的著作权管理机构或配备专门人员处理著作权问题，并制定工作流程规范，及时有效应对著作权纠纷。

（四）强化法人治理机制

健全法人治理结构可以厘清政府和公共图书馆之间的权责界限。在公共图书馆领域实现政事分开，管办分离，是公共图书馆从"人治"转为"法治"的重要体现。但是，立足于现状，我国对法人治理模式的重视程度仍然不够，当前公共图书馆"人治"现象仍较普遍，[1]主要是因为我国公共图书馆法人治理机制虽然已在立法层面得到确认，但仍属于起步阶段，法律需要进一步明确法人治理改革的具体操作，化解改革进程中出现的实际冲突。具体而言，建立健全法人治理结构需要从以下几个方面展开：一是引入理事会。

---

〔1〕　参见丁明春：《公共图书馆治理法治化的内涵、意义及实现路径》，载《图书馆》2021年第1期，第11—17页。

科学组建理事会可以完善法人治理架构，是实现"政事分开"的最好方案，与此同时，公共图书馆的举办单位应对理事会进行宏观管理，保证机构的稳定有序运行。二是明确公共图书馆、理事会、相关行政主管部门等各方职责，厘清权责界限，有效推进相应改革。三是制定完备的机构章程，对理事会的产生方式、职责构成、任期等内容作出明确规定。四是规范机构管理运行。始终坚持中国共产党的领导是各项事业的根本遵循，因此，作为具有公益性质的公共文化服务事业，公共图书馆如何在摆脱"人治"、推行"法治"基础上平衡好法人治理与党的领导的关系也是需要着重考量的问题。落实到具体层面，需要在开展法人治理过程中加强党建工作，将党建工作纳入公共图书馆章程，同时党组织领导班子成员应按照章程进入理事会和管理层，实现"双向进入、交叉任职"。[1]

第四节　博物馆法

拥有丰富馆藏资源的博物馆在提供公共文化服务方面发挥着重要作用。我国目前虽然在法律层面没有出台专门的"博物馆法"，但是仍在博物馆立法方面进行了积极尝试与有益探索。《博物馆条例》是我国博物馆行业第一部全国性法律规范文件，其在推进博物馆事业依法发展进程中起到了关键作用。《博物馆条例》的出台改变了我国博物馆立法相对滞后的状态，为新时代加强博物馆管理提供了法律依循。未来，要继续加强博物馆行业的立法工作，为博物馆发挥社会功能提供强大的法律保障，促进我国文化事业繁荣发展。

一、博物馆的功能定位

建设现代化的公共文化服务体系是促进文化事业繁荣发展、保证公民基本文化权利的重要途径。博物馆是公共文化服务的重要提供者，承担着收藏、保护、展示等公共文化服务职责。《博物馆条例》第 2 条第 1 款对博物馆的概念进行了定义，并对博物馆的设立目的、主要职能、机构性质作出了规定。[2]

---

〔1〕 参见《中华人民共和国公共图书馆法解读》编写组编著：《中华人民共和国公共图书馆法解读》，中国法制出版社 2019 年版，第 92 页。

〔2〕《博物馆条例》第 2 条第 1 款："本条例所称博物馆，是指以教育、研究和欣赏为目的，收藏、保护并向公众展示人类活动和自然环境的见证物，经登记管理机关依法登记的非营利组织。"

在此基础上，正确把握博物馆的功能定位，有助于更好地理解博物馆法的主要内容，推动博物馆行业健康有序发展。

（一）文物保存

博物馆的基本职能与主要任务是保护人类文化遗产。根据《博物馆条例》第24条[1]的规定，博物馆应对藏品保存的技术设备和环境做好安全防范和技术保护。文物是人类文明的见证，收藏和保存文化遗产是博物馆提供公共服务的基础，是进一步研究文物特征、文化内涵以及其他重要信息的前提，是保障国家和民族文化繁衍传承的要求。人类文化遗产总体包括历史遗物、古建筑、动植物标本、地质标本等，博物馆以其特有的方式对这些文化遗产进行收藏和保存。随着数字技术的发展，博物馆也逐渐步入数字化发展进程。首先，保存方式随着技术的发展不断进步，如今博物馆采用各种数字化技术，以风险更低的方式修复、复制、拍摄、保存藏品。其次，数字化档案和数据库的建立，方便了文化遗产的管理和调查研究。最后，数字博物馆服务还可以通过数字技术修复和展示那些受损或无法公开展示的文物，实现文化遗产的虚拟重现和传承。

（二）文化传承

传承中华优秀传统文化，同样是博物馆的重要职能之一。文物藏品或者文化遗产是传统文化的一部分，是特定时期社会经济和精神文化的见证和产物，每一时代的文化都是对上一时代文化的继承和发展，文化正是在不断传承的过程中不断自我扬弃，自我更新。文物的价值本身就在于其上所承载的文化线索，保存文物等同于为现代社会提供认识另一个时代的路径，使人们可以把握过去，并根据现代社会的发展需要，充分挖掘、利用文物所蕴含的内涵和知识，服务于现代社会。如今，博物馆的文化传承更加多样化，不再局限于传统的展览、讲座等方式，而是充分利用数字信息网络、云计算、人工智能等现代技术，建立起数字博物馆，并通过开发衍生产品，例如文创、影视、出版物等特色文化产品，来扩大自身影响力，增加了博物馆服务的可及性。

---

〔1〕《博物馆条例》第24条："博物馆应当加强对藏品的安全管理，定期对保障藏品安全的设备、设施进行检查、维护，保证其正常运行。对珍贵藏品和易损藏品应当设立专库或者专用设备保存，并由专人负责保管。"

（三）教育研究

从《博物馆条例》和《国际博物馆协会章程》对博物馆功能的表述来看，博物馆具有教育研究功能。有学者指出，一座好的博物馆不仅能吸引观众，还能激发观众的兴趣，引导他们提出问题，从而让他们获得知识。[1]博物馆社会教育功能的发挥，是博物馆以人为中心的服务理念的重要体现。这种教育功能主要体现在两个方面：一是加强博物馆建设，使其成为学校专业教育的第二课堂，作为社会性教育机构辅助学校教育。例如，《博物馆条例》第 35 条[2]明确提出，应当利用博物馆资源开展学校教育活动。与学校、图书馆等其他教育机构相配合，可以更好地发挥博物馆自身丰富的文化资源优势，普及科学文化知识，弘扬优秀传统文化。对于一般社会公众来说，其可以通过参加博物馆的展览、宣传、讲解、讲座、影视等活动，进一步了解藏品的历史背景和其背后的文化知识。近年来博物馆发挥社会教育功能的形式更为丰富，例如通过制作电视节目（如《国家宝藏》《如果国宝会说话》）、发布官微、开直播等公众喜闻乐见的方式传播藏品知识。二是助力科研。科研和教育有着密切联系，博物馆丰富的藏品以及翔实的文献资料是他人开展研究的宝贵资源，同时博物馆自身也是理论研究和应用研究的重要机构，不断产出新的研究成果。

（四）信息交流

文物本身是一种社会符号，蕴含着丰富的历史文化信息。从这一点来看，博物馆无异于历史信息库。博物馆藏品包含着大量和人类活动有关的信息，是人类认识自我、认识世界的重要载体，对其进行开发研究，解读相关信息，是当前文物工作的一项重要任务。数字化、信息化技术的发展为博物馆发挥信息交流功能带来新的机遇和挑战，与新兴技术相结合实现数字化、信息化是博物馆发展的必经之路。利用互联网技术、数字技术，博物馆不仅可以提供线下服务，还可以提供线上服务，利用信息网络促进信息传播和加强文化

---

〔1〕 参见周婧景：《对博物馆"以观众为中心"观念的再理解》，载《中国博物馆》2021 年第 1 期，第 29 页。

〔2〕《博物馆条例》第 35 条："国务院教育行政部门应当会同国家文物主管部门，制定利用博物馆资源开展教育教学、社会实践活动的政策措施。地方各级人民政府教育行政部门应当鼓励学校结合课程设置和教学计划，组织学生到博物馆开展学习实践活动。博物馆应当对学校开展各类相关教育教学活动提供支持和帮助。"

交流，扩大文化影响力。在国家政策层面，公共文化服务供给的建设标准对博物馆数字化服务设定了专门的指标，要求某些博物馆建设网站，这实际上就是对数字化、信息化为主的博物馆科技建设和服务提出的新要求。

二、博物馆法的主要内容

2015 年 1 月 14 日通过的《博物馆条例》是我国首部规范博物馆建设与发展的行政法规，其对博物馆的设立、变更、终止程序，藏品管理，社会服务功能以及公平对待国有博物馆和非国有博物馆等方面均提出了全新的要求。[1]本部分旨在对博物馆法的主要内容进行具体解读，以找出博物馆法规体系的构建与完善方向。需要指出的是，我国目前并未从法律层面出台专门的博物馆法，此章节所称的"博物馆法"是对以《博物馆条例》为代表的博物馆相关立法的概称，并非特指专门的博物馆法。

（一）博物馆设立

博物馆的设立、变更与终止关系到博物馆的生死存亡，关系到博物馆社会功能的实现与发展，是博物馆管理方面最基本的法律制度。[2]作为非营利性组织，博物馆的设立依据主要是《事业单位登记管理暂行条例》和《民办非企业单位登记管理暂行条例》。2013 年《中共中央关于全面深化改革若干重大问题的决定》指出，要全面正确履行政府职能，进一步简政放权，深化行政审批制度改革。为落实改革要求，我国博物馆设立由审批制改为备案制，顺应了时代发展趋势。《博物馆条例》作为我国第一部全国性博物馆行业法规文件，在已有政策基础上，结合我国博物馆类型多样的国情，对博物馆的基本设立条件、博物馆章程等内容作了原则性规定，并明确要求设立博物馆必须具有专业技术人员和稳定的运行经费等；针对不同博物馆的特点，对国有博物馆、古生物化石类博物馆、非国有博物馆的设立、变更、终止等进行了分别规定。需要特别注意的是，近年来，非国有博物馆已经成为我国公共文化服务机构的重要组成部分，在丰富博物馆类型以及完善公共文化服务等方面起到了积极作用。但是，如何保证非国有博物馆的社会公共性质是博物馆

---

〔1〕 参见李晨：《论"〈博物馆条例〉时代"博物馆法规体系的构建与完善》，载《中国博物馆》2016 年第 1 期，第 1 页。

〔2〕 参见国家文物局编著：《博物馆条例释义》，中国法制出版社 2015 年版，第 40 页。

发展过程中必须考虑的问题。因此，非国有博物馆准入制度的设计与完善显得尤为重要。对此，我国《博物馆条例》第15条专门规定了非国有博物馆设立登记制度以及变更、终止登记、备案制度。[1]这有助于博物馆行业的健康有序发展。

（二）博物馆管理

构建科学高效的管理体系是博物馆正常开展各项活动、正确发挥各项功能的基本保证。博物馆管理既与其他公共文化服务机构的管理具有相似之处，如都需要在管理过程中关注公众利益、满足公众文化需求，也有自身在管理过程中需要格外注意的事项，如对文物藏品的管理。总的来说，《博物馆条例》及相关立法从五个方面对博物馆管理进行了规定：一是在管理方式和管理制度上，博物馆应积极落实《公共文化服务保障法》的规定，引入理事会这一主体，建立健全法人治理结构，同时完善有关组织管理制度。这既与《中共中央关于全面深化改革若干重大问题的决定》要求"建立法人治理结构"的规定相一致，也与《博物馆条例》关于行业组织管理的规定相呼应，形成了内部科学管理，外部规范自律的双轨制。[2]二是对博物馆专业技术人员的专业技术职称评定进行了规定。《博物馆条例》并未在评定事项上对国有和非国有博物馆专业技术人员进行区分，这既有利于调动专业技术人员投身博物馆事业的积极性，也有助于提高我国博物馆尤其是非国有博物馆人才队伍的专业化水平。三是强调博物馆需要依法管理资产，并对博物馆从事商业经营活动进行了限制。《公共文化服务保障法》明确规定"不得将公共文化设施用于与公共文化服务无关的商业经营活动"[3]，《博物馆条例》第19条对上述规定进行了细化落实与有效衔接：明确规定博物馆不得从事文物等藏品的商业经营活动，保证了文物作为博物馆物质基础的稳定性；规定博物馆从事其他商业经营活动需要遵守办馆宗旨、维护观众利益，既为博物馆开发文化创意产业留下了制度空间，又保障了博物馆的公益性质。四是规定了博物

---

〔1〕 参见《博物馆条例》第15条："设立藏品不属于古生物化石的非国有博物馆的，应当到有关登记管理机关依法办理法人登记手续。前款规定的非国有博物馆变更、终止的，应当到有关登记管理机关依法办理变更登记、注销登记，并向馆址所在地省、自治区、直辖市人民政府文物主管部门备案。"

〔2〕 参见国家文物局编著：《博物馆条例释义》，中国法制出版社2015年版，第89页。

〔3〕 《公共文化服务保障法》第19条第1款："任何单位和个人不得擅自拆除公共文化设施，不得擅自改变公共文化设施的功能、用途或者妨碍其正常运行，不得侵占、挪用公共文化设施，不得将公共文化设施用于与公共文化服务无关的商业经营活动。"

馆接受捐赠时双方的权利义务。捐赠行为是社会力量积极参与博物馆事业的具体表现，博物馆通过接受捐赠可以丰富馆藏资源或经营资金，便于以更加多样的方式为公众提供文化服务。五是对藏品的管理进行了较为全面的规定，如规定了藏品的来源、档案管理、安全管理、利用和处置等。博物馆依赖于藏品来维持其基本生存，因此详尽的藏品管理构成了博物馆良好运行的基础条件。

（三）博物馆社会服务

博物馆作为公益性的公共文化服务机构，其设立的主要目的在于向公众提供社会服务，肩负着满足公众文化需求、维护公共文化利益的社会责任。随着社会生活水平的提高，人民对于美好生活的需要亟须得到满足，这对博物馆事业的发展提出了新挑战与新要求。我国博物馆立法充分认识到了目前的发展状况，并对博物馆社会服务进行了专门规定。具体而言，博物馆立法对其社会服务的规定主要包括以下三个方面：一是对博物馆开放内容的规定。首先，博物馆在登记后要及时向公众开放，此处的"开放"是向一切人平等地开放。其次，博物馆的开放时间应明确告知公众，且作为对外开放的公益性服务机构，为满足公众的日常文化需求，博物馆在学校寒暑假期间及国家节假日期间不得随意闭馆。再其次，博物馆陈列展览要注意主题的科学性、综合性以及内容的思想性与艺术性，处理好文物与辅助展品之间的连接以及文字说明与讲解阐释的设置。最后，国家鼓励博物馆向公众免费开放。二是对博物馆的社会服务职能的规定。博物馆在向公众提供社会服务时，除做好对外开放等基本工作外，也要提供形式多样的服务，并应在提供服务时结合丰富的特色馆藏资源，以充分发挥博物馆自身的优势。另外，博物馆可以顺应时代发展潮流，积极拓展服务形式。如博物馆拥有丰富的文物与藏品，这为博物馆进行文化创意产品研发提供了深厚的物质基础。博物馆可以通过挖掘藏品内涵，开发衍生产品，在实现传播文化的社会职能的同时解决资金来源难题。三是对博物馆科学研究工作的规定。博物馆向社会提供优质服务需要专业理论知识支撑，因此博物馆增强自身专业能力是提供社会服务的关键一环。这要求博物馆既要提升从业人员的专业素质，也要不断吸收理论知识，开展博物馆学研究、藏品研究等科学研究活动，将理论知识与实践学习相结合，实现博物馆行业的健康发展。

三、博物馆法的现有问题

《博物馆条例》回应了博物馆的设立、管理、社会服务等问题，对我国博物馆事业的发展与完善起到积极的推动作用。社会发展则对我国博物馆管理工作提出了新要求。为了满足公众日益增加的文化需要，推动博物馆事业健康有序发展，需要以冷静的态度审视博物馆法的现有问题，填补法律空白，弥补法律漏洞。

（一）法律保护体系尚未完善

虽然我国目前已经在国家层面出台了《博物馆条例》，且广州、太原等地通过地方立法对该条例加以落实，但是我国尚未建立起专门化、系统化的博物馆法律体系。首先，在法律层面缺乏专门的博物馆法，有关博物馆的现行法律规范零散地分布在《文物保护法》《非物质文化遗产法》等法律中，且不同法律规范之间对于博物馆的定义等内容规定并不统一，容易造成使用上的混乱。其次，现行博物馆法律规范基本属于宣示性或参照性规定，且集中于博物馆的行政管理方面，对博物馆的社会服务、法律责任等缺乏细致规范。最后，现有博物馆法律规范间关联度低、协调性差。《文物保护法》《公共文化体育设施条例》《事业单位登记管理暂行条例》《博物馆条例》等不同效力层级的法律规范都对博物馆保护问题作了不同程度的规范，容易出现各自为政的局面。以与博物馆相关的著作权规范为例，在国务院制定的《博物馆条例》中并未对博物馆引发的著作权问题作出一般性规定，而《广州市博物馆规定》规定了博物馆藏品上的知识产权行使与衍生产品上的知识产权归属问题，这容易在处理博物馆著作权保护问题时引起相关法律法规适用的混乱。总之，当前我国博物馆立法存在法律法规分散、效力层级混乱等问题，为了保证博物馆行业的健康有序发展、满足公共利益需求，需进一步完善博物馆法律体系。

（二）行业组织建设有待加强

通过加强行业组织建设推动各项事业发展，是我国社会管理现代化的显著标志之一。[1]《中共中央关于全面深化改革若干重大问题的决定》明确提出要"激发社会组织活力"，"推进社会组织明确权责、依法自治、发挥作

---

〔1〕 参见国家文物局编著：《博物馆条例释义》，中国法制出版社 2015 年版，第 34 页。

用。"充分发挥行业组织的管理功能有助于促进博物馆事业的健康有序发展，《博物馆条例》第 8 条首次在国家立法层面规定博物馆行业组织的职责，正是对上述政策精神的落实。[1]《博物馆条例》明确了行业组织在博物馆事业发展和行业管理中的功能，规定其职责既包括维护会员合法利益，也包括监督、指导会员业务活动。但是，目前我国行业组织的发展仍处于探索阶段，如何使行业组织最大限度地履行职责仍需进一步探讨。目前我国已经在国家层面建立了中国博物馆协会和中国自然科学博物馆学会，地方上也有 20 多个省市建立了地方博物馆行业组织，这在一定程度上反映出我国博物馆行业组织的良好发展态势。但也应认识到，我国博物馆行业组织仍存在专业性和技术性水平较低、各行业组织间联系不够紧密、对博物馆事务的话语权有待提升等问题。对此，需要立足于我国国情，借鉴美国、英国等博物馆行业发达国家建立的科学系统的博物馆行业管理标准，以指引博物馆行业组织在行业自律、行业协调、行业沟通、行业管理等方面的完善方向。

（三）非国有博物馆重视不够

非国有博物馆是我国博物馆体系的重要组成部分，其在传播和利用社会资源，为公众提供文化服务方面起到了重要作用。《博物馆条例》在第 2 条便开宗明义地指出国家公平对待国有和非国有博物馆。非国有博物馆是随着社会发展和体制改革所产生的一种新型社会机构，其承担着与国有博物馆相同的保存人类文化遗产、传承优秀中华文化的社会职责，是我国博物馆事业发展的主力军。但是，现有博物馆立法未能对非国有博物馆的法律定位作出明确规定，也未能对其运行机制和治理体系提供明确指引。例如，现有立法并未回应如何判定非国有博物馆的文物的真实性和合法性这一问题，这不利于非国有博物馆的宣传。非国有博物馆与我国博物馆事业乃至国家整体文化政策紧密相连，现行博物馆立法虽明确规定非国有博物馆与国有博物馆在开展社会服务、获得财税扶持、评定专业技术职称等方面平等，但是如何具体落实这些规定仍需要立法作出进一步回应。

（四）社会资金利用程度偏低

博物馆属于公益事业，不仅需要政府的支持，还需要全社会的支持和帮

---

〔1〕　参见《博物馆条例》第 8 条："博物馆行业组织应当依法制定行业自律规范，维护会员的合法权益，指导、监督会员的业务活动，促进博物馆事业健康发展。"

助。如法国的卢浮宫和英国的大英博物馆虽然属于国有博物馆，但是门票收入、社会捐赠等也是其资金的主要来源。我国《博物馆条例》在规定运行经费保障时，除明确规定将国有博物馆的经费纳入财政预算外，还特别提到"鼓励博物馆多渠道筹措资金促进自身发展"。这一规定对我国博物馆尤其是非国有博物馆的健康可持续发展起到了指导作用。但我国博物馆对社会资金的利用程度总体上偏低：一方面是因为我国博物馆的社会资金来源较为单一。由于我国大部分博物馆免费开放，博物馆的社会资金来源主要为社会捐赠，而我国又缺少激励社会公众捐赠的优惠措施，总体上形成社会资金支持少的局面。另一方面是因为我国博物馆在开发文化衍生产品等方面仍有不足。随着经济社会的发展，文化创意产品吸引了社会群体尤其是青少年群体的广泛关注，如何将已有文化资源转化成文化产品，是博物馆解决社会资金来源难题需考虑的主要问题。

四、博物馆法的完善方向

长期以来，我国博物馆法遵循"摸着石头过河"的做法，针对具体问题提出具体方法，指导性有余而全局性不足。建立内在协调统一、和谐自治的博物馆管理法规体系，应当是我国博物馆法治建设和博物馆行政管理工作的一项长期目标，[1]为此，需要认识到博物馆立法的现有问题，在此基础上完善现有法律保护体系，同时积极发挥行业组织的自身优势，结合博物馆的实际情况，通过法治手段推动博物馆事业的繁荣发展。

（一）完善现有法律保护体系

针对分散式立法的现状，构建一个统一的、系统化的博物馆保护规范体系尤为重要。构建完善的法律保护体系是一个循序渐进的过程。2015 年出台的《博物馆条例》填补了博物馆立法在行政法规这一领域的空白，并在一定程度上缓解了博物馆法律保护体系存在的规范内容分散、文件层级较低的问题。但是，随着我国文化事业的蓬勃发展，为了满足公众对文化服务的需要，我国有必要从顶层设计角度构建专门的博物馆法。具体应该根据现实需要并结合实际状况，在完善各单行法中相应的法律规范的基础上，归纳其中的共

---

〔1〕 参见李晨：《论"〈博物馆条例〉时代"博物馆法规体系的构建与完善》，载《中国博物馆》2016 年第 1 期，第 7 页。

性，颁布一部具有较高规范性和可操作性的统一的法律规范文件。以博物馆法这一专门法为主，《博物馆条例》等相应法规为辅，根据现实需要对规定博物馆的运行管理、馆藏使用、权利归属、侵权认定等问题的条款不断细化和完善，保证我国博物馆运营"有法可依"，进而推动公共文化服务法律体系的形成和完善。

（二）强化行业自律措施建设

法律法规的落实既需要立法、执法、司法机关的努力，也需要博物馆自身的自觉。近年来，我国博物馆行业组织充分发挥自身优势，在协调合作、沟通联络等方面作了有益尝试，并取得了一定成果，但我国仍缺乏对博物馆组织管理职能、授权机制等的规定，导致专业资源开发不足等困境。对此，首先，博物馆可以积极主动向立法机关反映自身诉求。通过向立法机关反映自身诉求可以化被动为主动，推动相关法律变革。其次，博物馆行业组织可以积极制定行业指南。我国虽然已经形成了初步的博物馆法体系，并对博物馆的设立、管理、服务等问题予以规定，但在某些方面还不够细致，且欠缺应对数字化时代技术快速发展带来的新挑战的指导，因此博物馆行业应提高自身在博物馆建设事业中的积极性与自觉性，积极制定行业指南以便更好地落实相关法律、政策。最后，博物馆行业组织应加强对行业的监督管理，即协调指导博物馆行业的中国博物馆协会在积极开展博物馆各项业务、促进藏品保护与文化传播的同时，也应制定保障博物馆行业组织健康有序发展的监督管理措施。

（三）加强非国有博物馆保护

目前我国"国有博物馆为主体、民办博物馆为补充，类别多样化、主体多元化的博物馆体系"[1]已经初具雏形。但是，博物馆类型结构仍存在一定的完善空间。其中，如何充分发挥非国有博物馆的作用、完善非国有博物馆的体系建构是需要重点回应的问题。对此，可从完善法人财产权确权制度、发展多元化筹资体制等方面展开讨论。一方面，现代博物馆制度的核心在于法人财产权确权。通过观察其他国家的先进做法，可以看出法人财产权确权制度建立在非国有博物馆独立和专业化运营的基础上。因此，非国有博物馆要始终坚持以高标准要求开展专业化建设。另一方面，在资金保障方面，由

---

〔1〕　国家文物局编著：《博物馆条例释义》，中国法制出版社 2015 年版，第 34 页。

于非国有博物馆缺乏政府财政预算，其需在自身出资外积极拓宽社会资金来源渠道以保障自身的独立性，如通过接受社会捐赠、发展文化创意产业、建立博物馆会员制度等方式筹得经费。目前我国博物馆数量增长迅速，并且逐渐出现了各具特色的专题博物馆，通过完善博物馆类型结构可以确保博物馆的工作质量，推动我国博物馆的可持续发展。

（四）提高社会资金利用程度

探索我国博物馆社会资金利用的有益路径是目前博物馆需要完善的方向之一。首先，应拓宽社会资金来源渠道。一方面，我国博物馆立法应对社会力量参与博物馆事业建设的优惠政策予以细化，以便落实。尤其要细化激励社会力量参与博物馆建设的税收减免规定，明确税收减免的主体、范围、税率标准等。另一方面，博物馆应积极开展衍生产品的开发，充分利用现有的丰富文化资源开发文化衍生产品，让以文物为代表的馆藏资源"活起来"，更好地激发公众对文化的热情，从而增加博物馆的社会资金来源，并推动文化传承与发展。其次，应提高社会资金的利用效率。保证充足的社会资金支持的同时，我国博物馆应注重加强对社会资金使用的系统化研究，提高保护和管理水平。对于社会资金的管理使用需要突出便捷高效的特点，既要实现在文物保存、资源开发、技术投入等方面的全面覆盖，也要分清轻重缓急，将重点文物的保护抢救工程排在前列，使珍贵文化可以得到永续传承。同时，需要规范资金管理，对于资金支出内容、项目预算审批等进行标准化管理以提高资金利用效率。最后，应注意相关法律法规与政策之间的衔接。我国《公共文化体育设施条例》第6条第2款中规定了"国家鼓励通过自愿捐赠等方式建立公共文化体育设施社会基金"，《博物馆管理办法》第4条第1款也提及了"国家鼓励博物馆发展相关文化产业，多渠道筹措资金，促进自身发展。"《博物馆条例》作为博物馆行业的第一部全国性法律，如何做好与上述法律法规政策之间有效衔接仍需进行探索。

本章小结

共同富裕是社会主义的本质要求，是中国式现代化的重要特征。共同富裕既包括物质上的共同富裕，也包括精神上的共同富裕。公共文化服务旨在为人民群众提供更为丰富的公共文化服务产品，让社会公众以较低成本接受文化熏陶，化解人民日益增长的美好生活需要和不平衡不充分的发展之间的矛盾，促进社会公众文化权利的均等化实现。因此，完善公共文化服务是促进新时代中国特色社会主义文化发展的应有之义，同时也是文化强国建设的必经之路。自新中国成立以来，我国公共文化服务事业经历了萌芽阶段、停滞阶段、复苏阶段，现在已经进入了快速发展阶段。尤其是网络技术的发展，使得文化资源的传播突破时间和空间的限制，这对公共文化服务数字建设提出新的要求，以应对人们对从网络获得文化服务的需求，以及通过高科技参与文化互动，与他人实时交流、分享和讨论，增强参与感和互动体验的需求。

在未来公共文化服务立法的完善和实施过程中，应以《宪法》为根本，以《公共文化服务保障法》为统领，始终坚持满足公众文化需求，从自身特点出发，结合时代发展趋势，填补立法空白、界定法律"灰色地带"、指引与落实公共文化服务制度，以健全公共文化服务规范体系，切实保障公民文化权利，提高公众文化素养，促进文化均等发展，平衡社会文化生态，深化文化体制机制改革，促进我国文化事业的繁荣发展，实现文化大国向文化强国的转变。

结　论

新时代下文化法典的构建

文化兴国运兴，文化强民族强。于国内，我国正处于中华民族伟大复兴的关键时期，需要强大的物质力量与精神力量共同支撑；于国际，世界正处于百年未有之大变局，文化竞争成为国际核心竞争，文化软实力在国家综合国力中的地位不断提升。对此，我国必须聚焦社会主义文化强国建设，推动文化繁荣，丰富人民精神文化生活，提升国家文化软实力和中华文化影响力。在全面依法治国背景下，文化建设的首要前提是有法可依。回顾过往，我国文化法律制度构建已具有初步成效，但还存在立法较为零散、法律规范效力层级低、立法重复等问题；展望未来，为充分发挥文化立法在文化强国建设中固根本、稳预期、利长远的作用，需以习近平文化思想和习近平法治思想为指导，科学化、体系化对现行文化法律制度进行立、改、废、存，"以统一的制式、系统的内容、融贯的机理、和谐的意旨，在既有规范基础上作集成性创新"，[1]制定一部体例科学、结构严谨、规范合理、内容协调一致的文化法典，为实现文化领域的"善治"奠定"良法"基础。

一、文化法典编纂的时代价值

"彰显时代特色是法典编纂的历史使命。"[2]在习近平文化思想和习近平法治思想指导下，在法治轨道上推进文化强国建设，是文化强国建设的必经

---

〔1〕　张文显：《中华法系的独特性及其三维构造》，载《东方法学》2023年第6期，第11页。
〔2〕　吕忠梅：《做好中国环境法典编纂的时代答卷》，载《法学论坛》2022年第2期，第5页。

之路，也是全面依法治国的应有之义。法典化是健全、完善法律规范的最高立法形式，是一领域立法成熟的重要标志，因此，编纂文化法典，对文化法律规范进行体系化整合，能更科学规范地指引文化建设。

（一）中国特色社会主义文化强国建设的需要

1. 实现中国特色社会主义文化强国内在指标的必经之路

"立善法于一国，则一国治"。[1]编纂文化法典是实现中国特色社会主义文化强国内在指标的必经之路。中共中央办公厅、国务院办公厅印发的《"十四五"文化发展规划》在目标任务部分提出"中国特色社会主义文化制度更加完善，文化法律法规体系和政策体系更加健全，文化治理效能进一步提升"，将健全、完善的文化法律规范体系作为文化强国建设的指标之一。但我国现行文化立法基本是针对某一具体文化领域或解决某一特定文化问题的单行法，针对性、问题意识性强，全局性、系统性不足，无力完成上述指标。2024年7月18日，中国共产党第二十届中央委员会第三次全体会议通过的《中共中央关于进一步全面深化改革 推进中国式现代化的决定》指出要深化文化体制改革。编纂文化法典旨在突破对某一特定文化领域问题进行小修小补的桎梏，通过立改废释并举，填补现行文化法律规范的空白，消除现行文化法律规范之间的龃龉，打通各文化领域间的脉络，高屋建瓴式地统筹文化建设全过程和各环节，强化立法外在规则体系的一致性、内在价值体系的一致性、逻辑上的自足性以及内容上的全面性，[2]以为文化强国建设提供具有科学性、合理性、可行性、全面性的法律规范制度，这能有效提升文化领域国家治理体系和治理能力现代化的效能。

"法者，治之端也"。[3]编纂文化法典是高效、高质实现文化强国其他指标的必经之路。党的二十大报告提出要围绕举旗帜、聚民心、育新人、兴文化、展形象建设社会主义文化强国，学者亦从文化软实力、文化产业繁荣程度、公共文化服务水平、社会文明程度等不同角度提出建设文化强国的

---

〔1〕（宋）王安石：《周公》。

〔2〕 参见王利明：《民法法典化与法律汇编之异同》，载《社会科学家》2019年第11期，第23页。

〔3〕《荀子·君道》。

指标，〔1〕这表明文化强国内涵丰富、目标多元。厘清各指标在文化强国建设中的定位，协调好多元指标间的关系，以全领域、全方位实现文化发展，是更好进行文化强国建设的前提。相较于"各自为政"的文化单行立法，体系化的文化法典既能统合考量各文化强国建设指标，保障其在各具体文化领域的导向功能的同时，加强其与其他具体文化领域指标的衔接，实现各指标间的融会贯通；也能支撑起文化建设基本价值取向和原则的四梁八柱，统一引导各指标的完成；还能统一法律术语、法律制度和法律规则，形成严谨的文化法律制度体系结构，避免产生法律内部矛盾。总之，编纂文化法典，做好文化强国建设源头准备，能够更顺利实现文化强国建设的各项预设指标。

2. 建设中国特色社会主义文化强国的外在保障

首先，编纂文化法典是建设新时代数字化文化强国的外在保障。新一轮科技革命的发展使得社会进入数字化时代，云计算、人工智能、大数据极大改变了人们感知、创造、传播、消费文化的方式，给文化建设带来新的机遇和挑战的同时，也带来不确定性和难以预测性。2022 年 5 月，中共中央办公厅、国务院办公厅印发的《关于推进实施国家文化数字化战略的意见》提出要构建文化数字化治理体系，这对文化法律规范提出了新的要求。另外，中国特色社会主义文化强国建设涉及社会效益与经济效益的关系、固本培元与开放创新之间的关系、有效市场与有为政府之间的关系、发展与安全的关系，私人文化权益和社会公共利益之间的关系等多对矛盾性关系。数字技术的快速发展使得上述矛盾更加凸显。由此可见，数字时代文化法律制度需要更加具有前瞻性、系统性、完备性。文化法典作为文化法律规范的集大成者、总抓手，是从文化建设全局考量文化法律规范设计的，更能厘清上述矛盾的主要矛盾和次要矛盾，

---

〔1〕 关于文化强国指标体系，齐勇锋认为包括文化创新活力、文化产业、文化人才、文化贸易、国家文化软实力，参见齐勇锋：《建设"文化强国"的两大背景五个标准》，载《当代贵州》2011 年第 30 期；胡守勇认为包括价值标准、结构标准、活力标准、共享标准、治理标准、势能标准，参见胡守勇：《建成社会主义文化强国的评价标准、构成要素与指标体系》，载《福建论坛（人文社会科学版）》2021 年第 5 期；张燕妮认为包括意识形态领导力、核心价值凝聚力、文化资源整合力、文化创新创造力、文化民生保障力、社会文明约束力、文化对外影响力，参见张燕妮：《社会主义文化强国：内涵、标准及建设路径———基于学界"社会主义文化强国"研究的思考》，载《社会科学动态》2022 年第 8 期；洪晓楠、王文敬、姜照华认为包括核心价值体系的凝聚力、公民文化素质的能动力、文化产业的创新力、文化对发展方式转型的带动力、文化在世界上的吸引力和影响力，参见洪晓楠、王文敬、姜照华：《文化强国评价指标体系：中国与美国的比较》，载《东岳论丛》2015 年第 4 期。

把握好文化发展全局和局部、当前和长远、宏观和微观，平衡好科技赋能文化发展与科技监管文化发展的关系，在文化立法中全面融入新时代的新要求。

其次，编纂文化法典便于中国参加全球文化治理。世界文化格局是国际战略格局的重要组成部分，我国要在世界百年未有之大变局中掌握主动权，必须提高文化国际合作与治理的能力。"在全球治理体系深刻变革期，法治成为国家综合实力的重要组成部分，国际竞争越来越体现为制度、规则、法律之争。"[1]因此，运用法治思维和法治方式参与国际文化治理，主动参与并引领国际规则的制定，维护我国文化主权、安全、发展利益，更好促进世界文化多样性发展，是我国势在必行的战略抉择。这要求我国熟悉文化领域的发展规律，并在此领域形成较为成熟的法律规范。文化法典作为体系化、科学化的文化法律规范，能够帮助我国在国际文化规则制定中清晰地表达中国立场，增进国际社会对我国文化发展理念、政策、规范的认识，更好地对建设一个什么样的文化世界、怎样建设这个文化世界发出更多中国声音，为我国开展文化法律外交、促进与他国文化法治文明的交流互鉴以及深化文化法治领域的国际合作奠定基础。

最后，编纂文化法典能够提升文化强国建设的效率。党的十七届六中全会首次提出建设社会主义文化强国的目标，党的十九届五中全会提出到2035年建成文化强国，这对文化强国建设提出了时间上的效率要求。编纂文化法典能够加快文化强国建设。第一，法典化旨在在一定的价值目标下，通过一定的逻辑将法律规范体系化，这不仅能为政府、文化市场主体实施文化行为提供明确的法律依据，减轻找法、释法成本，使其能够将更多的时间、金钱投入文化建设，还能协调各文化部门、文化发展环节的关系，有效整合推动文化发展的各种力量，规范文化发展秩序，加快文化发展。第二，编纂文化法典能加快提升我国对文化建设的认知成熟度。自国家决定编纂民法典以来，与民事法律规范的理论探讨、体例建构、域外法典编纂经验等相关的学术成果激增。[2]若我国决定编纂文化法典，必定会引发如何编纂文化法典，以及

---

〔1〕 张文显：《全面推进中国特色社会主义法治体系更加完善》，载《法制与社会发展》2023年第1期，第15页。

〔2〕 以"民法典"为主题在知网进行检索发现，自2015年国家决定编纂民法典至2022年，CSSCI期刊上发表的此类文章数量增加了4.5倍多（2015年是225篇，2022年是1268篇），在此之前，发表数量最多一年189篇。

文化法典草案出台后如何适用文化法典的研究热潮，通过比较古今中外文化治理实践，对我国现行文化法律规范进行全面反思、通盘考虑，此过程能够帮助我国实现对文化建设认知的涅槃式飞跃，对文化强国建设有更清晰的思路，降低走错路、走弯路的概率；加快文化强国建设的同时，还能使得制定的法律规范更加扎实细致，更加经得起历史和实践的检验，减少后续立法、修法、释法成本。

（二）编纂文化法典是法治中国建设的题中之义

1. 编纂文化法典是全面依法治国的题中应有之义

党的十五大提出"依法治国"，党的十八大提出"全面依法治国"，党的十九大进一步把坚持全面依法治国上升为新时代坚持和发展中国特色社会主义的基本方略之一。至此，把社会主义现代化国家建设的各项事业、各项工作纳入法治轨道，已成为全面建设社会主义现代化国家的必然要求和根本保证，[1]因此对文化领域进行法治化治理是全面依法治国、全面推进国家各方面工作法治化的应有之义。

具体而言，文化法治要求坚持文化立法先行，进行科学文化立法。"有法可依"到"科学立法"的转变，对立法提出了更高要求，"人民群众对立法的期盼，已经不是有没有，而是好不好、管用不管用、能不能解决实际问题；不是什么法都能治国，不是什么法都能治好国；越是强调法治，越是要提高立法质量。"[2]对此，文化领域也应实现科学立法，既不应存在真空地带，也不应存在立法矛盾。但文化领域现行立法模式多为针对某一具体文化行业进行立法，[3]且欠缺上位法。此种立法模式，一方面增加了立法成本，如《出版管理条例》《音像制品管理条例》《广播电视管理条例》中禁止含有特定内容条款的内容基本相同，却要规定三次；另一方面增加了修法成本，由于每

---

[1] 参见张文显：《论在法治轨道上全面建设社会主义现代化国家》，载《中国法律评论》2023年第1期，第18页。

[2] 习近平：《在十八届中央政治局第四次集体学习时的讲话》，载中共中央文献研究室编：《习近平关于全面依法治国论述摘编》，中央文献出版社2015年版，第43页。

[3] 在文化市场监管立法方面，没有统一的文化市场监管法，现行立法是针对具体文化行业的立法，如针对图书出版者的《出版管理条例》《图书质量管理规定》，针对广播电视台、电台的《广播电视管理条例》，针对影院的《点播影院、点播院线管理规定》，针对音像制作者的《音像制品管理条例》，针对印刷者的《印刷业管理条例》，针对互联网服务提供者的《互联网上网服务营业场所管理条例》等。

一文化行业的法律规范只能规制特定文化行业的行为，在需要通过修法应对新情况、新业态时，就需要同时对大量法律规范进行修正。编纂文化法典的过程正是对现行文化法律规范进行抽象整合、查缺补漏、统一规范的过程，是实现文化领域科学立法的有效形式。

另外，编纂文化法典符合全面依法治国加强重点领域立法的要求。文化建设是我国统筹推进"五位一体"总体布局、协调推进"四个全面"战略布局的重要内容，"发展社会主义先进文化、广泛凝聚人民精神力量，是国家治理体系和治理能力现代化的深厚支撑"[1]，"没有高度的文化自信，没有文化的繁荣兴盛，就没有中华民族伟大复兴"[2]，中国式现代化是物质文明和精神文明相协调的现代化[3]……党中央对文化建设的定位以及一系列论述都表明文化建设在国家建设中的重要地位，文化已然成为国家发展的重点领域，《2023年全国人民代表大会常务委员会工作报告》也提出要加快推进文化领域立法。立法形式主要包括单行立法和法典编纂两种，前者能够快速回应国家发展需要，针对某一具体文化领域较快颁行文化基本法或者行政法规等法律规范，但是容易引发法律效力层级低、法律规范间产生矛盾等问题；后者旨在通过科学化、体系化立法，统筹文化整体发展，尽管前期会消耗较多制定时间，但一旦制定完成，能够更好发挥文化立法规范文化行为、调整文化社会关系、引领文化发展的作用。基于我国文化立法已初具规模，能够回应文化建设的大部分问题，文化法治建设需进入全面系统立法的新阶段。编纂文化法典能促进对文化建设整体框架的系统研究，因此，在现行文化立法基础上编纂文化法典是加强文化领域立法的更好手段。

2. 编纂文化法典是对以人民为中心的法治中国建设的回应

习近平总书记强调："要始终坚持以人民为中心，坚持法治为了人民、依靠人民、造福人民、保护人民，把体现人民利益、反映人民愿望、维护人民

---

〔1〕《中国共产党第十九届中央委员会第四次全体会议公报》，载 http://www.xinhuanet.com/politics/2019-10/31/c_1125178024.htm，最后访问日期：2024年8月31日。

〔2〕习近平：《坚定文化自信，建设社会主义文化强国》，载《求是》2019年第12期，第12页。

〔3〕习近平：《中国式现代化是强国建设、民族复兴的康庄大道》，载《求是》2023年第16期，第6页。

权益、增进人民福祉落实到法治体系建设全过程。"〔1〕提升人民获得感、幸福感，增加人民福祉的根本路径就是化解社会主要矛盾。目前，社会主要矛盾体现为人民日益增长的美好生活需要和不平衡不充分的发展之间的矛盾，在文化领域具体体现为，随着脱贫攻坚战取得全面胜利，人们的温饱需求被解决，随之而来，人们对文化的需求的数量和质量不断增加，而我国蕴含中国优秀传统文化的高质量文化产品与服务的创造开发不足，东西部、城乡之间公共文化服务提供均等化有待提升。

化解上述社会主要矛盾归根结底要促进人们的文化权利充分、平衡实现。在立法层面上，就是要制定完备的法律规范，更加全面维护人们的文化权利，更合理调整人们之间的文化社会关系。而仅依靠某一文化单行法无法协调好与所有其他文化单行法之间的关系，难以系统性保护人们的文化权利，也无力解决精神共同富裕的问题。法典是成文法的高级形态，学理性、系统性、协调性更强，文化法典能以公民文化权利为"连接基点"，串联文化权利实现的各个环节，对公民文化权利提供更加周延性的保护；同时，其可以将促进精神共同富裕列为基本原则，指导各具体篇章法律规范的制定与适用，促进文化权利均等化实现。

二、文化法典编纂的现实基础

法典编纂既不是对现行立法的简单汇总，也不是从无到有的创新，而是在一定理论指导下，结合治理实践，对法律规范进行更加科学化、系统化的整合。《法治中国建设规划（2020—2025 年）》指出，对有多部法律的领域，在条件成熟时进行法典编纂，《2022 年全国人民代表大会常务委员会工作报告》指出，在条件成熟的立法领域继续开展法典编纂工作。可以看出，法典化是我国各领域立法的终极表现形式。目前，我国进行文化领域法典编纂的条件已基本成熟，具体来说，习近平文化思想为文化法典的编纂提供了思想指导，民法典、环境法典等法典编纂经验和法典编纂理论为文化法典编纂提供了学理支撑，新中国成立以来文化领域的政策、法律规范为文化法典编纂提供了治理基础。

---

〔1〕 习近平：《坚持走中国特色社会主义法治道路 更好推进中国特色社会主义法治体系建设》，载《求是》2022 年第 4 期，第 6 页。

（一）文化法典编纂的思想指导

构筑中国特色社会主义文化法治体系离不开正确的思想引领。党的十八大以来，以习近平同志为核心的党中央高度重视社会主义文化建设，依据文化治理实践经验，提出了一系列新思想新论断新要求，是马克思主义理论在文化领域的中国化，构成习近平新时代中国特色社会主义思想的文化篇，标志着我们党对中国特色社会主义文化建设规律的认识达到了新高度，[1]为建设社会主义文化强国提供了根本遵循，为文化法典的编纂提供了思想引领和价值导向。据此，在进行文化法典编纂的时候，应注意把握以下三个核心原则。

第一，坚持把社会效益放在首位，社会效益和经济效益相统一的原则。文化能产生一定的经济效益，国家统计局数据显示，2022 年全国文化及相关产业增加值占国内生产总值（GDP）比重为 4.46%，[2]2023 年，文化企业实现营业收入 129 515 亿元。[3]文化也能产生一定的社会效益，"观乎人文，以化成天下"，[4]"文化就是'人化'和'化人'。'人化'是按人的方式改变、改造世界，使任何事物都带上人文的性质；'化人'是反过来，再用这些改造世界的成果来培养人、装备人、提高人，使人的发展更全面、更自由。"[5]即文化是人与社会形态的链接，既能给予人们精神力量，也能够引领社会风尚、改造社会面貌。一般情况下，文化的经济效益和社会效益能够实现统一，如《满江红》《哪吒之魔童降世》《姜子牙》等电影，通过对中华优秀传统文化进行创造性转化和创新性发展，既获得了优秀的票房成绩，为文化市场主体带来可观的经济效益，也在全社会弘扬了中华思想观念、人文精神、道德规范等。但在某些情况下，文化的经济效益与社会效益相悖，如为了迎合人们的猎奇心理，创作、传播违背社会主义核心价值观、危害国家安全的文化产品。此时，应将社会效益放在首位，禁止此类文化内容的创作和传播，因为

---

〔1〕 参见《深入学习贯彻习近平文化思想——论贯彻落实全国宣传思想文化工作会议精神》，载 http://www.news.cn/politics/2023-10/11/c_ 1129909658.htm，最后访问日期：2024 年 8 月 15 日。

〔2〕 参见《2022 年全国文化及相关产业发展情况报告》，载 https://www.stats.gov.cn/sj/zxfb/202306/t20230629_ 1940907.html，最后访问日期：2024 年 8 月 2 日。

〔3〕 参见《2023 年全国规模以上文化及相关产业企业营业收入增长 8.2%》，载 https://www.stats.gov.cn/sj/zxfb/202401/t20240129_ 1946971.html，最后访问日期：2024 年 8 月 30 日。

〔4〕 《周易·象上传》。

〔5〕 参见李德顺：《什么是文化》，载《光明日报》2012 年 3 月 26 日，第 5 版。

"文化认同是最深层次的认同，是民族团结之根、民族和睦之魂"〔1〕，决定着社会和谐稳定与国家兴亡。

第二，坚持守正创新原则。对文化建设来说，守正才能不迷失自我、不迷失方向，创新才能把握时代、引领时代。这要求在编纂文化法典时，审慎、合理进行规则设计，既要提升对破坏意识形态、阻碍中华优秀传统文化传承行为的打击力度，坚守国家文化安全底线，推进意识形态领域阵地建设，维护中华优秀传统文化的连续性发展；也要注重激励、引导人们加强对优秀文化在内容创作和传播形式上的创造性转化和创新性发展，扩大国际人文交流与合作，促进文化多样性发展。

第三，坚持把马克思主义基本原理同中国具体实际相结合、同中华优秀传统文化相结合的原则。"求木之长者，必固其根本；欲流之远者，必浚其泉源"，〔2〕中国文化资源丰富、底蕴深厚，中华文明是世界上唯一绵延不断且以国家形态发展至今的伟大文明，特殊的文化国情决定了中国建设文化强国没有现成模板可供遵循，必须坚持马克思主义在意识形态领域指导地位的根本制度，立足中国国情，坚定不移走中国特色社会主义文化法治建设道路。同时，中国自主知识体系的构建，也要求文化立法必须从文化自主性出发，将社会主义核心价值观、中华优秀传统文化、中华法系的有益制度融入文化法典规范。具体而言，在编纂文化法典的过程中，以中国实际为出发点，立足中国社会主要矛盾的变化、中华文明的五大突出特性（连续性、创新性、统一性、包容性、和平性）、中国文化软实力、中国文化发展规律等，明晰什么是中国特色社会主义文化强国、如何建设中国特色社会主义文化强国，以编纂一部彰显文化自信、具有中国精神、中国价值、中国力量、中国血脉的文化法典。

（二）法典化环境下的理论与实践基础

党的二十大报告提出"必须坚持问题导向"，编纂文化法典也需要从问题出发，并在编纂文化法典之前，寻找到能够解决文化法典编纂过程中遇到的问题的理论，指导文化法典的编纂。编纂文化法典的首要问题是传统的部门法学不足以应对文化领域的全部问题。习近平总书记在文化传承座谈会上的

---

〔1〕《习近平参加内蒙古代表团审议》，载 http://www.qstheory.cn/yaowen/2021-03/05/c_1127174662.htm，最后访问日期：2024 年 8 月 15 日。

〔2〕（唐）魏征：《谏太宗十思疏》。

讲话从多角度、多方位就文化发展提出"七个着力"重大要求，表明文化建设问题具有多重性和复杂性，调整文化社会关系需要民法、经济法、社会法、行政法等多部门法律规范共同发力，单一部门法不足以解决所有问题，文化法典因此无法被纳入任何单一部门法，这与我国部门法传统不符。

环境法、税法、教育法等法典化进程中也遇到相同问题。为弥补部门法之间的间隙、断层，刘剑文教授提出领域法学，这是一种"以问题为导向，以特定经济社会领域全部与法律有关的现象为研究对象，融经济学、政治学和社会学等多种研究范式于一体的整合性、交叉性、开放性、应用性和协同性的新型法学理论体系、学科体系和话语体系"〔1〕。相较于部门法学，领域法学的主要精力不在于"提取公因式"，而在于对事物复杂性在相当程度上的尊重并在制度设计时有充分体现。〔2〕但是领域法学研究范式并非一种去中心化的法律发展模式，〔3〕这既无法聚焦于问题的根本，也不利于在法典编纂过程中提炼出更加基本的原则统合各部分的关系。领域法学是一种"伞式"法学理论，即在找出某领域一级问题后，将一级问题按照一定的标准分解为二级问题，再将二级问题分解为三级问题，以此类推，同时提出各级问题的解决方案，最后将各层级问题的解决方案进行统合。这是一个从抽象到具体，再从具体到抽象的过程，既能具体问题具体解决，又能不脱离问题本质，很好地协调了领域内部各特殊价值目标间的关系，使得各部分在实现特殊价值目标的同时，与其他部分形成良好的配合。

领域法学较好地弥补了传统部门法理论应对具有学科汇聚、横向交叉、开放包容的"领域型"〔4〕特征的新问题时的不足。鉴于文化建设问题的复杂性、解决手段的综合性，文化法典的编纂需要在领域法理论指导下，依据文化领域范畴和特点进行篇章设置以及协调各篇章的关系，使其共同为促进公

---

〔1〕 刘剑文：《论领域法学：一种立足新兴交叉领域的法学研究范式》，载《政法论丛》2016 年第 5 期，第 3 页。

〔2〕 参见侯卓：《"领域法学"范式：理论拓补与路径探明》，载《政法论丛》2017 年第 1 期，第 89 页。

〔3〕 有学者认为领域法学研究范式能够提供去中心化的立体法律发展模式、通过主体间互动的多元共治提供全面而高效的具体问题解决方案，进而实现其功能拓展。参见吴凯：《论领域法学研究的动态演化与功能拓展———以美国"领域法"现象为镜鉴》，载《政法论丛》2017 年第 1 期，第 77 页。

〔4〕 参见吕忠梅：《环境法典编纂论纲》，载《中国法学》2023 年第 2 期，第 28 页。

民文化权利实现、提升社会文明水平、提高国家文化软实力施力。

（三）新中国文化治理基础

自新中国成立以来，我国就在各个阶段依据国情对文化建设提出了一系列方针政策。自新时代以来，国家更加重视文化发展，在文化政策基础上，先后出台了《电影产业促进法》《网络安全法》《公共文化服务保障法》《公共图书馆法》，并对《著作权法》等法律进行修改。从整体上看，我国已经形成了以文化政策为引导，以宪法为统领，以基础性、专门性文化立法为主干，以行政法规、地方性法律规范为支干的多层次、宽领域的文化规范体系，为文化法典的编纂奠定了坚实基础。

1. 文化政策基础

政策和法律都是指引我国发展的重要依据，政策具有灵活性、及时性，是在某一领域"摸着石头过河"阶段较好的指引规范，能够有效、及时应对发展过程中出现的各种问题。但政策的灵活性使其稳定性不足，政策也无法作为司法审判依据，无法满足人们对行为后果可预期性的要求。"制度在一个社会中的主要作用是建立人们互动的稳定结构（未必是有效率的），以降低不确定性"，[1]因此当政策趋于成熟时，为充分发挥法律固根本、稳预期、利长远的作用，国家往往通过法定程序将行之有效的政策上升为法律，换句话说，政策是法律规范制定的重要参考与来源。

我国文化立法一直以来也将文化政策作为重要立法基础。《关于〈中华人民共和国公共文化服务保障法（草案）〉的说明》中指出"将党中央关于加强公共文化服务体系建设的方针政策转化为国家意志体现在法律中"；[2]2019年，《文化产业促进法（草案征求意见稿）》发布，时任文化和旅游部部长的雒树刚介绍，党中央和国务院高度重视文化产业发展，出台了一系列政策文件，初步形成文化产业的规划、政策体系，为文化产业促进法创造了很好的立法条件。[3]除却上述已经从政策上升为法律的公共文化服务保障和文化

---

〔1〕［美］道格拉斯·C.诺思：《制度、制度变迁与经济绩效》，杭行译，韦森审校，格致出版社、上海三联书店、上海人民出版社2008年版，第13页。

〔2〕《关于〈中华人民共和国公共文化服务保障法（草案）〉的说明》，载 http://www.npc.gov.cn/zgrdw/npc/lfzt/rlyw/2016-05/04/content_ 1989660. htm，最后访问日期：2024年8月20日。

〔3〕张玉玲：《为文化产业发展保驾护航——〈文化产业促进法（草案征求意见稿）〉面向社会征求意见》，载《光明日报》2019年7月28日，第5版。

产业促进方面的文化政策，我国还发布了文化资源保护政策、[1]文化市场监管政策、[2]文化成果权益调整政策，[3]以及从整体上统筹文化发展的政策等。[4]这些文化政策通过对过去文化实践经验的总结，对中国文化建设面临的最核心问题提出基本解决思路。因此，其是未来文化建设的重要指引。编纂文化法典时，从文化政策中汲取经验具有可行性、必然性和必要性。

2. 宪法基础

"宪法是国家一切法律法规的总依据、总源头，具有最高的法律地位、法律权威、法律效力。"[5]在我国，宪法不可以直接作为诉讼请求权依据，因此"完善以宪法为核心的中国特色社会主义法律体系，加快形成完备的法律规范体系，是宪法实施的内在要求，也是保证宪法全面实施的基本途径。"[6]宪法从多个角度侧面规定了文化发展，以宪法为依据编纂文化法典，是将宪法各文化条款切实落到实处的有效路径。

《宪法》共有25处提到"文化"，为文化法典的编纂提供了目标指向和篇章设置依据。在目标指向方面，《宪法》序言部分提出要"推动物质文明、政治文明、精神文明、社会文明、生态文明协调发展，把我国建设成为富强民主文明和谐美丽的社会主义现代化强国，实现中华民族伟大复兴"，其中"精神文明""社会文明""政治文明"从个人、社会、国家三个层面对文化建设提出要求，编纂文化法典时亦应从保护公民文化权利、构建社会主义和谐社会以及建设社会主义现代化文化强国三个层面规定文化法典的立法目的。

在为篇章设置提供依据方面，《宪法》在"公民的基本权利和义务"章规定中华人民共和国公民有进行文化活动的自由，[7]并设置了文化"权力—

---

〔1〕 如《中国传统工艺振兴计划》《关于进一步加强非物质文化遗产保护工作的意见》《"十四五"文物保护和科技创新规划》。

〔2〕 如《中共中央办公厅、国务院办公厅关于进一步深化文化市场综合执法改革的意见》《国务院办公厅关于文化市场综合行政执法有关事项的通知》《关于加强互联网信息服务算法综合治理的指导意见》。

〔3〕 如《版权工作"十四五"规划》《"十四五"国家知识产权保护和运用规划》《知识产权强国建设纲要（2021—2035年）》《中共中央关于进一步全面深化改革 推进中国式现代化的决定》。

〔4〕 如《"十四五"文化发展规划》。

〔5〕 习近平：《谱写新时代中国宪法实践新篇章——纪念现行宪法公布施行40周年》，载《人民日报》2022年12月20日，第1版。

〔6〕 沈春耀：《健全保证宪法全面实施的体制机制》，载《中国人大》2019年第22期，第13页。

〔7〕 参见《宪法》第47条。

权利"的二分结构，〔1〕为利用公权力和私权利保护公民文化权利提供了依据。在私权保护上，结合我国《宪法》规定，以及我国参加的《经济、社会及文化权利国际公约》的规定，公民有进行科学研究、文学艺术创作和其他文化活动的自由，并享有对其本人的任何科学、文学或艺术作品所产生的精神上和物质上的利益；同时，权利自由是一定限度下的自由，我国《宪法》第51条中规定"公民在行使自由和权利的时候，不得损害国家的、社会的、集体的利益和其他公民的合法的自由和权利。"因此文化法典在保护文化私权的同时，也应在考虑公共利益的基础上对公民文化私权作出一定限制。

在公权力保护方面，国家需要以人民为中心，坚持人民至上，积极为人民服务，履行一定的积极义务，保障公民文化权利的实现。具体表现为四个方面：一是国家保护文化资源，〔2〕为公民获得文化知识、进行后续文化创作提供基础；二是提供一定的文化基础服务，建设文化惠民工程，营造良好的文化环境，〔3〕以帮助社会公众更加便利地接收更优质文化；三是促进文化权利实质平等，以实现精神共同富裕；〔4〕四是充分发挥地方的主动性与积极性，允许、要求地方因地制宜，采取适合本地方文化发展的措施。〔5〕文化法典也应从这些方面出发，规定国家为保护公民文化权利所应履行的职责。

3. 宪法外其他文化法律规范基础

党的十七届六中全会通过《中共中央关于深化文化体制改革推动社会主义文化大发展大繁荣若干重大问题的决定》，提出要加强文化法治建设，提高文化建设法制化水平。党的十八大以来，国家高度重视文化建设，经过多年来的探索实践，我国文化法治建设进一步增强全局意识和战略意识，进入全面系统立法的新阶段。目前，我国文化立法已经形成多层次、宽领域的立法体系：第一，从法律效力层级来看，不仅有《文物保护法》《公共文化服务保障法》《著作权法》等基本法律，还有《出版管理条例》《博物馆条例》等行政法规，以及《江苏省非物质文化遗产保护条例》《广东省公共文化服务促进条例》等地方性法律规范；第二，从文化建设阶段来看，涉及文化资源保护、

---

〔1〕 参见郑毅：《文化法若干基本范畴探讨》，载《财经法学》2018年第1期，第69页。

〔2〕 参见《宪法》第22条第2款。

〔3〕 参见《宪法》第22条第1款。

〔4〕 参见《宪法》第4条第2款、第48条第1款、第122条。

〔5〕 参见《宪法》第99条、第116条、第119条。

文化成果权益调整、文化产业促进、文化市场监管、公共文化服务保障全链条；第三，从文化行业来看，电影行业、文物保护行业、电视广播行业、出版行业等文化行业都有专门文化立法。

上述法律规范均已实施多年，初具体系性、规模性、实践性。在上述法律规范的指引下，我国文化建设取得一定成效，从全国范围来看，文化产业对 GDP 增量的年平均贡献率不断提升，2022 年达到 4.46%；公共文化服务水平不断提升，2023 年末，全国平均每万人公共图书馆建筑面积 160.3 平方米，比 2022 年末增加 11.7 平方米；[1] 中华文化影响力不断增加，2021 年，中国对外文化贸易额首次突破 2000 亿美元，同比增长 38.7%。[2] 从地方来看，以深圳市为例，其于 2003 年提出实施"文化立市"战略，于 2004 年修正《深圳经济特区文化市场管理条例》、2008 年通过《深圳市文化产业促进条例》，利用法律保障了文化市场主体的权益，为政府采取文化产业促进措施提供了法律依据，充分发挥有效市场和有为政府的作用，2022 年，深圳文化产业增加值突破 2600 亿元，占全市 GDP 比重超过 8%，文化企业数量超 10 万家，从业人员逾 100 万人。[3] 由此可见，我国文化领域立法具有实践价值，是文化法典编纂的坚实基础。

三、我国文化法典编纂的落实进路

（一）确定文化法典的"连接基点"

"'领域法'的制度规范保留了大量的异质性成分；相应的学术研究有必要通过类型化分析，对复杂的制度规范进行梳理，提炼出相对清晰的逻辑主线。"[4] 以领域法作为文化法典编纂的理论依据，需要首先确定"连接基点"，以提炼规范的具体范围。"连接基点"的确定主要依据两个标准：一是

---

〔1〕 参见《中华人民共和国文化和旅游部 2023 年文化和旅游发展统计公报》，2024 年 8 月 30 日发布。

〔2〕 参见汪文正：《中国对外文化贸易总额去年首次突破 2000 亿美元——文化产品闪亮"出海"》，载《人民日报海外版》2022 年 8 月 2 日，第 6 版。

〔3〕 《深圳探索文化产业高质量发展有效路径》，载 http://www.sz.gov.cn/cn/ydmh/zwdt/content/post_ 10633952.html，最后访问日期：2024 年 8 月 20 日。

〔4〕 侯卓：《"领域法学"范式：理论拓补与路径探明》，载《政法论丛》2017 年第 1 期，第 93 页。

排他性，二是目的性。[1]基于以上两个特性，文化法典的"连接基点"应该是"公民文化权利"。从排他性来看，文化是文化法典区别于其他部门法或者领域法的特殊属性，是文化法典独特价值的总结。《经济、社会及文化权利国际公约》将文化权利认定为基本人权之一，2011年的《中国特色社会主义法律体系》白皮书在中国特色社会主义法律体系的完善部分提出注重文化领域立法，党的十八大报告将文化作为"五位一体"总体布局的独立组成，2023年习近平文化思想成为习近平思想的重要篇章，这些都表明文化具有区别于其他领域的独特地位。

从目的性来看，保护公民文化权利是文化法典的主要目的。第一，文化法典的目的应在中国特色社会主义法治作用下讨论，法律是统治阶级意志的体现，我国是工人阶级领导的、以工农联盟为基础的人民民主专政的社会主义国家，因此我国社会主义法是广大人民的共同意志和根本利益的体现，[2]而权利实现与否关乎人民的根本利益；第二，《中共中央关于坚持和完善中国特色社会主义制度 推进国家治理体系和治理能力现代化若干重大问题的决定》在"坚持和完善繁荣发展社会主义先进文化的制度，巩固全体人民团结奋斗的共同思想基础"部分将"健全人民文化权益保障制度"单独作为一个重点进行规定，并提出"坚持以人民为中心的工作导向"，这也决定了文化法典必须以保护人民文化权利为出发点；第三，中央人民政府网站1978—2022年间的9份党代会报告和45份国务院政府工作报告显示，国家政策注意力指向的文化建设议题更加注重文化自信自强，充分保障人民文化权益，[3]说明保护人民文化权利和国家的关注重点相吻合；第四，无论是精神文明社会还是文化强国的建设，归根结底都是通过社会公众的文化行为来实现，是社会公众行为的整体性外部展现，充分、合理保护公民文化权利，有利于正确引导公民文化行为，间接促进文明社会以及文化强国的建设。

另外，在一定的学术共识之下讨论文化法典的编纂问题，有利于文化法

---

[1] 参见刘剑文、胡翔：《"领域法"范式适用：方法提炼与思维模式》，载《法学论坛》2018年第4期，第80—81页。

[2] 参见《法理学》编写组：《法理学》（第二版），人民出版社、高等教育出版社2020年版，第223页。

[3] 参见尹克寒：《改革开放以来国家文化建设政策注意力演变——以党代会报告和政府工作报告为中心的分析》，载《图书馆论坛》2023年第6期。

典编纂工作的推进。以文化权利为"连接基点"存在一定的学术共识，如周艳敏教授和宋慧献教授认为"所有法律均以保护权利为直接或间接目的，即使是以市场调控、行为管制、产业促进等为直接目的的法律，其最终的目标也必定归结于公众权利与利益的保护"，[1]周叶中教授和蔡武进教授认为"我国文化法是一个立足中国国情，调整中国文化领域社会关系，旨在保障中国公民文化权利，促进社会主义文化强国建设的规范体系"，[2]肖金明教授认为"文化法以保障文化权利为逻辑起点"。[3]

（二）适度化编纂文化法典

1. 适度法典化的基本范畴

在领域法法典化的进程中，环境法学者、[4]税法学者、[5]教育法学者[6]都提出了适度法典化。尽管学者们对"适度法典化"的内涵没有达成一致，但提出适度法典化的原因不外乎本领域立法数量大、领域多、成熟程度各异、将所有法律规范纳入法典不具有现实性和可操作性等。因此，在法典编纂过程中，应当选择性地纳入单行法规范，形成"法典+单行法"的局面。

适度法典化并非一个新的理论，此理论的本质在于如何根据法典编纂的价值目标将相关现行立法选择性地纳入法典。事实上，这几乎是所有法典编纂面临的问题，不为领域法法典所专有，如我国民法典基于种种考量，并未将知识产权法编入法典范畴，谢鸿飞教授甚至提出"民法典当前面临的最大挑战来自特别民法的兴盛"。[7]但是，此理论对于领域法学有其独特的意义。首先，领域法学以问题为导向，这一标准具有灵活性，不似部门法那样具有较为鲜明的界限，因为世间万物均存在一定联系，以问题为出发点可以牵涉

---

〔1〕 周艳敏、宋慧献：《文化法学导论》，北京大学出版社 2017 年版，第 27 页。

〔2〕 周叶中、蔡武进：《论我国文化法的场境、意境与面向》，载《法学杂志》2015 年第 2 期，第 31 页。

〔3〕 肖金明：《文化法的定位、原则与体系》，载《法学论坛》2012 年第 1 期，第 26 页。

〔4〕 参见李挚萍：《中国环境法典化的一个可能路径——以环境基本法为基础的适度法典化》，载《中国政法大学学报》2022 年第 5 期；罗丽：《论我国环境法典化中的若干问题》，载《清华法学》2023 年第 4 期；曹炜：《环境法"适度法典化"的理论反思与方案建构》，载《法制与社会发展》2023 年第 6 期。

〔5〕 施正文：《税法典体系结构的设计和创新》，载《税务研究》2023 年第 10 期。

〔6〕 高杭、王子渊：《行业法视域下的教育法适度法典化》，载《教育研究》2023 年第 8 期；杨解君：《中国行政法的法典化：如何从可能变为现实》，载《北方法学》2022 年第 5 期。

〔7〕 谢鸿飞：《民法典与特别民法关系的建构》，载《中国社会科学》2013 年第 2 期，第 98 页。

出广泛直接或间接与此问题相关的法律规范；其次，相较于部门法学，领域法学属于新兴理论，以领域法学理论基础编纂法典的经验不足，通过"适度"编纂，可以适当降低法典化的条件和逻辑要求，实现动态的法典化，增强法典的适应性和灵活性。[1]

具体来说，需要从法典编纂目标、体例、技术、方式、进程五个方面实现适度法典化：第一，编纂目标要适度，通过确定法典化与非法典化的立法相比所能带来的新增效益确定法典编纂目标；[2]第二，编纂体例要适度，秉持理性主义尺度，在基础概念统领下实现法典调整范围适度，在基本逻辑指引下实现法典体系严密适度，[3]"确保法典内在体系的统一性和完备性的前提下，形成适度的外部体系效益"[4]；第三，编纂技术要适度，对立法基础较为成熟的编章结合"提取公因式"立法技术，进行实质性法典编纂，反之则运用"原则性规定+单项法"衔接方法；第四，在编纂方式上，宜采取"编纂+汇编"的方法，重点通过吸纳新理念、抽象共性规则对总则部分进行编纂，对分则部分则在对编入的单行法进行清理重复、矛盾、过时条文的基础上进行汇编；[5]第五，编纂进程要适度，采取渐进模式，一是可以通过先总则后分则的模式，[6]二是先将已经成熟部分纳入法典，同时保持法典的开放性，通过修改与调整不断实现更高程度的法典化。[7]

2. 适度化编纂文化法典要求适度限缩纳入文化法典的法律规范

广义文化可以指人生活所依靠之一切。[8]人类社会本身就是一个文化社

---

〔1〕 吕忠梅：《环境法典编纂论纲》，载《中国法学》2023 年第 2 期，第 29 页。

〔2〕 参见李挚萍：《中国环境法典化的一个可能路径——以环境基本法为基础的适度法典化》，载《中国政法大学学报》2022 年第 5 期。

〔3〕 参见吕忠梅：《中国环境立法法典化模式选择及其展开》，载《东方法学》2021 年第 6 期，第 77 页。

〔4〕 曹炜：《环境法"适度法典化"的理论反思与方案建构》，载《法制与社会发展》2023 年第 6 期，第 126 页。

〔5〕 参见李挚萍：《中国环境法典化的一个可能路径——以环境基本法为基础的适度法典化》，载《中国政法大学学报》2022 年第 5 期，第 25 页。

〔6〕 参见李挚萍：《中国环境法典化的一个可能路径——以环境基本法为基础的适度法典化》，载《中国政法大学学报》2022 年第 5 期，第 26 页。

〔7〕 参见张梓太：《中国环境立法应适度法典化》，载《南京大学法律评论》2009 年第 1 期；曹炜：《环境法"适度法典化"的理论反思与方案建构》，载《法制与社会发展》2023 年第 6 期；吕忠梅：《中国环境立法法典化模式选择及其展开》，载《东方法学》2021 年第 6 期。

〔8〕 参见梁漱溟：《中国文化要义》，上海人民出版社 2018 年版，第 9 页。

会，但不是所有与文化相关的内容都应被纳入文化法典，否则文化法典将失去其在中国特色社会主义法治体系中的独特性地位，而成为所有法律规范的汇编。编纂文化法典需在适度化理论的指导下，合理确定领域法的价值目标，选取出既与文化法价值目标密切相关又运行较为成熟的部分，以凸显文化法典的"文化"特色，并使其保持一定的稳定性。对此，需要明确将某些与文化相关，但基于某些原因与文化立法不完全契合的法律规范排除在文化法典之外。学者在讨论文化建设时，往往将其与教育、旅游联系在一起，对此，有必要提前明确，尽管两者与文化建设相关，但与两者相关的法律规范不应纳入文化法典。

首先，教育方面法律规范不应纳入文化法典。在接受教育的过程中，受教育者通过识字、学诗作画、写作等文化活动，固然在一定程度上实现了文化权利，但是教育不仅仅涉及公民的文化权利，也不仅仅将实现公民的文化权利作为根本价值目标，"师者，所以传道受业解惑也"，[1]教育者还要传授物理、化学、生物等技术知识，旨在将受教育者培养为高素质综合性人才，这一价值目标无法被文化法典保护公民文化权利的基本目标统筹。另外，《宪法》将教育作为一项独立的社会主义事业，将受教育权作为一项独立的权利，[2] 2021年全国人大也将教育法典列入立法规划，说明教育法学有其独特性价值。

其次，旅游方面法律规范不应纳入文化法典。《"十四五"文化和旅游发展规划》以及文化和旅游部的建立将文化和旅游更加密切地捆绑在了一起。文化和旅游的确可以相辅相成，文化赋能旅游业高质量快速发展，旅游业的发展也能促进中国优秀文化的传播。但一方面，《旅游法》主要规定调整旅游者和旅游经营者之间基于旅游活动发生的社会关系，与文化建设的相关性不大；另一方面，法律不强人所难，"法并不会对人的所有行为都进行规范，因而也不会对所有社会关系都进行调整，它只对重要并适合由法律进行调整的社会关系进行调整"，[3]利用文化发展旅游以及利用旅游发展文化只能鼓励，不能利用法律强制性要求旅游经营者在发展旅游过程中发展文化，因此旅游

---

[1] （唐）韩愈：《师说》。

[2] 《宪法》第46条规定："中华人民共和国公民有受教育的权利和义务。国家培养青年、少年、儿童在品德、智力、体质等方面全面发展。"

[3] 《法理学》编写组：《法理学》（第二版），人民出版社、高等教育出版社2020年版，第41页。

法不适宜纳入文化法典。

四、文化法典的篇章设置

目前对文化法典篇章设置的主张主要有以下几种：①主张从公私分立角度进行篇章设置。[1]以公私分立的方式进行文化法典编纂，虽然在形式上较为工整，与公私分立的立法传统相吻合，但由于缺乏将文化法典的各部分有效衔接的链条，在编纂每一章节的时候，难免会和单行立法一样，忽略与链条上其他环节的配合，从而影响链条的整体运行，使得编纂文化法典的意义打折扣。②主张将文化法基本制度分为文化权益保障法、文化遗产保护法、文化产业相关法与公共文化服务法四大组成部分，[2]但未指明四者之间的逻辑主线，且缺乏文化监管内容，而在"历史虚无主义""拜物主义""信息茧房"等愈演愈烈的情况下，文化监管对更好保护公民文化权利、建设文化强国至关重要。③主张将文化创新基本法作为核心进行文化法律体系构建，同时在此基础上推动文化创意和文化产权法律保障制度、文化开放与文化融合法律促进制度、文化治理法律保障制度等文化创新基本制度建设。[3]尽管促进文化创新是繁荣发展我国文化的重要手段，但不是文化法的唯一目的。而且公民文化权利的实现、文化强国的建设需要从多方面发力，包括公共文化服务、文物保护等，文化创新不足以涵盖。另外，以文化创新基本法为核心难以与以促进创新为基石的知识产权法相区别，容易使文化法的独立性遭受质疑。④主张构建以文化基本法为基础，以公共文化服务立法、文化产业立法、

---

[1] 刘承韪教授认为整体上应以"总—分"结构构造文化法，包含文化基本法、文化事业法、文化产业法三个层次，其中文化基本法是总则部分，文化事业法是分则中的公法部分，文化产业法是分则中的私法部分。参见刘承韪：《我国文化法学的内涵与原则》，载《山东大学学报（哲学社会科学版）》2023年第5期，第185页。杨彬权教授认为我国文化法典的编纂应采取文化公法典和私法典分立的模式，公法典主要涉及规范公民、法人或其他组织与文化行政管理部门、文化管理部门与其他机关之间关系的实体和程序性规定，主要包括文化权法、文化管制法和文化促进法；私法典涉及规范文化的享有者、创作者、使用者之间发生的人身权、财产权方面的法律关系，主要包括文化交易法、文化侵权法、著作权法等。参见杨彬权：《编纂我国文化法法典的初步构想》，载《时代法学》2023年第5期，第13页。

[2] 参见周刚志、朱兵：《论文化法学学科：性质、体系及价值》，载《时代法学》2023年第5期，第5页。

[3] 蔡武进：《文化创新主旨下我国文化立法的价值维度及现实向度》，载《山东大学学报（哲学社会科学版）》2021年第2期，第65页。

文化市场立法、文化遗产立法四个重点领域立法为主体的文化法律体系，[1]但并未指出为何以这四个领域为重点领域立法。

为提高文化法典的体系性、统筹性，在进行篇章设置的时候，应设置"总—分"结构。具体来说，总则编应该规定以下四个方面的内容：第一，规定文化法典的立法目的。我国法律规范都在第一条开宗明义确立本法立法目的，既彰显本法相对于其他法律规范的独特价值，也是对本法所有法律规范的价值统筹。第二，规定文化法典的基本原则。法典的体系构建既包括形式体系构建，也包括实质体系构建，实质体系指贯穿于各单个法律制度之中的内在价值体系，通常表现为法的原则、精神、理念，[2]引导具体规范的制定与适用，并可以在具体规范存在漏洞时，作为审判依据。第三，对重要文化法律术语进行界定，包括文化权利以及各编中的核心术语，串联各编以及划定文化法典范围。第四，规定责任承担原则。由于文化社会关系的调整涉及行政法、民法、经济法等部门法，而各部门法法律责任承担规则不一样，在编纂文化法典时，无法在总则部分具体规范文化法律责任，只能原则上规定依据各具体篇章的具体规定承担责任。

"社会不是以法律为基础的，那是法学家的幻想，相反地，法律应该以社会为基础。"[3]因此，分则编应以实践中公民文化权利的实现途径为线索进行篇章设计，同时厘清各篇章的定位与彼此之间的关系。具体而言，公民文化权利既包括权利自由，也包括权利限制，前者涉及文化感知、文化创作、文化传播、文化消费自由，后者涉及文化监管。另外，共同富裕是社会主义的本质要求，中国特色社会主义法治体系也应以促进权利的均等化实现为追求，因此文化法典还应设置促进文化权利均等化实现的篇章。据此，分则编应依次设置以下五个篇章：第一，设置文化资源保护编，规范文化权利的"面粉保障"。中华文化源远流长、博大精深，文化资源作为中华优秀传统文化的重要载体，作为中华文明标识体系，既是社会公众了解中国文化的重要来源，

---

〔1〕 参见齐崇文：《建立健全中国特色社会主义文化法律制度的思路》，载《行政管理改革》2020年第11期，第64—67页。

〔2〕 参见王利明：《民法典编纂与中国民法学体系的发展》，载《法学家》2019年第3期，第72页。

〔3〕 ［德］卡尔·马克思：《对民主主义者莱茵区域委员会的审判》，载《马克思恩格斯全集》（第六卷），人民出版社1995年版，第12页。

也是社会公众进行文化创作的重要"面粉"。但文化资源容易遭遇自然或人为破坏，因此有必要采取一定措施，保护好中华文明的"种子库"。第二，设置文化成果权益调整编，规定文化权利的"面包分配"规则。公民自由处置其文化创作成果是文化权利的重要内容，为其提供文化成果权益保护是实现其文化权利的必然要求。同时，完善文化成果产权制度，合理、公平分配"面包"，能有效激励文化创作和传播，推动国家文化经济繁荣发展。第三，设置文化产业促进编，规定文化权利的"面包做大"规则。尽管文化成果权益调整编能够通过市场机制合理配置文化资源，但是市场存在失灵之处，许多有较大社会效益的文化因缺乏经济效益而得不到充分挖掘和再创作，从而会因无人问津而消失在历史长河中。这不仅不利于中华优秀文化的传承，还会造成文化缺口，无法满足社会公众多样化文化需求。对此，国家需要采取一定措施应对市场失灵，做大文化"面包"市场，平衡文化市场结构，促进文化多样化、高质量发展。第四，设置文化市场监管编，规定文化权利的"面包品质监管"规则。文化关乎经济效益和社会效益，放任文化市场自由发展一方面会使得资本在经济效益面前放弃文化产品的社会效益，影响社会意识形态、理想信念教育与精神文明建设；另一方面容易形成市场垄断，损害文化产品创造、传播活力，影响百花齐放、百家争鸣样态的文化社会的构建。为保持社会主义现代化文化市场有序运行，促进文化产业和文化事业健康发展，有必要进行文化市场监管，把控社会主义先进文化的前进方向，协调文化发展与安全。第五，设置公共文化服务保障编，规定文化权利的"面包慈善"规则。当下，我国公民文化权利实现不充分、不平衡的矛盾突出，共同富裕又是社会主义的本质，是文化立法所应追求的价值目标。对此，文化法典应要求国家自主以及鼓励社会采取一定的措施，完善公共文化服务体系，优化文化服务和文化产品供给机制，为公民充分实现文化权利提供条件，促进文化权利均等化实现。将文化保护、创造、市场化、监管、公共服务进行环节串联，构建文化法治体系，形成了思维上的逻辑闭环，厘清了各个环节之间的关系，明晰了政府和市场"双手"在文化建设各阶段的定位，这对于在文化强国建设中充分发挥市场资源的配置作用以及有为政府的效用具有指导性意义。

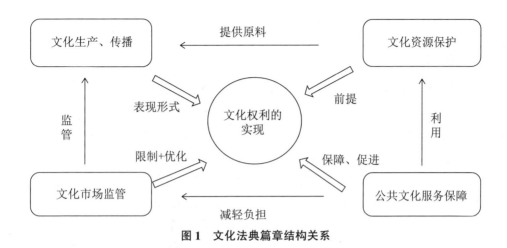

图1 文化法典篇章结构关系

在分则编进行编纂的时候，还需要注意以下几点：第一，每一篇章都应设置基本法，来统领本特殊文化领域的立法。目前仅有公共文化服务保障编有《公共文化服务保障法》这一基本法，其他四个篇章并没有基本法规范。为了提升文化法典的稳定性、有效减缓其滞后性，在编纂的过程中，需要总结现行立法规范，抽象出各篇章的基本法规范。第二，将运行成熟的具体文化领域的单行立法纳入文化法典。一方面，将部分基本法律进行调整后纳入，包括依据时代需求新增部分内容，"实现立法和改革决策相衔接，做到重大改革于法有据、立法主动适应改革和经济社会发展需要"，[1]以及删除与本篇章主题不相适应的内容，如《电影产业促进法》尽管以促进电影产业发展为立法目的，但是其中存在许多监管条款，与专门的监管法律规范形成了立法重叠；另一方面，将部分行政法规纳入文化法典，提高重要领域法律规范的效力层级，如可以考虑将《博物馆条例》提升为"博物馆法"。第三，由于尚未思考到将繁杂的文化责任有效统一，且单独设立文化责任编优于分设在各篇章的方案，尚不建议单独设立文化责任编。第四，文化法典需设立附则部分，以规定纳入文化法典的单行法律规范的失效时间以及文化法典的生效时间，并规定文化法典与行政法规和地方性法律规范的衔接条款，以回应我国地域辽阔、文化资源丰富且各地文化发展样态不一的实际，充分发挥法律、

---

〔1〕 张文显：《习近平法治思想的基本精神和核心要义》，载《东方法学》2021年第1期，第13页。

行政法规和地方性法规的各自功能和优势。

五、结语

"当高楼大厦在我国大地上遍地林立时，中华民族精神的大厦也应该巍然耸立。"[1]推动物质文明和精神文明协调发展，是以中国式现代化全面推进中华民族伟大复兴的应有之义。党的十八大以来，国家高度重视文化发展，进一步增强了文化建设的全局意识和战略意识，颁行多部文化政策以及文化法律规范，并提出习近平文化思想，对文化建设有了更加成熟、系统的认知，这为进入全面系统的文化法治建设阶段，编纂文化法典提供了良好契机。

零散化的文化单行立法无法从文化发展全局出发，抽象出文化建设的基本原则，统筹各具体文化领域的发展。编纂文化法典既非对现有文化立法的简单汇总，也不是制定全新的文化法律，而是以习近平文化思想和习近平法治思想为指导，以领域法理论为学理支撑，立足中华民族伟大历史实践和当代实践，通过立改废释纂统一文化法律价值目标、协调文化法律规范内容、规范文化法律语言体系，构建系统完备、科学规范、运行有效的文化法律体系，为文化领域严格执法、公平司法、全民守法奠定立法基础，是推动文化强国建设更严密的制度保障。

"每到重大历史关头，文化都能感国运之变化、立时代之潮头、发时代之先声"，[2]在中华民族伟大复兴的关键期和世界百年未有之大变局的交汇下，文化法典必须能够顺应、引领时代潮流，对文化发展中出现的新情况、新问题作出针对性的新规定，尤其要强化科技对文化的赋能，将科技创新渗透到文化建设的各个环节，更好满足人民群众对多样性、高质量文化的需求，丰富人民精神文化生活，更快推动文化强国建设，提升国家文化软实力和中华文化影响力。所以，应当编纂一部具备中国特色与时代特色，能够回答中国之问、人民之问、时代之问、世界之问的文化法典。

---

〔1〕 习近平：《在文艺工作座谈会上的讲话》，人民出版社 2014 年版，第 6 页。
〔2〕 习近平：《在文艺工作座谈会上的讲话》，人民出版社 2014 年版，第 5 页。